Elogios para

EL PODER DE LOS HÁBITOS

"He estado girando como un trompo desde que leí *El poder de los hábitos*, el fascinante éxito comercial del periodista del *New York Times* Charles Duhigg sobre cómo la gente, los negocios y las organizaciones desarrollan rutinas positivas para ser más productivos... y más felices".

—*The Washington Post*

"En los últimos años se ha realizado un sinnúmero de investigaciones que indagan sobre la forma en que nuestros hábitos nos determinan, trabajo que está bellamente descrito en el nuevo libro de Charles Duhigg, *El poder de los hábitos*".

—David Brooks, *The New York Times*

"He aquí un libro de primera, basado en incontables investigaciones y escrito con un estilo animado que provee el equilibrio exacto entre seriedad intelectual y consejos prácticos para romper con nuestros malos hábitos". —*The Economist*

"Deslumbrante". —*The Wall Street Journal*

"*El poder de los hábitos* está repleto de anécdotas extraordinarias, entre ellas: cómo un publicista de principios del siglo XX popularizó la primera marca de pasta dental (Pepsodent) al crear el hábito del cepillado diario; cómo un equipo de publicidad de Procter & Gamble rescató Febreze del agujero de los productos fallidos al reconocer que un aroma fresco era la mejor recompensa para la labor de la limpieza; cómo el entrenador de Michael Phelps le infundió los hábitos que lo convertirían en campeón olímpico en repetidas ocasiones; cómo Tony Dungy llevó a los Colts de Indianápolis a ganar el Super Bowl...".   —*Los Angeles Times*

"Duhigg sabe muy bien que a la gente no le agrada ni le convence la idea de que no somos aficionados a tomar decisiones. Basado en fundamentos científicos y, sobre todo, partiendo de una serie de anécdotas asombrosas, explica con detenimiento cada paso del desarrollo de los hábitos".
—*The Seattle Times*

"Lo que me pareció especialmente potente y útil de este libro es la forma en que ilustra y simplifica fundamentos científicos complejos para ofrecernos explicaciones fáciles de comprender... Dado el papel central que desempeñan los hábitos en cualquier programa de pérdida de peso, ¿cómo podría no recomendar un libro dedicado al tema? Por si fuera poco, Duhigg también es un excelente escritor y narrador, así que leerlo es entretenido y apasionante".
—David Kirchhoff, CEO de Weight Watchers

"Duhigg aporta una dosis saludable y necesaria de ciencia social y psicología al tema de los hábitos, y explica la promesa y los peligros que estos conllevan a través de un recorrido ameno que aborda toda clase de cosas, desde publicidad y temas administrativos hasta el movimiento de los derechos civiles... Una lectura muy emocionante".

—The Daily Beast

"Una aproximación fresca a cómo se arraigan los comportamientos rutinarios y si son o no susceptibles al cambio... Los relatos que Duhigg ha entretejido son fascinantes por sí solos, pero adquieren una dimensión adicional al entretejerse con su estudio de los hábitos. Los lectores cerrarán el libro llenos de ideas nuevas sobre sus propios comportamientos y su capacidad de cambiar".

—Associated Press

"El señor Duhigg argumenta que una gran parte de nuestra vida se rige por hábitos inconscientes, tanto buenos como malos, pero, al concientizarnos sobre los detonantes de nuestros hábitos y las recompensas que estos últimos proveen, podemos transformar las malas prácticas en buenas acciones".

—*Pittsburgh Post-Gazette*

CHARLES DUHIGG

EL PODER DE LOS HÁBITOS

CHARLES DUHIGG trabaja como periodista de investigación para el *New York Times*. Estudió su carrera en la Universidad de Yale y en la Escuela de Negocios de Harvard. Vive en Brooklyn con su esposa y sus dos hijos.

EL PODER DE LOS HÁBITOS

EL PODER DE LOS
HÁBITOS

Por qué hacemos lo que hacemos
en la vida y los negocios

CHARLES DUHIGG

TRADUCCIÓN DE
WENDOLÍN PERLA TORRES

VINTAGE ESPAÑOL
Una división de Penguin Random House LLC
Nueva York

PRIMERA EDICIÓN VINTAGE ESPAÑOL, SEPTIEMBRE 2019

Información de catalogación de publicaciones
disponible en la Biblioteca del Congreso de los Estados Unidos.

Vintage Español ISBN en tapa blanda: 978-0-525-56714-1
eBook ISBN: 978-0-525-56715-8

Para venta exclusiva en EE.UU., Canadá, Puerto Rico y Filipinas.

www.vintageespanol.com

Impreso en Colombia - *Printed in Colombia*

10 9 8 7

Para Oliver, John Harry,
John y Doris,
y, eternamente, para Liz

ÍNDICE

● ● ●

TERCERA PARTE
Los hábitos de las sociedades

PRÓLOGO

La cura de los hábitos

Ella era la participante predilecta de los científicos.

Según su expediente, Lisa Allen tenía 34 años, empezó a fumar y beber a los 16, y llevaba casi toda la vida luchando contra la obesidad. En un momento dado, alrededor de los 25 años, la perseguían agencias de cobranza para cobrar los más de diez mil dólares que debía. Un antiguo currículum revelaba que lo máximo que había durado en un empleo era menos de un año.

Sin embargo, la mujer que tenían enfrente los investigadores era una mujer delgada y enérgica, con las piernas torneadas de una corredora. Se veía una década más joven que en las fotos del expediente y parecía tener mejor condición física que todos los presentes. Según el informe más reciente, Lisa ya no tenía deudas, no bebía, y llevaba 39 meses trabajando en una agencia de diseño gráfico.

"¿Cuándo fue la última vez que fumaste?", le preguntó uno de los médicos, comenzando la lista de preguntas que Lisa contestaba cada vez que visitaba el laboratorio, a las afueras de Bethesda, Maryland.

"Hace cuatro años —contestó—, y desde entonces he bajado sesenta libras y corrido un maratón". También había iniciado una maestría y había comprado una propiedad. Un trayecto ajetreado.

Entre los científicos presentes había neurólogos, psicólogos, genetistas y un sociólogo. Durante los últimos tres años, gracias al subsidio de los Institutos Nacionales de Salud de Estados Unidos, habían examinado y reexaminado a Lisa y a otras dos docenas de exfumadores, comedores y compradores compulsivos, alcohólicos y personas con otros hábitos destructivos. Todos los participantes tenían algo en común: habían reconstruido su vida en periodos de tiempo relativamente cortos. Los investigadores querían entender cómo lo habían logrado; para ello, midieron los signos vitales de los sujetos, instalaron cámaras de video en sus hogares para observar su rutina diaria, secuenciaron fragmentos de su ADN y, con tecnología que les permitía asomarse a los cráneos de la gente en tiempo real, observaron cómo la sangre y los impulsos eléctricos fluían por su cerebro al verse expuestos a tentaciones como el humo de cigarrillo o una comida apetecible. Su objetivo era descifrar cómo funcionan los hábitos a nivel neurológico y qué se requiere para cambiarlos.

"Sé que has contado esta historia docenas de veces —le dijo el doctor a Lisa—, pero algunos de mis colegas solo la conocen de oído. ¿Te molestaría describirnos de nuevo cómo dejaste de fumar?".

"Por supuesto que no —contestó Lisa—. Todo empezó en El Cairo". Les explicó que la decisión de tomar aquellas vacaciones fue impulsiva. Unos cuantos meses antes, su esposo llegó a casa del trabajo una tarde y le anunció que la dejaba porque estaba enamorado de otra mujer. Lisa tardó en procesar la traición y absorber el hecho de que se iba a divorciar. Hubo un periodo de duelo, seguido de un periodo en el que lo espiaba obsesivamente, seguía a su nueva novia por la ciudad y la llamaba después de medianoche para luego colgar. Una noche, Lisa se apareció ebria en casa de la novia, golpeó varias veces la puerta y gritó que quemaría el condominio.

"No fue una buena época para mí —continuó Lisa—. Siempre había querido ver las pirámides, y aún no había reventado el crédito de mis tarjetas, así que...".

La primera mañana que pasó en El Cairo, Lisa se despertó con el llamado a orar proveniente de una mezquita cercana. Su recámara de hotel estaba completamente oscura. A ciegas y con la resaca del cambio de horario, buscó un cigarrillo.

Estaba tan desorientada que no se dio cuenta (hasta que percibió el olor a plástico quemado) de que estaba intentando encender un bolígrafo y no un Marlboro. Llevaba los últimos cuatro meses llorando, comiendo de forma compulsiva, con insomnio y sintiéndose avergonzada, impotente, deprimida y furiosa, todo a la vez. Tirada en aquella cama, se derrumbó. "Fue como una oleada de tristeza —dijo—. Todo lo que había deseado en mi vida se había venido abajo. Ni siquiera podía fumar bien.

"Entonces empecé a pensar en mi exesposo, en lo difícil que me resultaría encontrar empleo cuando volviera, en cuánto odiaría el nuevo trabajo, y en lo poco saludable que me sentía todo el tiempo. Me puse de pie y por accidente tiré una jarra de agua, que se rompió al golpear el suelo. Entonces mi llanto se convirtió en aullidos. Estaba desesperada y sentía que algo tenía que cambiar, al menos eso estaba bajo mi control".

Se duchó y salió del hotel. Mientras viajaba en taxi por las calles agujereadas de El Cairo, y luego por los caminos de terracería que llevaban a la Esfinge, las pirámides de Guiza y el inmenso desierto interminable que la rodeaba, la autocompasión cedió por un instante. Necesitaba tener una meta en la vida, pensó. Algo por lo cual esforzarse.

Así que, en aquel taxi, decidió que volvería a Egipto algún día para cruzar el desierto a pie.

Lisa sabía que eso era una locura. Estaba fuera de forma, excedida de peso, y no tenía un centavo en el banco. Ni siquiera conocía el nombre de aquel desierto que tenía delante ni sabía si cruzarlo era posible. Pero nada de eso importaba. Necesitaba algo en lo cual enfocarse. Decidió que se daría un año de preparación. Y, para sobrevivir a aquella expedición, sabía que tendría que hacer algunos sacrificios.

Para empezar, tendría que dejar de fumar.

Cuando Lisa por fin cruzó aquel desierto once meses después —en una caravana motorizada y con aire acondicionado, en compañía de otra media docena de personas—, el vehículo transportaba tantas botellas de agua, alimentos, carpas, mapas, sistemas de geolocalización y radios de doble frecuencia, que añadir una caja de cigarrillos no representaba mayor diferencia.

Sin embargo, en aquel taxi, Lisa aún no lo sabía. Y, para los científicos del laboratorio, los detalles de la aventura eran irrelevantes. Por razones que apenas empezaban a entender, aquel pequeño cambio de percepción que experimentó Lisa ese día en El Cairo —la convicción de que *tenía* que dejar de fumar para lograr su objetivo— desencadenó una serie de cambios que, en última instancia, se extenderían a todos los otros aspectos de su vida. Durante los seis meses siguientes, cambió el cigarrillo por salir a correr y eso, a su vez, alteró la forma en que comía, trabajaba, dormía, ahorraba, organizaba sus horarios de trabajo, planeaba el futuro, etcétera. Empezó a correr medios maratones, luego un maratón completo, volvió a la universidad, compró una casa y se comprometió en matrimonio. Tiempo después, la reclutaron para un estudio científico y, cuando los investigadores empezaron a examinar imágenes de su cerebro, encontraron algo notable: una serie de patrones neurológicos —sus viejos hábitos— había sido anulada por nuevos patrones. Aún se podía observar la actividad neurológica de los viejos comportamientos, pero aquellos impulsos eran desplazados por nuevos deseos. A medida que los hábitos de Lisa cambiaron, también se modificó su cerebro.

Los científicos estaban convencidos de que no fue el viaje a El Cairo lo que desencadenó el cambio, ni tampoco el divorcio, ni la aventura en el desierto: el desencadenante fue que, en un inicio, Lisa se concentró en cambiar un solo hábito (fumar). El resto de los sujetos de estudio había pasado por un proceso similar. Al concentrarse en un patrón (lo que se conoce como "hábito clave"), Lisa se enseñó a sí misma a reprogramar también las otras rutinas de su vida.

No solo los individuos son capaces de tales cambios. Cuando las empresas se enfocan en cambiar de hábitos, es posible que organizaciones enteras se transformen. Gigantes como Procter & Gamble, Starbucks, Alcoa y Target han sacado provecho de esta noción para influir en cómo se trabaja, cómo se comunican entre sí los empleados y cómo gasta la gente (sin que los consumidores se den cuenta).

"Quiero mostrarte una de tus resonancias más recientes —le dijo uno de los científicos a Lisa hacia el final de la examinación, y desplegó un archivo en la pantalla de la computadora que mostraba imágenes provenientes del interior de su cabeza—. Cuando ves comida, estas zonas —añadió, señalando la región más cercana a la frente—, donde creemos que radican la inhibición conductual y la autodisciplina, se activan. Esa actividad se ha vuelto más pronunciada cada vez que te evaluamos".

Lisa era la participante predilecta de los científicos porque sus resonancias cerebrales eran contundentes y sumamente útiles para hacer un mapa de dónde se ubican los patrones conductuales (los hábitos) en la mente. "Nos estás ayudando a comprender cómo una decisión se convierte en un comportamiento automático", concluyó el doctor.

Todos los presentes sentían que estaban a punto de lograr algo importante. Y así era.

●●●

¿Qué fue lo primero que hiciste esta mañana después de despertar? ¿Te metiste a la ducha, revisaste tu correo electrónico o tomaste una rosquilla del mostrador de la cocina? ¿Te lavaste los dientes antes o después de vestirte? ¿Te pusiste primero el zapato izquierdo o el derecho? ¿Qué les dijiste a tus hijos antes de encaminarte hacia la puerta? ¿Qué ruta tomaste para ir al trabajo? Cuando llegaste a tu escritorio, ¿abriste tu correo, conversaste con un colega o empezaste a escribir un memorando? ¿Almorzaste hamburguesa o ensalada? Cuando volviste a casa, ¿te pusiste zapatos deportivos y saliste a correr, o te serviste un trago y cenaste mientras mirabas la televisión?

"Nuestra vida entera, en la medida en que tiene una forma definida, no es más que un amasijo de hábitos", escribió William James en 1892. Muchas de las decisiones que tomamos a diario pueden parecer producto de una toma de decisiones a conciencia, pero no lo son. Son hábitos. Y, aunque cada hábito signifique relativamente poco por sí solo, con el tiempo la comida que ordenamos, lo que les decimos a nuestros hijos cada noche, si ahorramos o gastamos, con cuánta frecuencia hacemos ejercicio y la forma en que organizamos nuestros pensamientos y rutinas de trabajo tienen un impacto gigantesco en nuestra salud, productividad, seguridad económica y felicidad. Un artículo publicado por un investigador de Duke en 2006 concluyó que más del 40 por ciento de las acciones que realiza la gente a diario no son decisiones reales, sino hábitos.

William James —como muchas otras personas, desde Aristóteles hasta Oprah— pasó buena parte de su vida intentando entender por qué existen los hábitos. Sin embargo, solo en las dos últimas décadas los científicos y publicistas han empezado a comprender cómo *funcionan* los hábitos y, sobre todo, cómo se modifican.

Este libro está dividido en tres partes. La primera sección se enfoca en cómo surgen los hábitos a nivel individual; en ella exploro el fundamento neurológico de la formación de hábitos, la manera en que se crean nuevos hábitos y se modifican los viejos, y los métodos, por ejemplo, de los que se valió un publicista para lograr que el uso de pasta dental pasara de ser una práctica inusual a ser una obsesión nacional. Aquí también exploro cómo Procter & Gamble convirtió un aromatizante llamado Febreze en un negocio multimillonario al aprovecharse de deseos habituales en los consumidores; cómo Alcohólicos Anónimos cambia vidas al atacar los hábitos que radican en el núcleo de la adicción; y cómo el entrenador Tony Dungy revirtió la suerte del peor equipo de la NFL al enfocarse en las reacciones automáticas de sus jugadores frente a sutiles señales en el campo de juego.

La segunda parte examina los hábitos de empresas y organizaciones exitosas. Explora con detalle cómo un ejecutivo de nombre Paul O'Neill —que después sería secretario del Tesoro de Estados Unidos— reconstruyó una empresa de aluminio en crisis hasta llevarla a la cima del Promedio Industrial Dow Jones enfocándose en un solo hábito clave, y cómo Starbucks convirtió a un desertor de bachillerato en gerente general al inculcarle hábitos diseñados para afianzar su fuerza de voluntad. También describe por qué hasta los cirujanos más talentosos pueden cometer errores catastróficos cuando los hábitos organizacionales del hospital se corrompen.

La tercera parte examina los hábitos de las sociedades. En ella se relata cómo Martin Luther King Jr. y el movimiento por los derechos civiles triunfaron, en parte, porque cambiaron los hábitos sociales arraigados en Montgomery, Alabama, y por qué un enfoque similar ayudó a un joven pastor llamado Rick Warren a construir la iglesia más grande del país en Saddleback Valley, California. Por último, explora cuestiones éticas espinosas, como si un asesino en el Reino Unido debería quedar libre si es capaz de argumentar de forma convincente que sus hábitos lo impulsaron a matar.

Cada capítulo gira en torno a un argumento central: es posible cambiar de hábitos si entendemos cómo funcionan.

Este libro se basa en cientos de estudios académicos, entrevistas con más de trescientos científicos y ejecutivos, e investigaciones realizadas en docenas de empresas. (Para acceder a un índice de los recursos, véanse las notas de este libro y http://www.thepowerofhabit.com). Se concentra en los hábitos, según su definición técnica: las elecciones que todos hacemos de forma deliberada en algún momento y en las que luego dejamos de pensar pero seguimos haciendo, muchas veces a diario. En algún momento, todos decidimos de forma consciente cuánto comer y en qué concentrarnos al llegar a la oficina, con cuánta frecuencia beber o salir a correr. Luego dejamos de tomar la decisión y nuestro comportamiento se vuelve automático. Es una consecuencia neurológica natural. Y, si entendemos cómo ocurre, podemos reconstruir esos patrones de la forma en que queramos.

●●●

Me interesé por primera vez en la ciencia de los hábitos hace ocho años, cuando me desempeñaba como reportero en Bagdad. Al ver al ejército estadounidense en acción, se me ocurrió que la milicia era uno de los experimentos formadores de hábitos más grandes de la historia. El entrenamiento básico les inculca a los soldados hábitos diseñados de forma concienzuda para disparar, pensar y comunicarse al estar bajo fuego. En el campo de batalla, cada orden emitida apela a comportamientos que fueron practicados hasta volverse automáticos. El ejército entero depende de rutinas ensayadas hasta el cansancio para construir bases, establecer prioridades estratégicas y decidir cómo reaccionar a los ataques. En aquellos primeros días de la guerra, mientras la insurgencia se expandía y la cifra de muertos iba en aumento, los comandantes buscaban hábitos que pudieran infundirles a los soldados y a los iraquíes para crear una paz duradera.

Llevaba como dos meses en Irak cuando oí que un oficial estadounidense estaba llevando a cabo un programa de modificación de hábitos improvisado en Kufa, una pequeña ciudad a unas noventa millas de la capital. Se trataba de un comandante del ejército que había analizado grabaciones de disturbios recientes y había identificado un patrón: la violencia solía ir precedida de una multitud de iraquíes que se reunían en una plaza u otro espacio abierto y que, durante el transcurso de varias horas, aumentaba en número. Aparecían vendedores de comida, así como también espectadores. Entonces, alguien lanzaba una piedra o una botella y se desataba el caos.

El comandante se reunió con el alcalde de Kufa y le hizo una solicitud inusual: ¿sería posible impedir que los vendedores de comida se instalaran en las plazas? "Claro", contestó el alcalde. Unas semanas después, se reunió una pequeña multitud cerca de Masjid al-Kufa, la gran mezquita de Kufa. En el transcurso de la tarde, la multitud se incrementó. Algunas personas empezaron a canturrear consignas furiosas. La policía iraquí, consciente del peligro potencial, se comunicó con la base y les pidió a las tropas estadounidenses que estuvieran alerta. La gente empezó a buscar a los vendedores de kebabs que solían instalarse en la plaza, pero no había ni uno. Los espectadores se retiraron. Los cantos perdieron fuerza. Para las ocho de la noche, todos se habían ido.

Cuando visité la base cerca de Kufa, hablé con el comandante. Él me dijo que no era necesario pensar en las dinámicas multitudinarias en términos de hábitos. Sin embargo, a él le habían infundido la psicología de la formación de hábitos durante toda su carrera.

En el campo de entrenamiento adquirió los hábitos necesarios para cargar su arma, conciliar el sueño en zona de guerra, mantener la concentración en medio del caos de la batalla y tomar decisiones a pesar de estar agotado y sentirse abrumado. Tomó clases en las que le enseñaron a ahorrar dinero, a ejercitarse a diario y a comunicarse con sus compañeros de litera. Al subir de rango comprendió la importancia de los hábitos organizacionales para garantizar que los subordinados pudieran tomar decisiones sin tener que pedir permiso con frecuencia, y cómo las rutinas adecuadas facilitan trabajar con gente que generalmente no toleraría. Y en Kufa, como reconstructor improvisado de una nación, veía cómo las multitudes y las culturas se guiaban por los mismos principios. "En cierto modo", dijo él, "la comunidad no es más que un conjunto gigantesco de hábitos que se establecen entre miles de personas y que, dependiendo de las influencias externas, pueden derivar en violencia o en paz". Además de sacar a los vendedores de comida de la plaza, estaba emprendiendo docenas de experimentos distintos en Kufa para influir en los hábitos de la población. No había habido un solo disturbio desde su llegada.

"Entender los hábitos es lo más importante que he aprendido en el ejército —me dijo el comandante—. Ha cambiado por completo mi forma de ver el mundo. ¿Quieres conciliar el sueño rápido y despertar descansado? Presta atención a tus patrones nocturnos y a lo que haces de forma automática al despertar. ¿Quieres que salir a correr sea sencillo? Crea detonantes para convertirlo en rutina. Taladro a mis hijos con estas cosas. Mi esposa y yo escribimos planes de hábitos para nuestro matrimonio. En las juntas de comandantes también hablamos de los hábitos. Nadie en Kufa hubiera dicho que remover a los vendedores de kebab de las plazas habría influido en las multitudes, pero cuando ves todo como un montón de hábitos, es como si alguien te entregara una linterna y una barreta para que te pongas a trabajar".

El comandante era un hombre de baja estatura, originario de Georgia. Siempre estaba escupiendo semillas de girasol o tabaco masticable en una taza. Me contó que, antes de enlistarse en el ejército, su mejor opción laboral era reparar líneas telefónicas o, quizá, emprender un negocio de metanfetaminas, que era el camino poco exitoso que tomaron algunos de sus excompañeros del bachillerato.

"Mira, si un don nadie como yo puede aprender estas cosas, cualquiera puede hacerlo. Se lo digo a mis soldados todo el tiempo: no hay nada que no puedas hacer si sabes formar hábitos".

En la última década, lo que sabemos sobre neurología y psicología de los hábitos y cómo funcionan los patrones en nuestra vida, nuestras sociedades y organizaciones ha proliferado de formas que hace medio siglo eran inimaginables. Ahora sabemos por qué surgen los hábitos, cómo cambian y cuál es el fundamento científico que explica su mecánica. Sabemos cómo desarmar sus partes y reconstruirlas siguiendo nuestras propias especificaciones. Entendemos cómo hacer que la gente coma menos, se ejercite más, sea más eficiente en el trabajo y lleve vidas más saludables. Transformar un hábito no necesariamente es fácil ni rápido, y no siempre es simple.

Pero es posible. Y ahora sabes cómo hacerlo.

PRIMERA
PARTE

Los hábitos de los individuos

1

EL BUCLE DE LOS HÁBITOS

Cómo funcionan los hábitos

I.

En el otoño de 1993, un hombre que cambiaría la forma en que concebimos los hábitos entró a un laboratorio en San Diego donde tenía agendada una cita. Era un anciano de poco más de seis pies de estatura que vestía una elegante camisa azul. Su espesa cabellera cana hubiera sido la envidia en cualquier reunión de excompañeros de secundaria por el aniversario número cincuenta desde su graduación. La artritis lo obligaba a renguear un poco mientras cruzaba los pasillos del laboratorio y, de la mano de su esposa, caminaba despacio, como si no supiera qué le deparaba cada nuevo paso.

Alrededor de un año antes, Eugene Pauly, o "E.P.", como se le conocería en la literatura médica, se encontraba en su casa de Playa del Rey preparando la cena, cuando su esposa le mencionó que su hijo, Michael, iría de visita.

—¿Quién es Michael? —preguntó Eugene.

—Tu hijo —contestó Beverly, su esposa—. Ya sabes, al que criamos juntos.

Eugene la miró a los ojos con gesto inexpresivo.

—¿Quién?

Al día siguiente, Eugene empezó a vomitar y a retorcerse por los cólicos estomacales. Al cabo de 24 horas, la deshidratación era tan pronunciada que Beverly, aterrada, lo trasladó a la sala de urgencias. Su fiebre aumentó hasta alcanzar 105 grados Fahrenheit, lo que lo llevó a empapar las sábanas del hospital con un halo amarillento de sudor. Se tornó delirante, luego violento, y empezó a gritar y patalear cuando el personal de enfermería intentó colocarle una intravenosa en el brazo. Solo cuando lo sedaron el médico pudo introducirle una larga aguja entre dos vértebras de la espalda baja y extraer unas cuantas gotas de líquido cefalorraquídeo.

El médico que realizó el procedimiento intuyó al instante que algo no andaba bien. El líquido que rodea al cerebro y los nervios espinales funciona como barrera que nos protege de infecciones y lesiones. En personas sanas, es un fluido transparente y fluido que se filtra como seda líquida en la jeringa. La muestra de líquido de Eugene era turbia y se movía con torpeza, como si la espesara una arenilla microscópica. Una vez que el laboratorio emitió los resultados, los médicos de Eugene supieron qué lo aquejaba: padecía encefalitis viral, una enfermedad causada por un virus relativamente inofensivo que produce úlceras bucales, ampollas febriles e infecciones leves en la piel. Sin embargo, en ocasiones inusuales, el virus puede llegar al cerebro y causar daños catastróficos mientras devora los delicados pliegues de tejido en los que residen nuestros pensamientos, sueños y —según algunas personas— almas.

Los médicos de Eugene le dijeron a Beverly que no había nada que hacer para revertir el daño, pero que una dosis sustancial de antivirales podía evitar que se expandiera. Eugene entró en coma y, durante diez días, estuvo al borde de la muerte. De forma gradual, mientras los medicamentos combatían la enfermedad, la fiebre cedió y el virus desapareció. Cuando por fin despertó, estaba débil y desorientado, y no era capaz de tragar bien. No podía hilar oraciones y a veces se quedaba sin aliento, como si por un momento se le olvidara cómo respirar. Pero estaba vivo.

Con el tiempo, Eugene estuvo lo suficientemente recuperado como para que le realizaran una batería de estudios. Los médicos se sorprendieron al descubrir que su cuerpo, incluyendo su sistema nervioso, parecía intacto. Era capaz de mover las extremidades y respondía a los estímulos de sonido y luz. No obstante, las resonancias de cabeza revelaron sombras inquietantes cerca del centro del cerebro. El virus había agujereado el tejido cerca de donde el cráneo se encontraba con la columna vertebral. "Quizá no sea la persona que usted recuerda —le advirtió un médico a Beverly—. Necesita estar preparada por si su esposo ya no es quien era".

A Eugene lo trasladaron a un ala distinta del hospital. Al cabo de una semana, era capaz de tragar con facilidad. Después de otra semana, empezó a hablar de forma normal, pedía gelatina y sal, cambiaba los canales de la televisión y se quejaba de las telenovelas aburridas. Para cuando le dieron el alta y lo refirieron a un centro de rehabilitación cinco semanas después, Eugene ya caminaba por los pasillos del hospital y les daba a los enfermeros y enfermeras consejos no solicitados sobre sus planes para el fin de semana.

"Creo que nunca he visto a alguien recuperarse así —le dijo un médico a Beverly—. No quiero que se haga ilusiones, pero esto es sorprendente".

Sin embargo, Beverly seguía preocupada. En la clínica de rehabilitación quedó claro que la enfermedad le había causado cambios inquietantes a su esposo. Por ejemplo, Eugene no podía recordar qué día de la semana era, ni los nombres de sus médicos o enfermeras, sin importar cuántas veces se los presentaran. "¿Por qué me siguen haciendo tantas preguntas?", le dijo a Beverly un día después de que el médico saliera de la habitación. Cuando por fin volvieron a casa, las cosas se tornaron aún más extrañas. Eugene no parecía recordar a sus amistades y tenía dificultades para mantener una conversación. Algunas mañanas se levantaba de la cama, iba a la cocina, se preparaba huevos con tocino, volvía a meterse bajo las cobijas y encendía la radio. Cuarenta minutos después, hacía de nuevo lo mismo: se levantaba, se preparaba huevos con tocino, se metía de nuevo a la cama y cambiaba la estación del radio. Luego volvía a hacerlo.

Beverly, alarmada, buscó varios especialistas, incluyendo a un investigador de la Universidad de California en San Diego que se especializaba en pérdida de la memoria. Así fue que, un soleado día de otoño, Beverly y Eugene llegaron a ese edificio genérico del campus universitario y cruzaron sus pasillos despacio, tomados de la mano. Los guiaron a una pequeña sala de exámenes. Eugene empezó a conversar con una joven que usaba una computadora.

—Después de dedicarme a la electrónica durante años, me sorprende todo esto —le dijo, y señaló la máquina en la que tecleaba—. Cuando era joven, esa cosa hubiera necesitado dos estantes de seis pies y hubiera ocupado casi todo el cuarto.

La mujer siguió dándole al teclado. Eugene soltó una risotada.

—Es increíble —continuó—. Todos esos circuitos impresos y diodos y triodos. Cuando trabajaba en electrónica, hubieran sido necesarios dos estantes de seis pies para sostener esa cosa.

En ese momento, un científico entró en la habitación y se presentó. Luego le preguntó a Eugene su edad.

—Veamos. ¿Cincuenta y nueve? ¿O sesenta? —contestó Eugene. Tenía setenta y uno.

El científico tecleó algo en la computadora. Eugene sonrió y lo señaló.

—Es algo increíble —dijo—. ¿Sabe? Cuando yo trabajaba en electrónica, se habrían necesitado dos estantes para sostener esa cosa.

El científico era el profesor Larry Squire, de cincuenta y dos años, quien había pasado las últimas tres décadas estudiando la neuroanatomía de la memoria. Su especialidad consistía en explorar cómo el cerebro almacena los sucesos. No obstante, su trabajo con Eugene pronto les abriría un nuevo mundo a él y a cientos de otros investigadores que han reconfigurado el conocimiento sobre el funcionamiento de los hábitos humanos. Los estudios de Squire demostrarían que incluso una persona que no puede recordar ni su edad es capaz de desarrollar hábitos que podrían parecernos sumamente complejos... hasta que nos damos cuenta de que todos operamos a diario con base en los mismos procesos neurológicos. Estas y otras investigaciones ayudarían a revelar los mecanismos subconscientes que influyen en incontables decisiones que en apariencia son producto de un pensamiento bien razonado, pero que en realidad están condicionadas por impulsos que apenas reconocemos o comprendemos.

Para cuando Squire y Eugene se conocieron, el primero llevaba varias semanas estudiando imágenes del cerebro del segundo. Las resonancias indicaban que casi todo el daño en el cráneo de Eugene se limitaba a una zona de cinco centímetros en el centro de la cabeza. El virus le había destruido casi por completo el lóbulo temporal medial, una esquirla de células que los médicos sospechaban era responsable de toda clase de tareas cognitivas, como recordar el pasado y regular algunas emociones. A Squire no lo sorprendía la extensión de la destrucción; la encefalitis viral consume el tejido cerebral con la implacable precisión de un cirujano. Lo que sí lo sorprendía era la familiaridad de las imágenes.

Treinta años antes, cuando era estudiante de doctorado en MIT, Squire trabajó con un grupo que estudió el caso de un muchacho conocido como "H.M.", uno de los pacientes más famosos en la historia de la medicina. Cuando H.M. —cuyo verdadero nombre era Henry Molaison, aunque los médicos mantuvieron su identidad oculta durante su vida— tenía siete años, lo atropelló una bicicleta y cayó de cabeza al suelo. Poco después, desarrolló convulsiones y empezó a tener periodos de pérdida de conciencia. A los dieciséis, padeció su primera convulsión tonicoclónica, que es el tipo de convulsión que afecta al cerebro entero; poco tiempo después, empezó a perder la conciencia hasta diez veces al día.

Para cuando cumplió veintisiete, H.M. estaba desesperado. Los medicamentos anticonvulsivos no le funcionaban. Era un hombre inteligente, pero no lograba conservar ningún empleo. Seguía viviendo con sus padres. Quería llevar una vida normal, así que buscó ayuda en un médico cuyas ansias de experimentación superaban su temor a incurrir en negligencia médica. Los estudios sugerían que una zona del cerebro llamada hipocampo podría estar implicada en las convulsiones. Cuando el médico recomendó abrirle la cabeza a H.M., alzar la porción frontal del cerebro y, con una diminuta pajilla succionarle el hipocampo y parte del tejido circundante del interior del cráneo, H.M. accedió.

La cirugía se llevó a cabo en 1953. A medida que H.M. se recuperaba, las convulsiones se iban espaciando. No obstante, casi de inmediato fue evidente que habían ocurrido cambios sustanciales en el cerebro de H.M. El paciente sabía cuál era su nombre y que su madre era originaria de Irlanda. Recordaba la crisis financiera de 1929 y reportes periodísticos de la invasión de Normandía. Sin embargo, casi todo lo que vino después —todos los recuerdos, las experiencias y las dificultades que había enfrentado durante la década previa a la cirugía— se había borrado. Cuando el médico empezó a hacerle pruebas de memoria con ayuda de naipes y una lista de números, descubrió que H.M. era incapaz de retener información nueva durante más de veinte segundos.

Desde el día de la cirugía hasta su fallecimiento en 2008, cada persona que veía, cada canción que escuchaba y cada lugar al que entraba eran una experiencia completamente nueva para él. Su cerebro permaneció congelado en el tiempo. Todos los días lo desconcertaba el hecho de que fuera posible cambiar el canal de la televisión apuntando un rectángulo de plástico negro a la pantalla. Se presentaba con los médicos y el personal de enfermería una y otra vez, docenas de veces al día.

"Me encantó aprender sobre el caso de H.M., pues la memoria me parecía una forma muy tangible y emocionante de estudiar el cerebro —me contó Squire—. Crecí en Ohio y recuerdo que, en primer año de primaria, el profesor nos repartió unas crayolas y yo empecé a mezclar todos los colores para ver si formaban negro. ¿Por qué conservé ese recuerdo pero soy incapaz de recordar el rostro de mi maestro? ¿Por qué el cerebro decide que un recuerdo es más importante que otro?".

Cuando Squire recibió las imágenes de la resonancia de Eugene, le maravilló lo mucho que se parecían a las de H.M. Ambos tenían huecos del tamaño de una nuez en medio de la cabeza. Y la memoria de Eugene, como la de H.M., se había esfumado.

Ahora bien, al empezar a examinar a Eugene, notó que entre su paciente y H.M. había diferencias sustanciales. Mientras que casi toda persona se daba cuenta de que algo no andaba bien al conocer a H.M., Eugene era capaz de sostener conversaciones y realizar tareas que no despertarían sospechas en un observador casual. Los efectos de la cirugía de H.M. fueron tan debilitantes que tuvo que permanecer internado en una clínica por el resto de su vida. Eugene, por el contrario, vivía en casa con su esposa. H.M. no podía sostener una conversación. Eugene, en cambio, tenía una extraordinaria destreza para guiar casi cualquier discusión hacia un tema con el que se sintiera cómodo hablando largo rato, como los satélites —ya que había trabajado como técnico en una empresa aeroespacial— o el clima.

Squire inició el examen haciéndole a Eugene preguntas sobre su juventud. Eugene le habló del pueblo en el que creció, en el centro de California, del periodo que pasó en la marina mercante y del viaje que hizo a Australia cuando era un muchacho. Recordaba casi todos los episodios de su vida previos a 1960. Pero, cuando Squire le hizo preguntas sobre décadas posteriores, Eugene cordialmente desvió el tema y dijo que tenía dificultades para recordar sucesos recientes.

Squire le realizó algunas pruebas de inteligencia y descubrió que a pesar de no recordar los últimos treinta años de su vida, Eugene aún tenía bastante agudeza mental. Por si eso fuera poco, conservaba los hábitos que había adquirido en la juventud, de modo que, cada vez que Squire le daba un vaso de agua o lo felicitaba por alguna respuesta especialmente detallada, Eugene le daba las gracias y le devolvía el elogio. Cada vez que alguien entraba a la habitación, Eugene se presentaba y le preguntaba cómo iba su día.

Sin embargo, cuando Squire le pidió a Eugene que memorizara una serie de números o describiera el pasillo del otro lado de la puerta del laboratorio, el doctor observó que el paciente era incapaz de retener información nueva durante más de un minuto. Si alguien le mostraba a Eugene fotos de sus nietos, no los reconocía. Cuando Squire le preguntó si recordaba haberse enfermado, Eugene le contestó que no tenía recuerdo de haberse enfermado ni de haber estado hospitalizado. De hecho, Eugene casi nunca recordaba que padecía amnesia. La imagen mental que tenía de sí mismo no incluía la pérdida de memoria y, dado que no recordaba el incidente clínico, era incapaz de concebir que algo no andaba bien.

En los meses siguientes a ese encuentro, Squire condujo experimentos para poner a prueba los límites de la memoria de Eugene. Para entonces, Eugene y Beverly se habían mudado de Playa del Rey a San Diego a fin de poder estar más cerca de su hija, y Squire solía visitarlos para realizar las pruebas. Un día, Squire le pidió a Eugene que dibujara un esbozo de la distribución de la casa. Eugene no fue capaz de hacer un mapa rudimentario que mostrara dónde estaban la cocina o la recámara. "Cuando te levantas por las mañanas, ¿cómo sales de la recámara?", le preguntó Squire.

—Ya sabes —contestó Eugene—. No estoy muy seguro.

Squire tomó notas en su computadora portátil y, mientras tecleaba, Eugene se distrajo. Miró al otro lado del salón, se puso de pie, cruzó un pasillo y abrió la puerta del baño. Minutos después, se escuchó la palanca del baño y el agua del grifo. Eugene regresó al salón, secándose las manos en el pantalón, y volvió a sentarse en la silla junto a Squire. Luego esperó pacientemente la siguiente pregunta.

En ese instante, nadie se preguntó cómo era posible que un hombre que era incapaz de dibujar un mapa de su casa pudiera encontrar el baño sin problemas. Pero esa pregunta, como muchas otras por el estilo, a la larga se convertiría en un sendero de descubrimientos que ha transformado la forma en que entendemos el poder de los hábitos. Ayudaría a detonar una revolución científica que hoy en día implica a miles de científicos que están aprendiendo por primera vez a entender todos los hábitos que influyen en nuestra vida.

Una vez que Eugene se sentó a la mesa, miró la pantalla de la computadora de Squire.

—Es sorprendente —dijo, y señaló la pantalla—. ¿Sabes? Cuando trabajaba en electrónica, se habrían necesitado dos estantes de seis pies para sostener esa cosa.

•••

En las primeras semanas después de la mudanza, Beverly intentaba llevar a Eugene de paseo todos los días. Los médicos le dijeron que era importante que su esposo se ejercitara y, si Eugene pasaba demasiado tiempo en la casa, enloquecía a Beverly haciéndole las mismas preguntas una y otra vez en un bucle interminable. Por ende, cada mañana y cada tarde lo llevaba a dar una vuelta a la cuadra, siempre juntos y siempre por la misma ruta.

Los médicos le habían advertido a Beverly que necesitaría monitorear a Eugene de forma constante. Si alguna vez se perdía, sería incapaz de volver a casa. Sin embargo, una mañana, mientras ella se vestía, Eugene se escabulló por la puerta delantera. Tenía la costumbre de pasearse entre las habitaciones, así que Beverly tardó un rato en notar su ausencia. Cuando lo hizo, entró en pánico. Salió corriendo y miró de un lado al otro de la calle. No lo veía por ningún lado. Fue a casa de los vecinos y tocó a la ventana con desesperación. Sus hogares se parecían, así que quizás Eugene se había confundido y se había metido al de ellos. Corrió a la puerta y tocó el timbre hasta que alguien le abrió. Eugene no estaba ahí. Volvió corriendo a la calle y se dirigió a la esquina de la cuadra, gritando el nombre de Eugene. No paraba de llorar. ¿Y si había cruzado la calle? ¿Sería capaz de decirle a alguien dónde vivía? Beverly llevaba quince minutos fuera de casa, mirando en todas direcciones. Entonces regresó corriendo para llamar a la policía.

Tan pronto irrumpió en la casa, encontró a Eugene en el salón, sentado frente a la televisión, viendo el History Channel. Las lágrimas de Beverly lo confundieron. Dijo que no recordaba haber salido de la casa ni sabía dónde había estado, y no entendía por qué ella estaba tan alterada. Entonces Beverly vio un montón de piñas de pino, como las que acababa de ver en el jardín del vecino de la esquina, apiladas sobre la mesa del comedor. Se acercó a Eugene y examinó sus manos. Tenía los dedos pegajosos de savia. Había vagado por la calle y había vuelto a casa con souvenires.

Y encontró el camino de vuelta.

Al poco tiempo, Eugene empezó a salir solo a caminar cada mañana. Beverly intentaba detenerlo, pero era inútil.

—Aunque le dijera que no saliera de casa, se le olvidaba minutos después —me dijo—. Lo seguía a veces para asegurarme de que no se perdiera, pero siempre volvía.

A menudo, Eugene volvía cargando piñas de pino o rocas.

En una ocasión, volvió a casa con una billetera; en otra ocasión, con un cachorro. Nunca lograba recordar dónde había encontrado las cosas.

Cuando Squire y sus asistentes se enteraron de estas caminatas, empezaron a sospechar que algo ocurría en la cabeza de Eugene que no tenía nada que ver con la memoria consciente. Diseñaron entonces un experimento: una de las asistentes de Squire visitó la casa un día y le pidió a Eugene que dibujara un mapa de la cuadra en la que vivía. Eugene no pudo hacerlo. Le preguntó qué sabía de la ubicación de la casa en la calle. Él hizo unos garabatos, pero luego olvidó la pregunta. Ella le pidió que señalara la puerta que llevaba a la cocina. Eugene miró a su alrededor. Contestó que no sabía cuál era. Ella le preguntó qué haría si le daba hambre. Eugene se puso de pie, se dirigió a la cocina, abrió un gabinete y sacó un frasco de nueces.

Esa misma semana, un visitante se sumó a Eugene en su caminata diaria. Caminaron unos quince minutos, rodeados de la perpetua primavera del sur de California y el aire cargado del aroma de las adelfas. Eugene no dijo mucho, pero siempre llevó la delantera y parecía saber a dónde iba. Nunca pidió indicaciones. Al girar la esquina cercana a su casa, el visitante le preguntó a Eugene dónde vivía. "No lo sé exactamente", contestó. Luego caminó hasta su casa, abrió la puerta, entró a la sala y encendió el televisor.

A Squire le quedó claro que Eugene era capaz de absorber información nueva. Pero, ¿en qué parte del cerebro se almacenaba esa información? ¿Cómo podía alguien encontrar un frasco de nueces si no podía decir dónde estaba la cocina? ¿O cómo lograba volver a casa si no tenía idea de cuál era su casa? Squire se preguntó en qué parte del cerebro dañado se formaban esos nuevos patrones.

II.

En el edificio que alberga el Departamento de Ciencias Cerebrales y Cognitivas del Instituto Tecnológico de Massachusetts hay laboratorios que contienen lo que a un observador inexperto le parecerían quirófanos para muñecas. Hay escalpelos diminutos, pequeños taladros y sierras miniatura de menos de un cuarto de pulgada conectados a brazos robóticos. Hasta las mesas del quirófano son diminutas, como si estuvieran hechas para cirujanos tamaño infantil. Las habitaciones siempre están a la fresca temperatura de sesenta grados Fahrenheit porque la ligera punzada del aire frío estabiliza los dedos de los investigadores durante los procedimientos delicados. En el interior de aquellos laboratorios, los neurólogos abren los cráneos de ratas anestesiadas para implantarles diminutos sensores que registran hasta los más mínimos cambios en su cerebro. Cuando las ratas despiertan, no parecen notar que tienen en la cabeza docenas de diminutos cables organizados como telarañas neurológicas.

Estos laboratorios se han convertido en el epicentro de la discreta revolución científica de la formación de hábitos, y los experimentos que ahí se llevan a cabo explican por qué Eugene —al igual que tú y yo y el resto de la gente— desarrolló los comportamientos necesarios para sobrellevar la cotidianidad. Las ratas que viven en esos laboratorios han permitido conocer mejor las complejidades de lo que ocurre dentro de nuestra cabeza cada vez que hacemos algo tan común como lavarnos los dientes o sacar el auto del garaje en reversa. En cuanto a Squire, fue gracias al trabajo realizado en estos laboratorios que pudo explicar cómo logró Eugene aprender nuevos hábitos.

Una vez que los investigadores del MIT empezaron a estudiar los hábitos humanos en los años noventa —más o menos en la misma época en la que Eugene se enfermó—, sintieron la curiosidad de saber más sobre un nudo de tejido neurológico conocido como ganglios basales. Si imaginamos el cerebro humano como una cebolla compuesta de varias capas de células, entonces las células externas —las más cercanas al cráneo— suelen ser las capas añadidas más recientemente desde el punto de vista evolutivo. Cuando sueñas con un nuevo invento o te ríes del chiste de un amigo, son las partes exteriores del cerebro las que están funcionando; es ahí donde tiene lugar el pensamiento más complejo.

En las profundidades del cerebro, cerca del tronco encefálico —donde se encuentran el cerebro y la columna vertebral—, están las estructuras más antiguas y primitivas. Estas controlan los comportamientos automáticos, como la respiración y la ingestión, o la reacción de sobresalto que experimentamos cuando alguien sale de pronto de atrás de un arbusto. En el centro del cráneo hay un nódulo del tamaño de una pelota de golf que se parece a lo que podríamos encontrar en la cabeza de los peces, los reptiles y otros mamíferos: se trata de los ganglios basales, un puñado ovalado de células que durante años los científicos no entendían bien, salvo que sospechaban que estaba implicado en enfermedades como el Parkinson.

A principios de los noventa, los investigadores del MIT empezaron a preguntarse si los ganglios basales también tendrían algo que ver con la formación de hábitos. Notaron que animales de laboratorio con lesiones en esta zona del cerebro desarrollaban problemas repentinos con tareas como aprender a cruzar un laberinto o recordar cómo abrir los contenedores de comida. Decidieron hacer experimentos con ayuda de nuevas microtecnologías que les permitieron observar con detalle lo que ocurría en el cerebro de las ratas cuando realizaban docenas de rutinas. Mediante una cirugía, les insertaban en el cerebro lo que pa-

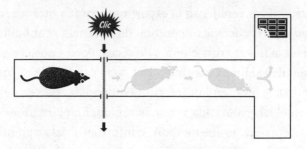

recía una pequeña palanca de mando y docenas de diminutos cables. Después de eso, colocaban al animal en un laberinto con forma de T con chocolate en un extremo.

El laberinto estaba diseñado para que la rata fuera ubicada detrás de una portezuela que se abría cuando se escuchaba un fuerte clic. Al principio, cuando las ratas escuchaban el clic y veían que la portezuela se abría, en general deambulaban de un lado al otro del pasillo central, olisqueaban las esquinas y rasguñaban las paredes. Parecían percibir el olor del chocolate, pero no descifraban cómo encontrarlo. Al llegar a la parte alta de la T, por lo regular viraban a la derecha, lejos del chocolate, para luego volver sobre sus pasos e ir hacia la izquierda, y quizás hacer algunas pausas en el camino sin razón aparente. Con el tiempo, la mayoría de los animales encontraba la recompensa. Sin embargo, no había un patrón de comportamiento discernible. Era como si las ratas no hicieran más que dar un paseo irreflexivo.

Sin embargo, los sensores en los cerebros de las ratas señalaban algo distinto. Mientras cada una deambulaba por el laberinto, su cerebro —en especial los ganglios basales— trabajaba a todo vapor. Cada vez que la rata olisqueaba el aire o rasguñaba una pared, su cerebro se encendía como si estuviera analizando cada nuevo aroma, cada imagen, cada sonido. La rata procesaba los estímulos al mismo tiempo que deambulaba.

Los científicos repitieron el experimento una y otra vez, y observaron cómo la actividad cerebral de cada rata se modificaba al recorrer la misma ruta cientos de veces. Poco a poco se hicieron evidentes algunos cambios. Las ratas dejaron de olisquear las esquinas y girar en la dirección equivocada. En vez de eso, cruzaban el laberinto cada vez más rápido. En el interior de su cerebro ocurría algo inesperado: conforme la rata aprendía a recorrer el laberinto, la cantidad de actividad mental disminuía. A medida que la ruta se hacía más automática, las ratas pensaban menos.

La primera vez que una rata exploraba el laberinto, era como si su cerebro tuviera que trabajar a todo vapor para procesar toda la información nueva. Sin embargo, después de recorrer la misma ruta durante varios días, la rata ya no necesitaba rasguñar las paredes ni olisquear, de modo que la actividad cerebral asociada al rasguño y al olisqueo cesó. Ya no necesitaba decidir qué dirección tomar, de modo que los centros cerebrales de toma de decisiones se apagaron. Bastaba con que recordara el camino más directo hacia el chocolate. Al cabo de una semana, incluso las estructuras cerebrales relacionadas con la memoria se apagaron. La rata había interiorizado tan bien cómo cruzar el laberinto que prácticamente ya no necesitaba pensar.

Ahora bien, los sensores del cerebro indicaban que esa interiorización —correr de frente, virar a la izquierda, comer el chocolate— dependía de los ganglios basales. Esta diminuta estructura neurológica parecía tomar cada vez más el control a medida que la rata corría más rápido y su cerebro trabajaba menos. Los ganglios basales son esenciales para recordar patrones y ponerlos en práctica; dicho de otro modo, en ellos se almacenan los hábitos mientras el resto del cerebro se adormece.

En la siguiente gráfica, que muestra la actividad en el cráneo de la rata cuando se encuentra en el laberinto la primera vez, se observa esta capacidad de almacenamiento en acción. Al principio, el cerebro trabaja arduamente todo el tiempo:

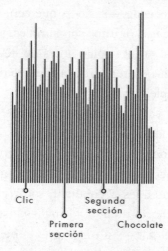

Clic

Primera sección

Segunda sección

Chocolate

Después de una semana, una vez que la ruta es familiar y escabullirse se ha vuelto un hábito, el cerebro de la rata se calma mientras corre por el laberinto:

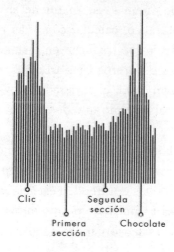

Clic

Primera sección

Segunda sección

Chocolate

Este proceso, en el cual el cerebro convierte una secuencia de acciones en una rutina automática, se conoce como "fragmentación" y es la base de la formación de hábitos. A diario, dependemos de docenas —si no es que centenares— de fragmentos conductuales. Algunos son simples: automáticamente pones pasta dental en el cepillo antes de llevártelo a la boca. Otros, como vestirse o preparar el almuerzo de los chicos, son un poco más complejos.

Hay otros que son tan complicados que resulta sorprendente imaginar que un pedazo tan pequeño de tejido que evolucionó hace millones de años pueda convertirlos en hábitos. Pensemos en la acción de sacar el auto del garaje en reversa. Cuando recién aprendes a conducir, sacar el auto del garaje requiere mucha concentración, lo cual es justificable: hay que abrir la puerta del garaje, abrir la puerta del auto, acomodar el asiento, insertar la llave en el arranque, girarla en dirección de las manecillas del reloj, ajustar el espejo retrovisor y los espejos laterales en busca de obstáculos, poner el pie en el freno, mover la palanca de velocidades hasta la reversa, quitar el pie del freno, estimar mentalmente la distancia entre el garaje y la calle mientras se mantiene el volante alineado y se monitorea el tráfico, calcular cómo las imágenes que se reflejan en los espejos se traducen en distancias reales entre el parachoques, los basureros y los arbustos, al tiempo que se ejerce cierta presión sobre el acelerador y el freno y, posiblemente, se le pide al copiloto que deje de cambiar la estación de radio.

No obstante, ahora lo haces cada vez que necesitas salir a la calle sin siquiera razonarlo. La rutina ocurre por hábito.

Millones de personas emprenden esta elaborada danza cada mañana, sin pensarlo, pues tan pronto tomamos las llaves del auto, los ganglios basales toman las riendas e identifican el hábito que almacenamos en el cerebro relacionado con sacar el auto del garaje en reversa. Una vez que el hábito comienza a desarrollarse, la materia gris es libre de relajarse o concentrarse en otros pensamientos, lo que explica por qué tenemos capacidad mental suficiente para darnos cuenta de que Jimmy olvidó la lonchera en la casa.

Los científicos dicen que los hábitos surgen porque el cerebro está constantemente buscando la forma de esforzarse menos. Si se lo deja a su suerte, el cerebro intentará convertir cualquier rutina en hábito, ya que los hábitos permiten al cerebro adormecerse con más frecuencia. Este instinto ahorrador de energía es una gran ventaja, en realidad; un cerebro eficiente requiere menos espacio, lo que se traduce en una cabeza más pequeña que facilita el parto y causa menos muertes fetales y maternas. Un cerebro eficiente también nos permite dejar de pensar todo el tiempo en comportamientos básicos como caminar o decidir qué comer, de modo que podamos dedicar nuestra energía mental a inventar lanzas, sistemas de irrigación y, a la larga, aviones y videojuegos.

Sin embargo, ahorrar energía mental es complicado, pues si el cerebro se apaga en el momento equivocado, podríamos pasar por alto algo importante: un depredador oculto en los arbustos o un auto que viene hacia nosotros a toda prisa. Por ende, nuestros ganglios basales han diseñado un sistema inteligente para determinar en qué momento cederles el control a los hábitos. Es algo que ocurre cada vez que un fragmento de comportamiento empieza o termina.

Para entender cómo funciona, veamos de cerca una vez más la gráfica del hábito neurológico de la rata. Notarás que la actividad cerebral se dispara al principio del laberinto, cuando escucha el clic antes de que la portezuela se abra, y vuelve a dispararse al final, cuando encuentra el chocolate.

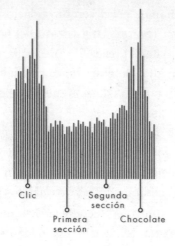

Clic

Primera
sección

Segunda
sección

Chocolate

Esos picos son la forma en que el cerebro determina cuándo ceder el control al hábito y qué hábito usar. Al estar detrás de la portezuela, por ejemplo, es difícil que la rata sepa si está en un laberinto familiar o en una alacena desconocida que está siendo acechada por un gato. Para lidiar con la incertidumbre, el cerebro dedica mucho esfuerzo al principio a buscar algo, una pista que le dé indicios de qué patrón usar. Detrás de la portezuela, si la rata escucha el clic, sabe que debe usar el hábito del laberinto. Si escucha un maullido, elige un patrón distinto. Y, al final de la actividad, cuando la recompensa aparece, el cerebro se reactiva y se asegura de que todo se haya desarrollado como esperaba.

Este proceso cerebral es un bucle de tres pasos; el primero es la *señal*, el detonante que le indica al cerebro que entre en modalidad automática y le dice qué hábito usar; luego viene la *rutina*, la cual puede ser física, mental o emotiva; por último está la *recompensa*, la cual ayuda al cerebro a descifrar si vale la pena recordar este bucle en particular en el futuro.

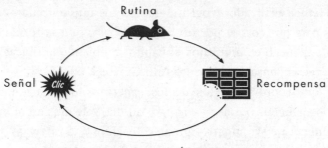

EL BUCLE DEL HÁBITO

Con el tiempo, este bucle —señal, rutina, recompensa; señal, rutina, recompensa— se vuelve cada vez más automático. La señal y la recompensa se entretejen hasta que surge una potente sensación de ansia y deseo. Con el tiempo, ya sea en un frío laboratorio del MIT o en el garaje de tu casa, se crea un hábito.

● ● ●

Los hábitos no determinan el destino. Como explicaré en los siguientes dos capítulos, es posible ignorar, cambiar o reemplazar los hábitos. Sin embargo, es muy importante haber descubierto el bucle de los hábitos porque este nos revela una verdad básica: cuando surge un hábito, el cerebro deja de participar parcialmente en la toma de decisiones. Se relaja o se distrae con otras tareas. Por ende, a menos que *combatas* los hábitos de forma deliberada —o encuentres nuevas rutinas—, el patrón se desarrollará de forma automática. No obstante, el simple acto de entender el funcionamiento de los hábitos —aprender la estructura del bucle de los hábitos— hace que sea más fácil controlarlos. Una vez que los desarmas parte por parte, es posible reacomodar los engranajes.

"Hemos realizado experimentos en los que entrenamos a ratas para que corran por un laberinto hasta que se forma un hábito, y luego extinguimos el hábito cambiando la ubicación de la recompensa —me contó Ann Graybiel, una científica del MIT que coordinó varios de los experimentos relacionados con los ganglios basales—. Luego, un día, volvimos a poner la recompensa en el lugar original, colocamos a la rata y, ¡bum!, el viejo hábito emergió de inmediato. Los hábitos nunca desaparecen del todo, en realidad. Se quedan codificados en las estructuras del cerebro, lo cual es una gran ventaja porque sería terrible, por ejemplo, que tuviéramos que aprender a conducir de nuevo al volver de nuestras vacaciones. El problema es que el cerebro es incapaz de distinguir entre los hábitos buenos y los malos, así que si tienes malos hábitos siempre estarán al acecho, esperando las señales y las recompensas adecuadas".

Esto explica por qué es tan difícil adoptar el hábito del ejercicio, por ejemplo, o cambiar la forma en que comemos. Una vez que desarrollamos la rutina de sentarnos en el sofá en lugar de salir a correr, o de comer una rosquilla cada vez que pasamos por la cafetería del trabajo, esos patrones se quedan grabados para siempre en nuestra mente. No obstante, siguiendo esa misma regla, si aprendemos a crear nuevas rutinas neurológicas que nublen aquellos comportamientos —si tomamos control del bucle de los hábitos—, podemos empujar las malas tendencias hasta el fondo, como lo hizo Lisa Allen después de aquel viaje a El Cairo. Y los estudios demuestran que, una vez que se crea un nuevo patrón, salir a correr o ignorar la caja de rosquillas se vuelve tan automático como el resto de los hábitos.

Si no existieran los bucles de los hábitos, el cerebro se apagaría al sentirse abrumado por las minucias de la vida cotidiana.

La gente con daño en los ganglios basales, causado por lesiones o enfermedades, suele paralizarse mentalmente. Tienen dificultades para realizar actividades básicas, como abrir una puerta o decidir qué comer. Pierden la capacidad de ignorar detalles insignificantes; un estudio, por ejemplo, observó que pacientes con lesiones en los ganglios basales eran incapaces de reconocer expresiones faciales, incluyendo muecas de miedo o desagrado, pues sentían una incertidumbre permanente sobre en qué parte de la cara concentrarse. Sin los ganglios basales, perdemos el acceso a cientos de hábitos de los que dependemos a diario. ¿Hiciste una pausa esta mañana para decidir si ponerte primero el zapato izquierdo o el derecho? ¿Tuviste dificultades para decidir si debías lavarte los dientes antes o después de ducharte?

Claro que no. Esas son decisiones habituales, sencillas. Siempre y cuando tus ganglios basales permanezcan intactos y las señales sean constantes, realizarás ciertos comportamientos de forma inconsciente. (Ahora bien, cuando sales de vacaciones, quizá te vistas de forma distinta o te laves los dientes en un momento distinto de la mañana sin notarlo).

No obstante, que el cerebro dependa de rutinas automáticas también puede ser peligroso. Los hábitos no solo son una ventaja, sino que también pueden ser una maldición.

Volvamos a la historia de Eugene, por ejemplo. Los hábitos le devolvieron la vida después de haber perdido la memoria, pero luego se lo arrebataron todo de nuevo.

III.

A medida que Larry Squire, el especialista en memoria, pasaba más y más tiempo con Eugene, se iba convenciendo de que su paciente estaba aprendiendo nuevos comportamientos de alguna manera. Las imágenes del cerebro de Eugene demostraban que sus ganglios basales se habían salvado del daño causado por la encefalitis viral. El científico se preguntó si sería posible que Eugene, a pesar del extenso daño cerebral, siguiera haciendo uso del bucle señal-rutina-recompensa. ¿Acaso ese antiguo proceso neurológico explicaba por qué era posible que Eugene caminara alrededor de la cuadra y encontrara el frasco de nueces en la cocina?

Para probar si Eugene estaba creando nuevos hábitos, Squire diseñó un experimento. Tomó dieciséis objetos diferentes —fragmentos de plástico y juguetes coloridos— y los adhirió a rectángulos de cartón. Luego los dividió en ocho parejas: opción A y opción B. En cada pareja, una pieza del cartón elegida al azar, tenía una calcomanía adherida en la parte trasera que decía "correcto".

Eugene se sentó a la mesa, le entregaron un par de objetos y le pidieron que eligiera uno. Después, le dijeron que volteara el objeto elegido para ver si atrás tenía adherida la calcomanía de "correcto". Es una forma común de medir la memoria. Dado que solo hay dieciséis objetos y siempre se presentan en los mismos ocho pares, la mayoría de la gente es capaz de memorizar cuál es el "correcto" después de unas cuantas rondas. Los monos logran memorizar todos los objetos "correctos" después de ocho o diez días.

Eugene era incapaz de recordar uno solo de los objetos "correctos", sin importar cuántas veces hiciera la prueba. Repitió el experimento dos veces a la semana durante meses, y cada vez realizaba el ejercicio con cuarenta parejas.

—¿Sabes qué haremos hoy? —le preguntó un día uno de los investigadores antes de comenzar la sesión, semanas después de iniciado el experimento.

—No, creo que no —contestó Eugene.

—Te mostraré algunos objetos. ¿Sabes para qué?

—¿Se supone que debo describirlos o decirte para qué sirven? Eugene no tenía recuerdo alguno de las sesiones previas.

Sin embargo, con el paso de las semanas, el desempeño de Eugene mejoró. Después de 28 días de entrenamiento, Eugene elegía el objeto "correcto" el 85 por ciento de las veces. A los 36 días, acertaba el 95 por ciento de las veces. Después de una prueba, Eugene alzó la mirada hacia la investigadora de ese turno, desconcertado por su propio éxito.

—¿Cómo lo estoy logrando? —le preguntó.

—Cuéntame qué pasa por tu cabeza —dijo la investigadora—. ¿Te dices algo como "recuerdo haber visto ese objeto"?

—No —contestó Eugene—. Está de algún modo ahí adentro —señaló su cabeza—, y la mano lo toma.

Para Squire, tenía todo el sentido del mundo. Eugene se exponía a una señal: un par de objetos que siempre se presentaban en la misma combinación. Había una rutina: elegía un objeto y lo volteaba para buscar la calcomanía, incluso si no tenía idea de por qué sentía el impulso de voltear el cartón. Luego venía la recompensa: la satisfacción al encontrar la calcomanía que proclamaba que era la elección "correcta". Con el tiempo, se creó un bucle de hábito.

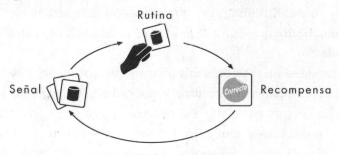

EL BUCLE DEL
HÁBITO DE EUGENE

Para asegurarse de que el patrón fuera, en efecto, un hábito, Squire diseñó un último experimento. Tomó los dieciséis objetos y se los puso a Eugene enfrente al mismo tiempo. Le pidió que pusiera todos los "correctos" en un montón.

Eugene no tenía idea de por dónde empezar. "Cielos, ¿cómo puedo recordarlo?", preguntó. Tomó un objeto e intentó voltearlo. Una de las investigadoras lo detuvo. No, le explicó. La tarea era separarlos por *montones*. ¿Por qué intentaba voltearlos?

"Creo que es un hábito", contestó él.

No pudo completar el ejercicio. Al tener enfrente los objetos fuera del contexto del bucle de hábito, no les encontraba ningún sentido.

Esa era la prueba que Squire buscaba. Los experimentos demostraron que Eugene tenía la capacidad de formar nuevos hábitos, incluso si implicaban tareas u objetos que olvidaba apenas unos segundos después. Eso explicaba por qué Eugene podía salir a caminar solo cada mañana. Las señales —ciertos árboles en las esquinas o la ubicación de algunos buzones— se repetían cada vez que salía a la calle, así que, aunque era incapaz de reconocer su casa, los hábitos lo guiaban de vuelta a la puerta de su hogar. También explicaba por qué Eugene desayunaba tres o cuatro veces al día, aun si no tenía hambre. Siempre y cuando las señales estuvieran presentes —como la radio o la luz matutina que entraba por la ventana—, él automáticamente seguía el guion que le dictaban sus ganglios basales.

Por si eso fuera poco, había muchos otros pequeños hábitos que Eugene había desarrollado y que nadie notó hasta que los analizaron más en detalle. Por ejemplo, la hija de Eugene solía pasar por la casa a saludarlos. Primero conversaba un rato con su padre en la sala, luego iba a la cocina a visitar a su madre y después se iba, y se despedía de lejos de su padre desde la puerta de la casa. Eugene, quien para entonces ya había olvidado la conversación previa, se enojaba. ¿Por qué se iba sin hablar con él? Luego olvidaba haberse enojado. Pero el hábito emocional se detonaba, así que la ira ardiente persistía sin que él entendiera por qué, hasta que se disipaba por sí sola.

"A veces daba manotazos en la mesa y, si le preguntabas por qué, contestaba 'No sé, ¡pero estoy furioso!' —me contó Beverly—. Pateaba la silla o se desquitaba con la primera persona que veía. Luego, minutos después, sonreía y empezaba a hablar del clima. Era como si, una vez que empezaba, tuviera que darle rienda suelta a su frustración hasta el final".

El último experimento de Squire también demostró otra cosa: que los hábitos son sumamente delicados. Si las señales de Eugene cambiaban aunque fuera un poco, el hábito se desmoronaba. Por ejemplo, en las contadas ocasiones en las que salía a dar la vuelta a la cuadra y se topaba con algo distinto —la alcaldía estaba realizando reparaciones a la calle o una tormenta había dejado ramas tiradas en la acera—, Eugene se perdía, sin importar cuán cerca estuviera de su casa, hasta que algún amable vecino lo guiaba de vuelta a la puerta de entrada. Si su hija se detenía a conversar con él durante diez segundos antes de irse, el hábito de la ira no se detonaba.

Los experimentos de Squire con Eugene revolucionaron el entendimiento científico sobre cómo funciona el cerebro al demostrar sin lugar a dudas que es posible aprender y tomar decisiones de forma inconsciente sin recordar en lo más mínimo la lección o el proceso de toma de decisiones. Eugene demostró que los hábitos, tanto como la memoria y la razón, son la base del comportamiento humano. Quizá no recordemos las experiencias que generan nuestros hábitos, pero una vez que se hospedan en nuestro cerebro, influyen en la forma en que actuamos, con frecuencia sin que lo notemos.

●●●

Desde la publicación del primer artículo de Squire sobre los hábitos de Eugene, la ciencia de la formación de hábitos ha conformado un amplio campo de estudio. Investigadores de Duke, Harvard, UCLA, Yale, USC, Princeton, la Universidad de Pensilvania y varias universidades del Reino Unido, Alemania y los Países Bajos, así como científicos corporativos que trabajan para empresas como Procter & Gamble, Microsoft, Google, y cientos de otras compañías, siguen esforzándose por entender la neurología y la psicología de los hábitos, sus fortalezas y debilidades, así como por qué se forman y cómo se pueden modificar.

Los científicos han aprendido que casi cualquier cosa puede ser una señal, desde un detonante visual (como un caramelo o un comercial televisivo), hasta un lugar, una hora del día, una emoción, una secuencia de pensamientos o la compañía de ciertas personas. Las rutinas pueden ser sumamente complejas o sorprendentemente simples (algunos hábitos, como los que se vinculan con las emociones, se miden en milisegundos). Las recompensas van desde alimentos o drogas que causan sensaciones físicas, hasta retribuciones emotivas, como los sentimientos de orgullo que acompañan el halago o la autocomplacencia.

En casi todos los experimentos, los investigadores han observado ecos de los hallazgos de Squire con Eugene: los hábitos son poderosos, pero delicados. Pueden desarrollarse sin que seamos conscientes de ello o los podemos diseñar de forma deliberada. Con frecuencia ocurren sin nuestro permiso, pero es posible reconfigurarlos si reorganizamos sus partes. Le dan forma a nuestra vida diaria mucho más de lo que imaginamos; de hecho, son tan potentes que causan que el cerebro se aferre a ellos a expensas de todo lo demás, incluyendo el sentido común.

Por ejemplo, en una serie de experimentos, investigadores afiliados al Instituto Norteamericano de Abuso del Alcohol entrenaron a ratones para que presionaran palancas en respuesta a ciertas señales, hasta que el comportamiento se convirtió en un hábito. A los ratones se los recompensaba siempre con comida. Después, los científicos electrificaron el piso de modo que cuando los ratones caminaran hacia la recompensa recibieran una descarga, o envenenaron la comida para que los animales sintieran un fuerte malestar después de comer. Los ratones sabían que la comida y la jaula eran peligrosas; cuando se les ofrecían croquetas envenenadas en un tazón o veían los paneles electrificados en el suelo, se abstenían. No obstante, si veían las antiguas señales, presionaban automáticamente la palanca y se comían la comida o caminaban por el suelo electrificado, aunque eso los hiciera vomitar o sobresaltarse por la descarga. El hábito estaba tan arraigado que los ratones no podían refrenarse.

No es difícil encontrar analogías en el mundo humano. Pensemos, por ejemplo, en la comida rápida. Cuando los chicos están muy hambrientos y estás conduciendo de vuelta a casa después de un día pesado, tiene sentido detenerse por única ocasión en McDonald's o Burger King. Los paquetes de comida que ofrecen no son demasiado costosos. Y saben muy bien. A fin de cuentas, una dosis de carne procesada, patatas fritas y saladas, y un refresco azucarado no representan un gran riesgo a la salud, ¿cierto? No es que lo hagas con mucha frecuencia.

Pero los hábitos surgen sin nuestro permiso. Los estudios indican que las familias no tienen la *intención* de consumir comida rápida de forma regular. Lo que ocurre es que la costumbre de una vez por mes poco a poco se convierte en una vez por semana, y luego en dos veces por semana, a medida que las señales y las recompensas crean el hábito. Hasta que llega al punto en que los chicos consumen una cantidad muy poco saludable de hamburguesas y patatas fritas. Cuando investigadores de la Universidad del Norte de Texas y de Yale intentaron entender por qué las familias incrementaban de forma gradual su consumo de comida rápida, hallaron una serie de señales y recompensas que la mayoría de los consumidores no se imaginaba que influía en sus comportamientos. Descubrieron el bucle del hábito.

Todos los McDonald's son muy parecidos, pues la empresa intenta estandarizar de forma deliberada la decoración y estilo arquitectónico de los restaurantes, así como los guiones que usan los empleados con los clientes, de modo que todo funcione como una señal congruente que detone las rutinas alimenticias. Los alimentos de algunas cadenas de comida están diseñados de forma particular para proveer recompensas inmediatas. Las patatas fritas, por ejemplo, están diseñadas para empezar a desintegrarse en el instante en que entran en contacto con la lengua para acelerar la descarga de sal y grasa tanto como sea posible, lo que provoca que los centros de placer del cerebro se activen y el patrón se arraigue. Es ideal para afianzar el bucle de los hábitos.

No obstante, estos hábitos son delicados. Si el restaurante de comida rápida en el que comen muchas familias cierra sus puertas, estas familias empezarán a cenar en casa en lugar de buscar un restaurante alternativo. Hasta los pequeños cambios pueden poner fin al patrón. Sin embargo, como con frecuencia no reconocemos estos bucles de hábitos incipientes, ignoramos nuestra capacidad para controlarlos. Si aprendemos a observar las señales y las recompensas, podemos cambiar las rutinas.

IV.

Hacia el año 2000, siete años después de que Eugene se enfermara, su vida alcanzó una especie de equilibrio. Salía a caminar cada mañana. Comía lo que quería, a veces hasta cinco o seis veces al día. Su esposa sabía que, siempre que la televisión sintonizara el History Channel, Eugene se sentaría en su sillón y lo vería, sin importar si estaban transmitiendo programas repetidos o nuevos. Él no notaba la diferencia.

Sin embargo, a medida que fue envejeciendo, sus hábitos empezaron a tener un impacto negativo en su vida. Era muy sedentario; a veces podía pasar horas viendo televisión porque nunca se aburría de los programas. A los médicos les preocupaba su salud cardiaca. Le dijeron a Beverly que lo sometiera a una dieta estricta de alimentos saludables, y ella lo intentó, pero era difícil ejercer control sobre la frecuencia con la que Eugene comía o lo que consumía. Él siempre olvidaba los regaños. Aunque el refrigerador estuviera lleno de frutas y verduras, Eugene buscaba y rebuscaba hasta encontrar los huevos y el tocino. Esa era su rutina. Y, conforme envejecía, sus huesos se fueron volviendo más frágiles, así que los médicos dijeron que necesitaba ser más cuidadoso cuando saliera a caminar. Pero, en su mente, Eugene tenía veinte años menos. Olvidaba caminar con precaución.

"Toda la vida me había fascinado la memoria —me confesó Squire—. Luego conocí a E.P. y descubrí lo rica que puede ser la vida incluso si no la recuerdas. El cerebro tiene la sorprendente capacidad de encontrar felicidad aunque el recuerdo de esta se pierda. Pero es difícil desactivarlo, lo cual, en última instancia, lo perjudicó".

Beverly intentó usar su conocimiento sobre la formación de hábitos para ayudar a Eugene a evitar problemas relacionados con la vejez. Descubrió que podía causar cortocircuitos en algunos de sus patrones si insertaba nuevas señales. Si no guardaba tocino en el refrigerador, Eugene no hacía varios desayunos poco saludables. Si le ponía una ensalada enfrente, a veces la picoteaba; y, a medida que esa comida se fue volviendo un hábito, Eugene dejó de ir a la cocina en busca de refrigerios. Poco a poco, su alimentación mejoró.

No obstante, a pesar de los esfuerzos, la salud de Eugene se siguió deteriorando. Un día de primavera, mientras veía la televisión, empezó a gritar. Beverly corrió a asistirlo y lo encontró presionándose el pecho con ambas manos. Llamó una ambulancia. En el hospital, le diagnosticaron un infarto leve. Para entonces, el dolor había cedido y Eugene intentaba bajarse de la camilla. Esa noche, más de una vez se despegó los electrodos del pecho para poder recostarse de lado y dormir. Eso activaba las alarmas de los monitores, lo que hacía que el personal de enfermería entrara corriendo a su habitación. Intentaron que dejara de interferir con los sensores diciéndole, después de adherírselos de nuevo, que lo atarían si volvía a hacerlo. Nada funcionó. Eugene olvidaba las amenazas tan pronto las oía.

Luego su hija le sugirió a una enfermera que intentara halagarlo por su capacidad para sentarse quieto y repetirle el halago una y otra vez cada que lo viera. "Queríamos apelar a su orgullo, ¿sabes? —me dijo su hija, Carol Rayes—. Le decíamos, 'Ay, papá, estás haciendo algo muy valioso para la ciencia al dejarte los sensores en su lugar'". Las enfermeras empezaron a mimarlo, y a Eugene parecía encantarle. Dos días después, hacía todo lo que le pedían. Eugene volvió a casa una semana después.

Más tarde, en el otoño de 2008, mientras caminaba por el salón de su casa, Eugene se tropezó con una repisa cercana a la chimenea, se cayó y se fracturó la cadera. En el hospital, a

Squire y a su equipo les preocupó que tuviera ataques de ansiedad por no saber dónde estaba. Así que le dejaban notas junto a la cama para explicarle lo que le había ocurrido y pegaron fotos de sus hijos en las paredes. Su esposa y sus hijos lo visitaban a diario.

Sin embargo, Eugene nunca se inquietó. Jamás preguntó qué hacía en el hospital. "Para entonces, parecía haber hecho las paces con la incertidumbre —me contó Squire—. Hacía quince años que había perdido la memoria. Era como si parte de su cerebro supiera que había cosas que jamás entendería y no tenía problema con ello".

Beverly lo visitaba a diario. "Pasaba largo rato hablándole —me contó—. Le decía que lo amaba, le contaba de nuestros hijos y de la buena vida que teníamos. Le señalaba las fotos y le reiteraba lo amado que era. Estuvimos casados 57 años, 42 de los cuales tuvimos un matrimonio normal. En ocasiones era pesado porque ansiaba recuperar a mi antiguo esposo. Pero al menos sabía que era feliz".

Unas semanas después, su hija fue a visitarlo.

—¿Cuál es el plan? —le preguntó Eugene al verla llegar. Ella lo sacó al jardín del hospital en silla de ruedas—. Es un día hermoso —dijo Eugene—. Muy lindo clima, ¿no?

Su hija le habló sobre sus hijos y juntos jugaron con un perro. Ella pensó que le darían de alta pronto. El sol se estaba poniendo. Se preparó para llevarlo de vuelta a su habitación.

Eugene la miró.

—Soy afortunado de tener una hija como tú —le dijo. La tomó desprevenida. No recordaba la última vez que su padre le había dicho algo así de tierno.

—Yo soy afortunada de que seas mi papá —le contestó.

—Cielos, es un día hermoso —dijo él—. ¿Qué opinas del clima?

Esa noche, a la una de la mañana, sonó el teléfono de Beverly. El médico le informó que Eugene había sufrido un infarto fulminante y que no habían logrado reanimarlo a pesar de haber hecho todo lo posible. Se había ido. Después de morir, sería recordado por incontables investigadores, y las imágenes de su cerebro serían estudiadas en cientos de laboratorios y escuelas de medicina.

"Sé que lo hubiera enorgullecido saber cuánto contribuyó a la ciencia —me compartió Beverly—. Poco después de que nos casamos, me dijo que quería lograr algo importante en la vida, hacer algo que importara. Y lo hizo. Solo que nunca lo recordó".

2

EL CEREBRO ANSIOSO

Cómo crear nuevos hábitos

I.

Un día, a principios del siglo XX, a un prominente directivo estadounidense llamado Claude C. Hopkins lo abordó un viejo amigo suyo para compartirle una nueva idea de negocios. El amigo le explicó que había descubierto un producto maravilloso y que estaba convencido de que sería un éxito. Era una pasta dental, un mejunje grumoso con sabor a menta que llamaba "Pepsodent". Había unos cuantos inversionistas sospechosos implicados —uno de ellos había hecho fraudes inmobiliarios y se rumoreaba que otro tenía vínculos con la mafia—, pero sería un emprendimiento gigantesco. O eso le prometió el amigo... siempre y cuando Hopkins accediera a ayudarlo a diseñar la campaña publicitaria a nivel nacional.

En ese entonces, Hopkins estaba en la cima de una industria floreciente que unas cuantas décadas antes era inexistente: la publicidad. Hopkins fue quien convenció a los estadounidenses de comprar cerveza Schlitz bajo el pretexto de que la empresa limpiaba sus botellas con "vapor vivo", a pesar de que la competencia usaba exactamente el mismo método. Sedujo a millones de mujeres para que compraran jabón Palmolive proclamando que Cleopatra se había bañado con él, a pesar de las protestas de los indignados historiadores. Popularizó el cereal Puffed Wheat afirmando que salía "disparado por pistolas" hasta que el cereal se inflaba "ocho veces más de lo normal". Convirtió docenas de productos antes desconocidos —la avena Quaker, los neumáticos Goodyear, la aspiradora Bissell, el cerdo con alubias Van Camp— en marcas de renombre. En el proceso se hizo tan rico que su autobiografía, *Mi vida en publicidad*, dedicaba largos pasajes a las dificultades de gastar tanto dinero.

Claude Hopkins se hizo famoso por acuñar una serie de reglas que explicaban cómo crear nuevos hábitos entre los consumidores. Esas reglas transformarían industrias enteras y, con el tiempo, se convertirían en nociones convencionales entre publicistas, reformadores educativos, profesionales de la salud pública, políticos y directivos. Aún en la actualidad, las reglas de Hopkins influyen en toda clase de cosas, desde la forma en que compramos productos de limpieza hasta las herramientas de las que se valen los gobiernos para erradicar enfermedades. Son fundamentales para la creación de cualquier nueva rutina.

No obstante, cuando aquel viejo amigo lo abordó para hablarle de Pepsodent, el publicista apenas se inmutó. No era ningún secreto que la salud dental de los estadounidenses iba en picada. A medida que la economía nacional se fortalecía, la gente empezó a comprar cantidades más grandes de alimentos procesados y llenos de azúcar. Cuando el gobierno empezó a reclutar hombres para la Primera Guerra Mundial, muchos de ellos tenían la dentadura tan podrida que los oficiales clasificaron la mala higiene dental como un riesgo para la seguridad nacional.

Sin embargo, Hopkins sabía que vender pasta dental era un suicidio financiero. Había un inmenso ejército de vendedores que iban de puerta en puerta ofreciendo toda clase de polvos y elíxires dentales de dudosa procedencia, y en su mayoría terminaban en la quiebra. El problema era que nadie compraba pasta dental porque, a pesar de los problemas odontológicos que aquejaban a la nación, casi nadie se lavaba los dientes.

Hopkins pensó un poco en la propuesta de su amigo y decidió rechazarla. Le dijo que prefería quedarse con los jabones y los cereales. "No sabía cómo explicarle a la gente común los tecnicismos teóricos de la pasta dental", explicó Hopkins en su autobiografía. Sin embargo, el amigo insistió. Lo buscó una y otra vez, apelando al gran ego de Hopkins, hasta que por fin el publicista accedió.

"Finalmente accedí a realizar la campaña si me daba a cambio la opción de un bloque de acciones durante seis meses", escribió Hopkins. El amigo aceptó.

Sería la mejor decisión financiera que tomaría Hopkins en la vida.

En el transcurso de cinco años de asociación, Hopkins convirtió Pepsodent en uno de los productos más famosos del mundo y, en el proceso, ayudó a desarrollar el hábito de cepillado dental que se extendió como la pólvora por Estados Unidos. Al poco tiempo todo el mundo, desde Shirley Temple hasta Clark Gable, presumía su "sonrisa Pepsodent". Para 1930, Pepsodent se vendía en China, Sudáfrica, Brasil, Alemania y en casi cualquier otro lugar donde Hopkins pudiera comprar anuncios publicitarios. Una década después de la primera campaña de Pepsodent, las encuestas revelaron que el cepillado de los dientes se había convertido en un ritual para más de la mitad de la población estadounidense. Hopkins ayudó a que el cepillado dental se arraigara como actividad cotidiana.

Más tarde, Hopkins presumiría que el secreto de su éxito fue que encontró una especie de señal y recompensa que avivaba un hábito en particular. Es una alquimia tan potente que, aun en la actualidad, esos mismos principios básicos los observan los diseñadores de videojuegos, la industria alimentaria, los hospitales y los vendedores de todo el mundo. Gracias a Eugene Pauly conocimos el bucle de los hábitos, pero fue Claude Hopkins quien nos demostró cómo se cultivan y desarrollan los nuevos hábitos.

Entonces, ¿qué fue exactamente lo que hizo Hopkins?

Hopkins creó el ansia. Y resulta que esa ansia hace que las señales y las recompensas funcionen, pues el ansia le da potencia al bucle del hábito.

● ● ●

A lo largo de su carrera, una de las tácticas características de Claude Hopkins era encontrar detonantes sencillos que le ayudaran a convencer a los consumidores de usar sus productos a diario. Por ejemplo, vendía la avena Quaker como un cereal de desayuno que prometía dar energía durante 24 horas, pero solo si comías un tazón cada mañana. Pregonaba tónicos que curaban dolores estomacales, dolores articulares, problemas de la piel y "malestares femeninos", pero solo si se bebía el medicamento tras la primera aparición de los síntomas. Al poco tiempo, la gente empezó a devorar avena al amanecer y a tomar traguitos de pequeñas botellas color marrón cada vez que sentía una pizca de fatiga, lo cual, daba la casualidad, solía ocurrir al menos una vez al día.

Por ende, para vender Pepsodent, Hopkins requería un detonante que justificara su uso cotidiano, así que se sentó frente a una pila de libros de texto de odontología. "Fue una lectura estéril —escribiría después—. Sin embargo, a la mitad de un libro encontré una referencia a las placas de mucina en los dientes que después denominé 'película'. Eso me dio una idea interesante. Decidí anunciar esta pasta dentífrica como algo que crearía belleza al eliminar esa película opaca".

Al concentrarse en la película dental, Hopkins pasó por alto el hecho de que esa misma película siempre había recubierto la dentadura de la gente sin que pareciera causarle problemas a nadie. A fin de cuentas, es una membrana que se crea de forma natural en los dientes sin importar qué comamos ni con cuánta frecuencia nos cepillemos los dientes. La gente nunca le había prestado mucha atención ni tenía motivos para hacerlo: es posible deshacerse de ella comiendo una manzana, frotándose los dientes con la punta del dedo, cepillándose los dientes o haciendo buches de agua. La pasta dental no ayudaba a eliminar la película. De hecho, un importante científico odontológico de la época afirmó que las pastas dentales —en especial Pepsodent— no servían para nada.

Eso no le impidió a Hopkins sacar provecho de su hallazgo. Decidió que esa era la señal que detonaría el hábito. Al poco tiempo, las ciudades estaban plagadas de anuncios de Pepsodent.

"Pasa la punta de la lengua por encima de los dientes —decía uno de ellos—. *Sentirás una película*. Esta película hace que los dientes se vean 'opacos' y promueve las caries".

"Mira cuántas hermosas sonrisas hay por doquier —decía otro anuncio que exhibía hermosas mujeres sonrientes—.

Millones están usando un nuevo método de limpieza dental. ¿Por qué las mujeres querrían tener una película opaca sobre los dientes? ¡Pepsodent acaba con esa película!".

La genialidad de esos incentivos era que dependían de una señal —la película dental— que era universal e imposible de ignorar. Resultó que decirle a la gente que pasara la punta de la lengua por los dientes lograba que muchas de ellas lo hicieran. Y, al hacerlo, era probable que sintieran la película. Hopkins había encontrado una señal sencilla, que había existido desde siempre y que era fácil de detonar con un anuncio que provocara que la gente realizara una acción en automático.

Además, la recompensa que Hopkins visualizó era aún más atractiva. A fin de cuentas, ¿quién no quería ser más atractivo? ¿Quién no quería tener una sonrisa más agradable, sobre todo si bastaba con darse una rápida cepillada con Pepsodent?

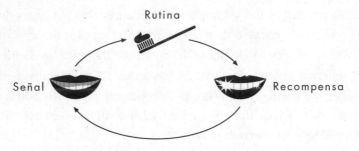

NOCIÓN DE HOPKINS DEL BUCLE
DEL HÁBITO DE USAR PEPSODENT

La semana posterior al lanzamiento de la campaña transcurrió sin sobresaltos. Lo mismo la segunda. Sin embargo, para la tercera semana, la demanda se había disparado. Había tantas órdenes de Pepsodent que la empresa no daba abasto. Al cabo de tres años, el producto se internacionalizó y Hopkins diseñó anuncios en español, alemán y chino. Al cabo de una década,

Pepsodent era uno de los productos más vendidos del mundo, y se mantuvo como el dentífrico mejor vendido en Estados Unidos durante más de treinta años.

Antes de la aparición de Pepsodent, solo el 7 por ciento de los estadounidenses tenía un tubo de pasta dental en el botiquín. Una década después de que Hopkins lanzara su campaña a nivel nacional, la cifra se había elevado al 65 por ciento. Para cuando terminó la Segunda Guerra Mundial, la salud dental dejó de ser una preocupación para el ejército puesto que muchos soldados ya se cepillaban los dientes a diario.

"Me embolsé un millón de dólares con Pepsodent" —escribió Hopkins algunos años después de que el producto llegara a las estanterías comerciales. La clave, en sus propias palabras, fue que había "aprendido la psicología humana adecuada". Esa psicología se fundamentaba en dos reglas básicas:

Primera, encontrar una señal simple y evidente.

Segunda, definir con claridad las recompensas.

La promesa de Hopkins era que elegir bien esos elementos surtía un efecto mágico. Veamos el caso de Pepsodent: identificó una señal —la película dental— y una recompensa —una dentadura hermosa— que convencieron a millones de personas de adoptar un ritual diario. Aún hoy, las reglas de Hopkins son esenciales para los libros de texto de mercadotecnia y la base de millones de campañas publicitarias.

Y esos mismos principios se han usado para crear miles de otros hábitos, con frecuencia sin que la gente se dé cuenta de que está recurriendo a la fórmula de Hopkins. Los estudios realizados con personas que han logrado con éxito adoptar nuevas rutinas de ejercicio, por ejemplo, demuestran que es más probable que se apeguen a su plan de entrenamiento si eligen una señal específica, como salir a correr tan pronto llegan a casa del trabajo, y una recompensa clara, como tomar una cerveza o pasar la tarde viendo televisión sin sentirse culpables. Las investigaciones sobre las dietas afirman que crear nuevos hábitos alimenticios requiere señales predeterminadas —como planear los menús con anticipación— y recompensas sencillas para premiar a quienes hacen la dieta cuando se apegan a sus intenciones.

"Ha llegado la época en la que, en algunas manos, la publicidad ha alcanzado el estatus de ciencia —escribió Hopkins—. La publicidad, que otrora fuera una apuesta, se ha transformado, bajo la dirección adecuada, en uno de los emprendimientos de negocios más seguros".

Es una afirmación bastante jactanciosa, sin duda. En realidad, resulta que las dos reglas de Hopkins no bastan. También es necesario cumplir con una tercera regla para crear un hábito, una regla tan sutil que el propio Hopkins se apoyaba en ella sin siquiera saber de su existencia. Es la regla que explica todo, desde por qué es tan difícil ignorar la caja de rosquillas hasta cómo el trote matutino puede convertirse en una rutina que casi no requiera esfuerzo.

II.

Los científicos y ejecutivos de marketing de Procter & Gamble estaban reunidos en torno a una mesa desvencijada, en una pequeña sala sin ventanas, leyendo la transcripción de una entrevista realizada a una mujer que tenía nueve gatos, cuando por fin una de las presentes se atrevió a decir lo que todos estaban pensando.

"Si nos despiden, ¿qué ocurrirá exactamente? —preguntó—. ¿Vendrán los guardias de seguridad para escoltarnos a la salida, o nos darán algún tipo de notificación previa?".

El líder del equipo, un hombre llamado Drake Stimson, quien antes fuera la estrella ascendente de la empresa, la miró fijamente.

"No lo sé —contestó. Estaba muy despeinado. Su mirada reflejaba su agotamiento—. Nunca creí que las cosas se hundirían tanto. Me dijeron que dirigir este proyecto equivalía a un ascenso".

Corría el año 1996 y el grupo sentado a la mesa estaba descubriendo, a pesar de las aseveraciones de Claude Hopkins, que el proceso de venderle algo a alguien podía ser muy poco científico. Todos trabajaban para una de las productoras de bienes de consumo más grandes del planeta, la empresa detrás de las papas Pringles, Oil of Olay, las toallas de papel Bounty, los cosméticos CoverGirl, Dawn, Downy y Duracell, así como docenas de otras marcas. P&G recolectaba más información sobre sus consumidores que cualquier otra compañía del planeta y se basaba en métodos estadísticos complejos para diseñar sus campañas publicitarias. Era excelente para descifrar cómo vender algo. Tan solo en el mercado de detergentes para ropa, los productos de P&G lavaban una de cada dos cargas de ropa en Estados Unidos. Y sus ganancias ascendían a 35 mil millones de dólares anuales.

No obstante, el equipo de Stimson, a quien le habían confiado el diseño de la campaña de uno de los nuevos productos más prometedores de P&G, estaba al borde del fracaso. La empresa había gastado millones de dólares en el desarrollo de un aerosol capaz de eliminar los malos olores de prácticamente cualquier tela. Y los investigadores presentes en aquella sala diminuta y sin ventanas no tenían idea de cómo lograr que la gente lo comprara.

El aerosol había sido creado unos tres años antes, mientras uno de los químicos de P&G trabajaba con una sustancia llamada hidroxipropil beta-ciclodextrina (o HPBCD) en un laboratorio. El químico fumaba, así que su ropa solía oler a cenicero. Un día, después de haber experimentado con la HPBCD, su esposa lo recibió en la casa al llegar del trabajo.

—¿Dejaste de fumar? —le preguntó.

—No —contestó él, con suspicacia. Su esposa llevaba años hostigándolo para que dejara el cigarrillo. Esto parecía una especie de truco de psicología inversa.

—Hoy no hueles a cigarrillo. Por eso lo pregunto —dijo ella.

Al día siguiente, volvió al laboratorio y siguió experimentando con la HPBCD y otros olores. Al poco tiempo, tenía cientos de viales que contenían telas con olor a perro mojado, habano, calcetines sudorosos, comida china, ropa rancia y toalla sucia. Cuando puso HPBCD en agua y roció las muestras, los olores fueron atraídos por las moléculas de la sustancia química. Una vez que el vapor se disipaba, el olor desaparecía.

Cuando el químico explicó su hallazgo a los ejecutivos de P&G, quedaron maravillados. Durante años, las investigaciones de mercado habían revelado que los consumidores ansiaban encontrar algo que acabara con los malos olores; no que los enmascarara, sino que los erradicara por completo. Durante una entrevista que realizaron investigadores de mercado a varios consumidores, descubrieron que muchos de ellos dejaban las blusas o los pantalones fuera de casa para que se ventilaran después de haber pasado la noche en un bar o en una fiesta. "Mi ropa huele a cigarrillo cuando vuelvo a casa, y no quiero tener que pagar el lavado en seco cada vez que salgo de fiesta", dijo una mujer.

P&G vio en ello una oportunidad y echó a andar un proyecto ultrasecreto para convertir la HPBCD en un producto viable. Invirtieron millones perfeccionando la fórmula para por fin producir un líquido incoloro e inodoro que pudiera aniquilar casi cualquier olor desagradable. El fundamento científico del aerosol era tan sofisticado que, con el tiempo, la NASA empezaría a usarlo para limpiar los interiores de los transbordadores tras su regreso del espacio. La mejor parte era que producirlo era económico, no dejaba manchas y podía lograr que cualquier sofá apestoso, chaqueta vieja o asiento de auto dejara de oler mal. El proyecto era una de las mayores apuestas, y P&G estaba preparado para ganar miles de millones de dólares... siempre y cuando lograran diseñar la campaña publicitaria correcta.

Decidieron llamar al producto Febreze, y le pidieron a Stimson, un joven prodigio de 31 años con estudios en matemáticas y psicología, que dirigiera al equipo de publicidad. Stimson era un muchacho alto y atractivo, de mentón firme y voz amable, con un gusto particular por la buena comida. ("Preferiría que mis hijos fumaran marihuana a que comieran en McDonald's", le confesó alguna vez a un colega). Antes de entrar a P&G trabajó cinco años en Wall Street diseñando modelos matemáticos para la selección de acciones. Cuando se mudó a Cincinnati, donde P&G tenía sus oficinas centrales, fue reclutado para que ayudara a publicitar algunas de las líneas de negocio más importantes, incluyendo el suavizante de telas Bounce y las hojas para secadora de Downy. Pero Febreze era una bestia diferente. Era su oportunidad de lanzar una categoría de producto totalmente nueva, de añadir al carrito de supermercado de los consumidores algo que nunca antes había estado ahí. Lo único que Stimson necesitaba era descifrar cómo convertir Febreze en un hábito, y el producto volaría de las estanterías. ¿Qué tan difícil podía ser?

Stimson y sus colegas decidieron introducir Febreze en unos cuantos mercados de prueba: Phoenix, Salt Lake City y Boise. Viajaron hasta allá y distribuyeron muestras gratuitas, y luego le preguntaron a la gente si podían hacer una visita a su hogar. Durante dos meses, visitaron cientos de hogares. El primer gran hallazgo ocurrió cuando visitaron a una guardabosques en Phoenix. Era una mujer de casi treinta años que vivía sola. Su trabajo consistía en atrapar animales silvestres que se salían de los límites del desierto; capturaba coyotes, mapaches y, ocasionalmente, pumas. Y zorrillos. Muchos, muchos zorrillos que con frecuencia la fumigaban cuando los atrapaba.

"Soy soltera y me gustaría encontrar a alguien con quien tener hijos —les confesó la guarda a Stimson y sus colegas en el salón de su casa—. He tenido muchas citas. Digo, creo que soy atractiva, ¿saben? Soy lista y creo que soy buen partido".

Sin embargo, su vida romántica se veía afectada porque todo en su vida apestaba a zorrillo: su casa, su camioneta, su ropa, sus botas, sus manos, sus cortinas. Hasta su cama. Había probado toda clase de curas. Compró jabones y champús especiales. Encendió velas aromáticas y usó costosas máquinas de lavado de alfombras. Nada funcionó.

"Cuando tengo una cita, percibo que algo huele a zorrillo y no puedo dejar de obsesionarme con ello —les contó—. Empiezo a preguntarme si el hombre con el que estoy también lo percibe. ¿Y si lo invito a mi casa y él quiere salir corriendo de ahí?

"El año pasado tuve cuatro citas con un chico simpático, que me gustaba mucho, y esperé mucho para invitarlo a mi casa. Finalmente lo hice; pensé que todo iba bien. Luego, al día siguiente, me dijo que necesitaba 'espacio'. Fue muy amable y todo, pero no puedo dejar de preguntarme si habrá sido por el olor".

"Bueno, pues me da gusto que hayas tenido la oportunidad de probar Febreze —le dijo Stimson—. ¿Qué te pareció?".

La guarda lo miró a los ojos. No paraba de llorar.

"Quiero darles las gracias —contestó—. Este aerosol me cambió la vida".

Después de haber recibido muestras gratuitas de Febreze, volvió a casa y roció el sofá. Roció las cortinas, la alfombra, el edredón, sus pantalones, su uniforme, el interior de su vehículo. Se acabó la botella, así que tomó otra para rociar todo lo demás.

"Después de eso he invitado a todos mis amigos a casa —continuó la mujer—. Ya no perciben el olor. El zorrillo se esfumó".

Para entonces, lloraba con tanta fuerza que una de las colegas de Stimson le dio unas palmaditas en el hombro para reconfortarla.

"No saben cuánto se los agradezco —dijo la guardabosques—. Me siento tan libre. Gracias. Este producto es muy importante".

Stimson olisqueó el aire del salón. No percibió ningún olor. *Nos vamos a hacer millonarios con este producto*, pensó.

• • •

El joven y su equipo volvieron a las oficinas corporativas de P&G y empezaron a estudiar la campaña publicitaria que estaban a punto de lanzar. Decidieron que la clave para vender Febreze era comunicar aquella sensación de alivio que sintió la guarda forestal. Debían mostrar Febreze como algo que le permitiría a la gente librarse de olores vergonzosos. El equipo entero conocía a la perfección las reglas de Claude Hopkins, o más bien, las encarnaciones modernas que plagaban los libros de negocios. Querían que los anuncios fueran sencillos: encontrar una señal obvia y definir con claridad la recompensa.

Diseñaron dos comerciales televisivos. El primero mostraba a una mujer que conversaba en la sección de fumadores de un restaurante. Siempre que va a comer ahí, su chaqueta termina apestando a humo. Una amiga le dice que si usa Febreze eliminará el olor. La señal: el olor a cigarrillo. La recompensa: eliminar el olor de la ropa. El segundo anuncio presentaba a una mujer preocupada porque su perra, Sophie, siempre se acostaba en el sofá. "Sophie siempre olerá a Sophie —dice la mujer—, pero con Febreze mi sofá no tiene por qué oler a ella". La señal: olor a mascota, algo que setenta millones de hogares conocen bien. La recompensa: una casa que no huela a perrera.

Stimson y sus colegas comenzaron a transmitir los comerciales en 1996 en las ciudades donde realizaron los estudios de mercado. Obsequiaron muestras, enviaron publicidad por correo y pagaron a las tiendas para que pusieran pirámides de latas de Febreze cerca de las cajas registradoras. Luego se sentaron en sus laureles y fantasearon acerca de cómo gastarían sus bonos de productividad.

Pasó una semana. Luego dos. Un mes. Dos meses. Las ventas eran bajas... luego, disminuyeron aún más. En medio del pánico, la empresa envió investigadores de mercado a las tiendas para averiguar qué estaba pasando. Los estantes llenos de latas de Febreze permanecían intactos. Empezaron entonces a visitar a las amas de casa que recibieron las muestras gratis.

"Ah, sí, el aerosol —le dijo una de ellas a uno de los investigadores de P&G—. ¡Lo recuerdo! Veamos. —La mujer se arrodilló en la cocina y empezó a rebuscar en el gabinete bajo el lavabo—. Lo usé un rato, pero luego lo olvidé. Creo que está por aquí en algún lugar —agregó, y se puso de pie—. ¿Será que lo guardé en el armario? —Cruzó la cocina e hizo a un lado unas escobas—. ¡Sí! ¡Aquí está! ¡Al fondo! ¿Ven? Casi lleno. ¿Quieren que se los devuelva?".

Febreze era un fracaso.

Para Stimson, esto era un desastre. Ejecutivos rivales de otras divisiones consideraron su fracaso una oportunidad. Stimson escuchó rumores de que algunas personas estaban intentando aniquilar Febreze y hacer que a él lo reubicaran en la línea de productos para el cabello Nicky Clarke, que era el equivalente corporativo de Siberia.

Uno de los presidentes divisionales de P&G convocó a una junta de emergencia y anunció que tendrían que poner fin a las pérdidas que estaba causando Febreze antes de que los miembros del consejo directivo empezaran a hacer preguntas. El jefe de Stimson se puso de pie e hizo una súplica apasionada. "Todavía hay oportunidad de darle la vuelta a esto —dijo—. Cuando menos, pidámosles a los científicos que averigüen qué está pasando". Recientemente, P&G había empezado a reclutar científicos recién doctorados de Stanford, Carnegie Mellon y otras universidades que se suponía eran especialistas en psicología del consumo. El presidente de la división accedió a darle una última oportunidad al producto.

Entonces, un nuevo grupo de investigadores se sumó al equipo de Stimson y empezó a realizar más entrevistas. La primera pista de por qué Febreze estaba fracasando la obtuvieron al visitar la casa de una señora que vivía en los suburbios de Phoenix. El olor de sus nueve gatos se percibía desde afuera. Sin embargo, la casa por dentro estaba limpia y organizada. La mujer era un poco obsesiva con la limpieza, según les explicó. Aspiraba a diario y no le gustaba abrir las ventanas, ya que el viento metía polvo en su casa. Cuando Stimson y los científicos entraron al salón, donde los gatos vivían, el olor era tan penetrante que uno de ellos tuvo arcadas.

—¿Qué hace para eliminar el olor a gato? —le preguntó uno de los científicos.

—No suele ser un problema —dijo ella.

—¿Con cuánta frecuencia percibe el olor?

—Hm, quizás una vez al mes —contestó la mujer.

Los científicos se miraron entre sí.

—¿Lo percibe ahora? —le preguntó una investigadora.

—No —respondió ella.

Observaron el mismo patrón en muchas otras casas olorosas que visitaron. La gente era incapaz de detectar la mayoría de los malos olores cotidianos. Si vives con nueve gatos, te vuelves insensible a su olor. Si fumas, tu capacidad olfativa se ve afectada a tal grado que dejas de percibir el olor del humo. Los olores son extraños; hasta el más intenso se va volviendo imperceptible con la exposición constante. Stimson se dio cuenta de que por eso nadie usaba Febreze. La gente más proclive a usar el aerosol no notaba los olores que debían recordarle que al salón le vendría bien una rociada.

El equipo de Stimson regresó a las oficinas centrales y se reunió en aquella pequeña sala de juntas sin ventanas para releer la transcripción de la entrevista a la señora de los nueve gatos. La psicóloga preguntó qué ocurriría si los despedían. Stimson hundió la cara entre las manos. Si no lograba venderle Febreze a una señora con nueve gatos, ¿a quién *podría* vendérselo? ¿Cómo construyes un nuevo hábito si no hay señal que detone el uso, y si los consumidores que más lo necesitan no valoran la recompensa?

III.

El laboratorio de Wolfram Schultz, profesor de neurociencias de la Universidad de Cambridge, no es un lugar agradable. En ocasiones, sus colegas han descrito su escritorio como un agujero negro donde los documentos se pierden para siempre o como una caja de Petri donde los organismos pueden proliferar a sus anchas durante años sin que los molesten. Cuando Schultz necesita limpiar algo, lo cual no ocurre con frecuencia, no recurre a un aerosol ni a detergentes líquidos. Moja una toalla de papel y la frota con fuerza sobre la superficie. Si su ropa huele a humo o a pelo de gato, no se da cuenta. Ni le importa.

No obstante, los experimentos que Schultz ha realizado durante los últimos veinte años han revolucionado la forma en que concebimos la interacción entre señales, recompensas y hábitos. Schultz ha explicado por qué algunas señales y recompensas son más poderosas que otras, además de haber diseñado un mapa científico que explica por qué Pepsodent fue un éxito, cómo algunas personas que hacen dieta y ejercicio logran cambiar sus hábitos con rapidez y, en última instancia, qué permitió que Febreze fuera un éxito de ventas.

En los años ochenta, Schultz era parte de un grupo de científicos que estudiaba cerebros de monos que aprendían a realizar ciertas tareas, como jalar manijas y abrir broches. Su objetivo era descifrar qué partes del cerebro eran responsables de la realización de nuevas acciones.

"Un día noté algo que me pareció muy interesante —me contó Schultz. Es originario de Alemania y por eso, cuando habla inglés, suena un poco como Arnold Schwarzenegger si el Terminator hubiera sido miembro de la Royal Society—. Algunos de los monos que observamos adoraban el jugo de manzana, mientras que otros adoraban el de uva, así que empecé a preguntarme qué pasaba en las cabecitas de esos monos. ¿Por qué las diferentes recompensas afectan el cerebro de formas distintas?".

Schultz emprendió una serie de experimentos para descifrar cómo funcionan las recompensas a nivel neuroquímico. A medida que la tecnología fue avanzando, en los años noventa tuvo acceso a equipos similares a los que usaban los investigadores del MIT. No obstante, a Schultz, más que las ratas, le interesaban los monos como Julio, un macaco de 3.5 kg con ojos color avellana que tenía un diminuto electrodo en el cerebro que le permitía a Schultz observar su actividad neuronal en tiempo real.

Un día, Schultz sentó a Julio en una silla dentro de una habitación poco iluminada y encendió el monitor de una computadora. El trabajo de Julio consistía en jalar una manija cada vez que aparecieran figuras de colores en la pantalla: pequeñas espirales amarillas, garabatos rojos, líneas azules. Si Julio tocaba la manija cuando aparecía una figura, por un tubo que colgaba del techo descendía una gota de jugo de zarzamora que caía en los labios del mono.

A Julio le gustaba el jugo de zarzamora.

Al principio, a Julio le interesaba poco lo que ocurría en la pantalla y pasó la mayor parte del tiempo retorciéndose en la silla para intentar escaparse. Pero, una vez que llegó la primera dosis de jugo, Julio se concentró por completo en el monitor. Conforme fue entendiendo, a través de docenas de repeticiones, que las figuras en la pantalla daban la señal de la rutina (jalar la manija) que producía una recompensa (jugo de zarzamora), empezó a mirar la pantalla con la intensidad de un láser. Dejó de retorcerse. Cuando aparecía un garabato amarillo, se abalanzaba sobre la manija. Cuando aparecía una raya azul, lo hacía de nuevo. Y, cuando llegaba el jugo, se relamía los labios alegremente.

Mientras Schultz monitoreaba la actividad en el cerebro de Julio, observó el surgimiento de un patrón. Cada vez que Julio recibía la recompensa, la actividad cerebral se disparaba de tal forma que sugería que estaba experimentando felicidad. La

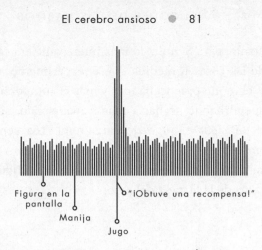

Figura en la pantalla

Manija

Jugo

"¡Obtuve una recompensa!"

RESPUESTA DE GRATIFICACIÓN DE JULIO
AL RECIBIR LA RECOMPENSA (EL JUGO)

transcripción de la actividad neurológica muestra de forma gráfica cómo se ve el cerebro del mono cuando dice algo así como "¡Obtuve una recompensa!".

Schultz hizo el mismo experimento con Julio una y otra vez, y en cada ocasión registró las respuestas neurológicas. Cada vez que Julio recibía el jugo, el patrón de "¡Obtuve una recompensa!" aparecía en la computadora conectada al sensor en el cerebro del mono. De forma gradual, desde el punto de vista neurológico, el comportamiento de Julio se convirtió en un hábito.

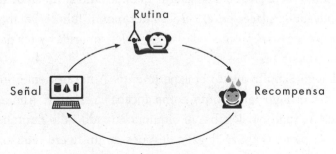

Rutina

Señal

Recompensa

EL BUCLE DEL HÁBITO DE JULIO

No obstante, para Schultz lo más interesante era cómo iban cambiando las cosas a medida que el experimento avanzaba. Conforme el mono practicaba más y más el comportamiento a medida que el hábito se hacía más y más sólido, su cerebro empezó a *anticipar* el jugo de zarzamora. Los sensores de Schultz empezaron a registrar el patrón de "¡Obtuve una recompensa!" en el instante en el que Julio veía las figuras en la pantalla, *antes* de la llegada del jugo:

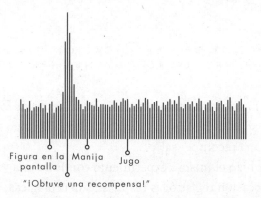

AHORA, LA RESPUESTA DE RECOMPENSA OCURRE ANTES DE QUE JULIO RECIBA EL JUGO

Dicho de otro modo, las figuras en el monitor se habían convertido en señal no solo de jalar la manija, sino también de una respuesta de placer en el cerebro del mono. Julio esperaba la recompensa tan pronto veía las espirales amarillas y los garabatos rojos.

Luego Schultz ajustó el experimento. Anteriormente, Julio recibía el jugo tan pronto como tocaba la manija. Ahora, a veces, el jugo no llegaba, ni siquiera cuando Julio cumpliera con su parte. O quizá llegaba después de un ligero retraso. O estaba diluido con agua y era la mitad de dulce.

Cuando el jugo no llegaba, llegaba tarde o venía diluido, Julio se enojaba y emitía gruñidos de desesperación o hacía un berrinche. Y Schulz observó que un nuevo patrón surgía en su cerebro: el ansia. Si Julio esperaba el jugo pero no lo recibía, en su cabeza se detonaba un patrón neurológico asociado con el deseo y la frustración. Si Julio veía la señal, empezaba a anticipar la alegría del jugo; pero, si el jugo no llegaba, la alegría se convertía en un ansia que, de no ser satisfecha, lo orillaba a la ira o la depresión.

Investigadores de otros laboratorios han observado patrones similares. Entrenaron a otros monos para anticipar el jugo cada vez que vieran una figura en la pantalla. Luego intentaron distraerlos. Abrían la puerta del laboratorio para que salieran y jugaran con sus amigos. Les ponían comida en una esquina, de modo que pudieran comer si abandonaban el experimento.

En el caso de los monos que no habían desarrollado un hábito sólido, las distracciones funcionaban. Se bajaban de la silla, salían de la habitación y no miraban atrás. No habían aprendido a ansiar el jugo. No obstante, una vez que el mono desarrollaba el hábito —una vez que el cerebro *anticipaba* la recompensa—, las distracciones no le resultaban atractivas. El animal se quedaba sentado, mirando el monitor y activando la manija, una y otra vez, a pesar de la oferta de comida o la oportunidad de salir a jugar. La anticipación y la ansiedad eran tan abrumadoras que los monos se quedaban pegados a la pantalla, como un jugador compulsivo que se queda sentado frente a la máquina tragamonedas mucho después de haber perdido sus ganancias.

Esto explica por qué los hábitos son tan poderosos: producen ansiedad neurológica. La mayor parte de las veces, esas ansias emergen de forma tan gradual que no somos conscientes de su existencia, por lo que muchas veces tampoco percibimos su influencia. Sin embargo, conforme asociamos las señales con ciertas recompensas, un ansia subconsciente surge en el cerebro y pone en marcha el bucle del hábito. Un científico de Cornell, por ejemplo, observó la potencia con la que las ansias de comida y de aromas afectan el comportamiento al fijarse en qué parte de los centros comerciales se ubican las tiendas de Cinnabon. La mayoría de las franquicias de comida se ubica en la zona de restaurantes, pero Cinnabon intenta ubicar sus tiendas *lejos* de otros locales de comida. ¿Por qué? Porque los ejecutivos de Cinnabon quieren que el olor de los rollos de canela viaje por los pasillos y gire las esquinas sin interrupción, de modo que los compradores comiencen a ansiar un rollo de canela de forma inconsciente. Para cuando los consumidores dan vuelta a la esquina y ven la tienda de Cinnabon, el ansia se ha convertido en un monstruo furioso que los hará llevar la mano a la billetera sin siquiera pensarlo. El bucle del hábito se pone en marcha porque surge una sensación de ansiedad.

"No tenemos una programación cerebral que nos haga ver una caja de rosquillas y ansiar algo dulce de inmediato —me explicó Schultz—. Sin embargo, una vez que el cerebro aprende que la caja de rosquillas contiene azúcares y carbohidratos deliciosos, empezará a *anticipar* el chispazo de azúcar. Nuestro cerebro nos guiará hacia la caja. Y luego, si no comemos la rosquilla, se sentirá desilusionado".

Para comprender este proceso, pensemos en cómo se creó el hábito de Julio. Primero, vio una figura en la pantalla.

Señal

Con el tiempo, Julio aprendió que la aparición de la figura implicaba que era tiempo de ejecutar una rutina. Entonces, jalaba la manija.

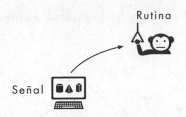

Como resultado, Julio recibía una gota de jugo de zarzamora.

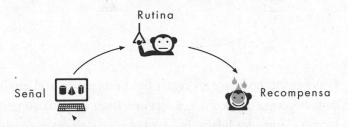

Ese es el aprendizaje básico. El hábito solo surge una vez que Julio comienza a *ansiar* el jugo cuando ve la señal. Una vez que el ansia existe, Julio actuará de forma automática. Realizará el hábito:

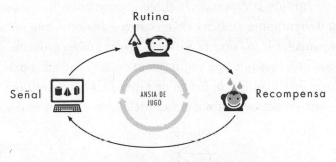

BUCLE DEL HÁBITO DE JULIO

Así es como se crean los nuevos hábitos: juntando una señal, una rutina y una recompensa, y luego cultivando el deseo que desencadena el bucle. Pensemos, por ejemplo, en el tabaquismo. Cuando el fumador ve la señal —digamos, una cajetilla de Marlboro—, su cerebro empieza a anticipar la descarga de nicotina.

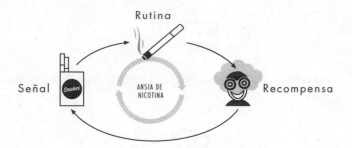

El simple hecho de ver los cigarrillos basta para que el cerebro ansíe la descarga de nicotina. Si esta no llega, el ansia aumenta hasta que el fumador busca un Marlboro sin siquiera pensarlo.

O veamos el caso del correo electrónico. Cuando la computadora emite un pitido o el celular vibra con la llegada de un nuevo mensaje, el cerebro empieza a anticipar la distracción momentánea que provee la consulta del correo electrónico. Si no se cumple la expectativa, sigue aumentando hasta que la sala de reuniones se llena de ejecutivos ansiosos que revisan sus pantallas bajo la mesa, aunque sepan que es probable que no sea otra cosa que una notificación de los resultados más recientes de su equipo de fútbol de fantasía. (Por otro lado, si la persona desactiva la vibración del teléfono —y, por ende, eli-

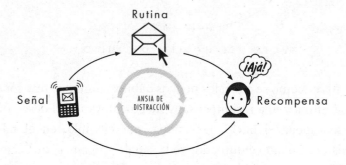

mina la señal—, la gente puede pasar horas trabajando sin pensar en revisar su correo.)

Los científicos han estudiado los cerebros de alcohólicos, fumadores y comedores compulsivos, y han medido cómo su neurología —las estructuras del cerebro y el flujo de sustancias neuroquímicas dentro del cráneo— cambia a medida que las ansias se arraigan. Dos investigadores de la Universidad de Michigan escribieron que los hábitos particularmente sólidos producen reacciones que se asemejan a las de las adicciones, de modo que "el deseo evoluciona hasta convertirse en ansia obsesiva", lo cual obliga al cerebro a activar el piloto automático, "incluso frente a elementos disuasorios fuertes, como la potencial pérdida de la reputación, el empleo, el hogar o la familia".

No obstante, estas ansias no tienen autoridad absoluta sobre nosotros. Como explicaré en el siguiente capítulo, hay mecanismos que pueden ayudarnos a ignorar las tentaciones. Sin embargo, para dominar el hábito, debemos reconocer el deseo que lo impulsa. Si no nos hacemos conscientes de la anticipación, entonces somos como los compradores que se sienten atraídos por una fuerza invisible hacia el local de Cinnabon.

● ● ●

Para entender la influencia de las ansias en la creación de los hábitos, pensemos en cómo surgen los hábitos de hacer ejercicio. En 2002, investigadores de la Universidad Estatal de Nuevo México se dieron a la tarea de entender por qué la gente se ejercita de forma regular. Estudiaron a 266 individuos, muchos de los cuales entrenaban al menos tres veces por semana. Lo que observaron fue que muchos de ellos habían empezado a correr o a hacer pesas casi por mero capricho o porque de pronto tuvieron tiempo libre o querían lidiar con alguna inquietud inesperada. Sin embargo, la razón por la que *continuaron* haciéndolo —por la cual se convirtió en un hábito— fue por la recompensa específica que empezaron a ansiar.

En un grupo, el 92 por ciento de los encuestados dijo que se ejercitaba de forma habitual porque el ejercicio les generaba una sensación de bienestar; se habían acostumbrado a esperar y a ansiar las endorfinas y otras sustancias neuroquímicas producidas por el ejercicio físico. En otro grupo, el 67 por ciento de las personas dijo que ejercitarse les generaba una sensación de "logro"; habían empezado a ansiar la sensación regular de triunfo al llevar registro de su desempeño, y esa autorrecompensa bastó para que la actividad física se convirtiera en hábito.

Si quieres salir a correr cada mañana, es esencial que elijas una señal sencilla (siempre ponerte los zapatos deportivos antes de desayunar o dejar la ropa para salir a correr junto a la cama) y una recompensa clara (como un premio dulce a mediodía, la sensación de logro proveniente del registro de las millas recorridas o la descarga de endorfinas que produce el ejercicio). Sin embargo, incontables estudios han demostrado que la señal y la recompensa por sí solas no bastan para mantener vigente un nuevo hábito. No es sino hasta que el cerebro empieza a *esperar* la recompensa —y ansía las endorfinas o la sensación

de logro— que el acto de ponerse los zapatos deportivos cada mañana se vuelve automático. La señal, además de detonar la rutina, también debe detonar el ansia de la recompensa futura.

"Permíteme consultarte un problema que tengo —le dije a Wolfram Schultz, el neurocientífico, después de que me explicara cómo surgen las ansias—. Tengo un pequeño de dos años y, cuando estoy en casa dándole de cenar *nuggets* de pollo y cosas por el estilo, estiro la mano y tomo uno sin pensarlo. Es un hábito. Y me ha hecho subir de peso".

"Todos lo hacemos —contestó Schultz. Él también tiene tres hijos que ya son adultos. Cuando eran pequeños, él picoteaba del plato de los chicos sin pensarlo—. En cierto sentido, somos como los monos. Cuando vemos el pollo y las papas fritas en la mesa, el cerebro anticipa esa comida, incluso si no tenemos hambre. Nuestro cerebro la ansía. Para ser franco, ni siquiera me *gusta* ese tipo de comida, pero de pronto es difícil combatir el ansia. Y, tan pronto la como, siento una descarga de placer a medida que satisfago el ansia. Es humillante, pero así es como funcionan los hábitos.

"Supongo que debería ser agradecido —dijo—, pues ese mismo proceso me ha permitido crear buenos hábitos. Me esfuerzo mucho porque espero sentir el orgullo del hallazgo. Me ejercito porque espero sentirme bien después. Solo me gustaría tener la capacidad de elegir siempre la mejor opción".

IV.

Después de la desastrosa entrevista con la señora de los gatos, el equipo de Drake Stimson en P&G comenzó a buscar ayuda fuera de los canales habituales. Empezaron a leer experimentos como los realizados por Wolfram Schultz, y le pidieron a un profesor de la Escuela de Negocios de Harvard que realizara pruebas psicológicas con las campañas publicitarias de Febreze. Entrevistaron cliente tras cliente en busca de algo que les diera una pista de cómo convertir Febreze en parte regular de la vida de sus consumidores.

Un día, hablaron con una mujer que vivía en un suburbio cercano a Scottsdale. Pasaba de los cuarenta años y tenía cuatro hijos. Su casa estaba limpia, pero no impecable. Para sorpresa de los investigadores, le encantaba Febreze.

"Lo uso a diario", les dijo.

"¿En serio? —preguntó Stimson. La casa no parecía el tipo de lugar que tuviera problemas de malos olores. No tenían mascotas. Nadie en la casa fumaba—. ¿Cómo? ¿De qué tipo de olores intenta deshacerse?".

"En realidad no lo uso para eliminar olores específicos —les dijo—. Es decir, ya saben, tengo cuatro varones. Están en la pubertad, así que, si no limpio su recámara, apesta a casillero estudiantil. Pero no lo uso para eso. Lo uso para la limpieza normal: un par de aspersiones cuando termino de limpiar cada habitación. Es una forma agradable de hacer que todo huela bien, como un toque final".

Le preguntaron si podían verla limpiar la casa. En su recámara tendió la cama, esponjó las almohadas, ajustó las sábanas y luego sacó la lata de Febreze y roció el edredón extendido. En la sala, aspiró, alzó los zapatos de sus hijos, enderezó la mesita de café y roció Febreze en la alfombra recién aspirada. "Es agradable, ¿saben? —dijo—. Rociar es como una pequeña celebración de que ya terminé de limpiar la habitación". Stimson estimó que, con la frecuencia con la que usaba Febreze, debía acabarse una lata cada dos semanas.

P&G llevaba años compilando miles de horas de grabaciones en video de gente que limpiaba su casa. Después de que los investigadores volvieron a Cincinnati, algunos de ellos pasaron la tarde examinando las cintas. A la mañana siguiente, uno de los científicos le pidió al equipo de Febreze que se juntaran en la sala de reuniones. Les mostró la cinta de una mujer de 26 años con tres hijos que tendía la cama. Estiraba las sábanas y ajustaba la almohada. Luego sonreía y salía de la habitación.

"¿Lo vieron?", preguntó el investigador, emocionado.

Luego puso otra cinta. Una joven de cabello oscuro tendía el edredón, enderezaba la almohada y sonreía al ver su obra. "¡Ahí está de nuevo!", intervino el investigador. El siguiente video mostraba a una mujer con ropa deportiva que arreglaba la cocina y limpiaba el mostrador antes de hacer un estiramiento relajante.

El científico miró a sus colegas.

"¿Lo ven? —preguntó—. Cada una de ellas hace algo relajante o feliz cuando termina de limpiar —explicó—. ¡Podemos partir de ahí! ¿Y si Febreze es algo que ocurre al *final* de la rutina de limpieza y no al principio? ¿Y si es la parte divertida de limpiar?".

El equipo de Stimson realizó una última prueba. Al principio, la publicidad del producto se enfocó en la eliminación de malos olores. La empresa imprimió nuevas etiquetas que mostraban ventanas abiertas y bocanadas de aire fresco. Se agregó más perfume a la receta, de modo que, en lugar de solo neutralizar olores, Febreze también tuviera su propio aroma distintivo. Filmaron comerciales televisivos donde salían mujeres que rociaban las camas recién tendidas y la ropa recién lavada. El eslogan anterior era: "Le quita el mal olor a cualquier tela"; ahora era "Limpia los olores de la vida diaria".

Cada cambio estaba diseñado para apelar a una señal cotidiana particular: limpiar una recámara, tender una cama, aspirar una alfombra. En cada una, Febreze aparecía como la recompensa: el olor agradable que surge al final de la rutina de limpieza. Lo más importante es que cada anuncio estaba calibrado para detonar cierta ansia: que las cosas huelan tan bien como se ven una vez que concluye el ritual de limpieza. Lo irónico es que un producto diseñado para destruir olores se hubiera convertido en lo contrario. En lugar de eliminar los olores de las telas sucias, se convirtió en un aromatizante de ambientes destinado a darle un toque final a lo que ya estaba limpio.

Una vez que los investigadores visitaron de nuevo a los consumidores, después de la difusión de los nuevos comerciales y la distribución de las latas rediseñadas, observaron que algunas amas de casa del mercado de prueba empezaban a esperar —a ansiar— el aroma a Febreze. Una mujer afirmó que, si se le acababa la botella, rociaba perfume diluido en la ropa limpia. "Si no percibo un olor agradable al final, es como si en realidad no estuviera limpia", les dijo.

"La guardabosques con el problema de los zorrillos nos encaminó en la dirección equivocada —me contó Stimson—. Nos hizo pensar que el éxito de Febreze radicaría en proveer una solución a un problema. Pero, ¿quién querría admitir que su casa huele mal?

EL BUCLE DEL
HÁBITO DE FEBREZE

"Estábamos abordando mal el problema. Nadie anhela la falta de olor. Pero, por otro lado, mucha gente ansía sentir un olor agradable después de pasar media hora limpiando".

El segundo lanzamiento de Febreze ocurrió en el verano de 1998. Al cabo de dos meses, las ventas se habían duplicado. En un año, los consumidores habían gastado más de 230 millones de dólares en el producto. Desde entonces, Febreze ha inspirado cientos de productos derivados —aromatizantes de ambientes, velas, detergentes de ropa y aerosoles de cocina— que, en conjunto, representan ventas de más de mil millones de dólares cada año. Con el tiempo, P&G empezó a mencionarles a los consumidores que, además de oler bien, Febreze también eliminaba los malos olores.

Stimson recibió un ascenso y su equipo recibió un bono de productividad. La fórmula funcionó. Encontraron señales sencillas y evidentes. Y habían definido la recompensa con claridad.

Pero no fue sino hasta que crearon la sensación de ansia —el deseo de hacer que todo oliera tan bien como se veía— que Febreze se convirtió en un éxito. Y dicha ansia es una parte esencial de la fórmula para crear nuevos hábitos que Claude Hopkins, el publicista de Pepsodent, nunca tomó en cuenta.

V.

En sus últimos años de vida, Hopkins se dedicó a dar conferencias. Sus charlas sobre las "Leyes de la publicidad científica" atraían a cientos de personas. Desde el escenario, solía compararse con Thomas Edison y George Washington y hacer predicciones descabelladas sobre el futuro (que casi siempre incluían vehículos voladores). Pero jamás mencionaba las ansias ni la raíz neurológica del bucle de los hábitos. A fin de cuentas, faltaban 70 años para que los científicos del MIT y Wolfram Schultz condujeran sus experimentos.

Entonces, ¿cómo logró Hopkins crear el potente hábito del cepillado dental sin el beneficio de ese conocimiento?

Bueno, en realidad *sí* se aprovechó de los principios que más tarde descubrirían en el MIT y en el laboratorio de Schultz, aunque nadie lo supiera en ese entonces.

Las experiencias de Hopkins con Pepsodent no fueron tan transparentes como él las plasmó en su biografía. Aunque presumía de haber descubierto una excelente señal (la película dental) y aseguraba haber sido el primero en ofrecerles a los consumidores la clara recompensa de una hermosa sonrisa, en realidad Hopkins no fue el creador de esas tácticas. Ni estuvo cerca de serlo. Veamos, por ejemplo, algunos de los anuncios de otros dentífricos que plagaban las revistas y los diarios antes de que Hopkins supiera de la existencia de Pepsodent.

"Los ingredientes de esta preparación están diseñados especialmente para evitar la acumulación de depósitos de *placa* alrededor de la base de los dientes —decía el anuncio de la Crème Dentifrice del Dr. Sheffield, la cual precedió a Pepsodent—. ¡Elimina esa capa de suciedad!".

"El esmalte blanco de tus dientes está *oculto* debajo de una capa de película —decía un anuncio que encontró Hopkins mientras revisaba los libros de texto de odontología—. Dentífrico Sanitol restablece en poco tiempo la blancura original al eliminar la película".

"El encanto de una hermosa sonrisa depende de la belleza de tus dientes —proclamaba un tercer anuncio—. Los dientes hermosos y satinados suelen ser el secreto del atractivo de una mujer. ¡Usa Dentífrico S.S. White!".

Docenas de publicistas habían usado el mismo lenguaje que Pepsodent años antes de que Hopkins entrara en la jugada.

Todos sus anuncios prometían eliminar la película dental y ofrecían la recompensa de dientes blancos y hermosos. Pero ninguno de ellos tuvo éxito.

Sin embargo, cuando Hopkins lanzó su campaña, las ventas de Pepsodent se dispararon. ¿Por qué su caso fue distinto?

Porque el éxito de Hopkins estuvo impulsado por los mismos factores que hicieron que Julio el mono jalara la manija y que las amas de casa rociaran Febreze en las camas recién tendidas. Pepsodent creó un ansia.

En su autobiografía, Hopkins no le dedica espacio a la fórmula química de Pepsodent, aunque la receta incluida en la solicitud de patente del dentífrico y los registros de la compañía revelan algo interesante: a diferencia de otras pastas dentales de la época, Pepsodent contenía ácido cítrico, así como pequeñas dosis de aceite de menta y otras sustancias. El inventor de Pepsodent usó esos ingredientes para que la pasta tuviera un sabor fresco, pero también hicieron que tuviera otro efecto inesperado: son irritantes que producen una sensación de frescor y cosquilleo en la lengua y las encías.

Una vez que Pepsodent empezó a dominar el mercado, los investigadores de empresas competidoras se dieron a la tarea de averiguar por qué. Lo que hallaron fue que los consumidores afirmaban que, si olvidaban usar Pepsodent, se daban cuenta del error porque extrañaban aquella sensación de cosquilleo fresco. Esperaban —*ansiaban*— esa ligera irritación. Si no la experimentaban, era como si su boca no estuviera limpia.

Claude Hopkins no vendía una dentadura hermosa; vendía una sensación. Una vez que la gente aprendió a ansiar aquel cosquilleo fresco —y que fue equiparado con la limpieza dental—, el cepillado se convirtió en un hábito.

Cuando otras empresas descubrieron qué era lo que Hopkins vendía en realidad, empezaron a imitarlo. Al cabo de unas

EL VERDADERO BUCLE DEL
HÁBITO DE PEPSODENT

cuantas décadas, casi todos los dentífricos contenían aceites y sustancias químicas que causaban cosquilleo en las encías. Al poco tiempo, algunas marcas superaron a Pepsodent en ventas. Hasta la fecha, casi todas las pastas dentales contienen aditivos cuyo único propósito es provocar un cosquilleo en la boca después del cepillado.

"Los consumidores necesitan algún tipo de señal de que el producto funciona —me explicó Tracy Sinclair, quien fuera directora de marca de los dentífricos Oral-B y Crest Kids—. Podemos hacer que la pasta dental tenga cualquier sabor, como mora azul o té verde, pero, siempre y cuando produzca aquel cosquilleo fresco, la gente sentirá que tiene la boca limpia. El cosquilleo no hace que el dentífrico funcione mejor. Simplemente convence a la gente de que está cumpliendo su cometido".

Cualquiera puede usar esta fórmula básica para crear hábitos propios. ¿Quieres ejercitarte más? Elige una señal, como ir al gimnasio tan pronto despiertas, y una recompensa, como beber un batido de frutas después de cada entrenamiento. Luego piensa en ese batido, en la descarga de endorfinas que te provocará. Permítete anticipar la recompensa. Con el tiempo, esa ansia hará que sea más sencillo cruzar las puertas del gimnasio todos los días.

¿Quieres diseñar un nuevo hábito alimenticio? Investigadores afiliados al Registro Nacional de Control de Peso de Estados Unidos —un proyecto que involucraba a más de seis mil personas que han perdido más de treinta libras— observaron los hábitos de dietistas exitosos y hallaron que el 78 por ciento de ellos desayunaba cada mañana, pues era una comida señalizada por la hora del día. Sin embargo, la mayoría de los dietistas exitosos *también* visualizaba una recompensa específica a cambio de apegarse a su dieta —el bikini que ansiaban ponerse para ir a la playa o la sensación de orgullo que sentían al subirse a la balanza a diario—, recompensa que elegían con detenimiento para que fuera algo que desearan de verdad. Si surgían tentaciones, se concentraban en el ansia de aquella recompensa, y la cultivaban hasta convertirla en una ligera obsesión. Y los científicos observaron que las ansias de la recompensa superaban la tentación de romper la dieta. El ansia impulsaba el bucle del hábito.

Para las empresas, entender la ciencia detrás de las ansias es algo revolucionario. Hay docenas de rituales que *deberíamos* llevar a cabo diariamente y que nunca se convierten en hábitos. Deberíamos cuidar la cantidad de sal que comemos y beber más agua. Deberíamos comer más verduras y menos grasas. Deberíamos tomar vitaminas y ponernos bloqueador solar. Las justificaciones de esto último no podrían ser más contundentes: untarse un poco de bloqueador solar en el rostro cada mañana reduce de forma significativa el riesgo de cáncer de piel. Curiosamente, mientras que casi todo el mundo se cepilla los dientes, menos del 10 por ciento de los estadounidenses se pone bloqueador solar a diario. ¿Por qué?

Porque no hay un ansia que haya convertido el uso de bloqueador solar en un hábito cotidiano. Algunas empresas están intentando resolverlo añadiéndole sustancias al bloqueador que generen un ligero cosquilleo o algo que le indique a la gente que se lo ha untado en la piel. Esperan que eso señalice la expectativa del mismo modo que el ansia del cosquilleo en la boca nos recuerda que nos lavemos los dientes. De hecho, han usado tácticas similares en cientos de otros productos.

"La espuma es una enorme recompensa —comentó Sinclair, jefa de la línea de negocio—. El champú no tendría por qué espumar, pero le añadimos sustancias espumantes porque la gente espera la espuma cada vez que se lava el cabello. Lo mismo ocurre con el detergente para ropa. Y la pasta dental... ahora todas las compañías añaden lauril sulfato de sodio para que produzca más espuma. No aporta ningún beneficio en términos de limpieza, pero la gente se siente mejor cuando ve la espuma que sale de la boca. Una vez que el consumidor empieza a ansiar la espuma, el hábito se fortalece".

Las ansias fomentan los hábitos. Y descifrar cómo detonar un ansia hace que crear un hábito nuevo sea más sencillo. Es igual de cierto que hace un siglo. Todas las noches, millones de personas se cepillan los dientes para experimentar aquel cosquilleo; cada mañana, millones de personas se ponen los zapatos deportivos para experimentar la descarga de endorfinas que han aprendido a ansiar.

Y, cuando llegan a casa, después de limpiar la cocina o arreglar la recámara, algunas de ellas rocían un poco de Febreze.

3

LA REGLA DE ORO PARA
CAMBIAR DE HÁBITOS

Por qué ocurren las transformaciones

I.

Cuando el reloj de juego al otro lado del campo marca que quedan ocho minutos y diecinueve segundos, Tony Dungy, el nuevo entrenador en jefe de los Buccaneers de Tampa Bay —uno de los peores equipos de la NFL, por no hablar de la historia del fútbol americano profesional—, empieza a sentir un diminuto destello de esperanza.

Está por terminar la tarde del domingo 17 de noviembre de 1996. Los Bucs se enfrentan en San Diego a los Chargers, equipo que llegó al Super Bowl el año anterior. Los Buccaneers van perdiendo 17 a 16. Llevan todo el juego perdiendo. Llevan toda la temporada perdiendo. Llevan toda la década perdiendo. Los Buccaneers no han ganado un solo partido en la Costa Oeste en dieciséis años, y muchos de los jugadores actuales estaban en pañales la última vez que el equipo tuvo una temporada ganadora. En lo que va del año, su récord es dos juegos ganados y ocho perdidos. En uno de esos juegos, los Detroit Lions —un equipo tan malo que alguien incluso lo describiría como lo más "ido" de un "caso perdido"— les ganaron 21 a 6, y, tres semanas después, les volvieron a ganar 27 a 0. Una columna periodística ha empezado a referirse a los Buccaneers como "el tapete naranja de Estados Unidos". ESPN predice que Dungy, quien apenas fue nombrado entrenador en enero, podría perder su trabajo antes de que acabe el año.

No obstante, en las líneas de banda, desde donde Dungy observa a su equipo prepararse para la siguiente jugada, pareciera que un rayo de sol ha logrado atravesar las nubes. Dungy no sonríe. Nunca muestra sus emociones durante los partidos. Pero algo está pasando en el terreno de juego, algo que lleva años perfeccionando. Mientras le llueven abucheos de la hostil multitud de cincuenta mil aficionados, Tony Dungy ve algo que nadie más ve. Es la evidencia de que su plan está empezando a funcionar.

• • •

Tony Dungy llevaba una eternidad esperando obtener ese trabajo. Durante 17 años, merodeó por las líneas de banda como entrenador asistente, primero en la Universidad de Minnesota y luego con los Pittsburgh Steelers, después con los Kansas City Chiefs y de nuevo en Minnesota con los Vikings. En la última década lo habían convocado cuatro veces a entrevistas para el puesto de entrenador en jefe de algún equipo de la NFL.

Y las cuatro veces las entrevistas salieron mal.

Parte del problema era la filosofía de entrenamiento de Dungy. En las entrevistas de trabajo explicaba pacientemente su creencia de que la clave para ganar radicaba en cambiar los hábitos de los jugadores. Quería lograr que los jugadores dejaran de tomar tantas decisiones durante el juego y que reaccionaran de forma automática, habitual. Si lograba inculcarles los hábitos correctos, su equipo ganaría. Punto.

"Los campeones no hacen cosas extraordinarias —explicaba Dungy—. Hacen cosas ordinarias, pero las hacen sin pensarlo, demasiado rápido como para que el otro equipo reaccione. Siguen los hábitos que han aprendido".

"¿Cómo crearás esos nuevos hábitos?", le preguntaban los dueños de los equipos.

Ah, no, él no crearía *nuevos* hábitos. Esa era su respuesta. Los jugadores pasan la vida entera desarrollando los hábitos que les permiten llegar hasta la NFL. Ningún atleta abandonará esos patrones solo porque un entrenador lo dice.

Entonces, en lugar de crear nuevos hábitos, Dungy planeaba *cambiar* los viejos hábitos de sus jugadores. Y el secreto para lograr ese cambio era usar lo que ya estaba dentro de la cabeza de los muchachos. Los hábitos comprenden un bucle de tres pasos —la señal, la rutina y la recompensa—, pero Dungy solo quería abordar el paso intermedio, la rutina. Sabía por experiencia propia que era más fácil convencer a alguien de adoptar un nuevo comportamiento si empieza y termina con algo familiar.

Su estrategia de entrenamiento encarnaba un axioma, la Regla de Oro del cambio de hábitos que múltiples estudios han demostrado es una de las herramientas más potentes para impulsar cambios. Dungy reconocía que es imposible extinguir por completo los malos hábitos.

En vez de eso, para cambiar el hábito, hay que mantener la vieja señal y entregar la vieja recompensa, pero insertar una nueva rutina.

Esa es la regla: si usas la misma señal y proporcionas la misma recompensa, puedes alterar la rutina y cambiar el hábito. Es posible transformar casi cualquier comportamiento si la señal y la recompensa siguen siendo las mismas.

LA REGLA DE ORO PARA EL CAMBIO DE HÁBITOS

No puedes extinguir un mal hábito;
solo puedes cambiarlo.

CÓMO FUNCIONA:
USA LA MISMA SEÑAL.
PROVEE LA MISMA RECOMPENSA.
CAMBIA LA RUTINA.

La Regla de Oro ha influido en tratamientos para el alcoholismo, la obesidad, el trastorno obsesivo compulsivo y centenares de otros comportamientos destructivos, y entenderla puede ayudar a cualquiera a cambiar sus propios hábitos. Por ejemplo, es probable que el intento de dejar de picotear entre comidas fracase si no hay una nueva rutina que satisfaga las viejas señales y ansias de recompensa. Un fumador, por lo regular, no puede dejar el cigarrillo a menos que encuentre una actividad con la cual reemplazar el hábito cuando se detona el ansia de nicotina.

Dungy explicó cuatro veces su filosofía basada en hábitos a dueños de equipos de fútbol americano. Las cuatro veces lo escucharon de forma cordial, le agradecieron haberse tomado el tiempo para la entrevista y contrataron a alguien más.

Pero luego, en 1996, los deplorables Buccaneers lo llamaron. Dungy voló a Tampa Bay y una vez más explicó su plan para ganar. El día después de la última entrevista, le ofrecieron el trabajo.

Con el tiempo, el sistema de Dungy convertiría a los Buccaneers en uno de los equipos más exitosos de la liga. Dungy se convirtió en el único entrenador en la historia de la NFL en llegar a los *play-offs* durante diez años consecutivos, en el primer entrenador afroamericano en ganar un Super Bowl y en una de las figuras más respetadas en el atletismo profesional. Sus técnicas de entrenamiento se difundirían en toda la liga y en todos los deportes. Su visión ayudaría a entender cómo reconstruir los hábitos en la vida cotidiana.

Pero todo eso ocurriría después. Ese día, en San Diego, Dungy solo quería ganar.

● ● ●

Desde la banda, Dungy mira el reloj: quedan ocho minutos y diecinueve segundos. Los Bucs llevan todo el partido perdiendo y han desaprovechado una oportunidad tras otra, como de costumbre. Si la defensiva no hace algo, perderán sin lugar a dudas. San Diego tiene el balón en su propia yarda veinte, y Stan Humphries, mariscal de los Chargers, se prepara para montar una ofensiva que espera les dé la ventaja definitiva para ganar el juego. El reloj de jugada comienza, y Humphries está listo para recibir el centro.

Pero Dungy no está mirando a Humphries. En vez de eso, está mirando a sus propios jugadores, quienes se alinean en una formación que llevan meses perfeccionando. Tradicionalmente, el fútbol americano es un deporte de fintas y contrafintas, de jugadas de truco y engaños. Los entrenadores con los libros de jugadas más gruesos y las estrategias más elaboradas suelen ganar. Dungy, en cambio, hace lo opuesto. No le interesan las complicaciones ni la ofuscación. Cuando sus jugadores defensivos se alinean, todo el mundo sabe exactamente qué jugada van a usar.

Dungy ha optado por esta estrategia porque, en teoría, no necesita hacer uso de engaños. Solo necesita que su equipo sea más veloz que el resto. En el fútbol americano, las milésimas de segundo importan. Por ende, en lugar de enseñarles a sus jugadores cientos de formaciones, solo les ha enseñado unas cuantas, pero las han practicado una y otra y otra vez hasta que los comportamientos se han vuelto automáticos. Cuando su estrategia funciona, sus jugadores son capaces de moverse a una velocidad insuperable.

Pero solo cuando funciona. Si los jugadores piensan demasiado o titubean o dudan de sus instintos, el sistema se derrumba. Y, hasta el momento, los jugadores de Dungy han sido un desastre.

Sin embargo, esta vez, mientras los Buccaneers se alinean en la yarda veinte, algo parece haber cambiado. Veamos a Regan Upshaw, a la defensiva de los Buccaneers, quien se ha colocado en una posición en tres puntos en la línea de golpeo. En lugar de mirar de un lado a otro de la línea e intentar absorber la mayor cantidad de información posible, Upshaw solo busca las señales en las que Dungy le enseñó a enfocarse. Primero, mira el pie exterior del liniero opuesto (tiene los dedos de los pies retraídos, lo que implica que está preparado para dar un paso atrás y bloquear mientras el mariscal pasa); después, mira los hombros del liniero (que están rotados ligeramente hacia adentro) y el espacio entre él y el siguiente jugador (un poco más angosto de lo esperado). Upshaw ha practicado tantas veces cómo reaccionar a cada una de esas señales que, para ese momento, no necesita pensar en qué hacer. No hace más que seguir sus hábitos.

El mariscal de campo de San Diego se acerca a la línea de golpeo y mira a la derecha, luego a la izquierda, exclama el conteo y toma el balón. Da cinco pasos hacia atrás y se yergue, luego gira la cabeza en busca de un receptor abierto. Han pasado tres segundos desde que empezó la jugada. Todas las miradas en el estadio y las cámaras de televisión están puestas en él.

Por lo tanto, la mayoría de los espectadores pasan por alto lo que está ocurriendo entre los Bucs. Tan pronto Humphries recibe el balón, Upshaw entra en acción. Durante el primer segundo de la jugada, se dispara hacia la derecha, cruza la línea de golpeo tan rápido que el liniero ofensivo es incapaz de bloquearlo. Durante el siguiente segundo, Upshaw corre otros cuatro pasos hacia el frente, como un borrón. En el tercer segundo, Upshaw da tres zancadas para acercarse más al mariscal, un movimiento que el liniero nunca hubiera podido predecir.

Conforme transcurre el cuarto segundo de la jugada, Humphries, el mariscal de San Diego, queda expuesto de repente. Titubea, mira a Upshaw de reojo. Y ahí es cuando Humphries se equivoca. Empieza a *pensar*.

Humphries ubica a uno de sus compañeros, un novato llamado Brian Roche, a veinte yardas. Hay otro receptor de San Diego mucho más cerca que agita las manos para pedirle el balón. El pase corto sería la opción más segura. Pero, en vez de eso, al sentirse presionado, Humphries realiza un análisis en fracciones de segundo, tuerce el brazo y le tira un pase a Roche.

Esa decisión precipitada era justo lo que Dungy buscaba. Tan pronto el balón está en el aire, un profundo de los Buccaneers llamado John Lynch entra en marcha. El trabajo de Lynch es sencillo: cuando empezó la jugada, corrió a un lugar específico del campo y esperó su señal. La presión de improvisar en esas circunstancias es inmensa. Pero Dungy ha taladrado a Lynch hasta automatizar su rutina. Y, en consecuencia, cuando el balón se escapa de las manos del mariscal, Lynch está a diez yardas de Roche, esperando.

Mientras el balón gira en el aire, Lynch lee sus señales —la dirección en la que apuntan el casco y las manos del mariscal, el distanciamiento entre receptores— y empieza a moverse antes de que sea claro qué dirección tomará el balón. Roche, el receptor de San Diego, se lanza hacia delante, pero Lynch se le atraviesa e intercepta el pase. Antes de que Roche pueda reaccionar, Lynch emprende la carrera hacia la zona de anotación de los Buccaneers. El resto de su equipo está posicionado a la perfección para despejarle el camino. Lynch corre 10 yardas, luego 15, luego 20 y luego casi 25 yardas antes de que lo saquen del campo. La jugada completa tomó menos de diez segundos.

Dos minutos después, los Buccaneers anotan y toman la delantera por primera vez en el partido. Cinco minutos después, anotan un gol de campo. Entre esas dos jugadas, la defensa de Dungy bloquea cada uno de los avances de San Diego. Los Buccaneers ganan 25 a 17 en uno de los regresos más inesperados de la temporada.

Al final del partido, Lynch y Dungy salen juntos del campo.

—Parece que algo cambió allá afuera —dice Lynch mientras cruzan el túnel.

—Comenzamos a creer —le contesta Dungy.

II.

Para entender cómo la estrategia del entrenador de cambiar los hábitos del equipo logró reconstruir al equipo, es necesario asomarnos fuera del ámbito deportivo. Muy lejos de ahí, en un sórdido sótano del Lower East Side de Nueva York, en 1934, donde nació una de las iniciativas más extensas y exitosas para cambiar hábitos a gran escala.

En aquel sótano se encontraba un alcohólico de 39 años llamado Bill Wilson. Años antes, Wilson tomó su primera bebida alcohólica mientras se encontraba en el campamento de entrenamiento militar de New Bedford, Massachusetts, donde aprendía a operar ametralladoras antes de que lo enviaran a Francia durante la Primera Guerra Mundial. Las familias pudientes que vivían cerca de la base solían invitar a los oficiales a cenar, así que una noche de domingo Wilson asistió a una fiesta en la que le sirvieron tostadas gratinadas y cerveza. Apenas tenía 22 años y jamás había probado el alcohol. Pero lo cordial era beber el vaso que le pusieran enfrente. Semanas después, lo invitaron a otro evento elegante. Los hombres vestían esmoquin; las mujeres coqueteaban. Un mayordomo se le acercó y le entregó un cóctel Bronx, una combinación de ginebra, vermut seco y dulce, y jugo de naranja. Le dio un sorbo y sintió que había encontrado "el elixir de la vida", o eso diría después.

A mediados de la década de los treinta, Wilson había regresado de Europa. Su matrimonio se desmoronaba, las ganancias de la venta de sus acciones se esfumaban y él bebía tres botellas de alcohol al día. En una fría tarde de noviembre, sentado en la penumbra, llamó un viejo amigo de copas. Wilson lo invitó a casa, mezcló una jarra de jugo de piña con ginebra y le sirvió una copa a su amigo.

Pero este se la devolvió. Le dijo que llevaba dos meses sin beber.

Wilson estaba asombrado. Empezó a describir sus propias dificultades con el alcohol, incluyendo la pelea en la que se involucró en un club campestre que le costó el empleo. Dijo que había intentado dejarlo, pero no lograba hacerlo. Había ido a rehabilitación y tomado pastillas. Le había hecho promesas a su esposa y se había afiliado a grupos de abstinencia. Nada de eso le había funcionado. ¿Cómo lo había logrado su amigo?

"Cuento con la religión —le dijo su amigo. Le habló sobre el infierno y la tentación, el pecado y el demonio—. Reconoce que estás trastornado, acéptalo y accede a entregarle tu vida a Dios".

Wilson pensó que su amigo había perdido la cabeza. "El verano pasado estaba chalado por las drogas; sospecho que ahora está un poco chalado por la religión", escribiría después. Tras la partida de su amigo, Wilson se acabó la jarra y se fue a dormir.

Un mes después, en diciembre de 1934, Wilson se registró en el Hospital Charles B. Towns para Adicciones al Alcohol y las Drogas, un elegante centro de rehabilitación ubicado en Manhattan. Un médico empezó a administrarle cada hora infusiones de un alucinógeno llamado belladona, que entonces era un tratamiento de moda para el alcoholismo. Wilson fluctuó entre estados de conciencia e inconciencia en la cama de su pequeña habitación.

Luego, en un episodio que ha sido descrito en millones de cafeterías, centros sindicales y sótanos de iglesia, Wilson empezó a retorcerse en agonía. Durante días alucinó. Los dolores causados por la abstinencia lo hacían sentir como si le caminaran insectos sobre la piel. Tenía tantas náuseas que apenas podía moverse, pero el dolor era demasiado intenso como para mantenerse quieto. "Si Dios existe, ¡que me lo demuestre! —gritó Wilson en la habitación vacía—. Estoy listo para hacer lo que sea. ¡Lo que sea! —Más tarde escribiría que, en ese instante, una luz blanca inundó su habitación, el dolor cesó y sintió como si estuviera en la cima de una montaña, y un viento, no hecho de aire sino de espíritu, soplaba. Poco a poco, el éxtasis fue menguando—. Me quedé tendido en la cama, pero por un instante estuve en otro mundo, un nuevo mundo de conciencia".

Bill Wilson no volvería a beber jamás. Durante los siguientes 36 años, hasta que murió de enfisema en 1971, se dedicaría a fundar, construir y difundir Alcohólicos Anónimos, hasta convertirla en la organización de cambio de hábitos más grande, famosa y exitosa de todo el mundo.

Alrededor de 2.1 millones de personas buscan la ayuda de AA cada año, y unos 10 millones de alcohólicos han logrado mantenerse sobrios gracias al grupo. AA no funciona para toda la gente —los índices de éxito son difíciles de medir debido al anonimato de los participantes—, pero millones de personas agradecen al programa haberles salvado la vida. Los famosos doce pasos, el credo fundacional de AA, se han convertido en imanes culturales que se han incorporado a programas de tratamiento para comedores compulsivos, adictos al juego, personas endeudadas, adictos al sexo, drogadictos, acumuladores compulsivos, personas que se autolesionan, fumadores, adictos a los videojuegos, codependientes y personas con docenas de otros comportamientos destructivos. Las técnicas del grupo ofrecen, en muchos sentidos, una de las fórmulas de cambio más poderosas.

Todo esto es un tanto inesperado, pues AA casi no tiene fundamento científico ni se basa en métodos terapéuticos aceptados.

Claro está que el alcoholismo es más que solo un hábito. Es una adicción física con raíces psicológicas y quizá también genéticas. No obstante, lo interesante de AA es que el programa no ataca directamente muchos de los problemas psiquiátricos o bioquímicos que según los científicos suelen explicar por qué los alcohólicos beben. De hecho, los métodos de AA parecen dejar de lado por completo los hallazgos médicos y científicos, así como los tipos de intervención que muchos psiquiatras aseguran que son necesarios para los alcohólicos.*

En vez de eso, lo que AA provee es un método para atacar los *hábitos* en torno al abuso del alcohol. En esencia, AA es una enorme maquinaria para cambiar los bucles de los hábitos. Y, aunque los hábitos asociados al alcoholismo están sumamente

---

* La frontera que divide los hábitos de las adicciones suele ser difícil de establecer. Por ejemplo, la Sociedad Norteamericana de Medicina de las Adicciones define la adicción como "una enfermedad primaria crónica de recompensa, motivación, memoria y circuitos cerebrales relacionados... La adicción se caracteriza por el deterioro del control conductual, las ansias, la incapacidad para abstenerse de forma constante y las afectaciones de las relaciones personales".

Algunos investigadores señalan que, según esa definición, es difícil determinar por qué gastar cincuenta dólares a la semana en cocaína es malo, mientras que gastarlos en café está bien. Para quien crea que gastar cinco dólares en un café es señal de un "deterioro del control conductual", una persona que ansía un café con leche todas las tardes parecerá tener una adicción clínica. ¿Acaso alguien que prefiere salir a correr en lugar de desayunar con sus hijos es adicto al ejercicio?

Muchos investigadores coinciden en que, en términos generales, aunque la adicción es complicada y sigue siendo un gran misterio, muchos de los comportamientos que asociamos con ella suelen estar motivados por los hábitos. Algunas sustancias, como las drogas, los cigarrillos o el alcohol son capaces de generar dependencia física. Pero estas ansias físicas suelen desaparecer al poco tiempo de descontinuar el consumo. La adicción física a la nicotina, por ejemplo, subsiste solo hasta que la sustancia sale del torrente sanguíneo del fumador, lo que ocurre unas cien horas después del último cigarrillo. Muchas de las ansias restantes que creemos que son antojos adictivos de nicotina en realidad son los hábitos conductuales que se hacen notar: ansiamos un cigarrillo después del desayuno incluso un mes después de dejar de fumar, pero no porque lo necesitemos a nivel físico, sino porque recordamos con gusto la sensación que nos provocaba cada mañana. Se ha demostrado en estudios clínicos que atacar los comportamientos que consideramos adicciones modificando los hábitos que los rodean es una de las modalidades de tratamiento más efectivas. (No obstante, vale la pena señalar que algunas sustancias químicas, como los opiáceos, pueden causar adicciones físicas prolongadas, y algunos estudios indican que un pequeño grupo de gente parece tener cierta predisposición a buscar sustancias adictivas, independientemente de las intervenciones conductuales. Sin embargo, la cantidad de sustancias que causan adicciones físicas a largo plazo es relativamente pequeña y se estima que la cantidad de personas con predisposición a las adicciones es mucho menor que la cantidad de alcohólicos que buscan ayuda).

arraigados, las lecciones que AA nos provee demuestran que es posible cambiar casi cualquier hábito, hasta el más obstinado.

● ● ●

Bill Wilson no leyó revistas médicas especializadas ni consultó a muchos médicos antes de fundar AA. Años antes de lograr mantenerse sobrio, escribió los famosos doce pasos de forma apresurada una noche, sentado en su cama. Eligió el número doce porque los apóstoles eran doce. Y algunos aspectos del programa no solo distan mucho de ser científicos, sino que parecen extrañísimos.

Pensemos, por ejemplo, en que AA insiste en que los alcohólicos asistan a "noventa reuniones en noventa días", un periodo de tiempo que parece elegido al azar. O la intensa orientación hacia la espiritualidad, expresada en el paso tres, el cual dice que los alcohólicos pueden alcanzar la sobriedad si toman la decisión de "poner nuestras voluntades y nuestras vidas al cuidado de Dios, como nosotros lo concebimos". Siete de los doce pasos mencionan a Dios o la espiritualidad, lo cual parece extraño para un programa fundado por un agnóstico que, a lo largo de su vida, exhibió una marcada hostilidad hacia la religión organizada. Las reuniones de AA no siguen un programa o calendario prescrito. En vez de eso, suelen empezar con un miembro que cuenta su historia, después de lo cual otras personas pueden intervenir. No hay profesionales que guíen la conversación y hay muy pocas reglas que dictan cómo deben de funcionar las reuniones. En las últimas cinco décadas, mientras que los descubrimientos en materia de ciencias del comportamiento, farmacología y neurología han revolucionado la psiquiatría y las investigaciones sobre adicciones, AA ha permanecido congelada a lo largo del tiempo.

Dada la falta de rigor del programa, ha recibido incontables críticas de académicos y científicos. Algunos afirman que el énfasis que pone AA en la espiritualidad lo ha convertido más en un culto que en un tratamiento. No obstante, en los últimos quince años se ha emprendido una reevaluación de sus métodos; ahora los investigadores dicen que los métodos del programa proveen lecciones valiosas. Investigadores de Harvard, Yale, la Universidad de Chicago, la Universidad de Nuevo México y otros centros de investigación han encontrado cierto fundamento científico en el interior de AA que es similar al que Tony Dungy usó en el campo de juego. Y sus hallazgos refrendan la Regla de Oro del cambio de hábitos: AA logra su cometido porque ayuda a los alcohólicos a usar las mismas señales y obtener la misma recompensa, pero cambia la rutina.

Los científicos dicen que AA funciona porque el programa obliga a identificar las señales y las recompensas que fomentan los hábitos alcohólicos, a la vez que ayuda a encontrar nuevos hábitos. Cuando Claude Hopkins quería vender Pepsodent, encontró la forma de crear un nuevo hábito al detonar una nueva ansia. Pero, para cambiar un hábito antiguo, hay que atacar el ansia antigua. Hay que mantener las señales y las recompensas de antes, y alimentar el ansia con la introducción de una nueva rutina.

Contemplemos los pasos cuatro (hacer "un minucioso inventario moral de nosotros mismos") y cinco (admitir "ante Dios, ante nosotros mismos y ante otro ser humano, la naturaleza exacta de nuestros defectos").

"No es evidente por la forma en que están redactados, pero para completar esos pasos la persona debe hacer una lista de todos los detonantes de sus ansias alcohólicas —me dijo J. Scott Tonigan, investigador de la Universidad de Nuevo México que lleva más de una década estudiando AA—. Cuando haces un inventario propio, tienes que descifrar todas las cosas que te hacen beber. Y reconocer frente a otros todas las cosas malas que has hecho es una buena forma de descifrar en qué momento se salió todo de control".

Después, AA pide a los alcohólicos que busquen las recompensas que obtienen del alcohol. El programa les pregunta qué ansias impulsan el bucle de sus hábitos. Con frecuencia, la embriaguez en sí misma no está incluida. Los alcohólicos ansían beber porque les ofrece una escapatoria, relajación, compañía, el amortiguamiento de las ansiedades y la oportunidad de liberar las emociones. Es posible que ansíen un coctel para olvidarse de sus preocupaciones, pero no necesariamente ansían estar borrachos. Los efectos del alcohol suelen ser una de las partes menos gratificantes para los adictos.

"El alcohol tiene un aspecto hedonista: genera placer —me dijo Ulf Mueller, neurólogo alemán que ha estudiado la actividad neurológica de los alcohólicos—. Pero la gente también lo consume porque quiere olvidar algo o satisfacer otras ansias, y estas ansias de alivio provienen de partes completamente distintas del cerebro".

Para ofrecerles a los alcohólicos la misma recompensa que reciben en el bar, AA ha desarrollado un sistema de reuniones y acompañamiento —el "padrino" o la "madrina" con la que cada miembro trabaja— que aspira a ofrecer la misma escapatoria, distracción y catarsis que una borrachera de viernes. Si la persona necesita alivio, puede obtenerlo conversando con su padrino o madrina, o asistiendo a una reunión grupal, en lugar de brindando con un compañero de copas.

"AA te obliga a crear nuevas rutinas que puedes llevar a cabo cada noche en lugar de beber —me explicó Tonigan—. En las reuniones puedes relajarte y hablar de tus ansiedades. Los detonantes y las satisfacciones siguen siendo los mismos, pero el comportamiento es lo que cambia".

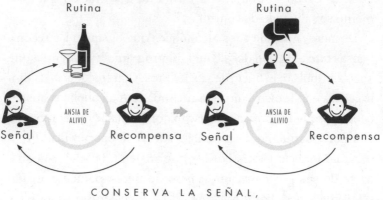

CONSERVA LA SEÑAL,
PROVEE LA MISMA RECOMPENSA,
INSERTA UNA NUEVA RUTINA

En 2007 hubo una demostración especialmente impactante de cómo las señales y las recompensas de los alcohólicos se pueden transferir a nuevas rutinas, cuando Mueller, el neurólogo alemán, y sus colegas de la Universidad de Magdeburgo implantaron diminutos dispositivos eléctricos en el cerebro de cinco alcohólicos que habían intentado dejar el alcohol en repetidas ocasiones. Los alcohólicos que participaron en el estudio habían pasado al menos seis meses en rehabilitación sin éxito alguno; de hecho, uno de ellos se había desintoxicado más de sesenta veces.

Los dispositivos que les implantaron en la cabeza estaban ubicados en el interior de los ganglios basales —la misma parte del cerebro en la que los investigadores del MIT encontraron el bucle de los hábitos— y emitían una descarga eléctrica que interrumpía la recompensa neurológica que detona las ansias habituales. Después de que los participantes se recuperaron de la cirugía, fueron expuestos a señales que con anterioridad les detonaron ansias alcohólicas, como fotografías de cerveza o visitas a un bar. Regularmente, les hubiera resultado imposible resistirse a beber. Pero los dispositivos que tenían en el cerebro "anulaban" las ansias neurológicas de los individuos, así que no tocaban siquiera la bebida.

"Uno de ellos me dijo que el ansia desapareció tan pronto activamos la descarga eléctrica —me dijo Mueller—. Luego, al desactivarla, el ansia volvió al instante".

No obstante, erradicar las ansias neurológicas de los alcohólicos no bastaba para frenar el hábito de beber. Cuatro de ellos recayeron poco después de la cirugía, por lo general después de un episodio estresante. Tomaron la botella porque era la forma en la que lidiaban con la ansiedad de forma automática. No obstante, una vez que aprendieron rutinas alternas para lidiar con el estrés, dejaron de beber por completo. Un paciente, por ejemplo, empezó a asistir a reuniones de AA. Otros fueron a terapia. Y, una vez que incorporaron esas nuevas rutinas para lidiar con el estrés y la ansiedad de la vida diaria, los índices de éxito fueron impresionantes. El hombre que se había desintoxicado sesenta veces no volvió a beber jamás. Dos de los otros pacientes habían empezado a beber a los doce años, para los dieciocho ya eran alcohólicos y bebían a diario, pero ahora llevaban cuatro años sobrios.

Es notable cuánto se asemeja este estudio a la Regla de Oro del cambio de hábitos: ni siquiera cambiar el cerebro de los alcohólicos con cirugía basta. Las antiguas señales y ansias de recompensa siguen ahí, esperando la oportunidad para atacar. Los alcohólicos solo cambiaron de forma permanente una vez que aprendieron nuevas rutinas basadas en los viejos detonantes que les proveían un alivio familiar. "Algunos cerebros son tan adictos al alcohol que solo la cirugía puede frenarlo

—afirmó Mueller—. Pero esas personas también necesitan encontrar nuevas formas de lidiar con la vida".

AA provee un sistema similar, aunque menos invasivo, para insertar nuevas rutinas en los viejos bucles de hábitos. A medida que los científicos van entendiendo cómo funciona AA, también ponen en práctica los métodos del programa para cambiar otros hábitos, como los berrinches de los niños de dos años, la adicción al sexo y hasta pequeños tics conductuales. Y los métodos de AA se han difundido y han sido refinados para convertirse en terapias que se pueden usar para cambiar casi cualquier patrón.

● ● ●

En el verano de 2006, una estudiante de posgrado de 24 años llamada Mandy entró al centro de orientación psicológica de la Universidad Estatal de Mississippi. Toda la vida, Mandy había tenido la manía de morderse las uñas hasta sacarse sangre. Mucha gente se come las uñas. Sin embargo, para quienes se muerden las uñas de forma crónica, es un problema a mucho mayor escala. Mandy solía comerse las uñas hasta desgarrarlas de la piel, y tenía las puntas de los dedos cubiertas de diminutas costras. La piel que había quedado descubierta se había redondeado y a veces le causaba picazón u hormigueo, lo que era señal de daño nervioso. El hábito de la onicofagia, como también se le conoce, había dañado su vida social. Se sentía tan avergonzada al estar con amigos que mantenía las manos escondidas en los bolsillos y, si tenía una cita romántica, procuraba empuñar las manos para esconder las uñas. Había intentado usar esmalte de uñas con sabor amargo para dejar de mordérselas, y había prometido reunir la fuerza de voluntad suficiente para dejar de hacerlo *de una vez por todas*. Sin embargo, tan pronto empezaba a hacer una tarea de la escuela o a ver televisión, terminaba con los dedos en la boca.

El centro de orientación refirió a Mandy a un estudiante doctoral de psicología que estaba estudiando un tratamiento conocido como "entrenamiento de inversión de hábitos". El psicólogo estaba bien familiarizado con la Regla de Oro del cambio de hábitos. Sabía que para cambiar la onicofagia de Mandy sería necesario introducir una nueva rutina en su vida.

"¿Qué sientes justo antes de llevarte la mano a la boca para morderte las uñas?", le preguntó.

"Un poco de tensión en los dedos —contestó Mandy—. Me duele un poco ahí, en la orilla de la uña. A veces paso la punta del pulgar por encima de la uña en busca de padrastros y, cuando siento algo que sobresale, me llevo el dedo a la boca. Luego voy dedo por dedo y mordisqueo los bordes ásperos. Una vez que empiezo, siento que tengo que pasar por todos".

Pedirles a los pacientes que describan qué detona sus comportamientos habituales se conoce como entrenamiento de sensibilización y, así como AA insiste en obligar a los alcohólicos a reconocer las señales, es el primer paso del entrenamiento para revertir los hábitos. La tensión que Mandy sentía en las uñas era la señal del hábito de morderse las uñas.

"La mayoría de los hábitos de la gente existe desde hace tanto que ya no prestan atención a las causas —me dijo Brad Dufrene, quien trató a Mandy—. He recibido gente que tartamudea. Les pregunto qué palabras o situaciones detonan su tartamudeo, pero no lo saben porque dejaron de fijarse en ello hace mucho tiempo".

A continuación, el terapeuta le pidió a Mandy que describiera por qué se mordía las uñas. Al principio, tuvo dificultades para identificar las razones. No obstante, conforme siguieron conversando, se hizo evidente que se mordía las uñas cuando estaba aburrida. El terapeuta la puso en algunas circunstancias habituales, como ver televisión o hacer la tarea de la escuela, y ella comenzó a mordisquearse las uñas. Una vez que pasó por todos los dedos, sintió una breve sensación de completud. Esa era la recompensa del hábito, la estimulación física que había aprendido a ansiar.

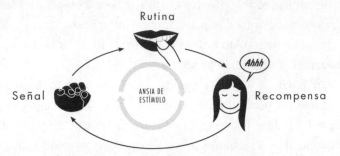

EL BUCLE DEL HÁBITO DE MANDY

Una vez terminada la primera sesión, el terapeuta le dejó a Mandy una tarea para realizar en casa: debía llevar consigo una tarjeta y, cada vez que sintiera la señal —la tensión en la punta de los dedos—, haría una raya en ella. Llegó a terapia la semana siguiente con 28 rayas. Para entonces ya era sumamente consciente de las sensaciones que precedían al hábito: sabía bien cuántas veces le ocurrían mientras estaba en clase o miraba la televisión.

Entonces el terapeuta le enseñó a Mandy lo que se conoce como "reacción de competencia". Cada vez que sintiera la tensión en las puntas de los dedos debía llevarse las manos de inmediato a los bolsillos o meterlas bajo las piernas o apretar un lápiz o realizar cualquier otra acción que imposibilitara que se llevara los dedos a la boca. Luego debía buscar algo que le proveyera un estímulo físico inmediato —como frotarse el brazo o golpetear una superficie con los nudillos—, cualquier cosa que produjera una reacción física.

Las señales y recompensas eran las mismas. Solo la rutina cambiaba.

Rutina

Señal

ANSIA DE
ESTÍMULO

Ahhh

Recompensa

EL NUEVO BUCLE DEL HÁBITO DE MANDY

Practicaron en el consultorio del terapeuta durante unos cuarenta minutos y luego Mandy se fue a casa con una nueva tarea: seguir poniendo marcas en la tarjeta, pero ahora dibujaría una raya cada vez que sintiera la tensión en la punta de los dedos y una almohadilla cuando lograra sobreponerse con éxito al hábito.

Una semana después, Mandy se había mordido las uñas solo tres veces y había usado la reacción de competencia siete veces. Se recompensó con una manicura, pero siguió usando las tarjetas de anotación. Pasado un mes, el hábito había desaparecido. Las rutinas de competencia se habían vuelto automáticas. Un hábito reemplazó al otro.

"Parece algo ridículamente sencillo, pero, una vez que eres consciente de cómo funcionan los hábitos, una vez que reconoces las señales y las recompensas, estás a la mitad del camino para cambiarlos —me dijo Nathan Azrin, uno de los desarrolladores del entrenamiento de reversión de hábitos—. Parece que debería ser más complicado, pero la verdad es que es posible reprogramar el cerebro. Solo hay que hacerlo de forma deliberada".*

En la actualidad, la terapia de reversión de hábitos se usa para tratar tics verbales y físicos, depresión, tabaquismo, adicción al juego, ansiedad, incontinencia nocturna, postergación, trastornos obsesivo-compulsivos y otros comportamientos problemáticos. Y las técnicas en las que se basa revelan uno de los principios fundamentales de los hábitos: no entendemos en realidad las ansias que motivan nuestros comportamientos hasta que las examinamos de cerca. Mandy no se había dado cuenta de que el ansia de estímulo físico la hacía morderse las uñas, pero, una vez que diseccionó el hábito, fue fácil encontrar una nueva rutina que le proveyera la misma recompensa.

Digamos que quieres dejar de picotear en el trabajo. ¿La recompensa que buscas es satisfacer tu apetito? ¿O interrumpir el aburrimiento? Si tomas refrigerios porque buscas un desahogo breve, con facilidad puedes encontrar otra rutina —como dar una pequeña caminata o permitirte navegar por internet du-

---

* Es importante señalar que, aunque sea fácil describir el proceso de cambio de hábitos, eso no significa que sea necesariamente fácil lograrlo. Sería sencillo implicar que el tabaquismo, el alcoholismo, la compulsión y otros patrones arraigados se pueden subvertir sin mucho esfuerzo, pero el cambio genuino requiere trabajo y un autoexamen de las ansias que impulsan los comportamientos. Cambiar cualquier hábito requiere determinación. Nadie dejará de fumar nada más porque es capaz de esbozar su bucle del hábito. No obstante, si entendemos los mecanismos de estos hábitos, obtenemos la información que facilita la adopción de nuevos comportamientos. Cualquier persona con problemas de adicción o conductas destructivas puede beneficiarse de este conocimiento desde distintos ángulos, con ayuda de psicoterapeutas, médicos, trabajadores sociales o guías religiosos. No obstante, incluso los profesionales en esas áreas acuerdan que la mayoría de los alcohólicos, fumadores y otras personas con comportamientos problemáticos deja el hábito por sí sola, fuera de entornos de tratamiento formal. Muchas veces logran esos cambios porque examinan las señales, las ansias y las recompensas que motivan sus actitudes, y luego encuentran formas de reemplazar la rutina autodestructiva con alternativas más saludables, incluso si no son conscientes de que eso es lo que están haciendo. Comprender las señales y las ansias que motivan tus hábitos no hará que desaparezcan como por arte de magia, pero te darán herramientas para planear estrategias que te permitan cambiar el patrón.

rante tres minutos— que te aporte la misma interrupción sin sumar pulgadas a tu cintura.

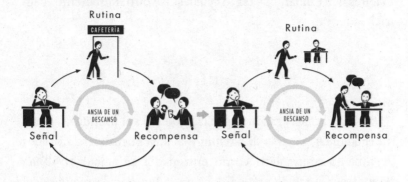

Si quieres dejar de fumar, hazte la siguiente pregunta: ¿fumas porque te encanta la nicotina o porque te provee una descarga estimulante, le da estructura a tu día o es un mecanismo para socializar? Si fumas porque necesitas un estímulo, los estudios indican que tomar algo de cafeína en la tarde puede hacer que dejar de fumar sea más sencillo. Más de tres docenas de estudios realizados con exfumadores han demostrado que identificar las señales y las recompensas asociadas al cigarrillo, y luego elegir una nueva rutina que provea una satisfacción similar —una goma de mascar con nicotina, una serie de flexiones de brazos o un receso de unos cuantos minutos para hacer estiramientos o relajarse— hace que sea más factible dejar de fumar.

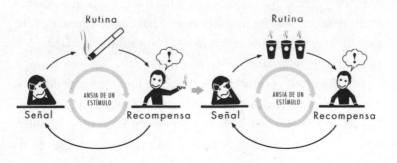

Si identificas las señales y las recompensas, puedes cambiar la rutina. O al menos en la mayoría de los casos. Hay algunos hábitos, sin embargo, para los cuales hay otro ingrediente esencial: la fe.

III.

"Estas son las seis razones por las que todo el mundo cree que no podemos ganar", dijo Dungy a sus Buccaneers después de que lo contrataran como entrenador principal en 1996. Fue meses antes de que comenzara la temporada regular, y el equipo entero estaba reunido en los vestidores. Dungy empezó a enumerar las teorías que todos habían leído en los diarios o escuchado en la radio: la dirección del equipo era un desastre. El nuevo entrenador no tenía suficiente experiencia. Los jugadores estaban demasiado consentidos. A la ciudad le daba lo mismo. Los jugadores clave estaban lesionados. No tenían el talento necesario.

"Esas son las supuestas razones —les dijo Dungy—. Pero he aquí un hecho: nadie se esforzará más que nosotros".

Dungy les explicó que su estrategia consistía en cambiar los comportamientos del equipo hasta que sus acciones se hicieran automáticas. No creía que los Buccaneers precisaran un libro de jugadas más grueso. Tampoco creía que necesitaran memorizar cientos de formaciones. Bastaba con que aprendieran algunos movimientos clave y los pusieran en práctica a la perfección en el momento indicado.

No obstante, la perfección es difícil de lograr en este deporte. "En el fútbol americano, en cada jugada, sin falta, alguien mete la pata —dijo Herm Edwards, uno de los asistentes de entrenador de Dungy en Tampa Bay—. La mayoría de las veces no es algo físico. Es mental". Los jugadores meten la pata cuando empiezan a pensar demasiado o dudan de sus jugadas. Lo que Dungy quería era eliminar el factor de toma de decisiones de su estrategia.

Y, para ello, necesitaba que los jugadores reconocieran sus hábitos actuales y aceptaran nuevas rutinas.

Empezó por observar cómo jugaba el equipo en ese momento.

—Trabajaremos en la defensiva profunda —gritó Dungy una mañana durante el entrenamiento—. Cincuenta y cinco, ¿cuál es tu lectura?

—Estoy mirando al corredor y al guardia—, contestó Derrick Brooks, quien jugaba en la posición de apoyador.

—¿Qué es exactamente lo que estás *mirando*? ¿Dónde están puestos tus ojos?

—Estoy mirando el movimiento del guardia —dijo Brooks—. Estoy viendo las piernas y la cadera del mariscal después de que recibe el balón. Y estoy buscando huecos en la alineación, para ver si van a pasar y si el mariscal lanzará hacia acá o hacia allá.

En el fútbol americano, estas señales se conocen como "claves" y son esenciales para todas las jugadas. La innovación de Dungy consistía en usar esas claves como señales de hábitos reconfigurados. El entrenador sabía que, en ocasiones, Brooks titubeaba un poco de más al comienzo de las jugadas. Tenía muchas cosas en las cuales pensar: si el guardia se saldría de la formación o si el pie del corredor indicaba que se preparaba para una jugada terrestre o aérea. Y esas cosas lo frenaban.

El objetivo de Dungy era liberar la mente de Brooks de todo ese análisis. Al igual que Alcohólicos Anónimos, usó las mismas señales a las que Brooks estaba acostumbrado, pero le inculcó nuevas rutinas que, con el tiempo, se hicieron automáticas.

—Quiero que uses esas mismas claves —le dijo Dungy a Brooks—. Pero, al principio, solo concéntrate en el corredor. Eso es todo. Hazlo sin pensar. Una vez que estés posicionado, *entonces* empiezas a buscar al mariscal.

Era un cambio relativamente modesto; los ojos de Brooks buscaban las mismas señales, pero, en lugar de buscar en varios lugares a la vez, Dungy organizó una secuencia y le inculcó por adelantado qué elegir al ver cada clave. Lo brillante de este sistema es que eliminaba la necesidad de tomar decisiones y le permitía a Brooks ser más veloz porque todo era una reacción —y, con el tiempo, un hábito— más que una elección.

Dungy le dio a cada jugador instrucciones similares y los hizo practicar las formaciones una y otra vez. Los hábitos de Dungy tardaron casi un año en afianzarse y el equipo perdió los primeros y más sencillos partidos de la temporada. Los columnistas deportivos se preguntaban por qué los Buccaneers desperdiciaban tanto tiempo en charlatanerías psicológicas.

Pero luego, poco a poco, empezaron a mejorar. Con el tiempo, los patrones se volvieron tan familiares para los jugadores que los reproducían de forma automática al salir al campo. Durante la segunda temporada en que tuvieron a Dungy como entrenador, los Buccaneers ganaron los primeros cinco partidos y llegaron a los *play-offs* por primera vez en quince años. Y en 1999 ganaron el título de la división.

El estilo de entrenamiento de Dungy empezó a llamar la atención de todo el país. Los medios deportivos se enamoraron de su voz amable, su piedad religiosa y la importancia que le daba al hecho de encontrar un balance entre trabajo y familia. Los reportajes periodísticos contaban que llevaba a sus hijos, Eric y Jamie, al estadio para pasar tiempo con ellos durante las prácticas. Los chicos hacían los deberes escolares en su oficina y recogían toallas en los vestidores. Parecía que, al fin, el éxito había llegado.

En el año 2000, los Buccaneers llegaron de nuevo a los *play-offs*, y lo lograron una vez más en 2001. Los aficionados abarrotaban el estadio cada semana. Los comentaristas deportivos hablaban del potencial del equipo para llegar al Super Bowl. Todo se estaba haciendo realidad.

●●●

No obstante, a pesar de que los Buccaneers se convirtieron en una potencia deportiva, surgió un problema preocupante. Con frecuencia jugaban partidos disciplinados con marcadores cerrados, pero, en momentos cruciales y de mucho estrés, todo se venía abajo.

En 1999, después de sumar seis victorias al hilo al final de la temporada, los Buccaneers perdieron el campeonato de la conferencia frente a los St. Louis Rams. En 2000, estaban a un partido del Super Bowl cuando se desintegraron frente a las Philadelphia Eagles y perdieron 21 a 3. Al año siguiente pasó lo mismo y volvieron a perder contra las Eagles, 31 a 9, lo cual les cerró las puertas definitivamente.

"Practicábamos y todo salía bien, pero luego llegábamos a un partido importante y era como si el entrenamiento se esfumara —me contó Dungy—. Después, los jugadores decían 'Es que era una jugada crucial, y entonces regresé a lo conocido' o 'Sentí que tenía que dar más de mí'. Lo que *en realidad* querían decir era que confiaban en nuestro sistema la mayor parte del tiempo, pero, cuando estaban en la línea de fuego, esa creencia se resquebrajaba".

Cuando terminó la temporada de 2001, después de que los Buccaneers perdieran la oportunidad de jugar el Super Bowl por segundo año consecutivo, el director general del equipo le pidió a Dungy que fuera a su casa. Dungy se estacionó cerca de un enorme roble, cruzó el umbral de la entrada y treinta segundos después fue despedido.

Los Buccaneers ganaron el Super Bowl el año siguiente gracias a las formaciones y los jugadores de Dungy, así como la confianza en los hábitos que él forjó. Dungy vería por televisión al entrenador que lo reemplazó alzar el trofeo Lombardi. Pero, para entonces, él ya estaría muy lejos.

IV.

Unas sesenta personas —entre ellas madres de familia, abogados que parecen haber salido a almorzar, viejos con tatuajes decolorados y *hipsters* en vaqueros ajustados— están sentadas en una iglesia, escuchando a un hombre un poco barrigón cuya corbata combina con sus ojos azules. Parece un político exitoso, con el cálido carisma de quien tiene la reelección asegurada.

—Me llamo John —dice—. Y soy alcohólico.

—Hola, John —le contestan los demás.

—La primera vez que decidí pedir ayuda fue cuando mi hijo se rompió el brazo —continúa John. Está de pie detrás de un podio—. Tenía un romance con una compañera de trabajo y ella me dijo que quería terminar. Así que fui al bar y pedí dos vodkas. Luego volví a mi oficina y después salí a almorzar a Chili's con un amigo, donde cada quien se tomó unas cuantas cervezas, y luego, como a las dos de la tarde, un colega y yo nos topamos con un lugar donde había hora feliz y los tragos estaban a dos por uno. Ese día me tocaba ir a buscar a los chicos. Mi esposa no sabía nada del romance aún. Me dirigí a la escuela, recogí a los niños y, mientras conducía por una calle por la que había pasado miles de veces, me estrellé con un señalamiento vial al final de la cuadra. Me trepé a la acera y ¡bum!, contra el medio del poste. Sam, mi hijo, no se había puesto el cinturón de seguridad, así que salió volando hacia el parabrisas y se rompió el brazo. Había sangre en el tablero del auto, justo donde se golpeó la nariz. El parabrisas estaba estrellado, y me dio mucho miedo. En ese momento decidí que necesitaba ayuda. Entonces me interné en una clínica y, cuando salí, todo estuvo tranquilo durante un tiempo. Durante unos quince meses todo estuvo muy bien. Sentía que tenía el control y asistía a reuniones cada tercer día, pero con el tiempo empecé a pensar: *No soy tan perdedor como para tener que pasar el rato con una bola de borrachos.* Entonces dejé de ir.

"Luego, a mi madre le diagnosticaron cáncer. Me llamó al trabajo; yo llevaba casi dos años sobrio. Había salido del consultorio médico e iba conduciendo a su casa, y me dijo: 'El médico dice que es tratable, pero está muy avanzado'. Lo primero que hice al colgar fue salir a buscar un bar y básicamente pasé los siguientes dos años de mi vida ebrio, hasta que mi esposa se fue de casa y volvió a tocarme recoger a mis hijos. En ese momento la estaba pasando muy mal. Un amigo me daba cocaína, así que todas las tardes aspiraba una raya en la oficina y cinco minutos después sentía esa cosquilla en la garganta que me hacía querer otra raya.

"En fin, me tocaba ir por los chicos. Iba de camino a la escuela y me sentía muy bien, como si tuviera todo bajo control, y luego me pasé un semáforo en rojo en una avenida y un enorme camión me embistió. De hecho, volcó el auto de costado. Yo salí ileso. Logré salir del auto y quise enderezarlo porque, pensé, si logro irme de aquí y llegar a casa antes de que llegue la policía, estaré bien. Claro que no funcionó y, cuando me arrestaron por manejar intoxicado, me mostraron que el lado del copiloto estaba completamente destrozado. Ahí es donde solía sentarse Sammy. De haber estado ahí, hubiera muerto al instante.

"Así que regresé a las reuniones y mi padrino me dijo que sentir que tienes el control no sirve de nada. Si no tenía un poder superior en mi vida, si no admitía mi impotencia, nada de esto funcionaría. Yo me creía un toro, pues soy ateo. Pero sabía que, si no cambiaba algo, terminaría por causarles la muerte a mis hijos. Así que empecé a trabajar en eso, a esforzarme por creer en algo más grande que yo. Y está funcionando. No sé si es Dios o algo más, pero hay un poder que me ha ayudado a mantenerme sobrio durante siete años, y sigo asombrado. No despierto sobrio cada mañana; es decir, no he bebido en siete años, pero hay mañanas en las que despierto y siento que voy a recaer. Esos días, busco a mi poder superior y llamo a mi padrino, y no hablamos sobre la bebida. Hablamos de la vida y del matrimonio y de mi trabajo. Y, para cuando es hora de meterme en la ducha, mi cabeza se ha enderezado".

Las primeras grietas en la teoría de que Alcohólicos Anónimos tenía éxito por el simple hecho de que reprogramaba los hábitos de los participantes empezaron a aparecer hace poco más de una década, y se derivan de relatos de alcohólicos como John. Los investigadores empezaron a observar que el reemplazo de hábitos le funcionaba muy bien a mucha gente hasta que el estrés de la vida —como enterarte de que tu madre tiene cáncer o que tu matrimonio se viene abajo— aumentaba a tal grado que los alcohólicos sufrían una recaída. Los científicos se preguntaban por qué, si el reemplazo de hábitos era tan efectivo, parecía fracasar en momentos críticos. Conforme ahondaron en los relatos de los alcohólicos para dar respuesta a esa pregunta, entendieron que el reemplazo de hábitos solo es duradero cuando los nuevos comportamientos van acompañados de algo más.

Por ejemplo, un grupo de investigadores del Grupo de Investigación sobre el Alcohol, ubicado en California, observó un patrón en las entrevistas. Los alcohólicos decían lo mismo una y otra vez: identificar las señales y elegir nuevas rutinas es importante, pero, sin un ingrediente adicional, los hábitos nuevos no echaban raíces.

Según ellos, el secreto era Dios.

A los investigadores los enfurecía esa explicación, pues Dios y la espiritualidad no son hipótesis demostrables. Las iglesias están llenas de borrachos que siguen bebiendo a pesar de lo piadosa que es su fe. No obstante, en conversaciones con adictos, la espiritualidad era un tema recurrente. Por ende, en 2005, un grupo de científicos —afiliado a la Universidad de California en Berkeley, la Universidad Brown y los Institutos Nacionales de Salud— empezó a interrogar a alcohólicos sobre toda clase de temas religiosos y espirituales. Después observaron la información recabada para ver si existía una correlación entre creencia religiosa y el tiempo que la gente llevaba en sobriedad.

Surgió un patrón evidente. Los datos indicaban que los alcohólicos que practicaban técnicas de reemplazo de hábitos solían ser capaces de mantenerse sobrios hasta que hubiera un momento estresante en su vida; en ese momento, algunos volvían a beber, sin importar cuántas nuevas rutinas hubieran adoptado.

No obstante, los alcohólicos que, como aquel John de Brooklyn, creían que un poder superior había entrado en su vida tenían más probabilidades de sobreponerse a los periodos estresantes y mantener la sobriedad intacta.

Los investigadores descifraron que no era Dios lo que importaba, sino que la creencia por sí sola marcaba la diferencia. Una vez que la gente aprendía a creer en algo, esa habilidad se expandía a otros aspectos de su vida, hasta que empezaban a creer que eran capaces de cambiar. La creencia era el ingrediente que convertía el bucle del hábito reconfigurado en un comportamiento permanente.

"Hace un año no hubiera afirmado esto; así de rápido están cambiando nuestros paradigmas —me dijo Tonigan, investigador de la Universidad de Nuevo México—. Pero la fe parece ser esencial. No es indispensable que la gente crea en Dios, pero sí que tenga la capacidad de creer que las cosas mejorarán.

"Aunque le des a la gente mejores hábitos, estos no resuelven el dilema de por qué empezaron a beber en un inicio. Con el tiempo tendrán un mal día, y ninguna rutina, por novedosa que sea, será capaz de hacer que las cosas parezcan estar bien. Lo que sí marca la diferencia es la *creencia* de que pueden lidiar con ese estrés sin necesidad de beber".

Al situar a los alcohólicos en reuniones donde la fe se da por sentada —donde, de hecho, la fe es parte integral de los doce pasos—, AA les enseña a las personas cómo creer en algo, hasta que empiezan a creer en el programa y en sí mismas. El programa les permite practicar la creencia de que las cosas estarán bien en algún momento, hasta que ese momento llega.

"En algún punto, la gente que asiste a AA mira a su alrededor y piensa: *Si le funcionó a él, supongo que puede funcionarme a mí también* —me dijo Lee Ann Kaskutas, científica principal del Grupo de Investigación sobre Alcohol—. Los grupos y las experiencias compartidas tienen algo que los hace muy potentes. La gente puede dudar de su capacidad para cambiar por sí sola, pero el grupo la convence de suspender su descreencia. La comunidad genera fe".

Cuando John estaba por irse de la reunión de AA, le pregunté por qué ahora sí le funcionaba el programa, dado que no le había servido antes. "Cuando empecé a venir a reuniones después del accidente con el camión, alguien pidió voluntarios para plegar las sillas —me contó—. Yo alcé la mano. No era la gran cosa, tardamos apenas cinco minutos, pero me sentí bien de hacer algo que no tuviera que ver *conmigo*. Creo que eso me llevó por otro camino.

"La primera vez no estaba listo para abrirme al grupo; pero, cuando volví, me sentía listo para empezar a creer en algo".

V.

Una semana después del despido de Dungy, el dueño de los Colts de Indianápolis le dejó un apasionado mensaje de quince minutos en su contestadora. Los Colts, a pesar de tener a Peyton Manning, uno de los mejores mariscales de la NFL, acababan de tener una pésima temporada. El dueño del equipo necesitaba ayuda. "Estaba harto de perder", le dijo a Dungy, quien decidió mudarse a Indianápolis para ser el entrenador en jefe del equipo.

De inmediato empezó a implementar el mismo plan de juego básico: reconstruir las rutinas de los Colts y enseñarles a usar viejas señales para reconfigurar sus hábitos. En su primera temporada, los Colts terminaron 10-6 y calificaron para los *play-offs*. La siguiente temporada, terminaron 12-4 y se quedaron a un partido del Super Bowl. La popularidad de Dungy se extendió. Los diarios y los programas deportivos de todo el país presentaban perfiles sobre él. Aficionados de todo el país volaban para visitar la iglesia a la que Dungy asistía. Sus hijos se volvieron una constante en el vestuario y la banca de los Colts.

En 2005, Jamie, el hijo mayor, terminó la secundaria y se mudó a Florida para iniciar su carrera universitaria.

No obstante, a medida que los éxitos de Dungy se acumulaban, volvían a surgir los mismos patrones problemáticos. Los Colts jugaban disciplinadamente toda la temporada y ganaban los partidos, pero luego se tropezaban bajo la presión de los *play-offs*.

"La fe es la parte más importante del éxito en el fútbol profesional —me dijo Dungy—. El equipo *ansiaba* creer, pero, cuando la tensión se acumulaba, volvían a la zona de confort de sus viejos hábitos".

Los Colts terminaron la temporada regular de 2005 con catorce victorias y dos derrotas, el mejor récord de su historia.

Pero entonces la tragedia se cernió sobre ellos.

Tres días antes de Navidad, sonó el teléfono de Tony Dungy en medio de la noche. Su esposa contestó y le pasó el auricular, pues creía que debía de ser uno de los jugadores. Al otro lado de la línea había una enfermera. Le dijo que Jamie, su hijo, había sido llevado al hospital esa noche con heridas de compresión en el cuello. Su novia lo encontró colgando en su apartamento, con un cinturón atado al cuello. Los paramédicos lo llevaron de prisa al hospital, pero los intentos por resucitarlo fracasaron. Había fallecido.

Un capellán voló hasta Indianápolis para pasar Navidad con la familia. "La vida no volverá a ser igual jamás —les dijo el capellán—, pero no siempre se sentirán como ahora".

Pocos días después del funeral, Dungy volvió al campo de juego. Necesitaba algo que lo distrajera, y su esposa y el equipo lo alentaron a que volviera al trabajo. "Me inundaron de amor y apoyo —escribiría después—. Como grupo, siempre nos habíamos apoyado los unos a los otros en momentos difíciles; ahora yo los necesitaba más que nunca".

El equipo perdió el primer juego de los play-offs, lo que puso fin a su temporada. Sin embargo, tras haber visto a Dungy atravesar esa tragedia, "algo cambió", según me dijo uno de los jugadores de esa época. "Vimos a nuestro entrenador pasar por algo espantoso y todos queríamos ayudarlo de algún modo".

Es simplista y hasta arrogante sugerir que la muerte de un muchacho puede influir en los resultados de un partido de fútbol americano. Dungy siempre había dicho que nada era más importante para él que la familia, pero, tras la muerte de Jamie, mientras los Colts empezaban a prepararse para la siguiente temporada, algo cambió en él, y sus jugadores lo notaron. El equipo acogió más que nunca la visión que tenía Dungy de cómo se debía jugar fútbol. Empezaron a tener fe.

"Llevaba muchas temporadas preocupado por mi contrato y mi sueldo —me contó un jugador que, al igual que los demás, accedió a hablar conmigo sobre esa época siempre y cuando mantuviera su identidad en el anonimato—. Cuando el entrenador volvió después del funeral, quería darle lo mejor de mí para aliviar su dolor. Digamos que me entregué al equipo".

"A algunos hombres les gusta abrazarse entre sí —me dijo otro jugador—. A mí no. No he abrazado a mis hijos en una década. Sin embargo, cuando el entrenador volvió a trabajar, me acerqué y lo abracé tanto tiempo como pude porque quería que supiera que contaba conmigo".

Después de la muerte del hijo de Dungy, el equipo empezó a jugar diferente. Entre los jugadores surgió la convicción de que la estrategia de Dungy era sólida. En las prácticas y los ataques previos al comienzo de la temporada de 2006, los Colts jugaron de forma precisa y disciplinada.

"La mayoría de los equipos de fútbol americano, en realidad, no juegan en equipo. No son más que un grupo de tipos que juega en conjunto —me confesó otro jugador de aquella época—. Pero nosotros nos convertimos en un *equipo*. Fue sorprendente. El entrenador era la chispa, pero esto iba más allá de él. Después de su regreso, fue como si en realidad creyéramos los unos en los otros, como si por primera vez supiéramos realmente cómo jugar juntos".

Para los Colts, la fe en el equipo —en las tácticas de Dungy y su capacidad para ganar— surgió a partir de la tragedia. Pero en muchos otros casos puede nacer una creencia similar sin necesidad de que se presenten adversidades de ninguna índole.

Por ejemplo, en una investigación de 1994 realizada en Harvard, donde se estudió a personas que habían hecho cambios radicales en su vida, los expertos observaron que algunas reconstruyeron sus hábitos después de una tragedia personal, como un divorcio o una enfermedad potencialmente letal. Otros cambiaron después de atestiguar que alguien cercano pasara por algo terrible, como fue el caso de los jugadores de Dungy, quienes lo vieron atravesar un periodo muy difícil.

No obstante, es igual de probable que no exista una tragedia que preceda las trasformaciones de la gente. Hay gente que cambia porque entró a un grupo social que facilitó el cambio. Una mujer afirmó que su vida entera se modificó cuando se apuntó a un curso de psicología y conoció a un maravilloso grupo de gente. "Abrió una caja de Pandora —les dijo a los investigadores—. Ya no soportaba el estado de mi vida. Necesitaba cambiar de raíz". Otro hombre dijo que encontró nuevas amistades con las que pudo practicar ser gregario. "Cuando hago el esfuerzo de sobreponerme a mi timidez, siento que en realidad no soy yo quien hace las cosas, sino otro", afirmó. Pero, al practicar con ese nuevo grupo, sintió que dejó de ser una actuación. Empezó a creer que no era tímido y, con el tiempo, dejó de serlo. Cuando la gente se une a grupos, el cambio parece posible y la posibilidad de que dicho cambio ocurra se hace más tangible. En la mayoría de los casos de gente que le da un giro de 180 grados a su vida, no hay momentos cruciales ni desastres transformadores. Simplemente hay comunidades —a veces de no más de dos personas— que fomentan la fe en el cambio. Una mujer dijo a los investigadores que un día antes de cambiar su vida estuvo limpiando baños, pero en realidad ocurrió tras varias semanas de discutir con el resto del equipo de limpieza si debía dejar a su esposo.

"El cambio ocurre en compañía de otros —me dijo Todd Heatherton, uno de los psicólogos involucrados en el estudio—. Parece real cuando podemos verlo a través de ojos ajenos".

Los mecanismos exactos de la convicción y la fe siguen siendo un misterio. Nadie sabe a ciencia cierta por qué un grupo de gente que se conoce en una clase de psicología es capaz de convencer a una mujer de que todo es distinto, o por qué el equipo de Dungy unió fuerzas después del fallecimiento del hijo del entrenador. Mucha gente conversa con sus amistades sobre matrimonios infelices, pero jamás dejan a su pareja; muchos equipos ven a sus entrenadores pasar por momentos difíciles y eso no los fortalece.

Lo que sí sabemos es que, para que los hábitos cambien de forma permanente, la gente debe creer que el cambio es posible. El mismo proceso que hace que AA sea tan efectivo —el poder del grupo para inculcarle a los individuos cómo tener fe— se lleva a cabo siempre que la gente se reúne para ayudarse entre sí a cambiar. La convicción se detona con más facilidad en el seno de una comunidad.

● ● ●

Diez meses después de la muerte de Jamie, comenzó la temporada 2006 de la NFL. Los Colts jugaron como nunca, ganaron sus primeros nueve partidos y terminaron el año con un récord de 12-4. Ganaron su primer juego de los *play-offs* y después derrotaron a los Baltimore Ravens para apoderarse del título de la división. Para entonces, estaban a un paso del Super Bowl, en la final del Campeonato de la NFC... el mismo partido que Dungy había perdido ocho veces.

El encuentro ocurrió el 21 de enero de 2007. Jugaron contra los Patriots de Nueva Inglaterra, el mismo equipo que había aniquilado dos veces antes las aspiraciones de los Colts de llegar al Super Bowl.

Los Colts empezaron jugando bien, pero, antes de que acabara la primera mitad, empezaron a derrumbarse. Los jugadores temían cometer errores o estaban tan ansiosos de superar el último obstáculo antes del Super Bowl que perdían la noción de aquello en lo que debían concentrarse. Dejaron de confiar en sus hábitos y empezaron a pensar demasiado. Una mala defensiva hizo que perdieran oportunidades. Uno de los pases de Peyton Manning fue interceptado y le ganó una anotación al oponente. Los Patriots iban ganando 21 a 3. Ningún equipo en la historia de la NFL había sido capaz de revertir una diferencia tan amplia en un campeonato de conferencia. El equipo de Dungy estaba a punto de perder una vez más.

En el medio tiempo, el equipo volvió a los vestidores, y Dungy les pidió que se reunieran en torno suyo. El escándalo del estadio se filtraba por las puertas cerradas, pero en el interior de los vestidores todo era silencio. Dungy miró a sus jugadores.

Les dijo que tenían que tener fe.

"Estuvimos en esta misma situación, contra el mismo equipo, en 2003 —les dijo Dungy. En ese partido, se habían quedado a una yarda de ganar. Una yarda—. Saquen el sable porque esta vez vamos a ganar. Este es *nuestro* juego. Es *nuestro* momento".

Los Colts salieron al campo y empezaron a jugar como lo habían hecho en el partido anterior. Se mantuvieron alerta a las señales y los hábitos. Ejecutaron con cuidado las jugadas que llevaban cinco años practicando hasta automatizarlas. Durante la serie inicial, la ofensiva de los Colts avanzó 76 yardas en catorce jugadas y anotó un *touchdown*. Más tarde, a los tres minutos de su siguiente serie ofensiva, volvieron a anotar.

A lo largo del último cuarto, los equipos se emparejaron. Dungy logró que los Colts empataran, pero no que se adelantaran en el marcador. Con apenas 3:49 en el reloj de juego, los Patriots anotaron, lo que dejó al equipo de Dungy con una desventaja de tres puntos, 34 a 31. Los Colts recibieron el balón y empezaron a atravesar el campo. En noventa segundos avanzaron 70 yardas y cruzaron la línea de anotación. Por primera vez, los Colts llevaban la delantera, 38 a 34. Quedaban sesenta segundos en el reloj. Si el equipo de Dungy era capaz de impedir que los Patriots anotaran un *touchdown*, los Colts tenían oportunidad de ganar.

Sesenta segundos es una eternidad en el fútbol americano.

Tom Brady, el mariscal de los Patriots, había conseguido anotaciones en menos tiempo que ese. Con absoluta confianza, apenas segundos después de que iniciara la jugada, Brady llevó a su equipo a la mitad del terreno. Con 17 segundos en el reloj, los Patriots estaban ya en zona de gol de campo, listos para la jugada final que podía sumarle otra derrota a Dungy y aplastar una vez más los sueños de los Colts de llegar al Super Bowl.

A medida que los Patriots se acercaron a la línea de golpeo, la defensiva de los Colts tomó su lugar. Marlin Jackson, esquinero de los Colts, se colocó a diez yardas de la línea. Miró sus señales: los espacios entre los jugadores de la línea ofensiva y la profundidad del corredor. Tom Brady, el mariscal de los Patriots, tomó el balón y retrocedió para lanzar un pase. Para entonces, Jackson ya estaba en movimiento. Brady echó el brazo hacia atrás y lanzó el balón por los aires. El pase iba dirigido a un receptor de los Patriots que estaba veintidós yardas más adelante, desmarcado, cerca de la mitad del campo. Si el receptor completaba la recepción, era probable que pudiera acercarse a la zona de anotación e incluso que anotara. El balón voló por los aires. Jackson, el esquinero de los Colts, iba corriendo en diagonal, siguiendo sus hábitos. Pasó junto al hombro derecho del receptor y se le atravesó justo en el instante en el que llegaba el balón. Jackson tomó el balón en pleno vuelo e interceptó el pase, corrió unos cuantos pasos más y se echó al suelo, aferrándose al balón. La jugada tomó menos de cinco segundos. El partido se acabó. Dungy y los Colts habían ganado.

Dos semanas después, ganaron el Super Bowl. Hay docenas de posibles razones para explicar por qué finalmente los Colts se coronaron campeones aquel año. Quizá fue suerte. Quizá les había llegado la hora. Pero los jugadores de Dungy dicen que es porque *creyeron*, y esa fe hizo que todo lo que habían aprendido —las rutinas que habían practicado hasta que se hicieron automáticas— se mantuviera firme, incluso en los momentos más estresantes.

"Estamos orgullosos de haber ganado este campeonato para nuestro líder, el entrenador Dungy", declaró Peyton Manning más tarde, mientras sostenía el trofeo Lombardi.

Dungy volteó a ver a su esposa.

"Lo logramos", le dijo.

●●●

¿Cómo cambian los hábitos?

Por desgracia, no hay una serie de pasos garantizados que sirvan a todo el mundo. Sabemos que es imposible erradicar un hábito y que, en vez de eso, hay que reemplazarlo. Y sabemos que los hábitos son más maleables cuando se pone en práctica la Regla de Oro del cambio de hábitos: si mantenemos la misma señal y la misma recompensa, es posible introducir una nueva rutina.

Pero eso no basta. Para que el hábito reconfigurado se mantenga, la gente debe creer que el cambio es posible. Y, en la mayoría de los casos, esa creencia solo surge con ayuda de un grupo.

Si quieres dejar de fumar, encuentra una rutina distinta que satisfaga las ansias que hasta ahora sacias con cigarrillos. Luego, encuentra un grupo de apoyo, ya sea un grupo de exfumadores o una comunidad que te ayude a creer que eres capaz de alejarte de la nicotina, y recurre al grupo cuando sientas que corres el riesgo de recaer.

Si quieres bajar de peso, examina tus hábitos y determina cuál es la *verdadera* razón por la que te levantas del escritorio para ir a buscar un refrigerio, y luego encuentra a alguien que te acompañe a dar una caminata, alguien que converse contigo en su escritorio en lugar de hacerlo en la cafetería, un grupo que dé seguimiento a las metas de pérdida de peso de sus integrantes o alguien que también desee tener un canasto de manzanas cerca en lugar de una bolsa de papas fritas.

Las evidencias son contundentes: si quieres cambiar algún hábito, debes encontrar una rutina alternativa, y recuerda que el índice de éxito incrementará de forma sustancial si te comprometes a cambiar como parte de un grupo. La fe es esencial, y se alimenta de la experiencia comunal, incluso si esa comunidad está compuesta de no más de dos personas.

Sabemos que el cambio es *posible*. Los alcohólicos son capaces de dejar de beber. Los fumadores dejan el cigarrillo. Los perdedores habituales pueden convertirse en campeones. Eres capaz de dejar de morderte las uñas o de picotear comida chatarra en el trabajo, de gritar a tus hijos, de desvelarte sin razón o de preocuparte por nimiedades. Y los científicos han observado también que los cambios de hábitos no solo modifican las vidas de los individuos, sino que también pueden cambiar empresas, organizaciones y comunidades, tal como explicaré en los siguientes capítulos.

SEGUNDA
PARTE

Los hábitos de las
organizaciones exitosas

4

HÁBITOS CLAVE O LA
BALADA DE PAUL O'NEILL

Qué hábitos importan más

I.

En un nublado día de octubre de 1987, un rebaño de importantes inversionistas y analistas de valores de Wall Street se reunió en el salón de congresos de un elegante hotel de Manhattan. Estaban ahí para conocer al nuevo CEO de Alcoa, una de las mayores productoras de aluminio del mundo, empresa que, durante casi un siglo, había fabricado toda clase de productos, desde el envoltorio metálico de los Kisses de Hershey hasta el metal de las latas de Coca Cola y los tornillos que se usan para armar los satélites.

Un siglo antes, el fundador de Alcoa había inventado el proceso para fundir el aluminio y desde entonces la empresa pasó a ser una de las más grandes del mundo entero. Muchos de los asistentes habían invertido millones de dólares en acciones de Alcoa que les aseguraban réditos constantes. Sin embargo, en el último año los inversionistas empezaron a expresar sus inconformidades. En un intento torpe por expandirse y entrar en el mercado de nuevos productos, la gerencia de Alcoa había cometido un error tras otro, y los competidores ahora les robaban la clientela y las ganancias.

Por ende, fue muy evidente el alivio generalizado cuando la junta directiva anunció que era hora de cambiar de liderazgo. No obstante, el alivio se transformó en inquietud cuando se dio a conocer el nombre del elegido: el nuevo CEO sería un exburócrata del gobierno llamado Paul O'Neill. Prácticamente nadie en Wall Street había oído hablar de él. Cuando Alcoa organizó esa ceremonia de presentación en aquel salón de congresos de Manhattan, los principales inversionistas solicitaron una invitación.

Pocos minutos antes del mediodía, O'Neill subió al escenario. Tenía 51 años, era un hombre en buena forma física y ostentaba un traje de rayas grises con una imponente corbata roja. Tenía el cabello cano y se erguía como si fuera un militar. Subió las escaleras con ritmo y esbozó una sonrisa cálida. Parecía un hombre digno, sólido, confiado. Como todo buen directivo.

Pero luego abrió la boca.

"Quiero hablarles sobre condiciones de seguridad laboral —dijo—. Cada año, muchos empleados de Alcoa sufren lesiones tan graves que pierden un día de trabajo o más. Nuestro récord de seguridad es mejor que el de la fuerza laboral norteamericana promedio, sobre todo si consideramos que nuestros empleados trabajan con metales que arden a 1,500 grados y máquinas capaces de arrancarle el brazo a cualquiera. Pero no es suficiente. Mi intención es lograr que Alcoa sea la compañía más segura de Estados Unidos. Mi intención es obtener un récord de cero accidentes laborales".

Los asistentes se miraron entre sí, confundidos. Esas ceremonias solían seguir un guion predecible: el nuevo CEO empezaba presentándose, hacía una broma sobre sí mismo —como, por ejemplo, que siempre se dormía en clases cuando estudiaba negocios en Harvard— y luego prometía incrementar las ganancias y reducir los costos. Después vendría una enardecida perorata sobre impuestos y regulaciones de negocios que, en ocasiones, reflejaba el fervor de quien conoce de primera mano los juzgados de divorcios y los conflictos con abogados. Por último, terminaría con una retahíla de palabrejas —como "sinergia", "escalamiento" y "competencia"—, después de lo cual todo el mundo volvería a sus oficinas, convencidos de que el capitalismo estaría a salvo un día más.

Pero O'Neill no dijo nada sobre ganancias. Tampoco mencionó los impuestos ni habló de "aprovechar la coyuntura para garantizar una ventaja de mercado sinérgica donde todos salgamos ganando". Hasta donde sabía cualquiera de los presentes, con esa charla sobre seguridad de los trabajadores O'Neill bien podía ser uno de esos odiosos regulacionistas. O, peor aún, un demócrata. Era una posibilidad aterradora."

"Ahora bien, antes de continuar —dijo O'Neill—, quiero señalar las salidas de emergencia de este recinto. —Señaló el fondo del salón—. Hay un par de puertas en la parte trasera, y, en el desafortunado caso de que se suscitara un incendio o alguna otra emergencia, deberán salir con calma, bajar las escaleras que llevan al vestíbulo y abandonar el edificio".

Se hizo el silencio. El único sonido que se escuchaba era el zumbido del tráfico vehicular que se filtraba por las ventanas. ¿Seguridad? ¿Salidas de emergencia? ¿Estaba bromeando? Uno de los inversionistas presentes sabía que O'Neill había trabajado en Washington en los sesenta. Supuso que el tipo se había metido toda clase de drogas recreativas en aquella época.

Después de un rato, alguien alzó la mano y preguntó sobre los inventarios de la división aeroespacial. Luego, alguien más inquirió sobre las proporciones de capital de la empresa.

"Creo que no me están escuchando —contestó O'Neill—. Si quieren entender cómo le está yendo a Alcoa, es indispensable que miren las cifras de accidentes en el trabajo. Si disminuimos los índices de lesiones, no será porque le estamos echando ganas a ello o alguna otra tontería que normalmente diría un CEO. Será porque los individuos que forman parte de esta empresa han accedido a convertirse en parte de algo importante: se dedicarán a crear el hábito de la excelencia. La seguridad será un indicador de que el cambio de hábitos de toda la organización está progresando. Así es como habremos de juzgarnos".

Tan pronto terminó la presentación, los inversionistas asistentes salieron como balas. Uno incluso corrió hasta el vestíbulo, buscó un teléfono público y llamó a sus clientes principales.

"Pensé: 'Pusieron al frente a un jipi lunático que va a hacer pedazos la empresa' —me contó aquel inversionista—. Les exigí a mis clientes que vendieran sus acciones de inmediato, antes de que otro de los asistentes decidiera llamar a sus clientes para decirles exactamente lo mismo.

"Y confieso que ha sido el peor consejo que he dado en toda mi carrera".

Un año después de aquel discurso, las ganancias de Alcoa alcanzaron un máximo histórico. Para cuando O'Neill se retiró, en el año 2000, el ingreso neto anual de la empresa era cinco veces mayor que el que se registraba cuando llegó, y su capitalización bursátil incrementó 27 mil millones de dólares en ese mismo periodo. Si alguien invirtió un millón de dólares en Alcoa el día que contrataron a O'Neill, habrá ganado otro millón de dólares en dividendos durante su gestión y el valor de sus acciones se habrá quintuplicado para cuando se fue.

Por si eso fuera poco, ese mismo crecimiento ocurrió al tiempo que Alcoa se convertía en una de las empresas más seguras del mundo. Antes de la llegada de O'Neill, casi todas las plantas de Alcoa tenían al menos un accidente laboral a la semana. Una vez que se puso en marcha su plan de seguridad, en varios de sus complejos pasarían años sin que un solo empleado perdiera un día de trabajo por culpa de un accidente. Las tasas de lesiones laborales disminuyeron a un veinteavo del promedio estadounidense.

Entonces, ¿cómo logró O'Neill que una de las empresas más grandes, sólidas y potencialmente peligrosas del país se convirtiera en una máquina de ganancias y un bastión de la seguridad laboral?

Lo que hizo fue enfocar su energía en un hábito y sentarse a observar cómo los cambios se diseminaban hacia el resto de la organización.

"Sabía que debía transformar Alcoa —me compartió O'Neill—. Pero no puedes ordenarle a la gente que cambie. El cerebro humano no funciona así. Por lo tanto, decidí concentrarme primero en una sola cosa. Si lograba cambiar los hábitos en torno a una cosa, eso se extendería a la compañía entera".

O'Neill creía que algunos hábitos tienen la capacidad de poner en marcha una reacción en cadena que modifica otros a medida que los primeros se difunden dentro de una organización. Dicho de otro modo: algunos hábitos importan más que otros cuando se trata de reconstruir negocios y vidas humanas. Se trata de los "hábitos clave", los cuales influyen en la forma en que trabajamos, comemos, vivimos, gastamos y nos comunicamos. Los hábitos clave detonan procesos que, con el tiempo, lo transforman todo.

Según los hábitos clave, el éxito no depende de que todo salga a la perfección sino de que se identifiquen algunas prioridades clave y se les configure para convertirlas en poderosas armas. En la primera sección del libro expliqué cómo funcionan los hábitos, cómo podemos crearlos y cambiarlos. Sin embargo, ¿por dónde empezaría un maestro de los hábitos? La respuesta radica en la comprensión de los hábitos clave: los hábitos que más importan son aquellos que, cuando empiezan a cambiar, desplazan y reconfiguran otros patrones.

Los hábitos clave explican cómo Michael Phelps logró ser campeón olímpico y por qué algunos estudiantes universitarios tienen un mejor desempeño que otros. También describen por qué algunas personas, después de años de intentarlo, por fin logran bajar cuarenta libras, al tiempo que se vuelven más productivas en el trabajo sin dejar de llegar a casa a tiempo para cenar con sus hijos. Y los hábitos clave explican cómo Alcoa logró transformarse en uno de los valores de más alto rendimiento según el índice Dow Jones, al mismo tiempo que se convertía en uno de los lugares más seguros del planeta.

● ● ●

La primera vez que los directivos de Alcoa le ofrecieron a O'Neill el puesto de CEO, no estaba seguro de querer el trabajo. Ya tenía bastante dinero y a su esposa le gustaba vivir en Connecticut, donde tenían una hermosa casa. No sabían nada sobre Pittsburgh, donde estaban las oficinas centrales de Alcoa. Sin embargo, antes de rechazar la oferta, les pidió algo de tiempo para reflexionarlo. Para facilitar la decisión, empezó a hacer una lista de cuáles serían sus principales prioridades en caso de aceptar el puesto.

O'Neill siempre ha sido un mordaz defensor de las listas, las cuales le han permitido organizar su vida. Cuando era estudiante universitario en la universidad estatal de Fresno —donde terminó sus estudios poco después de tres años al tiempo que trabajaba treinta horas a la semana—, O'Neill esbozó una lista de todo lo que aspiraba a lograr en la vida, incluyendo una de sus grandes prioridades: "Marcar una diferencia". Después de graduarse en 1960, por recomendación de un amigo llenó una solicitud de pasantía en el gobierno federal y, junto con otras trescientas mil personas, se presentó al examen para potenciales empleados del gobierno. Solo tres mil personas pasaron a la fase de entrevistas. Solo a trescientas de ellas les ofrecieron un empleo. O'Neill fue una de ellas.

Comenzó como directivo medio en la Administración de Veteranos, donde le pidieron que aprendiera sobre sistemas computacionales. Mientras tanto, O'Neill continuó haciendo listas y llevando registro de por qué algunos proyectos tenían más éxito que otros, así como qué proveedores cumplían a tiempo y cuáles no. Todos los años recibió un ascenso. A medida que escalaba en los rangos de la Administración de Veteranos, se fue haciendo fama como el hombre cuyas listas siempre parecían incluir un punto que resolvía los problemas.

A mediados de los sesenta, había una gran demanda de habilidades como esa en Washington. Hacía poco, Robert McNamara había reconstruido el Pentágono con la contratación de un grupo de jóvenes matemáticos, estadísticos y programadores. El presidente Johnson quería tener su propia generación de chicos genios. Por ende, a O'Neill lo reclutaron para la que después se convertiría en la Oficina de Gestión y Presupuesto, una de las agencias más poderosas en todo Washington. Al cabo de una década, cuando tenía 38 años, lo ascendieron a subdirector y, de pronto, se consolidó como una de las personas más influyentes en el gobierno.

Ahí fue cuando O'Neill de verdad aprendió sobre hábitos organizacionales. Una de sus primeras tareas fue crear un marco analítico para estudiar los gastos del gobierno en materia de salud pública. No tardó en descubrir que las estrategias del gobierno, las cuales debían estar determinadas por reglas lógicas y prioridades definidas, estaban motivadas en realidad por procesos institucionales extraños que, en muchos sentidos, operaban igual que los hábitos. En lugar de tomar decisiones, los burócratas y los políticos respondían a las señales con rutinas automáticas para obtener recompensas como ascensos o reelecciones. Era un bucle de hábitos que abarcaba miles de personas y miles de millones de dólares.

Por ejemplo, después de la Segunda Guerra Mundial, el congreso norteamericano creó un programa para la construcción de hospitales comunitarios. Veinticinco años después esto seguía en marcha, de modo que cada vez que los legisladores asignaban nuevo presupuesto al cuidado de la salud, los burócratas comenzaban las construcciones de inmediato. Las ciudades donde se ubicaban los nuevos hospitales no necesariamente *necesitaban* más camas, pero eso daba igual. Lo importante era erigir una nueva estructura que le permitiera a algún político alzarse el cuello a la hora de conseguir votos.

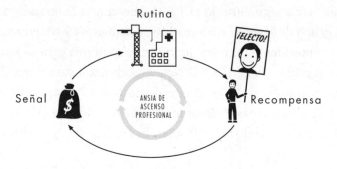

Los empleados federales "pasarían meses debatiendo si comprar cortinas azules o amarillas, si las habitaciones de los pacientes deberían tener uno o dos televisores, dónde debían ubicarse las estaciones de enfermería y otras tonterías sin importancia —me contó O'Neill—. La mayor parte del tiempo, nadie se preguntaba si el hospital era necesario. Los burócratas tenían el hábito de resolver cualquier problema médico construyendo algo que a un congresista le permitiera decir: '¡Miren lo que hice!'. Era un absoluto sinsentido, pero todos reproducían el patrón una y otra vez".

Los investigadores han observado hábitos institucionales en casi todas las organizaciones o empresas que han examinado. "Los individuos tienen hábitos; los grupos tienen rutinas —escribió el académico Geoffrey Hodgson, quien pasó toda su carrera estudiando los patrones de las organizaciones—. Las rutinas son el análogo organizacional de los hábitos".

A O'Neill, este tipo de hábitos le parecían peligrosos. "Básicamente cedíamos la toma de decisiones a un proceso que ocurría de forma irreflexiva", afirmó O'Neill. Sin embargo en otras agencias, donde el cambio se respiraba en el ambiente, los buenos hábitos organizacionales eran la fuente del éxito.

Por ejemplo, algunos departamentos de la NASA estaban renovándose por medio de la instauración consciente de rutinas organizacionales que impulsaban a los ingenieros a arriesgarse más. Cuando los cohetes no tripulados explotaban tras el despegue, los jefes de departamento aplaudían y todos entendían que, aunque su división hubiera fracasado, al menos lo habían intentado. Con el tiempo, el control de misiones se fue llenando de aplausos por cada artilugio costoso que explotaba. Se convirtió en un hábito organizacional. O veamos el caso de la Agencia de Protección Ambiental (EPA), creada en 1970. Su primer administrador, William Ruckelshaus, diseñó de forma consciente hábitos organizacionales que favorecían que los reguladores adoptaran una postura agresiva frente al cumplimiento de las normas. Cuando los abogados pedían permiso para meter una demanda o emprender una acción legal, este debía pasar por un proceso de aprobación. La convención era darles la autorización. El mensaje era claro: en la EPA, la agresión se recompensaba. Para 1975, la EPA formulaba más de mil quinientas nuevas reglas ambientales cada año.

"Cada vez que me fijaba en un área determinada del gobierno, descubría hábitos que parecían explicar por qué los proyectos triunfaban o fracasaban —me dijo O'Neill—. Las mejores agencias comprendían la importancia de las rutinas. Las peores agencias estaban lideradas por personas que jamás pensaban en ello y luego se preguntaban por qué nadie seguía sus órdenes".

En 1977, después de dieciséis años en Washington, O'Neill decidió que era hora de decir adiós. Trabajaba quince horas al día, siete días a la semana, y su esposa estaba harta de tener que criar sola a sus cuatro hijos. O'Neill renunció y lo contrataron en International Paper, una de las empresas de papel y pulpa más grandes del mundo. Tiempo después, llegaría a ser el presidente de la compañía.

Para entonces, algunos de sus antiguos colegas del gobierno estaban en el consejo directivo de Alcoa. Cuando la empresa decidió contratar un nuevo CEO pensaron en él, y por eso hizo una lista de cuáles serían sus prioridades si decidía aceptar el trabajo.

En esa época, Alcoa estaba en problemas. Sus detractores decían que los empleados no eran lo suficientemente diestros y que la calidad de los productos era mala. Sin embargo, O'Neill no puso "la calidad" ni "la eficiencia" en la cima de sus prioridades. En una empresa tan grande y antigua como Alcoa, no existe un interruptor para lograr que la gente trabaje con más empeño o produzca más. El CEO anterior intentó forzar ciertas mejorías, por lo que quince mil empleados hicieron huelga. Las cosas se pusieron tan mal que los empleados hacían maniquíes, los vestían de directivos de la empresa y los quemaban en una hoguera. "Alcoa no era una gran familia feliz —me contó uno de los empleados de aquella época—. Era más como la familia Manson, pero rodeada de metal fundido".

O'Neill se dio cuenta de que, si aceptaba el trabajo, su principal prioridad tendría que ser algo que para todos —tanto el sindicato como los ejecutivos— fuera importante. Necesitaba un eje de atención que uniera a la gente y que le diera cierta ventaja para cambiar la cultura de trabajo y la comunicación en la empresa.

"Volví a las bases —me dijo—. Todos merecen salir del trabajo tan enteros y seguros como llegaron, ¿cierto? Nadie debería temer que lo que haces para alimentar a tu familia pueda costarte la vida. Y en eso decidí concentrarme: en cambiar los hábitos de seguridad de todos".

En la parte alta de su lista, O'Neill escribió: "SEGURIDAD". Se puso una meta audaz: cero accidentes laborales. Y no se refería únicamente a los accidentes laborales en las fábricas, sino en general. Y punto. Ese sería su compromiso, sin importar cuánto costara.

Entonces decidió aceptar el trabajo.

● ● ●

"Estoy muy contento de estar aquí", anunció O'Neill frente a un grupo de empleados de la planta fundidora de Tennessee meses después de su contratación. No todo había salido de maravilla. Wall Street seguía atemorizado. Los sindicatos estaban inquietos. Algunos de los vicepresidentes de Alcoa estaban molestos de que no los hubieran considerado para el puesto. Y O'Neill seguía hablando de seguridad laboral.

"Estoy feliz de negociar cualquier cosa con ustedes —continuó O'Neill. Decidió hacer una gira por las plantas de Alcoa en Estados Unidos, después de la cual visitaría las instalaciones de la empresa en 31 países—. Pero hay una sola cosa que no estoy dispuesto a negociar con nadie: la seguridad. No quiero que digan jamás que no hemos hecho hasta lo imposible para cerciorarnos de que nadie salga lastimado. Si quieren que lo discutamos, van a perder".

Lo más brillante de esa estrategia es que, como era de esperarse, nadie estaba dispuesto a debatir con O'Neill en materia de seguridad laboral. Los sindicatos llevaban años luchando por condiciones de trabajo más seguras. Los directivos tampoco tenían nada que decir, pues las lesiones se traducían en menor productividad y baja moral.

No obstante, lo que casi nadie notaba era que el plan de O'Neill para erradicar los accidentes laborales implicaba la reconfiguración más radical en la historia de Alcoa. O'Neill creía que la clave para proteger a los empleados de Alcoa era entender *por qué* ocurrían los accidentes en un principio. Y, para entender *por qué* ocurrían, había que examinar *qué partes* del proceso de manufactura salían mal. Para entender *qué partes* salían mal, había que llevar gente que educara a los empleados en materia de control de calidad y procesos laborales eficientes, de modo que fuera más fácil hacerlo todo bien, pues el trabajo bien hecho es también un trabajo más seguro.

Dicho de otro modo, para proteger a los empleados, Alcoa necesitaba convertirse en la empresa de aluminio más optimizada del planeta.

El modelo del plan de seguridad de O'Neill se basaba en el bucle de los hábitos. O'Neill identificó una señal sencilla: el accidente laboral. Instituyó entonces una rutina automática: cada vez que alguien se lastimara, el presidente de esa unidad tendría que enviarle a O'Neill un reporte durante las siguientes veinticuatro horas, así como un plan para garantizar que ese mismo accidente no volvería a ocurrir. Y ello conllevaba una recompensa: los únicos que recibieron ascensos fueron aquellos que se adaptaron al sistema.

Los presidentes de las unidades eran personas ocupadas. Para contactar a O'Neill durante las veinticuatro horas posteriores a un accidente, necesitarían que su vicepresidente les notificara sobre el accidente tan pronto ocurriera. Por ende, los vicepresidentes necesitaban estar en comunicación constante con los gerentes de piso, los cuales necesitaban, a su vez, que los empleados les advirtieran tan pronto notaran un problema y que tuvieran a la mano una lista de sugerencias. De ese modo, cuando el vicepresidente les pidiera un plan, ya habría una miríada de opciones. Para que todo eso ocurriera, cada unidad debía crear nuevos sistemas de comunicación que facilitaran que el empleado en la parte más baja de la cadena pudiera

BUCLE DE LOS HÁBITOS
INSTITUCIONALES DE ALCOA

hacerle llegar una idea al ejecutivo de más alto rango en poco tiempo. Casi todo en la rígida jerarquía de la empresa debía cambiar para ajustarse al programa de seguridad laboral de O'Neill. Con eso, empezó a erigir nuevos hábitos corporativos.

A medida que los patrones de seguridad de Alcoa fueron cambiando, otros aspectos de la empresa se modificaron también a una velocidad inusitada. Las normas que los sindicatos llevaban años combatiendo —como medir la productividad de los empleados de forma individual— de pronto fueron aceptadas, pues dichas medidas ayudaban a todos a descifrar si una parte del proceso de manufactura se salía de control e implicaba un riesgo a la seguridad. Las políticas que los directivos bloqueaban desde hacía años —como darles a los empleados autonomía para detener una línea de producción cuando el ritmo se volvía abrumador— fueron finalmente aprobadas porque representaban la mejor forma de prevenir los accidentes y las lesiones. La compañía cambió tanto que algunos empleados incluso notaron que los hábitos de seguridad influían en otros ámbitos de su vida.

"Hace dos o tres años estaba en mi oficina, mirando por la ventana el puente de Ninth Street, y divisé a unos trabajadores que no estaban siguiendo los procedimientos de seguridad correctos —me compartió Jeff Shockey, actual director de seguridad de Alcoa—. Uno de ellos estaba parado en la barandilla del puente mientras el otro lo sostenía del cinturón. No traían arneses de seguridad ni cuerdas. Trabajaban para una empresa que no tenía nada que ver con nosotros, pero, sin siquiera pensarlo, me levanté del asiento, bajé cinco pisos por las escaleras, me dirigí hacia el puente y les dije a esos muchachos que estaban poniendo en riesgo su vida y que debían usar arneses y equipo de seguridad". Los hombres le explicaron que el supervisor había olvidado llevar el equipo, así que Shockey llamó a la oficina local de la Administración de Salud y Seguridad Ocupacional y denunció a aquel supervisor.

"Otro ejecutivo me contó que un día se detuvo junto a una excavación que el ayuntamiento realizaba cerca de su casa porque no estaba rodeada por una valla, y les dio un sermón a los trabajadores sobre la importancia de seguir los procedimientos al pie de la letra. Era fin de semana, pero él frenó el auto, con sus hijos en el asiento trasero, para sermonear a los empleados del ayuntamiento sobre la seguridad en las zanjas. No es algo natural, pero ese es el punto. Ahora hacemos esas cosas sin siquiera pensarlas".

O'Neill jamás prometió que garantizar la seguridad de los empleados incrementaría las ganancias de Alcoa. Sin embargo, a medida que las nuevas rutinas se diseminaron por la organización, se redujeron los costos, la calidad aumentó y la productividad se disparó. Dado que el metal fundido lastimaba a los trabajadores cuando salpicaba, se rediseñó el sistema de vertido para evitar lesiones. Eso también implicó un ahorro, ya que perdían dinero en el material que se desperdiciaba en las salpicaduras. Si una máquina fallaba la reemplazaban, lo que a la larga reducía el riesgo de que un engranaje roto le lesionara el brazo a un empleado. También implicaba mejorar la calidad de los productos, pues luego descubrieron que una de las razones principales por las cuales se producía aluminio de mala calidad era los desperfectos en los equipos.

Los investigadores han observado dinámicas similares en docenas de otros entornos, incluyendo la vida personal de los individuos.

Veamos, por ejemplo, estudios de la última década que examinan el impacto del ejercicio físico en la rutina cotidiana. Cuando la gente empieza a ejercitarse de forma regular, aunque sea una vez por semana, se modifican otros patrones no relacionados, por lo general sin que la persona se dé cuenta. Lo común es que quien se ejercita empieza a comer mejor y se vuelve más productivo en el trabajo. También que fuma menos y se muestra más paciente con familiares y colegas. Usa las tarjetas de crédito con menos frecuencia y sus niveles de estrés descienden considerablemente. No está del todo claro por qué ocurre esto, pero, para mucha gente, el ejercicio es un hábito clave que detona cambios generalizados. "El ejercicio se desborda —afirma James Prochaska, investigador de la Universidad de Rhode Island—. Tiene la cualidad de facilitar la adopción de otros buenos hábitos".

Las investigaciones han documentado que las familias que suelen cenar juntas parecen criar a sus hijos con más habilidades para hacer la tarea, mejores calificaciones, mayor control emocional y más confianza en sí mismos. Tender la cama cada mañana se correlaciona con mayor productividad, un mayor sentido de bienestar y mayor capacidad para apegarse a un presupuesto. No es que la cena familiar o la cama tendida *provoquen* mejores calificaciones o menos gastos frívolos. Sin embargo, esos cambios iniciales detonan reacciones en cadena que ayudan a que otros hábitos se arraiguen.

Si te concentras en cambiar o cultivar hábitos clave, podrás lograr cambios generalizados. No obstante, identificarlos es complicado. Para encontrarlos, hay que saber dónde buscar. Detectar hábitos clave implica buscar ciertas características. Los hábitos clave ofrecen lo que en la bibliografía académica se conoce como "pequeños triunfos" y promueven que otros hábitos florezcan a través de la creación de nuevas estructuras, además de que establecen una cultura en la que el cambio se vuelve contagioso.

Sin embargo, como han observado O'Neill e incontables personas más, cruzar la zanja entre la comprensión de esos principios y su implementación requiere una pizca de ingenio.

II.

Cuando sonó la alarma del reloj de Michael Phelps a las 6:30 a.m. el 13 de agosto de 2008, salió a gatas de la cama en su habitación de la Villa Olímpica de Pekín y se adentró en su rutina diaria.

Se puso unos pantalones deportivos y salió a desayunar. Esa semana ya había ganado tres medallas de oro —con lo que sumó nueve en su carrera— y aquel día tenía dos competencias. Para las 7 a.m. ya se encontraba en la cafetería, tomando su habitual desayuno de competencia, el cual consistía en huevos, avena y cuatro batidos energéticos. Era la primera tanda de las más de seis mil calorías que consumiría en el transcurso de las siguientes dieciséis horas.

La primera carrera de Phelps —200 metros de mariposa, su especialidad— estaba programada para las diez de la mañana. Dos horas antes del disparo de salida, comenzó su régimen habitual de estiramientos, empezando por los brazos, luego la espalda, y así sucesivamente hasta llegar a los tobillos, los cuales eran tan flexibles que podían extenderse a más de noventa grados, que es más de lo que logra una bailarina *en pointe*. A las 8:30 se metió a la piscina y empezó su primera vuelta de calentamiento: 800 metros de combinado, seguido de 600 metros de patadas, 400 metros con una boya entre las piernas, 200 metros de pura brazada y una serie de esprintes de 25 metros para acelerar la frecuencia cardiaca. El entrenamiento le tomaba un total de 45 minutos.

A las 9:15, salió de la piscina y empezó a ceñirse el traje LZR Racer, un bañador de cuerpo completo tan ajustado que tardaba veinte minutos de jaloneos en ponérselo. Después se puso los audífonos, le subió el volumen a la mezcla de hip hop que escuchaba antes de cualquier carrera y esperó.

Phelps había empezado a nadar a los siete años para quemar parte de la energía que enloquecía a su mamá y a sus profesoras. Cuando un entrenador de natación local llamado Bob Bowman se fijó en el largo torso de Phelps, sus manos grandes y sus piernas relativamente cortas (las cuales ofrecían menos resistencia en el agua), supo que Phelps sería un campeón. Pero Phelps era un muchacho susceptible a quien le resultaba difícil tranquilizarse antes de las competencias. Sus padres se estaban divorciando y él tenía dificultades para lidiar con el estrés. Bowman le compró un libro de ejercicios de relajación y le pidió a la mamá de Phelps que se lo leyera a su hijo todas las noches. El libro contenía un guion —"Aprieta la mano derecha hasta formar un puño, y luego relájala. Imagina que la tensión se derrite"— que le permitía a Phelps tensar y relajar todas las partes del cuerpo antes de conciliar el sueño.

Bowman creía que, para los nadadores, la clave del éxito consistía en crear las rutinas correctas. Y sabía que Phelps tenía una complexión ideal para la piscina; ahora bien, cualquiera que a la larga compite en las olimpiadas tiene una musculatura perfecta. Bowman también percibió que Phelps, desde muy joven, tenía cierto rasgo obsesivo que lo convertía en el atleta ideal. Claro que, de igual modo, todos los atletas de élite son un tanto obsesivos.

Sin embargo, lo que Bowman podía ofrecerle a Phelps —aquello que lo distinguiría de otros competidores— eran hábitos que lo convertirían en el nadador mentalmente más fuerte de la piscina. Para ello, no era necesario que controlara hasta el más mínimo aspecto de la vida de Phelps. Bastaba con que se enfocara en unos cuantos hábitos específicos que poco o nada tenían que ver con la natación, pero todo con la creación de una mentalidad correcta. Diseñó una serie de comportamientos que Phelps podía poner en práctica para tranquilizarse y concentrarse antes de cada carrera y así encontrar esas diminutas ventajas que, en un deporte donde la victoria es cuestión de milisegundos, sí hacen la diferencia.

Por ejemplo, cuando Phelps era adolescente, al final de cada entrenamiento Bowman le decía que volviera a casa y "viera el video. Justo antes de dormir y después de despertar".

Ese video no existía. Era más bien una visualización mental de la carrera perfecta. Todas las noches antes de dormir y cada mañana al despertar, Phelps se imaginaba echándose un clavado y nadando a la perfección en cámara lenta. Visualizaba sus brazadas, las paredes de la piscina, las vueltas y el final. Imaginaba la estela de agua que se formaba a sus pies, el agua que le goteaba de los labios cuando su boca se asomaba por la superficie y cómo se sentiría quitarse la gorra al terminar. Se quedaba recostado en la cama, con los ojos cerrados, y veía la competencia entera, incluyendo los más mínimos detalles, una y otra vez, hasta aprenderse cada segundo de memoria.

Durante los entrenamientos, para indicarle que nadara a velocidad de carrera, Bowman le gritaba a Phelps: "¡Reproduce el video!". Entonces Phelps se esforzaba al máximo. Verlo cortar el agua era casi decepcionante. Lo había hecho tantas veces en su mente que, para entonces, ya parecía rutinario. Pero funcionaba. Cada vez era más rápido. Con el tiempo, bastaba con que Bowman le susurrara antes de cada carrera: "Ten listo el video". Con eso, Phelps se preparaba y hacía pedazos a la competencia.

Una vez que Bowman estableció unas cuantas rutinas centrales en la vida de Phelps, los otros hábitos —la alimentación, los horarios de entrenamiento, las rutinas de estiramiento y de sueño— parecieron acomodarse por sí solos. La explicación elemental de por qué esos hábitos fueron tan efectivos, de por qué se comportaron como hábitos clave, es lo que en la bibliografía académica se conoce como "pequeño triunfo".

● ● ●

Los pequeños triunfos son precisamente eso, además de ser parte esencial de cómo los hábitos clave detonan cambios generalizados. Un enorme corpus de investigaciones demuestra que los pequeños triunfos tienen un enorme potencial, una influencia desproporcionada en comparación con los logros de las victorias mismas.

"Los pequeños triunfos son la infusión constante de una pequeña ventaja —escribió un profesor de Cornell en 1984—. Una vez que se ha logrado un pequeño triunfo, se ponen en marcha fuerzas que favorecen otro pequeño triunfo".

Los pequeños triunfos alimentan las grandes transformaciones cuando se aprovechan diminutas ventajas para formar patrones que convenzan a la gente de que logros de mayor dimensión están a su alcance.

Por ejemplo, cuando las organizaciones que luchaban por los derechos de las personas homosexuales empezaron sus campañas en contra de la homofobia a finales de los sesenta, sus primeros intentos devinieron en una cadena de fracasos. Presionaron para que se revocaran leyes utilizadas para perseguir a los homosexuales, pero enfrentaron derrotas rotundas en las legislaturas estatales. Algunos profesores intentaron incorporar en las escuelas servicios de asesoría a jóvenes homosexuales, pero fueron despedidos por sugerir que había que aceptar la homosexualidad. Parecía que las grandes metas de la comunidad gay —poner fin a la discriminación y el hostigamiento policial, convencer a la Asociación Psiquiátrica Estadounidense de dejar de definir la homosexualidad como enfermedad mental— estaban fuera de su alcance.

Más tarde, a principios de los setenta, el Grupo de Trabajo de Liberación Gay de la Asociación Estadounidense de Bibliotecas decidió enfocarse en un objetivo modesto: convencer a la Biblioteca del Congreso de reclasificar los libros sobre el movimiento de liberación gay de la categoría HQ 71–471 ("Relaciones Sexuales Anormales, Incluyendo Crímenes de Índole Sexual") a otra menos peyorativa.

En 1972, después de recibir la carta con la solicitud de reclasificación, la Biblioteca del Congreso accedió a realizar el cambio y reclasificar los libros en una categoría de nueva creación: HQ 76.5 ("Homosexualidad, lesbianismo – Movimiento de liberación gay, movimiento homófilo"). Fue un pequeño ajuste de un antiguo hábito institucional relacionado con la clasificación de libros, pero su efecto fue electrizante. La noticia de esta nueva política se difundió en todo el país. Las organizaciones defensoras de los derechos de las personas homosexuales citaron dicha victoria e impulsaron campañas de recaudación de fondos. Al cabo de unos cuantos años, ya había políticos abiertamente homosexuales en campaña para ocupar cargos de gobierno en California, Nueva York, Massachusetts y Oregon, muchos de los cuales aludían a la decisión de la Biblioteca del Congreso como fuente de inspiración. En 1973, la Asociación Psiquiátrica Estadounidense, después de años de debate interno, reescribió la definición de homosexualidad para que dejara de ser considerada enfermedad mental, lo que sentó las bases para la aprobación de leyes estatales que penalizaban la discriminación por motivo de orientación sexual.

Y todo empezó con un pequeño triunfo.

"Los pequeños triunfos no se combinan para darle forma a algo nítido y lineal donde cada paso representa un avance demostrable hacia una meta predeterminada —escribió Karl Weick, famoso psicólogo organizacional—. Son más habituales las circunstancias en las que los pequeños triunfos son esporádicos... como diminutos experimentos que ponen a prueba teorías implícitas sobre la resistencia y la oportunidad, y ponen de manifiesto tanto los recursos como las barreras que permanecieron invisibles hasta que la situación agitó las aguas".

Eso es justo lo que le pasó a Michael Phelps. Cuando Bob Bowman empezó a inculcarles a él y a su madre los hábitos clave de visualización y relajación, ni Bowman ni Phelps tenían idea de adónde los llevaría eso. "Experimentábamos e intentábamos cosas distintas hasta encontrar algo que funcionara —me contó Bowman—. Con el tiempo, desciframos que lo mejor era concentrarnos en esos pequeños instantes de éxito y convertirlos en detonantes mentales. Los convertimos en rutina. Hay una serie de cosas que hacemos antes de cada carrera que están diseñadas para infundirle a Michael la sensación de la victoria".

"Si le preguntas a Michael qué le pasa por la cabeza antes de las competencias, te dirá que en realidad no está pensando en nada. Solo sigue el programa. Pero se equivoca. Es más bien que sus hábitos toman el mando. Cuando llega el momento de la carrera, está a más de la mitad del plan y ha dado cada paso con éxito. El estiramiento salió como lo planeó. Las vueltas de calentamiento salieron tal y como las visualizó. La carrera en sí no es más que un paso más dentro de un patrón que arrancó en la mañana de ese mismo día y que ha estado pavimentado por victorias. Ganar la competencia es una extensión natural del mismo".

Aquel día en Pekín, eran las 9:56 a.m. —faltaban cuatro minutos para que arrancara la carrera— y Phelps estaba detrás de su plataforma de salto y se mecía sobre los metatarsos. Cuando el presentador dijo su nombre, Phelps se subió a la plataforma, cosa que hacía siempre antes de cualquier carrera, y luego se bajó, como acostumbraba. Agitó los brazos tres veces, como había hecho antes de cada competencia desde que tenía doce años. Luego se subió de nuevo a la plataforma, adoptó la posición de salida y, cuando sonó el disparo, saltó.

Tan pronto se sumergió en el agua, Phelps supo que algo no andaba bien. Había humedad dentro de sus gafas de nadar. No sabía si la fuga venía de la parte superior o inferior, pero, cuando se asomó por la superficie del agua y comenzó a nadar, suplicó que la fuga no fuera grave.

No obstante, para la segunda vuelta, todo se fue haciendo borroso. Poco antes de la tercera vuelta y el último largo, tenía las antiparras completamente llenas de agua. Ya no veía nada: ni la línea al fondo de la piscina ni la T negra que marca la proximidad del muro. No alcanzaba a ver cuántas brazadas le faltaban. Para la mayoría de los nadadores, perder la vista a la mitad de una final olímpica sería motivo de pánico.

Phelps mantuvo la calma.

Ese día, todo lo demás había salido de acuerdo al plan. La fuga en las antiparras era un pequeño tropezón, pero estaba preparado para ello. En alguna ocasión, Bowman lo había hecho nadar en una piscina de Michigan en absoluta oscuridad, pues creía que Phelps necesitaba estar listo para cualquier sorpresa. Algunos de los videos de la mente de Phelps contenían problemas como ese. Había entrenado mentalmente cómo reaccionar si las antiparras fallaban. Al comenzar la última vuelta, Phelps estimó cuántas brazadas requeriría el último jalón —19 o 20, quizá 21— y empezó a contar. Estaba relajado mientras nadaba al máximo de su capacidad. A mitad de camino aceleró el ritmo, un último estallido que se había convertido en una de sus principales técnicas para opacar a sus oponentes. A la decimoctava brazada, comenzó a anticipar el muro. Escuchaba el rugido de la multitud, pero, como no podía ver, no tenía idea de si lo vitoreaban a él o a alguien más. Diecinueve brazadas, y luego veinte. Parecía que le faltaba una más. Eso decía el video en su cabeza. Dio una enorme brazada número veintiuno, se impulsó hacia adelante con el brazo estirado y tocó la pared. Lo había calculado a la perfección. Cuando se quitó las antiparras y miró el marcador, junto a su nombre decía "WR", récord mundial. Acababa de ganar otra medalla de oro.

Después de la carrera, un reportero le preguntó qué se sentía nadar a ciegas.

"Me sentí como imaginé que me sentiría", contestó Phelps. Fue una victoria adicional en una vida llena de pequeños triunfos.

● ● ●

Seis meses después de que Paul O'Neill asumiera la dirección de Alcoa, recibió una llamada a mitad de la noche. El gerente de una planta de Arizona lo llamaba angustiado para contarle que una prensa de extrusión se había descompuesto y uno de los empleados —un joven que había entrado a trabajar hacía apenas unas semanas, ansioso de ser parte de Alcoa porque le ofrecía seguro médico para su esposa embarazada— había intentado repararla. El joven brincó el muro amarillo de seguridad que rodeaba la prensa y se dirigió a la zanja. Había un trozo de aluminio atorado en la bisagra de un brazo oscilante de casi seis pies. El joven jaloneó el trozo de aluminio para extraerlo.

La máquina volvió a funcionar. A espaldas del muchacho, el brazo se reactivó y osciló hacia su cabeza. Al golpearlo, le fracturó el cráneo. Murió al instante.

Catorce horas después, O'Neill convocó a todos los ejecutivos de aquella planta —así como a los principales directivos de Alcoa en Pittsburgh— a una reunión de emergencia. Dedicaron buena parte del día a recrear hasta el más mínimo detalle del accidente con ayuda de diagramas y mirando las grabaciones de las cámaras de seguridad una y otra vez. Identificaron docenas de errores que contribuyeron a la muerte del joven, entre ellos: dos gerentes lo vieron brincar la barda y no lo detuvieron; el programa de capacitación no enfatizaba que los empleados no serían considerados responsables de las fallas mecánicas de los equipos; se desconocía que en esas circunstancias se debía consultar a un gerente antes de intentar reparar una máquina; y no había sensores que apagaran la máquina de forma automática en el instante en el que alguien ingresara a la zanja.

"Matamos a ese hombre —les dijo O'Neill con expresión funesta—. Es mi culpa como líder. Yo le provoqué la muerte. Y es culpa de todos ustedes como miembros de la cadena de mando".

Los ejecutivos presentes estaban desconcertados. Era cierto que había ocurrido un accidente trágico, pero los accidentes trágicos eran parte de la cotidianidad de Alcoa. Era una empresa gigantesca donde los empleados trabajaban con metales fundidos a altísimas temperaturas y máquinas peligrosas. "Para nosotros, Paul era un foráneo, así que escuchábamos sus discursos sobre la seguridad con cierto escepticismo —me dijo Bill O'Rourke, un alto ejecutivo de la empresa". Supusimos que le duraría unas cuantas semanas y luego se concentraría en otra cosa. Pero esa reunión nos sacudió a todos. Hablaba muy en serio de esas cosas, tan en serio que pasó varias noches en vela preocupado por un empleado al que nunca conoció. Fue en ese momento que las cosas empezaron a cambiar".

Una semana después de aquella reunión, volvieron a pintar de un color amarillo brillante todas las barandillas de seguridad de las plantas de Alcoa y redactaron nuevas directrices. Los gerentes les dijeron a sus empleados que no tuvieran miedo de solicitar trabajos de mantenimiento proactivo, y las normas dejaron claro que nadie debía intentar hacer reparaciones que no fueran seguras. Esos cambios se tradujeron en una evidente disminución a corto plazo de los índices de accidentes laborales. Alcoa tuvo un pequeño triunfo.

Y entonces, O'Neill atacó.

"Quiero felicitar a todos por haber disminuido la cifra de accidentes, aunque haya sido durante dos semanas —escribió en un memorando que les llegó a todos los empleados de Alcoa—. Pero no debemos celebrar por haber seguido las reglas o haber disminuido las cifras. Debemos celebrar porque estamos salvando vidas".

Los empleados fotocopiaron el memorando y lo pegaron en sus casilleros. Alguien pintó un mural de O'Neill en una de las paredes de la planta de fundición, acompañado de una cita tomada del memorando. Así como las rutinas de Michael Phelps no tenían nada que ver con la natación y todo que ver con el éxito, también el empeño de O'Neill tuvo un efecto bola de nieve que abarcó otros cambios no relacionados con la seguridad, pero que igual implicaron importantes transformaciones.

"Les dije a quienes trabajaban por horas: 'Si la gerencia no sigue al pie de la letra las medidas de seguridad, entonces llámenme a casa. Aquí está mi número' —me contó O'Neill—. Los empleados empezaron a llamar, pero no querían hablar sobre accidentes. Querían compartirme algunas de sus grandes ideas".

Por ejemplo, la planta de Alcoa que manufacturaba recubrimientos de aluminio para construcciones llevaba años con problemas porque los ejecutivos intentaban adivinar qué colores se pondrían de moda y, casi de forma inevitable, se equivocaban. Invertían millones de dólares en consultorías para elegir los tonos de pintura que seis meses después llenaban almacenes de "amarillo soleado" mientras que la demanda era de "verde cazador". Un día, un empleado de bajo rango hizo una sugerencia que no tardó en llegar al gerente general: si agrupaban todas las máquinas para pintar, podían cambiar los pigmentos con más rapidez y responder con mayor eficacia a los cambios en la demanda de los clientes. Al cabo de un año, las ganancias de recubrimientos de aluminio se duplicaron.

Los pequeños triunfos que empezaron con el énfasis que puso O'Neill en la seguridad crearon un clima en el que florecieron toda clase de nuevas ideas.

"Resulta que aquel tipo llevaba una década masticando aquella idea de las máquinas de pintura, pero no la había compartido con nadie de la gerencia —me contó un ejecutivo de Alcoa—. Luego pensó que, ya que les pedíamos recomendaciones de seguridad, ¿por qué no compartirnos esa otra idea? Fue como si nos hubiera dado los números ganadores de la lotería".

III.

Cuando el joven Paul O'Neill trabajaba para el gobierno y diseñaba un marco para analizar los gastos federales en materia de cuidado de la salud, uno de los problemas más apremiantes para los burócratas era la mortalidad infantil. En ese entonces, Estados Unidos era una de las naciones más acaudaladas del planeta. Sin embargo, sus índices de mortalidad infantil eran mayores que las de casi todos los países europeos y algunas partes de Sudamérica. Sobre todo en las zonas rurales, las cifras de bebés que fallecían antes de cumplir un año eran desgarradoras.

A O'Neill se le encomendó que descifrara qué estaba pasando. Solicitó a otras agencias federales que analizaran los datos sobre mortalidad infantil y, cada vez que alguna le daba una respuesta, él hacía otra pregunta para profundizar y comprender la raíz del problema. Cuando alguien llegaba a su oficina con un hallazgo, O'Neill le planteaba nuevas interrogantes. Enloquecía a la gente con su afán de saber siempre más, de entender lo que estaba ocurriendo *en realidad*. ("Adoro a Paul O'Neill, pero no volvería a trabajar para él aunque me pagara millones —me contó un funcionario—. El hombre nunca ha recibido una respuesta que no sea capaz de transformar en otras veinte horas de trabajo".)

Por ejemplo, algunas investigaciones sugerían que la principal causa de mortalidad infantil eran los nacimientos prematuros. Y la razón por la cual muchos bebés nacían antes de tiempo era que las madres padecían desnutrición durante el embarazo. Por ende, para disminuir la mortalidad infantil, había que mejorar la alimentación de las madres. Suena fácil, ¿cierto? Sin embargo, para frenar la desnutrición materna, las mujeres debían mejorar su alimentación *antes* de embarazarse. Eso implicaba que el gobierno debía empezar a impartirles educación nutricional antes de que iniciaran su vida sexual, lo que se traducía en que el gobierno debía incorporar temas de nutrición a los planes de estudio escolares de las secundarias y preparatorias.

Sin embargo, cuando O'Neill empezó a inquirir sobre cómo cambiar dichos planes de estudio, descubrió que muchos maestros de secundaria y preparatoria en zonas rurales no tenían conocimientos suficientes de biología básica para dar clases de nutrición. Por ende, el gobierno debía reconfigurar la educación universitaria de los profesores y darles bases más sólidas de biología para que, a la larga, ellos pudieran enseñarles nutrición a las adolescentes, quienes entonces comerían mejor antes de iniciar su vida sexual y, con el tiempo, estarían bien nutridas al momento de dar a luz.

Finalmente, los funcionarios que trabajaban con O'Neill descifraron que la mala capacitación del profesorado era la causa de raíz de los altos índices de mortalidad infantil. Si se les hubiera pedido a los médicos o a los funcionarios de salud pública que armaran un plan para combatir la mortalidad infantil, ninguno de ellos hubiera sugerido modificar la capacitación de los profesores de secundaria y preparatoria. No se hubieran imaginado que había un vínculo entre ambas cosas. No obstante, al inculcarles fundamentos sólidos de biología a los estudiantes universitarios, era posible que ese conocimiento llegara con el tiempo a las adolescentes, quienes empezarían a comer mejor y años después darían a luz a bebés sanos. Hoy en día, la mortalidad infantil en Estados Unidos es 68 por ciento menor que cuando O'Neill entró a trabajar en el gobierno.

Las experiencias de O'Neill con la mortalidad infantil ilustran la segunda forma en que los hábitos clave favorecen los cambios: por medio de la creación de estructuras que ayudan a que otros hábitos florezcan. En el caso de las muertes prematuras, cambiar los planes de estudio universitarios para los futuros profesores detonó una reacción en cadena que con el tiempo influiría en la educación que reciben las jóvenes en las zonas rurales y en qué tan bien nutridas están al momento de embarazarse. Y el hábito de O'Neill de presionar a los burócratas para que investigaran hasta dar con las verdaderas causas de los problemas revolucionó la forma en que el gobierno concebía asuntos como el de la mortalidad infantil.

Lo mismo puede ocurrir en la vida personal de la gente. Por ejemplo, hasta hace unos veinte años, la creencia convencional era que la mejor forma de bajar de peso era hacer un cambio radical en el estilo de vida. Los médicos les daban a los pacientes con obesidad dietas estrictas y les pedían que se inscribieran en un gimnasio, asistieran a sesiones de terapia regulares —a veces incluso diario— y cambiaran sus rutinas cotidianas a partir de actividades como subir escaleras, por ejemplo, en lugar de tomar el ascensor. El razonamiento era que, solo si se transformaba por completo la vida de la persona, era posible reformar los malos hábitos.

Sin embargo, cuando los investigadores examinaron la efectividad de estos métodos durante periodos prolongados, descubrieron algunas fallas. Los pacientes usarían las escaleras unas cuantas semanas, pero, al cabo de un mes, les resultaba demasiado engorroso. Empezaban dietas y se inscribían en el gimnasio, pero una vez que el entusiasmo inicial menguaba, volvían a sus viejos hábitos alimenticios y al sedentarismo. La acumulación de tantos cambios simultáneos imposibilitaba que cualquiera de ellos se arraigara.

Más tarde, en 2009, un grupo de investigadores financiado por los Institutos Nacionales de Salud de Estados Unidos publicó un trabajo con un enfoque distinto en cuanto a la pérdida de peso. Reunieron a un grupo de 1,600 personas con obesidad y les pidieron que anotaran todo lo que comían por lo menos un día a la semana.

Al principio resultó difícil. Los sujetos olvidaban llevar consigo sus diarios de comida o consumían refrigerios que no anotaban. No obstante, poco a poco la gente comenzó a llevar registro de sus alimentos una vez por semana o con mayor frecuencia. Muchos de los participantes tomaban nota diaria de sus alimentos. Con el tiempo, se les hizo hábito. Más tarde, ocurrió algo inesperado. Los participantes empezaron a observar sus apuntes y a encontrar patrones que no sabían que existían. Algunos notaron que al parecer siempre tomaban un refrigerio a las 10 a.m., así que decidieron tener siempre a la mano una manzana o una banana para saciar ese apetito de media mañana. Otros empezaron a usar los diarios para planear los menús de días posteriores y, a la hora de cenar, elegían la cena saludable que habían anotado en lugar de la comida chatarra que tuvieran en el refrigerador.

Los investigadores no les sugirieron que realizaran ninguno de esos comportamientos. Simplemente les pidieron que anotaran lo que comían un día por semana. Sin embargo, este hábito clave —llevar un diario de comida— creó una estructura que contribuyó a que otros hábitos florecieran. A los seis meses de iniciado el estudio, la gente que llevaba un diario de comida había perdido dos veces más peso que el resto de los participantes.

"Después de un tiempo, el diario se me metió a la cabeza —me contó uno de los participantes—. Empecé a concebir de forma distinta mis comidas. Se convirtió en un sistema para pensar en comer sin desmoralizarme".

Algo similar le ocurrió a Alcoa después de la llegada de O'Neill. Así como los diarios de comida servían como estructura para que otros hábitos florecieran, los hábitos de seguridad de O'Neill crearon una atmósfera en la que surgieron otros comportamientos. En un inicio, O'Neill tomó la decisión inusual de ordenar que las oficinas de Alcoa en todo el mundo se vincularan por medio de una red electrónica. Estamos hablando de principios de los ochenta, cuando las grandes redes internacionales no solían estar conectadas a las computadoras personales de la gente. O'Neill justificó la orden con el argumento de que era esencial crear un sistema de información sobre seguridad en tiempo real que los directivos pudieran usar para compartir sugerencias. Como resultado de ello, Alcoa desarrolló uno de los primeros sistemas de correo electrónico corporativo a nivel mundial.

O'Neill entraba al sistema cada mañana y enviaba mensajes para asegurarse de que todos los demás estuvieran conectados también. Al principio, la gente usaba la red principalmente para discutir cuestiones de seguridad. Más tarde, a medida que el hábito del correo electrónico se fue haciendo más habitual y cotidiano, empezaron a compartir información sobre todo tipo de temas, como condiciones de los mercados locales, cuotas de ventas y problemas de negocios. Los altos ejecutivos estaban obligados a enviar un informe cada viernes, al cual tenía acceso cualquier persona de la empresa. Un directivo en Brasil usó la red para enviarle a un colega en Nueva York información sobre cambios en el precio del acero. El directivo neoyorquino usó esa información para obtener ganancias inmediatas para la empresa en Wall Street. Al poco tiempo, todos usaban el sistema para comunicarse toda clase de cosas. "Al principio enviaba el informe de accidentes y sabía que todos lo leían, así que me pregunté por qué no enviar también información sobre precios o información privilegiada sobre otras empresas —me contó un directivo—. Era como si hubiéramos descubierto un arma secreta. Y la competencia no tenía idea de cómo lo hacíamos".

Para cuando la red se fortaleció, Alcoa se encontraba en una excelente posición para sacarle ventaja. El hábito clave de O'Neill —la seguridad de los empleados— creó una plataforma que fomentó otra práctica —el envío de correos electrónicos— muy adelantada a su época y sus competidores.

•••

En 1996, O'Neill llevaba casi una década en Alcoa. Su estilo de liderazgo era tema de estudio en la Escuela de Negocios de Harvard y en la Escuela de Gobierno Kennedy. Con frecuencia se barajaba su nombre como potencial secretario de Comercio o de Defensa. Sus empleados y los sindicatos lo tenían en alta estima. Bajo su mando, el precio de las acciones de Alcoa se había incrementado más de 200 por ciento. O'Neill representaba, a fin de cuentas, un éxito reconocido a nivel mundial.

En mayo de aquel año, durante una junta de accionistas en el centro de Pittsburgh, una monja benedictina se puso de pie durante la sesión de preguntas y respuestas y acusó a O'Neill de ser un mentiroso. La hermana Mary Margaret representaba a un grupo de defensa social consternado por los salarios y condiciones laborales de una de las plantas de Alcoa ubicada en Ciudad Acuña, México. Afirmó que, mientras O'Neill presumía las medidas de seguridad de Alcoa, los empleados de la planta mexicana se estaban enfermando por culpa de gases tóxicos.

"Eso es falso —aseguró O'Neill a los asistentes. En su computadora personal, desplegó los informes de seguridad de la planta mexicana—. ¿Ven?". Les mostró las altas calificaciones de la planta en materia de seguridad, normativa medioambiental y satisfacción de los empleados. Robert Barton, el ejecutivo a cargo de dichas instalaciones, era uno de los directivos de mayor rango en la empresa. Llevaba décadas trabajando en Alcoa y era responsable de algunas de las alianzas comerciales más importantes. La monja pidió a los asistentes que no confiaran en O'Neill y tomó asiento.

Después de la reunión, O'Neill la invitó a su oficina. La orden religiosa a la que pertenecía la monja era dueña de cincuenta acciones de Alcoa y llevaba meses solicitando una votación de accionistas con respecto a una resolución para inspeccionar la planta mexicana. O'Neill le preguntó a la hermana Mary si ella había visitado en persona alguna de las plantas. Ella contestó que no. Por si acaso, O'Neill les pidió al jefe de recursos humanos y al representante jurídico de la empresa que viajaran a México para ver qué estaba pasando.

Cuando los ejecutivos llegaron, husmearon en los archivos de la planta de Acuña y encontraron informes de un incidente que jamás llegó a oídos de las oficinas centrales de la empresa. Hacía unos meses se había detectado una acumulación de gases dentro del edificio, pero fue un suceso relativamente menor. Barton, el ejecutivo a cargo de la planta, había instalado ventiladores para dispersar los gases. Las personas que se enfermaron se recuperaron por completo en uno o dos días.

Sin embargo, Barton nunca envió un informe del suceso.

Cuando los ejecutivos volvieron a Pittsburgh y reportaron sus hallazgos, O'Neill les hizo una pregunta.

"¿Barton *sabía* que esas personas se enfermaron?".

"No nos reunimos con él —contestaron—. Pero sí, es bastante evidente que lo sabía".

Dos días después, Barton se quedó sin trabajo.

El despido desconcertó a las personas ajenas a la empresa. Algunos artículos periodísticos señalaban a Barton como uno de los ejecutivos más valiosos y su partida fracturaría importantes emprendimientos.

Sin embargo, en el interior de Alcoa, nadie se sorprendió. Era una consecuencia inevitable de la cultura que O'Neill había construido.

"Barton se despidió a sí mismo —me dijo uno de sus colegas—. No había alternativa".

Es el último paso mediante el cual los hábitos clave fomentan el cambio generalizado: por medio de la creación de culturas donde los nuevos valores se arraigan. Los hábitos clave facilitan las decisiones difíciles —como despedir a un alto ejecutivo— pues, cuando una persona rompe con los principios de la cultura, es evidente que debe irse. En ocasiones esa cultura se manifiesta en un vocabulario especial, el uso del cual se convierte en un hábito que define a la organización. Por ejemplo, en Alcoa existían frases como "Programas básicos" y "Filosofías de seguridad", que actuaban como carpetas que contenían conversaciones enteras sobre prioridades, metas y formas de pensar.

"Quizás en otra empresa hubiera sido difícil despedir a alguien que llevaba tantos años trabajando ahí —me dijo O'Neill—. Para mí no fue difícil. Era muy claro lo que nuestros valores dictaban. Lo despedimos por no comunicar el incidente, de modo que nadie más tuvo la oportunidad de aprender de él. No compartir la oportunidad de aprendizaje es un pecado cardinal".

Las culturas surgen de los hábitos clave de cada organización, sin importar si los líderes son conscientes de ello o no. Por ejemplo, cuando un grupo de investigadores examinó a una generación de cadetes novatos de West Point, midieron sus calificaciones promedio, su aptitud física, sus capacidades militares y su autodisciplina. Al correlacionar esos factores con la graduación o la deserción de los estudiantes, observaron que ninguno importaba tanto como un factor al que los investigadores nombraron "aguante", al cual definían como la tendencia a trabajar "de forma ardua para superar desafíos, sin perder el interés ni dejar de esforzarse a lo largo de los años, a pesar de los fracasos, la adversidad y los baches en el camino".

Lo más interesante del aguante es cómo surge. El aguante brota en una cultura que los cadetes crean para sí mismos, y dicha cultura suele ser producto de los hábitos clave que adoptan en West Point. "Hay muchas cosas difíciles en esta academia —me comentó un cadete—. Al primer verano le llaman 'barracas bestiales' porque su intención es quebrarte. Mucha gente deserta antes de que empiece el año escolar".

"Sin embargo, durante los primeros días que pasé aquí encontré un grupo de compañeros con los cuales implementamos una rutina en la que, cada mañana, nos reunimos para asegurarnos de que todos nos sentíamos fuertes. Recurro a ellos si me siento inquieto o triste, y sé que ellos me reanimarán. Solo somos nueve y nos apodamos los mosqueteros. Sin ellos, creo que no hubiera durado más de un mes aquí".

Los cadetes que tienen éxito en West Point llegan a la academia armados con hábitos de disciplina física y mental. Sin embargo, esas herramientas no los llevan demasiado lejos. Para tener éxito se requiere un hábito clave que cree una cultura —como la reunión diaria de colegas con una mentalidad similar— que los ayude a encontrar la fortaleza para sobreponerse a los obstáculos. Los hábitos clave nos transforman al crear culturas que evidencian los valores que, al calor de las decisiones difíciles o los momentos de incertidumbre, de otro modo olvidaríamos.

● ● ●

En 2000, O'Neill se retiró de Alcoa a solicitud del presidente recién electo, George W. Bush, quien lo nombró secretario del

Tesoro.* Dejó aquel puesto dos años después y hoy en día pasa la mayor parte del tiempo impartiendo cursos en hospitales sobre cómo el énfasis en la seguridad laboral y los hábitos clave puede ayudar a reducir los índices de errores médicos. Asimismo, es parte de múltiples consejos directivos corporativos.

Mientras tanto, empresas y organizaciones de todo Estados Unidos han adoptado la idea de usar hábitos clave para reconstruir los lugares de trabajo. En IBM, por ejemplo, Lou Gerstern reconstruyó la firma al concentrarse en un hábito clave: las rutinas de investigación y ventas de IBM. En la consultoría McKinsey & Company, se crea una cultura de mejoría constante por medio del hábito clave de críticas internas amplias que conforman el núcleo de cualquier tarea. Dentro de Goldman Sachs, el hábito clave de la valoración de riesgos subyace todas las decisiones.

Y, en Alcoa, el legado de O'Neill sigue vivo. Aun en su ausencia, los índices de accidentes laborales siguen disminuyendo. En 2010, el 82 por ciento de las plantas de Alcoa estuvieron exentas de accidentes, lo cual casi rompe un récord. En promedio, es más probable que los empleados tengan accidentes en empresas de software, trabajando como animadores en estudios de cine, o haciendo los impuestos para una empresa de contabilidad, que manejando aluminio fundido en Alcoa.

---

* La estancia de O'Neill en el Tesoro no fue tan exitosa como su carrera en Alcoa. Casi inmediatamente después de aceptar el puesto, empezó a concentrarse en un par de problemas clave, incluyendo la seguridad laboral, la creación de empleos, la rendición de cuentas de los ejecutivos y el combate a la pobreza en África, entre otras iniciativas.

No obstante, las políticas de O'Neill no se alineaban con las del presidente Bush, en especial cuando inició una batalla interna para oponerse a los recortes fiscales propuestos por Bush. Presentó su renuncia a finales de 2002. "Lo que yo creía que era lo mejor para las políticas económicas era lo contrario de lo que deseaba la Casa Blanca —me confesó O'Neill—. No es una buena cualidad en un secretario del Tesoro, así que me despidieron".

"Cuando me nombraron gerente de planta —dijo Jeff Shockey, ejecutivo de Alcoa—, el primer día vi varios lugares de estacionamiento cerca de la entrada principal que ostentaban los nombres de sus dueños. Jefes de tal o cual cosa. La gente importante tenía los mejores lugares. Lo primero que hice fue pedirle a un gerente de mantenimiento que borrara todos los nombres con pintura. Quería que quien llegara a trabajar más temprano se estacionara en el mejor lugar. El mensaje fue claro: todos los empleados son igual de importantes. Fue una extensión de lo que Paul hizo con la seguridad de los trabajadores. Energizó la planta. Al poco tiempo, todo el mundo empezó a llegar temprano a trabajar".

5

STARBUCKS Y EL HÁBITO DEL ÉXITO

Cuando la fuerza de voluntad se vuelve automática

I.

La primera vez que Travis Leach vio a su padre sufrir una sobredosis, tenía nueve años. Su familia acababa de mudarse a un pequeño apartamento al final de un callejón luego de haber recibido una notificación de desalojo en su hogar anterior. Habían tenido que abandonar el otro apartamento en medio de la noche y echar todas sus pertenencias en bolsas negras de basura. El casero argumentó que demasiada gente entraba y salía a horas inoportunas. Hacían demasiado ruido.

A veces, en la casa anterior, Travis llegaba de la escuela y encontraba las habitaciones limpias y ordenadas, las sobras de comida envueltas con cuidado dentro del refrigerador y los sobres de salsa picante o de cátsup guardados en contenedores de plástico. Sabía que eso significaba que sus padres habían cambiado temporalmente la heroína por la meta y habían pasado el día limpiando de forma frenética. Esos días solían acabar mal. Travis se sentía más seguro cuando la casa estaba desordenada y sus padres se encontraban tirados en el sillón, con los ojos entrecerrados, mirando caricaturas. Al final de la niebla de heroína no había caos.

El padre de Travis era un hombre amable al que le encantaba cocinar y, salvo por el breve periodo que pasó en la marina, vivió casi toda su vida a unas pocas millas de la casa de sus padres en Lodi, California. Para cuando la familia se mudó al apartamento en el callejón, la madre de Travis estaba en prisión por posesión de heroína y prostitución. En sí, sus padres eran adictos funcionales que mantenían la fachada de normalidad familiar. Todos los veranos iban a acampar y todos los viernes por la tarde asistían a los partidos de softball del hermano y la hermana de Travis. Cuando Travis tenía cuatro años, fue a Disney con su papá, donde un empleado del parque les tomó su primera fotografía. La cámara de la familia había sido empeñada años después.

En la mañana del día de la sobredosis, Travis y su hermano jugaban en la sala sobre las cobijas que tendían en el suelo todas las noches para dormir. Antes de prepararse para cocinarles panqueques, el padre de Travis entró al baño. Traía consigo el calcetín en el que guardaba su aguja, cuchara, encendedor e hisopos de algodón. Instantes después, salió, abrió el refrigerador para sacar los huevos y se desplomó en el suelo. Cuando los chicos rodearon la barra de la cocina, encontraron a su padre convulsionándose, con el rostro casi morado.

Los hermanos de Travis habían presenciado cuadros de sobredosis antes y sabían qué hacer. El hermano puso al padre de costado. La hermana le abrió la boca para asegurarse de que no se ahogara con su propia lengua y le pidió a Travis que corriera con el vecino, le pidiera su teléfono y llamara al 911.

Travis le mintió a la operadora: "Me llamo Travis. Mi papá se desmayó y no sé qué le pasó. No está respirando". Aunque tenía nueve años, sabía a la perfección por qué su padre estaba inconsciente, pero no quería decirlo frente al vecino. Tres años antes, uno de los amigos de su papá había fallecido en el sótano de la familia de Travis después de inyectarse. Mientras los paramédicos se llevaban el cuerpo, los vecinos miraban boquiabiertos a Travis y a su hermana, quienes mantenían abierta la puerta para que pasara la camilla. Uno de los vecinos tenía un primo cuyo hijo estaba en el grupo escolar de Travis, así que el chisme no tardó en difundirse por toda la escuela.

Después de colgar, Travis caminó al final del callejón para esperar a la ambulancia. A su padre lo trataron en el hospital por la mañana, le presentaron cargos en la estación de policías por la tarde y lo dejaron ir a casa a la hora de la cena. Les cocinó espaguetis. Travis cumpliría diez años unas cuantas semanas después.

• • •

A los dieciséis años, Travis abandonó la secundaria. "Estaba harto de que me llamaran marica —afirmó—. Cansado de que la gente me siguiera a mi casa y me lanzara cosas. Todo se me hacía muy abrumador. Era más fácil renunciar e irme a otro lado". Se mudó a Fresno, a dos horas al sur, y consiguió empleo en un autolavado. Poco después lo despidieron por insubordinado. Entonces consiguió empleo en McDonald's y Hollywood Video, pero cuando los clientes se portaban groseros —"¡Dije aderezo Ranch, imbécil!" —, Travis perdía el control.

"¡Fuera de mi vista!", le gritó a una mujer mientras le lanzaba los *nuggets* de pollo por la ventanilla del *drive-through* antes de que su jefe lo jalara hacia el interior del local.

A veces se irritaba tanto que empezaba a llorar en pleno turno laboral. Con frecuencia llegaba tarde o se tomaba días libres sin razón aparente. En las mañanas, le gritaba a su reflejo en el espejo, se exigía ser mejor y aguantar. Pero era incapaz de llevarse bien con la gente y no tenía la fortaleza para soportar el goteo constante de críticas e indignaciones. Si la fila de su caja registradora era demasiado larga y el gerente le reclamaba, a Travis le empezaban a temblar las manos y sentía que no podía respirar. Se preguntaba si así de indefensos frente a la vida se sentían sus padres cuando empezaron a drogarse.

Un día, un cliente frecuente de Hollywood Video que conocía a Travis un poco mejor le sugirió que considerara conseguir empleo en Starbucks. "Abrirán una nueva tienda en Fort Washington y yo seré el subgerente —le dijo—. Deberías llenar una solicitud".

Un mes después, Travis era uno de los baristas del turno matutino. Eso fue hace seis años. Hoy día, a los 25, Travis es gerente de dos sucursales de Starbucks, donde supervisa a 40 empleados y es responsable de ganancias que ascienden a más de dos millones de dólares por año. Gana 44,000 dólares al año, tiene un plan de inversión 401(k) y no tiene deudas. Jamás llega tarde al trabajo ni pierde los estribos durante el día laboral.

Después de que una de sus empleadas se pusiera a llorar porque una clienta le gritó, Travis la llevó a la oficina y le dijo: "Tu delantal es un escudo. Nada de lo que nadie diga podrá lastimarte. Serás tan fuerte como lo desees".

Esas palabras las aprendió en uno de los cursos de capacitación de Starbucks, un programa educativo permanente que comienza el primer día de cada empleado y continúa a lo largo de su carrera en la empresa. Es un programa bien estructurado que les permite obtener créditos universitarios cuando terminan cada módulo. Según Travis, la capacitación le ha cambiado la vida. Starbucks le enseñó a vivir, a concentrarse, a llegar a tiempo al trabajo y a hacerse cargo de sus emociones. Pero, sobre todo, le inculcó fuerza de voluntad.

"Starbucks es lo más importante que me ha ocurrido en la vida —me confesó—. Le debo todo a esta empresa".

•••

Para fortuna de Travis y miles de personas más, Starbucks —y un puñado de otras empresas— han logrado inculcarles las habilidades necesarias para la vida que no aprendieron en la escuela, ni en la familia ni en sus comunidades. Con más de 137,000 empleados actuales y más de un millón de egresados, Starbucks es ahora, en cierto sentido, una de las instituciones educativas más grandes de Estados Unidos. Apenas durante su primer año, todos esos empleados pasan al menos 50 horas en salones de clase de Starbucks, y docenas más estudian en casa los libros de texto de Starbucks y los discuten con los mentores que la empresa les asigna.

El eje de dicha educación es el enfoque claro en uno de los hábitos más importantes para la vida: la fuerza de voluntad. Docenas de estudios demuestran que la fuerza de voluntad es uno de los hábitos clave más esenciales para el éxito individual. Por ejemplo, en un estudio de 2005, investigadores de la Universidad de Pennsylvania examinaron a 164 alumnos de octavo grado y midieron su coeficiente intelectual y otros valores, incluyendo cuánta fuerza de voluntad exhibían según los resultados de pruebas de autodisciplina.

Quienes tenían mayores niveles de fuerza de voluntad tenían más probabilidades de obtener mejores calificaciones en las clases y ser aceptados en escuelas selectas. Se ausentaban menos y pasaban menos tiempo viendo televisión y más tiempo haciendo la tarea. "Los adolescentes muy disciplinados salían mejor evaluados que sus compañeros más impulsivos en casi cualquier variable de desempeño académico —escribieron los investigadores—. La autodisciplina era mejor predictor de desempeño académico que el coeficiente intelectual. También predice qué estudiantes mejorarán sus calificaciones en el transcurso del año escolar, mientras que el CI no... La autodisciplina influye más en el desempeño académico que el talento intelectual".

Y, según los estudios, la mejor forma de fortalecer la fuerza de voluntad y brindarles una ventaja competitiva a los estudiantes es convertirla en hábito. "A veces pareciera que la gente con mucho autocontrol no se esfuerza, pero es porque ya lo automatizaron —me dijo Angela Duckworth, una de las investigadoras de la Universidad de Pennsylvania—. Su fuerza de voluntad se hace presente sin que tengan que pensar en ella".

Para Starbucks, la fuerza de voluntad va más allá de la curiosidad académica. Cuando la empresa empezó a diseñar su gigantesca estrategia de crecimiento a finales de los años noventa, los ejecutivos reconocieron que el éxito requeriría cultivar un entorno que justificara el precio de cuatro dólares por una taza de café. La empresa necesitaba entrenar a sus empleados para que les infundieran algo de alegría a los *lattes* y los pasteles. Desde ese momento, Starbucks empezó a investigar cómo podía enseñarles a los empleados a regular sus emociones y a dominar su autodisciplina para infundirle una pizca de entusiasmo a cada pedido. A menos que se capacite a los baristas para que aprendan a dejar de lado sus problemas personales, las emociones de algunos empleados se reflejarán de forma inevitable en el trato con los clientes. No obstante, si el empleado sabe cómo mantenerse enfocado y disciplinado, incluso al final de un turno de ocho horas será capaz de dar el servicio de alta calidad que los clientes de Starbucks esperan.

La compañía gastó millones de dólares en el diseño de programas de estudio para capacitar a los empleados en materia de autodisciplina. Los ejecutivos redactaron libros de texto que sirven como guías para convertir la fuerza de voluntad en un hábito de la vida diaria. Dichos programas de estudio explican en parte por qué Starbucks dejó de ser una pequeña empresa de Seattle para convertirse en una bestia con más de 17,000 sucursales y ganancias que superan los diez mil millones de dólares cada año.

Pero, ¿cómo lo logran? ¿Cómo hacen que la gente como Travis —un hijo de drogadictos y desertor de la secundaria que era incapaz de ejercer suficiente autocontrol como para conservar un empleo en McDonald's— aprenda a supervisar a docenas de empleados e ingresos de decenas de miles de dólares cada mes? ¿Qué fue exactamente lo que Travis aprendió gracias a Starbucks?

II.

Todos los que entraron a la sala en la que se estaba llevando a cabo el experimento en la Universidad Case Western Reserve estuvieron de acuerdo en una cosa: las galletas olían exquisitas. Acababan de salir del horno y estaban apiladas en un tazón. Las chispas de chocolate parecían estar a punto de derretirse. En la mesa contigua a la de las galletas había un tazón de rábanos. Durante todo ese día, estudiantes hambrientos entraron al salón, se sentaron frente a ambos alimentos y, sin ser conscientes de ello, se sometieron a una prueba de fuerza de voluntad que modificaría drásticamente nuestro entendimiento sobre la forma en que funciona la autodisciplina.

En ese entonces, había pocos estudios académicos relacionados con la fuerza de voluntad. Los psicólogos creían que dichos temas eran parte de algo a lo que llamaban "autorregulación", el cual no era un campo que despertara suficiente curiosidad. En los años sesenta se llevó a cabo un experimento famoso en el que científicos de Stanford pusieron a prueba la fuerza de voluntad de un grupo de niños de cuatro años. A los chiquillos los pusieron en una habitación y les presentaron una selección de dulces, incluyendo malvaviscos. Luego les hicieron un trato: podían comerse un malvavisco en ese instante o, si esperaban unos cuantos minutos, les regalarían otro malvavisco. Después de eso, el investigador salió de la habitación. Algunos niños cedieron a la tentación y se comieron el malvavisco tan pronto se fue el adulto, pero alrededor del 30 por ciento logró ignorar el impulso y duplicó su recompensa cuando el investigador volvió a la sala quince minutos después. Los científicos observaron la escena del otro lado de un cristal de doble vista y llevaron registro de los niños que tenían suficiente autocontrol como para esperar el segundo malvavisco.

Años después, buscaron a varios de los participantes del estudio, que para entonces ya eran estudiantes de secundaria. Los investigadores les preguntaron por sus calificaciones y puntajes de las pruebas SAT*, su capacidad para conservar amistades y sus habilidades para "lidiar con problemas importantes". Descubrieron que los chicos de cuatro años que fueron capaces de retrasar la gratificación tenían mejores calificacio-

* N. de la T: El SAT es un examen estandarizado que se usa extensamente para la admisión universitaria en Estados Unidos.

nes y alrededor de 210 puntos por encima del promedio en las pruebas SAT. Eran más populares y se drogaban menos. Todo parecía indicar que, si en edad preescolar sabías evitar la tentación de comerte el malvavisco, también sabías llegar a clase a tiempo y cumplir con tus deberes a medida que crecías, así como hacer amigos y resistir a la presión social. Era como si los chicos capaces de ignorar la tentación del malvavisco tuvieran habilidades de autorregulación que les daban ventajas en la vida.

Los científicos empezaron entonces a realizar experimentos relacionados para descifrar cómo ayudar a los chicos a fortalecer sus habilidades de autorregulación. Se dieron cuenta de que si les enseñaban pequeños trucos —como distraerse haciendo un dibujo o imaginando un marco alrededor del malvavisco para que pareciera más bien una foto y no una tentación real— los ayudaban a aprender a controlarse. En la década de los ochenta, surgió una teoría que se aceptó de forma generalizada: la fuerza de voluntad es una habilidad que se puede aprender, algo que se puede inculcar del mismo modo en que se enseñan las matemáticas y a decir "gracias". No obstante, el financiamiento para indagar en esos razonamientos era escaso y el tema de la fuerza de voluntad no estaba de moda. Por lo tanto, muchos de los científicos de Stanford se dedicaron a otros temas de investigación.

Sin embargo, cuando un grupo de estudiantes doctorales de Case Western —incluido uno llamado Mark Muraven— descubrió aquellos estudios a mediados de los noventa, formularon preguntas que las investigaciones previas no parecían responder. Según Muraven, aquel modelo de fuerza de voluntad como habilidad no ofrecía una explicación satisfactoria. A fin de cuentas, una habilidad es algo que permanece constante de forma cotidiana; es decir, si tienes la habilidad para preparar huevos

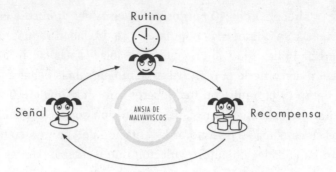

CUANDO LOS CHICOS APRENDEN HÁBITOS
PARA POSTERGAR SUS ANSIAS...

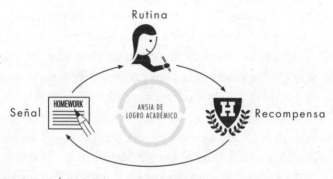

ESOS HÁBITOS SE CONTAGIAN A OTROS
ASPECTOS DE SU VIDA

estrellados el miércoles, sabes que también podrás prepararlos el viernes.

No obstante, Muraven sentía que a veces olvidaba cómo ejercer la fuerza de voluntad. Algunas tardes, al llegar a casa del trabajo, no tenía problema alguno para ponerse ropa deportiva y salir a correr. Sin embargo, otros días solo era capaz de tirarse en el sofá a ver televisión. Era como si su cerebro —o al menos la parte del cerebro responsable de obligarlo a ejercitarse— hubiera olvidado cómo se reúne la fuerza de voluntad para salir a correr. Algunos días comía sano. Otros días, si estaba cansado, atacaba las máquinas expendedoras y se atiborraba de dulces y frituras.

Si la fuerza de voluntad es una habilidad, ¿por qué no se mantiene constante día tras día? Muraven sospechaba que la fuerza de voluntad era más complicada de lo que hacían parecer los experimentos previos. Pero, ¿cómo se demuestra eso en un laboratorio?

● ● ●

La solución para Muraven fue poner en una habitación un tazón de galletas recién horneadas junto a un tazón de rábanos. La estancia era básicamente un armario con un espejo de doble vista, una mesa, una silla de madera, una campana de mano y un horno tostador. Se reclutó a 67 estudiantes de licenciatura y se les pidió que se saltaran una comida. Uno por uno, los estudiantes se sentaron frente a los dos tazones.

"El punto del experimento es poner a prueba percepciones", les explicó una de las investigadoras, lo cual no era verdad. El punto era obligarlos, pero solo a algunos de ellos, a ejercer su fuerza de voluntad. Para ello, a la mitad de los estudiantes se le instruyó que comieran galletas e ignoraran los rábanos; a la otra mitad se le dijo que comiera rábanos e ignorara las galletas. La teoría de Muraven era que ignorar las galletas es difícil; es decir, requiere fuerza de voluntad. Por el contrario, ignorar los rábanos casi no requiere esfuerzo alguno.

"Recuerden solo comer el alimento que se les asignó", les dijo la investigadora y salió de la habitación.

Una vez que los estudiantes se quedaron solos, empezaron a comer. Aquellos a quienes les asignaron las galletas se sentían en el paraíso, mientras que aquellos a quienes asignaron los rábanos estaban en agonía. Se sentían miserables al tener que obligarse a ignorar las galletas recién horneadas. A través del cristal de doble vista, los investigadores vieron que uno de los del grupo de los rábanos tomó una galleta, la olió con anhelo y luego la devolvió al tazón. Otro tomó unas cuantas galletas, las asentó en la mesa y lamió el chocolate derretido que le había quedado en los dedos.

Cinco minutos después, la investigadora regresó a la habitación. Muraven estimaba que se les había exigido bastante fuerza de voluntad a los del grupo de los rábanos al hacerlos comer verduras amargas e ignorar el postre; mientras tanto, los comedores de galletas no habían tenido que usar su autodisciplina casi para nada.

"Necesitamos esperar unos quince minutos para que el recuerdo sensorial del alimento se esfume", le dijo la investigadora a cada participante. Para pasar el tiempo, les pidió que completaran un rompecabezas. Parecía algo bastante sencillo: implicaba dibujar un patrón geométrico sin separar el lápiz del papel o dibujar la misma línea dos veces. Si querían darse por vencidos, les dijo, bastaba con que tañeran la campana. La implicación era que el rompecabezas no les quitaría demasiado tiempo.

Sin embargo, en realidad, el acertijo era imposible de resolver.

El rompecabezas no era un pasatiempo real, sino la parte más importante del experimento. Seguir adelante requería mucha fuerza de voluntad, sobre todo después de cada intento fallido. Los científicos se preguntaban si los estudiantes que ya habían agotado su fuerza de voluntad se darían por vencidos más fácil; es decir, querían averiguar si la fuerza de voluntad era un recurso finito.

Observaron a los estudiantes desde el otro lado del cristal. Los comedores de galletas, quienes no habían usado sus reservas de autodisciplina, empezaron a resolver el rompecabezas.

En términos generales, parecían relajados. Uno de ellos intentó una estrategia directa, se topó con un obstáculo, y decidió comenzar de nuevo. Y luego una vez más. Y luego otra. Algunos pasaron más de media hora intentando resolverlo antes de que la investigadora les pidiera que pararan. En promedio, el grupo de las galletas pasó casi 19 minutos intentando resolver el acertijo antes de tañer la campana.

Por el contrario, los del grupo de los rábanos, quienes habían agotado su fuerza de voluntad, actuaron de forma muy distinta. Musitaban mientras trabajaban. Se frustraban. Uno se quejó de que el experimento era una pérdida de tiempo. Algunos asentaron la cabeza en la mesa y cerraron los ojos. Uno le gritoneó a la investigadora cuando volvió a la habitación. En promedio, los estudiantes del grupo de los rábanos solo dedicaron unos ocho minutos al rompecabezas antes de darse por vencidos, lo que representa un 60 por ciento menos de tiempo que los del grupo de las galletas. Después, cuando la investigadora les preguntó cómo se sintieron, uno de los del grupo de los rábanos contestó que estaba "harto de este estúpido experimento".

"Al hacer que usaran buena parte de su fuerza de voluntad para ignorar las galletas, los llevamos a un estado en el que estaban dispuestos a darse por vencidos con más facilidad —me explicó Muraven—. Desde entonces se han realizado más de dos mil experimentos en torno a esta idea y todos han llegado a la misma conclusión. La fuerza de voluntad no es meramente una habilidad; es un músculo, como los de las piernas o los brazos, y se cansa si se esfuerza, de modo que le queda menos energía para hacer otras cosas".

Los científicos han ahondado en este hallazgo para explicar toda clase de fenómenos. Algunos consideran que permite entender por qué la gente muy exitosa de pronto sucumbe a los romances extramaritales (que es más probable que ocurran de noche, después de un largo día en el que se ha ejercido mucha fuerza de voluntad en el trabajo) o por qué los mejores médicos cometen errores tontos (que con frecuencia se cometen después de una tarea larga y complicada que requirió muchísima concentración). "Si quieres hacer algo que requiera fuerza de voluntad, como salir a correr después del trabajo, tendrás que relajar el músculo de la fuerza de voluntad durante el día —me explicó Muraven—. Si lo desgastas con tareas tediosas como mandar correos electrónicos o llenar formularios complicados y costosos, para cuando llegues a casa no te quedará fuerza de voluntad alguna".

● ● ●

Ahora bien, ¿hasta dónde se puede extender esta analogía? ¿Ejercitar el músculo de la fuerza de voluntad lo fortalece del mismo modo en que levantar pesas fortalece los bíceps?

En 2006, dos investigadores australianos de nombre Megan Oaten y Ken Cheng intentaron dar respuesta a esa pregunta por medio de un programa de entrenamiento para la fuerza de voluntad. Reclutaron a dos docenas de personas de entre 18 y 50 años que pertenecían a un programa de ejercicio físico y, en el transcurso de dos meses, los sometieron a rutinas de levantamiento de pesas, entrenamiento de resistencia y ejercicios aeróbicos con un número creciente de repeticiones. Semana tras semana, se obligaban a ejercitarse con mayor frecuencia y, cada vez que iban al gimnasio, usaban más la fuerza de voluntad.

Después de dos meses, los investigadores examinaron el resto de las actividades cotidianas de los participantes para ver si el incremento de la fuerza de voluntad en el gimnasio se traducía en mayor fuerza de voluntad en casa. Antes de iniciar el experimento, muchos de los sujetos decían ser muy sedentarios. Hacia el final, como era de esperarse, se encontraban en mejor condición física, pero también eran más saludables en otros aspectos de su vida. Entre más tiempo pasaban en el gimnasio, menos fumaban, bebían menos alcohol y café y consumían menos comida chatarra. Dedicaban más tiempo a las tareas escolares y menos tiempo a ver televisión. Y decían sentirse menos deprimidos.

Oaten y Cheng se preguntaban si los resultados tenían o no que ver con la fuerza de voluntad. ¿Y si el ejercicio por sí solo hacía que la gente fuera más feliz y sintiera menos ansias de comida chatarra?

Para contestar esa pregunta, diseñaron otro experimento. Esta vez reclutaron a 29 personas para un programa de administración financiera de cuatro meses.

Establecieron metas de ahorro y les pidieron a los participantes que se negaran lujos como salir a comer o ir al cine. Se les pidió que llevaran diarios detallados de todo lo que compraban. Al principio les resultó molesto, pero con el tiempo los participantes se hicieron de la suficiente autodisciplina como para poner por escrito cada compra.

Las finanzas personales de los involucrados mejoraron a medida que avanzaba el programa. Lo más sorprendente es que también empezaron a fumar menos y a beber menos alcohol y cafeína (en promedio, dos tazas menos de café, dos cervezas menos y, entre los fumadores, quince cigarrillos menos al día). También disminuyeron su consumo de comida chatarra y se volvieron más productivos en la escuela y el trabajo. Fue similar al estudio del ejercicio: a medida que la gente fortalecía el músculo de la fuerza de voluntad en un aspecto de su vida —en el gimnasio o en el programa de administración financiera—, esa fuerza se extendía a su forma de comer y su eficiencia laboral o educativa. Una vez que la fuerza de voluntad se hacía más poderosa, influía en todo.

Oaten y Cheng realizaron un experimento adicional. Reclutaron a 45 estudiantes de un programa de mejoramiento académico que se enfocaba en la creación de hábitos de estudio. Como era de esperarse, con este programa mejoraban las habilidades de aprendizaje de los participantes. Asimismo, los estudiantes fumaban menos, bebían menos, veían menos televisión, se ejercitaban más y comían más sano, a pesar de que ninguna de esas cosas se mencionaba en el programa académico. Al igual que en el experimento anterior, a medida que fortalecían su músculo de la fuerza de voluntad, los buenos hábitos parecían contagiarse a otras partes de su vida.

"Si aprendes a obligarte a ir al gimnasio o a empezar la tarea escolar o a comer ensalada en lugar de hamburguesa, parte de lo que ocurre es que cambias tu forma de pensar —me explicó Todd Heatherton, un investigador de Dartmouth especializado en estudios sobre la fuerza de voluntad—. La gente se vuelve más hábil para regular sus impulsos. Aprenden a distraer su atención de la tentación y, una vez que se apropian del ritmo de la fuerza de voluntad, el cerebro tiene la suficiente experiencia para ayudarlos a concentrarse en un objetivo".

En la actualidad, cientos de investigadores de casi todas las grandes universidades estudian la fuerza de voluntad. Asimismo, las escuelas públicas y subvencionadas de Filadelfia, Seattle, Nueva York y otras grandes ciudades estadounidenses han empezado a implementar lecciones de fortalecimiento de la fuerza de voluntad como parte de sus planes de estudio. En el programa KIPP (Knowledge Is Power Program) —conformado por varias escuelas subvencionadas que atienden a estudiantes de bajos ingresos en todo el país—, la enseñanza del autocontrol es parte de la filosofía de las escuelas. (En una de las escuelas de Filadelfia que forma parte de KIPP les dieron a los estudiantes camisetas con la leyenda "No te comas el malvavisco"). Muchas de esas escuelas han logrado incrementar de forma sustancial las calificaciones de sus estudiantes. "Por eso es tan importante inscribir a los chicos en clases de piano o de deportes. No se trata de formar buenos músicos o estrellas de fútbol de cinco años de edad —me dijo Heatherton—. Cuando aprendes a obligarte a ensayar una hora o a correr quince vueltas, empiezas a desarrollar fuerza autorregulatoria. El niño de cinco años capaz de seguir el balón durante diez minutos se convierte en el estudiante de sexto grado que hace las tareas escolares a tiempo".

A medida que las investigaciones sobre la fuerza de voluntad se han popularizado en las revistas científicas y los artículos periodísticos, su influencia ha alcanzado el entorno corporativo. Empresas como Starbucks —y Gap, Walmart o cualquier otro negocio que dependa de trabajadores no calificados— enfrentan un problema en común: sin importar cuántas *ganas* tengan los empleados de hacer un buen trabajo, muchos fracasarán por falta de autodisciplina. Llegan tarde, pierden la paciencia con clientes groseros, se distraen o se dejan llevar por dramas laborales, o renuncian sin razón aparente.

"Muchos empleados obtienen su primera experiencia profesional trabajando para Starbucks —me dijo Christine Deputy, quien ayudó a supervisar los programas de capacitación de la empresa durante más de una década—. Si tus padres o profesores te han dicho lo que tienes que hacer toda la vida, y de pronto los clientes te gritan o tu jefe está demasiado ocupado para orientarte, el trabajo se puede volver muy abrumador. Mucha gente no logra hacer la transición. Por ende, intentamos descifrar la forma de inculcarles a nuestros empleados la autodisciplina que no aprendieron en la secundaria".

Sin embargo, cuando empresas como Starbucks intentaron poner en práctica en el entorno laboral las lecciones sobre fuerza de voluntad extraídas de los experimentos con rábanos y galletas, enfrentaron grandes dificultades. Patrocinaron clases de pérdida de peso y ofrecieron membresías de gimnasio gratuitas con la esperanza de que esos beneficios se extendieran a la forma de servir café de sus empleados. La asistencia fue irregular. Los empleados se quejaban de que era difícil mantenerse concentrado durante toda una clase o ir al gimnasio después de un largo día de trabajo. Según Muraven, "si una persona tiene problemas de autodisciplina en el trabajo, es probable que también tenga dificultades para completar un programa diseñado para fortalecer su autodisciplina *después* del trabajo".

Sin embargo, Starbucks estaba decidido a resolver el problema. En 2007, en el cénit de su expansión, la empresa abría siete sucursales nuevas por día y contrataba hasta 1,500 nuevos empleados cada semana. Capacitarlos para sobresalir en el servicio al cliente —llegar a tiempo al trabajo, no enojarse con los clientes y servir a todos con una sonrisa, sin olvidar la orden de cada cliente y, de ser posible, su nombre— era esencial. La gente espera que le entreguen su costoso *latte* acompañado de cierto entusiasmo. "No nos dedicamos a vender café —me dijo Howard Behar, expresidente de Starbucks—. Nos dedicamos a complacer a la gente con café. Nuestro modelo de negocio se basa en un extraordinario servicio al cliente. Sin él, estamos perdidos".

Starbucks descubrió que la solución era convertir la autodisciplina en un hábito organizacional.

III.

En 1992, una psicóloga británica visitó los dos hospitales de ortopedia más concurridos de Escocia y reclutó a cinco docenas de pacientes para un experimento que ayudara a explicar cómo incentivar la fuerza de voluntad en gente con una resistencia excepcional al cambio.

La edad promedio de los pacientes era 68 años. La mayoría ganaba menos de diez mil dólares al año y tenía un grado máximo de educación de bachillerato. Todos se habían sometido hacía poco a cirugías de reemplazo de cadera o rodilla, pero, dado que eran relativamente pobres e incultos, muchos habían postergado demasiado la cirugía. Eran jubilados, mecánicos ancianos y empleados de almacén. Estaban en los últimos capítulos de la vida y, en su mayoría, no tenían deseo alguno de abrir un nuevo libro.

Recuperarse de una cirugía de rodilla o cadera es sumamente difícil. La operación implica seccionar los músculos de la articulación y cortar los huesos. Durante la recuperación, hasta el más mínimo movimiento —como cambiar de lugar en la cama o tensar una articulación— causa un dolor insoportable. No obstante, es esencial que los pacientes empiecen a ejercitarse casi tan pronto como se recuperan de la anestesia. Deben empezar a mover las piernas y la cadera antes de que los músculos y la piel sanen, pues de otro modo las cicatrices obstruyen la articulación y le quitan flexibilidad. Además, si los pacientes no empiezan a ejercitarse, se arriesgan a desarrollar coágulos. Sin embargo, la agonía es tal que la gente decide faltar a las sesiones de rehabilitación y no cumplir con las órdenes del médico, sobre todo cuando se trata de pacientes de la tercera edad.

Los participantes del estudio escocés eran proclives a abandonar la rehabilitación. La investigadora en jefe que realizó el experimento quería ver si era posible ayudarlos a valerse de su fuerza de voluntad. A cada paciente le entregó un folleto después de la cirugía en el que se detallaba el calendario de rehabilitación; al final había trece páginas adicionales —una para cada semana— con instrucciones y espacios en blanco. "Mis objetivos para esta semana son _____. Escribe precisamente lo que harás. Por ejemplo, si esta semana saldrás a caminar, escribe adónde irás y cuándo lo harás". Les pidió a los pacientes que llenaran cada página con planes específicos. Luego comparó la recuperación de quienes anotaron sus metas con las de pacientes que recibieron los mismos folletos pero no escribieron nada en ellos.

Parece absurdo pensar que darle a la gente unas cuantas hojas en blanco marcará alguna diferencia en términos de la velocidad de recuperación después de una cirugía. No obstante, cuando la investigadora visitó a los pacientes tres meses después, observó diferencias sustanciales entre ambos grupos. Los pacientes que anotaron sus planes en los folletos volvieron a caminar casi en la mitad del tiempo que les tomó recuperarse a quienes no escribieron sus metas. Pudieron ponerse de pie sin ayuda tres veces más rápido que los otros. Fueron capaces de ponerse los zapatos, lavar la ropa y prepararse comida en menos tiempo que los pacientes que no pusieron por escrito sus metas.

La psicóloga quería entender por qué. Estudió los folletos y descubrió que la mayoría de las hojas en blanco estaban llenas de planes específicos y detallados sobre los aspectos más mundanos de la recuperación. Por ejemplo, un paciente escribió: "Mañana caminaré a la parada del autobús para recibir a mi esposa cuando vuelva del trabajo", y luego anotó a qué hora saldría de casa, qué ruta tomaría, qué ropa se pondría, qué abrigo llevaría por si era un día lluvioso y qué medicamentos tomaría si el dolor era insoportable. En un estudio similar, otro paciente creó una agenda muy detallada de los ejercicios que haría cada vez que fuera al baño. Un tercero escribió un itinerario minuto a minuto de sus vueltas a la cuadra.

Mientras la investigadora examinaba los folletos, observó algo que muchos de los planes tenían en común: se enfocaban en qué harían los pacientes en un momento específico de dolor anticipado. Por ejemplo, el hombre que planeaba ejercitarse de camino al baño sabía que, cada vez que se levantaba del sofá, el dolor era insoportable, así que decidió hacer un plan para lidiar con él: dar el primer paso de inmediato para no sentirse tentado a volver a sentarse. El paciente que iba por su esposa a la parada de autobús temía la llegada de la tarde, pues aquella caminata era la más larga y dolorosa del día. Por ende, detalló todos los obstáculos que podía encontrar en el camino para planear soluciones por adelantado.

Dicho de otro modo, los planes de los pacientes se configuraban en torno a puntos de inflexión en los que sabían que el dolor y las ganas de darse por vencidos serían muy intensos. De esa manera, se predisponían a sobreponerse a la adversidad.

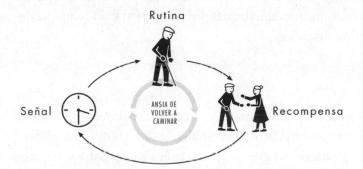

Señal — Rutina — ANSIA DE VOLVER A CAMINAR — Recompensa

LOS PACIENTES DISEÑARON HÁBITOS DE
FUERZA DE VOLUNTAD PARA SUPERAR
LOS PUNTOS DE INFLEXIÓN DOLOROSOS

De forma intuitiva, emplearon las mismas reglas que usó Claude Hopkins para vender Pepsodent. Identificaron señales sencillas y recompensas obvias. Por ejemplo, el hombre que iba por su esposa a la parada de autobús identificó una señal sencilla —*Son las 3:30, ¡ya viene en camino!*— y definió su recompensa con claridad —*¡Ya llegué, corazón!*—. Si surgía la tentación de darse por vencido a la mitad del camino, el paciente era capaz de ignorarla porque había convertido la autodisciplina en un hábito.

No hay razones que expliquen por qué los otros pacientes —los que no escribieron sus planes de recuperación— no se comportaron de la misma manera. Todos recibieron las mismas advertencias y explicaciones en el hospital. Todos sabían que el ejercicio era esencial para la recuperación. Todos pasaron semanas en rehabilitación.

Sin embargo, quienes no escribieron sus planes tenían una desventaja sustancial, pues no planeaban por adelantado qué harían en los dolorosos puntos de inflexión. No crearon hábitos de fuerza de voluntad de forma consciente. Aunque tuvieran la intención de dar una vuelta a la cuadra, su determinación se esfumaba tan pronto enfrentaban la agonía de los primeros pasos.

· · ·

Después de que Starbucks fracasara al intentar impulsar la fuerza de voluntad de sus empleados por medio de membresías de gimnasio y talleres de nutrición, los ejecutivos decidieron que debían cambiar de estrategia. Examinaron más de cerca lo que ocurría en el interior de las sucursales y observaron que, al igual que los pacientes escoceses, sus empleados se tambaleaban al encontrarse en un punto de inflexión. Lo que les hacía falta eran hábitos institucionales que los ayudaran a recurrir a su autodisciplina.

Los ejecutivos llegaron a la conclusión de que su concepción de la fuerza de voluntad estaba errada. Resultó que los empleados a quienes les fallaba la fuerza de voluntad no tenían problema para cumplir con su trabajo la mayor parte del tiempo. En un día cualquiera, un empleado sin fuerza de voluntad no se distinguía de los demás. Sin embargo, en otras ocasiones, sobre todo en circunstancias inciertas o de estrés inesperado, ese mismo empleado se quebraba y perdía el autocontrol. Por ejemplo, quizás un cliente reclamaba algo a gritos y una empleada que por lo regular mantenía la calma en esas circunstancias perdía la compostura. O quizás un barista se sentía abrumado y al borde del llanto por una multitud impaciente.

Lo que los empleados necesitaban eran instrucciones claras para lidiar con puntos de inflexión, algo similar a los folletos de los pacientes escoceses: una rutina a seguir en caso de que el músculo de la fuerza de voluntad flaqueara. Para ello, la empresa desarrolló nuevos materiales de capacitación que describían las rutinas que los empleados debían seguir al enfrentar baches difíciles. Los manuales les enseñaban a reaccionar a señales específicas, como un cliente gritón o una larga fila de gente. Los gerentes machacaron a los empleados con escenificaciones de este tipo de circunstancias hasta que sus reacciones se hicieron automáticas. La empresa identificó recompensas específicas —el agradecimiento de un cliente, el halago de un gerente— que los empleados reconocerían como evidencia de su buen trabajo.

Starbucks les enseñó a sus empleados a lidiar con momentos de adversidad por medio de bucles de hábitos de fuerza de voluntad.

Por ejemplo, cuando Travis entró a trabajar a Starbucks, su gerente le explicó los hábitos de inmediato. "Una de las partes más difíciles de este trabajo es lidiar con un cliente enojado —le explicó su gerente—. Si alguien se acerca y te empieza a gritar porque te equivocaste de bebida, ¿cómo debes reaccionar?".

"No lo sé —contestó Travis—. Supongo que me asustaría. O me enojaría".

"Eso sería lo más natural —le dijo el gerente—. Pero nuestro trabajo consiste en dar el mejor servicio posible al cliente, incluso bajo presión". El gerente abrió el manual de Starbucks y le mostró a Travis una página que estaba casi en blanco. En la parte superior, decía: "Cuando un cliente no esté satisfecho, mi plan será...".

"Este manual está diseñado para que imagines situaciones difíciles y redactes un plan para reaccionar ante ellas —le dijo el gerente—. Uno de los sistemas que usamos se llama CAFÉ: *Consideramos* al cliente, *Aceptamos* su queja, *Fabricamos* soluciones, les *Damos* las gracias y luego les *Explicamos* por qué ocurrió el problema.

"Toma unos minutos para escribir un plan para lidiar con un cliente enojado. Usa el método CAFÉ. Luego haremos una breve dinámica en la que intercambiaremos papeles".

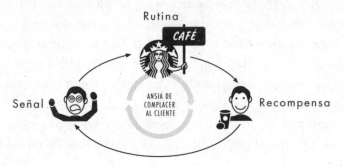

Rutina

CAFÉ

Señal

ANSIA DE
COMPLACER
AL CLIENTE

Recompensa

EL BUCLE DE LOS HÁBITOS DEL CAFÉ

Starbucks tiene docenas de rutinas para reaccionar ante los puntos de inflexión estresantes. Uno de ellos es el sistema de crítica constructiva Qué Qué Por Qué, así como el sistema Conecta, Descubre y Responde para tomar órdenes en momentos caóticos. Hay hábitos aprendidos que ayudan a los baristas a distinguir entre clientes que solo quieren su café ("El cliente que trae prisa se expresa con cierta urgencia y puede parecer impaciente o mirar su reloj con frecuencia") y los que buscan un trato más afectuoso ("El cliente frecuente sabe el nombre de los baristas y casi siempre pide lo mismo"). En los manuales de capacitación hay docenas de páginas en blanco en las que los empleados pueden escribir sus propios planes para adelantarse a los puntos de inflexión y diseñar soluciones. Luego practican dichos planes una y otra vez hasta que se vuelven automáticos.

Así es como la fuerza de voluntad se convierte en hábito, al seleccionar cierto comportamiento por adelantado y luego seguir esa rutina en caso de llegar al punto de inflexión. Cuando los pacientes escoceses llenaron sus folletos, o cuando Travis estudió el método CAFÉ, decidieron por adelantado cómo reaccionar a ciertas señales, ya fuera un músculo adolorido o un cliente enfurecido. Al enfrentar la señal, ponían en marcha la rutina.

Starbucks no es la única empresa que utiliza este tipo de métodos de capacitación. Por ejemplo, en Deloitte Consulting, la empresa de servicios fiscales y financieros más grande del mundo, los empleados toman un curso llamado "Momentos que importan", el cual aborda puntos de inflexión como que un cliente se queje de las tarifas, que despidan a un colega o que el consultor empleado por Deloitte cometa un error. Para cada una de esas circunstancias tienen rutinas preprogramadas —Despierta tu curiosidad, Di lo que nadie más se atreve a decir, Pon en práctica la regla 5/5/5—, las cuales guían las reacciones de los empleados. En The Container Store, los empleados reciben más de 185 horas de capacitación tan solo en el primer año. Ahí les enseñan a reconocer puntos de inflexión, como un colega enojado o un cliente abrumado, y a desarrollar hábitos, como rutinas para tranquilizar a los compradores o para disipar la tensión laboral. Por ejemplo, si a la tienda entra un cliente que parece abrumado, el empleado le pide casi de inmediato que visualice la parte de su casa que desea organizar y que describa cómo se sentirá cuando todo esté en su lugar. "Hemos tenido clientes que nos dicen: 'Esto es mejor que ir a psicoterapia'", le contó el CEO de la empresa a un periodista.

IV.

Howard Schultz, el hombre que convirtió a Starbucks en un coloso, se parece a Travis en varias cosas. Pasó su infancia en una casa de interés social en Brooklyn, donde compartía un apartamento de dos recámaras con sus padres y sus dos hermanos. A los siete años, el padre de Schultz se rompió el tobillo y perdió su empleo como chofer transportista. Eso provocó una crisis familiar. El padre, después de recuperarse de la lesión, deambuló entre empleos mal pagados. "Mi papá nunca encontró su camino —me contó Schultz—. Fui testigo de cómo su autoestima se fue derrumbando. Siento que pudo haber logrado muchas más cosas".

La escuela de Schultz era una selva sobresaturada, con patios de asfalto donde los chicos jugaban fútbol, basquetbol, softbol y cualquier otro juego de pelota que se les ocurriera. Si tu equipo perdía, podía pasar una hora antes de que te tocara jugar de nuevo. Por ende, Schultz se aseguraba de que su equipo siempre ganara, sin importar lo que costara. Volvía a casa con los codos y las rodillas raspadas y su madre le lavaba las heridas con delicadeza. "Nunca te des por vencido", le decía.

Su competitividad lo hizo acreedor de una beca deportiva para la universidad (donde se fracturó la quijada, razón por la cual nunca salió al campo de juego), un título de comunicólogo y, con el tiempo, un empleo como vendedor de máquinas Xerox en Nueva York. Todas las mañanas salía de su casa, visitaba algún edificio de oficinas en el centro de la ciudad, tomaba el ascensor al último piso y tocaba puerta por puerta para preguntar si alguien necesitaba tóner o una fotocopiadora. Luego bajaba un piso y repetía el proceso.

A principios de los ochenta, Schultz trabajaba para una productora de plásticos cuando se dio cuenta de que un comerciante de café poco conocido en Seattle ordenaba una cantidad inusual de filtros plásticos para café. Schultz viajó a esa ciudad y se enamoró de la empresa. Dos años después se enteró de que Starbucks, que en ese entonces solo tenía seis cafeterías, estaba en venta, así que pidió prestado dinero a todos sus conocidos y la compró.

Eso ocurrió en 1987. Tres años después, la empresa tenía 84 sucursales; al cabo de seis años, había más de mil. Hoy en día, hay 17,000 sucursales de Starbucks en más de 50 países.

¿Por qué Schultz resultó ser distinto a los otros chicos de su escuela? Hoy en día, algunos de sus excompañeros de escuela son policías o bomberos de Brooklyn. Otros terminaron en prisión. Schultz, en cambio, vale más de mil millones de dólares y ha sido nombrado uno de los CEO más importantes del siglo XX. ¿De dónde sacó la determinación —y la fuerza de voluntad— para salir de aquel apartamento de interés social y lograr tener su propio avión privado?

"No lo sé a ciencia cierta —me confesó—. Mi mamá siempre me decía: 'Serás el primero de la familia en ir a la universidad. Serás un profesional y nos llenarás de orgullo a todos'. Ella me hacía sencillas preguntas a diario: '¿Cómo vas a estudiar hoy?

¿Qué harás mañana? ¿Cómo sabes que estás preparado para un examen?'. Eso me capacitó para establecer objetivos.

"He sido muy afortunado —me dijo—. Y tengo la convicción de que, si convences a la gente de que tiene lo necesario para triunfar, no te desilusionará".

El énfasis que puso Schultz en la capacitación de los empleados y el servicio al cliente convirtió a Starbucks en una de las empresas más exitosas del mundo. Durante años, se involucró personalmente en todos los aspectos de la administración de la empresa. Sin embargo, en el año 2000 accedió a delegar las operaciones cotidianas a otros ejecutivos, y entonces la empresa se tambaleó. Al cabo de unos años, había muchas quejas por parte de los clientes sobre la calidad de las bebidas y el servicio. Los ejecutivos, concentrados en la expansión masiva de la empresa, ignoraron las quejas. Los empleados se sintieron ignorados. Las encuestas indicaban que la gente empezaba a asociar Starbucks con café de mala calidad y sonrisas vacuas.

Por lo tanto, Schultz volvió a tomar el papel de director general en 2008. Entre sus prioridades estaba la restructuración del programa de capacitación de la empresa para renovar su postura frente a diversos temas, incluyendo la consolidación de la fuerza de voluntad y confianza personal de los empleados, o "socios", como se los llama dentro de la empresa.

"Necesitábamos recobrar la confianza de los clientes y los socios", me explicó Schultz.

En esa misma época, surgió una oleada de estudios que se enfocaban en la ciencia de la fuerza de voluntad desde otra perspectiva. Los investigadores habían notado que había personas como Travis, que eran capaces de crear hábitos de fuerza de voluntad con relativa facilidad. No obstante, a otras se les dificultaba más, sin importar cuánta capacitación y apoyo recibieran. ¿En qué radicaba la diferencia?

Mark Muraven, quien entonces era profesor de la Universidad de Albany, diseñó un nuevo experimento. Puso a estudiantes de licenciatura en una habitación donde había un plato de galletas recién horneadas y los pidió que las ignoraran. A la mitad de los participantes se les trató con amabilidad. "Lo único que les pedimos es que no se coman les galletas, ¿está bien? —les decía una de las investigadoras. Luego les explicaba el propósito del experimento, que era medir su capacidad para resistirse a la tentación. Por último, les agradecía por prestar su tiempo—. Si tienen alguna sugerencia o idea para mejorar el experimento, agradeceré que me la comuniquen. Queremos que su experiencia sea lo más grata posible".

A la otra mitad se la trató con indiferencia y solo se le dio órdenes.

"No deben comerse las galletas — les dijo la investigadora. No les explicó el objetivo del experimento ni mostró interés alguno en su opinión. Solo les dijo que siguieran las instrucciones—. Ahora empezará el experimento", les dijo.

Los estudiantes de ambos grupos debían ignorar las galletas recién horneadas durante cinco minutos después de que la investigadora saliera de la habitación. Ninguno cedió ante la tentación.

Luego regresó la investigadora. Le pidió a cada estudiante que observara el monitor de una computadora. Estaba programada para mostrar un número a la vez durante 500 milisegundos. Se les pidió a los participantes que presionaran la barra espaciadora cada vez que vieran un "6" seguido de un "4". Esta es ahora la forma estandarizada de medir la fuerza de voluntad: prestar atención a una secuencia aburrida de números parpadeantes requiere casi la misma atención que intentar resolver un rompecabezas imposible.

Los estudiantes a quienes se trató con amabilidad salieron bien en la prueba. Cada vez que aparecía un "6" seguido de un "4", presionaban la barra espaciadora. Estos sujetos eran capaces de mantenerse concentrados durante los doce minutos que duraba la prueba. A pesar de ignorar las galletas, tenían fuerza de voluntad de sobra.

Por el contrario, a los estudiantes que recibieron malos tratos les fue fatal en la prueba. No lograban recordar la instrucción. Decían que estaban cansados y no podían concentrarse. Los investigadores determinaron que el músculo de la fuerza de voluntad se había agotado por la brusquedad de las instrucciones.

Cuando Muraven empezó a examinar por qué los estudiantes que recibieron trato amable tenían más fuerza de voluntad, descubrió que la diferencia clave radicaba en la sensación de control que tenían estos sujetos sobre la experiencia. "Es algo que hemos observado una y otra vez —me explicó Muraven—. Si le pides a una persona que haga algo que requiere autocontrol y esta considera que lo hace por razones personales, siente que es su elección o que es algo que disfruta hacer porque ayuda a otro y, por ende, le resulta menos desgastante. Si, por el contrario, percibe que no tiene autonomía y solo está siguiendo órdenes, el músculo de la fuerza de voluntad se agota más rápido. En ambos casos, la gente ignoró las galletas. Sin embargo, cuando a los estudiantes se los trató como conejillos de indias y no como personas, gastaron más fuerza de voluntad".

Para las empresas y las organizaciones, este conocimiento tiene muchas implicaciones. El simple acto de infundirles a los empleados una sensación de agencia —de que tienen el control, de que poseen autoridad suficiente para tomar decisiones— permite incrementar en gran medida la cantidad de energía y concentración que dedican a su trabajo. Por ejemplo, un estudio realizado en 2010 en una planta productora en Ohio se enfocó en los trabajadores de la línea de producción, a quienes se les dio el poder de tomar pequeñas decisiones sobre su horario y entorno laboral. Se les permitió diseñar sus propios uniformes y se les dio cierta autoridad sobre sus turnos laborales. Todo lo demás permaneció igual. Los procesos de producción y las escalas de pago no cambiaron. Al cabo de dos meses, la productividad de la planta se incrementó en un 20 por ciento. Los empleados tomaban recesos más breves y cometían menos errores. Infundirles la sensación de que tenían el control mejoró su autodisciplina laboral.

Eso mismo ocurrió en Starbucks. Hoy en día, la empresa se esmera en darles a los empleados más autoridad. Les ha pedido que rediseñen la disposición de las máquinas de café y las cajas registradoras, y que decidan por sí solos cómo saludar a los clientes y en dónde exponer los productos. Es común que el gerente de cada sucursal pase horas decidiendo con los empleados dónde ubicar las licuadoras.

"Ahora instamos a los socios a que ejerciten el intelecto y la creatividad, en lugar de pedirles que 'saquen el café de la caja, pongan la taza aquí y sigan tal o cual regla' —me explicó Kris Engskov, vicepresidente de Starbucks—. La gente desea tener control de su vida".

La rotación de personal ha disminuido. La satisfacción de los clientes va en aumento. Desde que Schultz volvió, Starbucks ha incrementado sus ganancias en más de mil doscientos millones de dólares al año.

V.

Cuando Travis tenía dieciséis años, antes de dejar la secundaria y entrar a trabajar en Starbucks, su madre le contó una historia. Iban juntos en el auto y Travis le preguntó por qué no tenía más hermanos. La madre siempre había intentado ser del todo honesta con sus hijos, así que le contó que se había embarazado dos años antes de tenerlo a él pero se realizó un aborto. Para entonces no solo tenían ya dos hijos, sino que también eran drogadictos. Le explicó que creía que no podían mantener a otro bebé. Sin embargo, un año después, se embarazó de Travis. Pensó en volver a abortar, pero le resultó abrumador. Sintió que lo más fácil era dejar que la naturaleza siguiera su curso. Y así fue como nació Travis.

"Me dijo que había cometido muchos errores, pero que tenerme fue de las mejores cosas que le habían pasado —dijo Travis—. Cuando tus padres son adictos, creces sabiendo que no puedes confiar en que te darán todo lo que necesitas. Pero he tenido la suerte de encontrar jefes que me han dado lo que me faltaba. Si mi mamá hubiera tenido tanta suerte como yo, creo que le hubiera ido diferente en la vida".

Pocos años después de aquella conversación, el padre de Travis lo llamó para avisarle que su madre tenía una infección que le había llegado a la sangre desde el lugar donde solía inyectarse en el brazo. Travis condujo de inmediato al hospital donde se encontraba internada, en Lodi, pero cuando llegó la encontró inconsciente. Su madre murió una hora después, cuando la desconectaron del soporte vital.

Una semana después, al padre de Travis lo internaron por neumonía. Tenía un pulmón colapsado. Travis condujo de nuevo a Lodi, pero eran las 8:02 p.m. cuando llegó a la sala de urgencias. Una enfermera le dijo bruscamente que debía volver al día siguiente porque ya había terminado el horario de visitas.

Travis no ha dejado de pensar en ese suceso desde entonces. Todavía no había entrado a trabajar en Starbucks ni había aprendido a controlar sus emociones. Aún no poseía los hábitos que más tarde pasaría años practicando. Cuando piensa en la vida que tiene en la actualidad, en lo alejada que está de aquel mundo de las sobredosis, los autos robados que aparecen en las banquetas y las enfermeras que parecen obstáculos infranqueables, se pregunta cómo ha logrado llegar tan lejos en tan poco tiempo.

"Si mi padre hubiera muerto un año después, las cosas hubieran sido muy distintas —me dijo Travis. Para entonces, hubiera sabido cómo suplicarle a la enfermera con tranquilidad. Hubiera podido reconocer su autoridad y pedirle de forma educada que hiciera una pequeña excepción. Hubiera logrado entrar al hospital. Sin embargo, ese día se dio por vencido y se fue—. Dije: 'Solo quiero hablar con él un instante'. Y ella me contestó: 'Ni siquiera está despierto. Y ya acabó el horario de visita. Vuelva mañana'. No supe qué decirle. Me sentí tan insignificante".

El padre de Travis falleció aquella noche.

Todos los años, en el aniversario de su muerte, Travis se despierta temprano, se da una ducha más larga de lo habitual, planea a detalle su día y conduce al trabajo. Y siempre llega a tiempo.

6

EL PODER DE LAS CRISIS

Cómo los líderes generan hábitos
de forma accidental o por designio

I.

El paciente ya estaba inconsciente cuando lo llevaron en camilla al quirófano del Hospital Rhode Island. Tenía la quijada floja, los ojos cerrados y por los labios se asomaba la parte superior de un equipo de intubación. Mientras la enfermera lo conectaba a la máquina que suministraría oxígeno a los pulmones durante la cirugía, uno de los brazos del paciente cayó por el costado de la camilla y dejó ver la piel manchada por la edad.

El hombre de 86 años se había caído en su casa hacía tres días. Después de eso, empezó a tener dificultades para mantenerse despierto y contestar preguntas, así que su esposa decidió llamar una ambulancia. En la sala de urgencias, un médico preguntó qué le había pasado y notó que el hombre no dejaba de asentir a mitad de las oraciones. La resonancia reveló el porqué: la caída había provocado que el cerebro se estrellara contra el cráneo, lo que causó algo conocido como hematoma subdural. La sangre se le estaba acumulando en el extremo izquierdo del cráneo y presionaba los pliegues delicados del tejido cerebral. El líquido llevaba casi 72 horas acumulándose y las partes del cerebro que controlan la respiración y la función cardiaca empezaban a fallar. Si no le drenaban la sangre, el hombre moriría.

En ese entonces, el Hospital Rhode Island era una de las instituciones médicas más respetadas del país, así como el principal hospital educativo para los estudiantes de medicina de la Universidad Brown y el único centro de traumatología de primer nivel en el sureste de Nueva Inglaterra. Dentro del alto edificio de ladrillos y cristal, los médicos diseñaban técnicas quirúrgicas de vanguardia, incluyendo el uso del ultrasonido para destruir tumores internos. En 2002, la Coalición Nacional para el Cuidado de la Salud declaró que la unidad de cuidados intensivos de aquel hospital era una de las mejores del país.

Sin embargo, cuando llegó aquel anciano a la sala de urgencias, el Hospital Rhode Island era famoso por otra cosa: lo azotaban las tensiones laborales internas. Había enemistades profundas y fervorosas entre el sector de enfermería y el médico. En el año 2000, el sindicato de enfermería hizo una huelga después de quejarse de que al personal de enfermería se le exigía que trabajara turnos peligrosamente largos. Más de trescientos enfermeros y enfermeras montaron guardia afuera del hospital con pancartas que decían "Basta de esclavitud" y "No nos arrebatarán el orgullo".

"Este lugar puede ser espantoso —una enfermera recuerda haberle dicho a un reportero—. Los doctores te hacen sentir que no vales nada, que eres desechable. Que deberías agradecer que te bañen con su conocimiento".

Con el tiempo, los administrativos accedieron a limitar las horas extra obligatorias del personal de enfermería, pero las tensiones no cesaron. Años después, mientras un cirujano se preparaba para una cirugía abdominal de rutina, una de las enfermeras presentes pidió un "tiempo fuera". Esas pausas son comunes en la mayoría de los hospitales, pues son una forma de ayudar a que los médicos y el personal eviten errores. El personal de enfermería del Hospital Rhode Island insistía en pedir tiempos fuera, sobre todo desde que un cirujano accidentalmente le extrajo las amígdalas a una niña a la que le debían realizar una cirugía ocular. Se suponía que los tiempos fuera servirían para identificar dichos errores antes de que alguien los cometiera.

Antes de la cirugía abdominal, cuando la enfermera del quirófano pidió al equipo que se reuniera en torno al paciente durante un tiempo fuera para discutir el plan de acción, el médico se encaminó hacia la puerta.

—Hazte cargo, ¿de acuerdo? —le dijo el cirujano a la enfermera—. Saldré a hacer una llamada. Toca a la puerta cuando estén listos.

—Se supone que usted debe estar aquí para esto, doctor —le contestó la enfermera.

—Tú puedes sola —dijo el cirujano y se dirigió a la puerta.

—No creo que esto sea apropiado, doctor.

El doctor se detuvo y volteó a verla.

—Si quisiera tu estúpida opinión, te la habría pedido —dijo el médico—. Jamás vuelvas a cuestionar mi autoridad. Si eres incapaz de hacer tu trabajo, lárgate de mi quirófano.

La enfermera se encargó del tiempo fuera, llamó al doctor unos cuantos minutos después y la cirugía se llevó a cabo sin mayores contratiempos. La enfermera jamás volvió a contradecir a los médicos ni alzó la voz al ver que ignoraban otras normas de seguridad.

"Algunos médicos eran decentes, pero otros eran monstruosos —me contó una enfermera que trabajó en el Hospital Rhode Island a mediados de la primera década de este siglo—. Decíamos que el hospital era una fábrica de cristal porque sentíamos que se podía resquebrajar en cualquier momento".

Para lidiar con las tensiones, el personal desarrolló reglas informales —hábitos exclusivos de aquella institución— que ayudaban a disipar los conflictos más apremiantes. Por ejemplo, los enfermeros y enfermeras del hospital siempre revisaban dos veces las órdenes de médicos propensos a cometer errores y, sin decir nada, se aseguraban de aplicar la dosis correcta de los medicamentos; asimismo, dedicaban tiempo adicional a escribir con letra clara en las fichas de los enfermos para evitar que un cirujano impaciente se equivocara de procedimiento. Una enfermera incluso me contó que desarrollaron un sistema de colores para hacerse advertencias entre ellas. "Escribíamos los nombres de los doctores en la pizarra con diferentes colores —dijo—. Azul significaba 'amable', rojo significaba 'imbécil' y negro significaba 'hagas lo que hagas, jamás lo contradigas o te arrancará la cabeza'".

En el Hospital Rhode Island reinaba una cultura corrosiva. A diferencia de Alcoa, donde los hábitos clave diseñados en torno a la seguridad de los empleados impulsaban éxitos cada vez mayores, en el interior del Hospital Rhode Island el personal de enfermería creaba hábitos al vuelo para neutralizar la arrogancia de los médicos. Las rutinas del hospital no estaban bien pensadas, sino que aparecían por accidente y se difundían a través de radiopasillo hasta que surgieron patrones tóxicos. Esto puede pasar en cualquier organización donde los hábitos no estén planeados de forma consciente. Así como la selección de hábitos clave indicados puede generar cambios asombrosos, los hábitos equivocados engendran desastres.

Y, cuando las rutinas de hábitos del Hospital Rhode Island se interrumpían, se desencadenaban graves errores.

● ● ●

Cuando el personal de la sala de urgencias vio las imágenes de resonancia del hombre de 86 años con hematoma subdural, decidieron llamar de inmediato al neurocirujano de guardia. El doctor se encontraba realizando una cirugía de columna rutinaria; sin embargo, tan pronto recibió el llamado, se alejó de la mesa quirúrgica y observó las imágenes del cráneo del anciano en la pantalla de una computadora. El cirujano le dijo a su asistente —una enfermera especializada— que fuera a la sala de urgencias y pidiera a la esposa del señor que firmara la autorización de la cirugía. Después, concluyó el procedimiento en curso. Media hora después, al anciano lo llevaron en camilla a ese mismo quirófano.

El personal de enfermería iba de un lado al otro. Al anciano inconsciente lo recostaron en la mesa del quirófano. Un enfermero tomó la autorización de la cirugía y la ficha médica del paciente.

—Doctor —intervino el enfermero mientras leía la ficha del paciente—, el formulario de autorización no dice dónde se encuentra el hematoma. —El enfermero revisó la documentación. No había indicación clara de cuál era el lado de la cabeza que debían operar.

Todos los hospitales dependen de documentos que marcan la pauta de las cirugías. Antes de que se realice cualquier incisión, el paciente (o algún familiar) debe firmar un documento para autorizar el procedimiento y verificar los detalles. En un entorno caótico donde el paciente queda expuesto a una docena de médicos y personal del hospital entre la sala de urgencias y la zona de recuperación, los formularios de autorización son el instructivo que lleva el registro de lo que se supone que debe ocurrir. Se supone que no se debe realizar ninguna cirugía sin un formulario de autorización detallado y firmado.

—Yo vi la resonancia —dijo el cirujano—. Es el lado derecho de la cabeza. Si no operamos cuanto antes, este hombre morirá.

—Quizá valdría la pena ver las imágenes de nuevo—, afirmó el enfermero y se dirigió a la computadora más cercana. Por razones de seguridad, las computadoras del hospital se bloqueaban después de quince minutos de reposo. El enfermero tardaría al menos un minuto en ingresar al sistema y cargar las imágenes del cerebro del paciente en la pantalla.

—No hay tiempo —declaró el cirujano—. Me dijeron que estaba en estado crítico. Hay que liberar la presión.

—¿Y si le preguntamos a la familia? —dijo el enfermero.

—Si eso quieres, llama a la maldita sala de urgencias y busca a la familia. Mientras tanto, yo le salvaré la vida. —El cirujano tomó el formato de autorización, escribió "lado derecho" y firmó con sus iniciales.

—Listo —declaró—. Hay que operar de inmediato.

Aquel enfermero llevaba apenas un año trabajando en el Hospital Rhode Island, pero ya estaba bien familiarizado con la cultura del hospital. Sabía que el nombre de aquel médico solía aparecer escrito en negro en la pizarra blanca del pasillo, lo que indicaba que era un hombre al que tener cuidado. Las reglas tácitas en estas circunstancias eran claras: el cirujano siempre tiene la última palabra.

El enfermero asentó la ficha del paciente y se ubicó a un costado de él, mientras el doctor colocaba la cabeza del anciano en una cuneta que daba acceso al lado derecho del cráneo. Después, le rasuró el costado derecho de la cabeza y le roció antiséptico. El plan era abrirle el cráneo y succionar la sangre acumulada encima del cerebro. El cirujano hizo un par de incisiones en el cuero cabelludo, expuso el cráneo, taladró el hueso blanco y presionó lo suficiente hasta que se escuchó un ligero descorche. Luego hizo dos agujeros más y usó una sierra para cortar un triángulo en el cráneo del hombre. Debajo del hueso estaba la duramadre, una membrana traslúcida que rodea el cerebro.

—¡Cielo santo! —exclamó alguien.

No había hematoma. Estaban operando del lado equivocado de la cabeza.

—¡Tenemos que voltearlo! —gritó el cirujano.

Pusieron el triángulo de hueso en su lugar y lo fijaron con pequeñas placas de metal y tornillos, para luego coserle el cuero cabelludo. Luego le voltearon la cabeza hacia el otro lado y, de nuevo lo rasuraron, lo limpiaron, le cortaron la piel y le perforaron el cráneo para extraer un triángulo de hueso. Esta vez, el hematoma se hizo claramente visible; era un bulto oscuro que se derramó como un jarabe espeso cuando el cirujano perforó la duramadre. Succionaron la sangre y la presión dentro del cráneo del anciano se liberó al instante. La cirugía, que debió tomar una hora, duró casi el doble.

Después de eso, llevaron al paciente a la unidad de cuidados intensivos, pero nunca recobró la conciencia. Dos semanas después, falleció.

La investigación posterior concluyó que era imposible determinar la causa exacta de la muerte, pero la familia argumentó que el trauma causado por el error médico fue excesivo para el cuerpo frágil del anciano, y que el estrés de quitarle dos trozos de cráneo, el tiempo adicional que pasó en el quirófano y el retraso para extirpar el hematoma fue demasiado para él.

Según la familia, de no haber sido por el error, el hombre quizá seguiría vivo. El hospital pagó una indemnización y al cirujano le prohibieron volver a trabajar en ese hospital.

Miembros del personal de enfermería afirmarían después que un error de esa naturaleza era inevitable. Los hábitos institucionales del Hospital Rhode Island eran tan disfuncionales que tarde o temprano ocurriría un error así de lamentable.* Claro que no solo los hospitales engendran patrones peligrosos. Es posible encontrar hábitos organizacionales destructivos en cientos de industrias y miles de empresas. Y casi siempre son producto del descuido y de líderes que evitan reflexionar sobre la cultura laboral y dejan que se desboque sin supervisión. No hay organizaciones que no tengan hábitos institucionales; solo hay lugares donde los hábitos han sido diseñados de forma consciente y lugares que los desarrollan sin pensarlo, por lo regular como consecuencia de rivalidades o temores.

Sin embargo, los líderes que saben aprovechar las oportunidades adecuadas son capaces de transformar hasta los hábitos más destructivos. A veces, al calor de la crisis, es posible que surjan los hábitos adecuados.

II.

Cuando se publicó la primera edición de *An Evolutionary Theory of Economic Change* en 1982, pocas personas fuera del ámbito académico se percataron de ello. La portada simplona del libro y su intimidante oración inicial —"En el presente volumen

***

* La anécdota que relato en este capítulo está basada en entrevistas realizadas a varias personas que trabajaban en el Hospital Rhode Island y que estuvieron implicadas en este incidente, algunas de las cuales aportaron perspectivas diferentes del suceso. Para más detalles sobre la reacción de los representantes del hospital y el cirujano implicado, véanse las notas.

desarrollamos una teoría evolutiva de las capacidades y comportamientos de las empresas que operan en un entorno de mercado, y construimos y analizamos varios modelos congruentes con dicha teoría"— parecían pensadas para disuadir a los lectores. Sus autores, los profesores de Yale, Richard Nelson y Sidney Winter, eran famosos por una serie de artículos sumamente analíticos donde exploraban una teoría schumpeteriana que ni siquiera los doctorantes más pretensiosos fingían comprender.

No obstante, en el mundo de las estrategias de negocios y las teorías organizacionales, el libro fue una bomba. Pronto lo nombraron uno de los textos más importantes del siglo XX. Los profesores de economía lo comentaban con sus colegas de las facultades de negocios, quienes a su vez lo discutían con altos directivos de empresas en congresos. Al poco tiempo, ejecutivos de toda clase de empresas —como General Electric, Pfizer y Starwood Hotels— citaban a Nelson y a Winter.

Los autores pasaron más de una década examinando el funcionamiento de las empresas y navegando en pantanos de información antes de llegar a una conclusión fundamental: "Buena parte del comportamiento de las empresas —escribieron—, se entiende [mejor] como un reflejo de los hábitos y orientaciones estratégicas generales del pasado de la empresa [más que como] el resultado de una inspección detallada de las ramas más lejanas del árbol de las decisiones".

Dicho en un lenguaje no especializado, quizá *parezca* que la mayoría de las organizaciones toman decisiones racionales con base en un proceso de decisión deliberado, pero las empresas no funcionan así. Más bien se orientan por medio de hábitos organizacionales arraigados, que son patrones que suelen surgir a partir de miles de decisiones independientes de los empleados. Y estos hábitos tienen efectos más profundos de lo que solía creerse.

Por ejemplo, podría parecer que el director general de una empresa de ropa tomó el año pasado la decisión de poner un suéter rojo en la portada del catálogo después de hacer un análisis detallado de los datos de ventas y marketing. Pero en realidad lo que ocurrió es que su vicepresidente constantemente visita sitios web dedicados a la moda japonesa (y en Japón el rojo estuvo de moda la primavera pasada); los publicistas de la empresa suelen preguntarles a sus amistades qué colores están "en onda"; y los ejecutivos de la empresa, después de haber regresado de su viaje anual a la semana de la moda en París, dijeron haber oído que los diseñadores de la competencia usarían pigmentos magenta. Todos esos detalles —que son el resultado de patrones no coordinados entre ejecutivos que chismean sobre la competencia y hablan con sus amistades— se mezclaron con las investigaciones formales y rutinas de desarrollo de la empresa hasta alcanzar un consenso: el rojo estará de moda este año. Nadie tomó una decisión deliberada en solitario, sino que docenas de hábitos, procesos y comportamientos convergieron hasta que pareció que la única opción viable era el rojo.

Estos hábitos organizacionales —o "rutinas", como les llaman Nelson y Winter— son sumamente importantes, ya que sin ellos las empresas nunca llegarían a ningún lado. Las rutinas proveen cientos de reglas tácitas que son indispensables para la operación de la compañía, y posibilitan que los empleados experimenten con nuevas ideas sin tener que pedir permiso a cada paso del camino. Asimismo, representan una especie de "memoria organizacional" que permite que la gerencia no necesite reinventar los procesos de ventas cada seis meses o entrar en crisis cada vez que un vicepresidente renuncia. Las rutinas disminuyen la incertidumbre; por ejemplo, un estudio sobre los esfuerzos de recuperación después de terremotos en México y Los Ángeles observó que los hábitos de los trabajadores de rescate (que llevan consigo a cada zona de desastre, los cuales incluyen cosas como establecer redes de comunicación con ayuda de niños locales que comunican los mensajes a los distintos barrios aledaños) eran esenciales, pues "sin ellos, la formulación e implementación de políticas se perdería en la selva de los detalles".

Sin embargo, uno de los beneficios más importantes de las rutinas es que generan treguas entre grupos potencialmente antagónicos en el interior de las organizaciones.

La mayoría de los economistas suelen concebir las empresas como lugares idílicos donde todos trabajan para lograr un objetivo en común: generar tantas ganancias como sea posible. Nelson y Winter señalaron que, en el mundo real, así no funcionan las cosas. Las empresas no son grandes familias felices en las que todos desempeñan su papel con una sonrisa. Por el contrario, suelen estar conformadas por grupos de poder donde los ejecutivos compiten por dominio y credibilidad, con frecuencia a través de disputas discretas cuya finalidad es que el desempeño propio sobresalga y el del rival quede opacado. Las divisiones compiten por recursos y se sabotean entre sí para quedarse con la gloria. Y los jefes ponen a sus subordinados a competir entre sí para que ninguno intente quitarle su puesto.

Las empresas no son familias: son campos de batalla en plena guerra civil.

No obstante, a pesar de tener la capacidad de desatar guerras internas, el trabajo en la mayoría de las empresas se desarrolla en relativa paz, año tras año, pues hay rutinas —hábitos— que establecen treguas para permitirles a los implicados dejar de lado sus rivalidades el tiempo suficiente para cumplir con las responsabilidades diarias.

Los hábitos organizacionales ofrecen una promesa esencial: si sigues los patrones establecidos y te apegas a la tregua, entonces las rivalidades no destruirán la compañía, las ganancias lloverán y, con el tiempo, todos se enriquecerán. Por ejemplo, una vendedora sabe que puede incrementar su bono si ofrece descuentos sustanciales a sus clientes predilectos a cambio de órdenes grandes. Pero también sabe que si todos los vendedores hacen lo mismo, la empresa se irá a la quiebra y no habrá bonos para nadie. Ahí surge la rutina: los vendedores se reúnen cada enero para acordar el límite de descuentos que pueden ofrecer para proteger las ganancias de la empresa, y a fin de año todos reciben un bono mayor.

O pensemos en un joven ejecutivo que aspira a ser vicepresidente y que por medio de una discreta llamada telefónica con un cliente importante podría sabotear las ventas de un colega de la misma división, con lo cual lo sacaría de la competencia. El problema con el sabotaje es que, aunque lo beneficiaría a él, es perjudicial para la empresa. Por ende, en la mayoría de las empresas hay una especie de convenio tácito: está bien tener ambición, pero, si te pasas de listo, tus compañeros se unirán en tu contra. Por otro lado, si te concentras en hacer crecer tu propio departamento en vez de minar el de tu rival, es probable que con el tiempo seas apreciado y tus colegas te cuiden.

LAS RUTINAS CREAN TREGUAS QUE
PERMITEN QUE EL TRABAJO SE HAGA

Las rutinas y las treguas implican una especie de justicia organizacional burda y, según Nelson y Winter, es gracias a ellas que los conflictos en el interior de las empresas "suelen seguir patrones predecibles y mantenerse dentro de límites previsibles que son congruentes con la rutina en curso... La cantidad habitual de trabajo se lleva a cabo y se dan regaños o cumplidos con la frecuencia habitual... Nadie intenta virar el barco de la organización con demasiada brusquedad como para tirar a un rival por la borda".

Casi siempre las rutinas y las treguas funcionan a la perfección. Las rivalidades no dejan de existir, pero gracias a los hábitos institucionales se contienen y eso permite que el negocio prospere.

No obstante, hay ocasiones en las que ni siquiera una tregua basta. A veces, como le ocurrió al Hospital Rhode Island, una paz inestable puede ser tan destructiva como cualquier guerra civil.

● ● ●

En algún lugar de tu oficina, enterrado en uno de los cajones de tu escritorio, debe estar el manual que recibiste el día en que entraste a trabajar. Dicho manual contiene los formularios de gastos y las reglas relativas a vacaciones, opciones de seguros médicos y el organigrama de la empresa. También contiene gráficas coloridas que describen los distintos planes de salud, un directorio de teléfonos importantes e instrucciones para entrar a tu correo electrónico o hacer contribuciones a tu ahorro para el retiro.

Ahora imagina qué le dirías a un colega recién llegado que te pidiera consejo para *tener éxito* en la empresa. Probablemente no le dirías nada de lo que está contenido en el manual. En vez de eso, los consejos que le darías —sobre quién es de fiar, qué secretarias tienen más poder que sus jefes y cómo manipular la burocracia para lograr tus objetivos— son los hábitos que pones en práctica a diario para sobrevivir. Si pudieras hacer un diagrama de todos tus hábitos laborales —y las estructuras informales de poder, relaciones, estrategias, alianzas y conflictos que cada uno representa—, y luego empalmas tu diagrama con el de otros colegas, el conjunto conformaría un mapa de la jerarquía secreta de la empresa, una guía sobre quién tiene la capacidad de que se hagan las cosas y quién parece que estará estancado por siempre.

Las rutinas de Nelson y Winter —y las treguas que posibilitan— son esenciales para cualquier tipo de negocio. Por ejemplo, un estudio realizado en la Universidad Utrecht de los Países Bajos examinó las rutinas en el interior del mundo de la moda de pasarela. Para sobrevivir, los diseñadores de moda deben poseer ciertas habilidades básicas: por principio, creatividad y pasión por la alta costura. Pero eso no basta para triunfar. La diferencia entre el éxito y el fracaso radica en las rutinas del diseñador: si tiene un sistema para obtener paño italiano antes de que se acabe el inventario de los mayoristas, un proceso para encontrar a los mejores fabricantes de cierres y costureras de botones, una rutina para enviar los vestidos a las tiendas en diez días y no en tres semanas... La moda es un negocio tan complejo que, sin los procesos adecuados, las nuevas empresas se ahogan en la logística y, si eso ocurre, la creatividad pasa a segundo término.

Ahora bien, ¿qué nuevos diseñadores tienen más probabilidades de contar con las rutinas y los hábitos necesarios? Los que han establecido las treguas adecuadas y las alianzas correctas. Las treguas son tan importantes que las nuevas marcas de ropa solo suelen tener éxito si las dirige gente que salió en buenos términos de *otras* empresas de moda.

Habrá quienes crean que Nelson y Winter escribieron un libro sobre teoría económica árida. Sin embargo, lo que crearon en realidad fue una guía de supervivencia para el mundo corporativo estadounidense.

Por si eso fuera poco, las teorías de Nelson y Winter también explican por qué las cosas se deterioraron tanto en el Hospital Rhode Island. El hospital tenía rutinas que favorecían una paz inestable entre el personal de enfermería y el personal médico; por ejemplo, el sistema de colores en la pizarra y las advertencias que las enfermeras y enfermeros se susurraban entre sí eran hábitos que establecieron una tregua básica. Estos delicados pactos permitían que la organización funcionara la mayor parte del tiempo. Sin embargo, las treguas solo son duraderas si conllevan justicia de verdad. Si existe algún desequilibro en la tregua —si la paz no es auténtica—, entonces las rutinas se desmoronan cuando más falta hacen.

El principal problema en el Hospital Rhode Island era que las enfermeras y enfermeros eran los únicos que cedían su poder para mantener la tregua. Eran ellos quienes corroboraban más de una vez los medicamentos de los pacientes y hacían el esfuerzo adicional de escribir con letra clara en las fichas médicas. Eran ellos quienes soportaban los abusos de los médicos estresados, quienes distinguían a los médicos amables de los déspotas para que el resto del personal supiera cuáles aceptaban sugerencias en el quirófano y cuáles explotaban si alguien abría la boca. En general, los médicos no se tomaban la molestia de aprenderse los nombres del personal. "Los doctores estaban a cargo y nosotros éramos la servidumbre —me dijo una enfermera—. Metíamos la cola entre las patas para sobrevivir".

Las treguas en el interior del Hospital Rhode Island eran unilaterales. Por lo tanto, en momentos cruciales en los que, por ejemplo, un cirujano estaba a punto de realizar un procedimiento deprisa y un enfermero intentaba intervenir, las rutinas que pudieron haber impedido el accidente se desmoronaban y el médico terminaba abriendo el lado equivocado del cráneo de un paciente de 86 años.

Habrá quien piense que una buena solución sería pensar en treguas más equitativas. Si los directivos del hospital promovieran una distribución más justa de la autoridad, surgiría un equilibrio de poderes más saludable y médicos y enfermeros se verían obligados a respetarse entre sí.

Podría ser un buen comienzo, pero, por desgracia, no es suficiente. Para crear organizaciones exitosas se requiere más que equilibrar la autoridad. Para que una organización funcione, sus líderes deben cultivar hábitos que fomenten una paz auténtica y equilibrada y, de forma paradójica, también dejen en claro quién manda.

III.

Philip Brickell, un empleado de 43 años del metro de Londres, se encontraba recolectando boletos en el cavernoso vestíbulo principal de la estación de King's Cross una tarde de noviembre de 1987 cuando un viajero se le acercó y le dijo que había un pañuelo quemándose al final de una de las escaleras cercanas.

King's Cross era una de las estaciones de metro más grandes, imponentes y concurridas de Londres; era un laberinto de largas escaleras, pasillos y túneles, algunos de los cuales fueron construidos hace más de un siglo. De hecho, las escaleras tenían fama por su longitud y su antigüedad. Algunas descendían

hasta cinco pisos y estaban hechas de tablones de madera y pasamanos de caucho, que eran los materiales que se usaron en la
construcción original. Más de un cuarto de millón de pasajeros
transitaban por King's Cross a diario en seis diferentes líneas
de metro. En el horario pico vespertino, el vestíbulo de las bille-
terías de la estación se convertía en un mar de gente que cami-

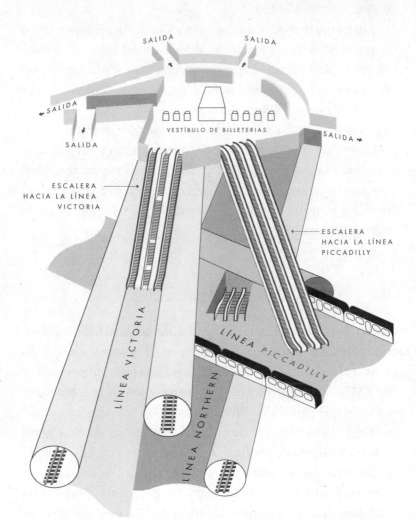

naba a toda prisa bajo un techo que había sido pintado tantas veces que nadie recordaba su color original.

El pasajero le informó que el pañuelo en llamas se encontraba al final de una de las escaleras más largas de la estación, la cual llevaba a la línea Piccadilly. Brickell dejó su lugar de inmediato, bajó la escalera hacia la plataforma, encontró el pañuelo ardiente y, con una revista doblada, apagó el fuego a golpes. Luego volvió a su puesto.

Brickell no le dio mayor importancia. No intentó averiguar por qué había un pañuelo en llamas ni si provenía de un incendio más grande en otra parte de la estación. Tampoco habló del incidente con otros empleados ni llamó a los bomberos. Otro departamento se encargaba de la seguridad contra incendios y Brickell, quien conocía bien las estrictas divisiones que reinaban en el metro, tenía muy claro que no debía asumir responsabilidades ajenas. Además, aun si hubiera querido ahondar en el asunto, no hubiera sabido qué hacer con la información obtenida. La estricta cadena de mando del metro le prohibía contactar a otro departamento sin autorización directa de un superior. Y las rutinas del metro —que los empleados se inculcaban entre sí— dictaminaban que ningún empleado, bajo ninguna circunstancia, debía mencionar la palabra "fuego" en voz alta para evitar que los viajeros entraran en pánico. Las cosas se hacían de otra manera.

El metro de Londres se regía por una especie de libro de normas teóricas que nunca nadie había visto ni leído y que, de hecho, no existía, salvo por las reglas tácitas que determinaban las acciones de los empleados. Durante décadas, el metro había sido dirigido por los "Cuatro Barones" —los directores de ingeniería civil, eléctrica, mecánica y de señales— y, dentro de cada departamento, había jefes y subjefes que resguardaban celosamente su autoridad. Los trenes pasaban a tiempo porque los 19,000 empleados del metro cooperaban con un sistema delicado en el que los trenes y los pasajeros quedaban a merced de docenas —o incluso cientos— de manos durante todo el día. Pero dicha cooperación dependía del equilibrio de poderes entre los cuatro departamentos y sus directivos, quienes, a su vez, dependían de los miles de hábitos que regían el comportamiento de sus empleados. Esos hábitos establecieron treguas entre los Cuatro Barones y sus representantes. Y de esas treguas surgieron reglas que le hicieron saber a Brickell que investigar posibles incendios no era parte de su trabajo y que no debía asumir responsabilidades ajenas.

"Incluso en los niveles más altos, era inusual que un directivo invadiera el territorio de otro —escribiría más tarde un investigador del suceso—. Por ende, el director de ingeniería no se ocupó de que el personal operativo estuviera bien capacitado en materia de seguridad contra incendios ni en procedimientos de evacuación porque consideraba que esos temas le correspondían a la Dirección de Operaciones".

Como resultado, Brickell no mencionó nada sobre el pañuelo en llamas. En otras circunstancias, hubiera sido un detalle irrelevante, pero, en este caso, el pañuelo era una advertencia aislada —un poco de fuego que había escapado de una llamarada más grande y escondida— que demostraría lo peligrosas que pueden llegar a ser las treguas más balanceadas si no están bien diseñadas.

Quince minutos después de que Brickell volviera a su puesto, otro pasajero notó una voluta de humo al subir por la escalera de la línea Piccadilly y se lo mencionó a un empleado del metro. Finalmente, el inspector de seguridad de King's Cross se dio a la tarea de investigar el suceso. Un tercer pasajero, al ver humo y un destello que provenía de la parte inferior de las escaleras, presionó un botón de emergencia y comenzó a gritarles a los pasajeros que se quitaran de la escalera. Un policía vislumbró una ligera bruma en el interior del túnel de la escalinata mientras, a la mitad del túnel, las llamas comenzaban a alzarse entre los escalones.

Aun así, el inspector de seguridad Hayes no llamó a los bomberos. No había visto el humo con sus propios ojos y otra de las reglas tácitas del metro de Londres era que jamás se llamaba a los bomberos a menos que fuera estrictamente necesario. No obstante, el policía que vio la bruma decidió que debía llamar a las oficinas centrales. Su radio no funcionaba bajo tierra, así que subió las escaleras que llevaban a la calle y llamó a sus superiores, quienes a su vez contactaron a los bomberos. A las 7:36 p.m. —22 minutos después de que Brickell recibiera la primera advertencia—, el departamento de bomberos recibió una llamada: "Pequeño incendio en King's Cross". Los usuarios del metro se abrían paso a empujones a ambos lados del policía que se comunicaba por radio desde el exterior de la estación. Entraban a la estación a toda prisa y bajaban por los túneles con el único objetivo de llegar a casa a tiempo para cenar.

En cuestión de minutos, muchos de ellos perderían la vida.

●●●

A las 7:36 p.m., un empleado del metro bloqueó el acceso a las escaleras de la línea Piccadilly mientras otro empezaba a desviar a los usuarios hacia otra salida. Cada tantos minutos llegaban nuevos trenes. Las plataformas para subir y bajar de los vagones estaban abarrotadas. Se empezó a formar un cuello de botella en la base de la escalera habilitada.

Hayes, el inspector de seguridad, entró a un corredor que conducía al cuarto de máquinas de la escalera de la línea Piccadilly. En medio de la oscuridad estaban los controladores de un sistema de rociadores diseñado específicamente para combatir incendios en las escaleras. Lo habían instalado años antes, después de que un incendio en otra estación desencadenara múltiples reportes funestos sobre los posibles riesgos de incendios repentinos. Más de dos docenas de estudios y amonestaciones afirmaban que el metro de Londres no estaba preparado en caso de incendio y que era indispensable capacitar al personal para usar los rociadores y los extintores, los cuales estaban ubicados en todas las plataformas. Dos años antes, el jefe adjunto auxiliar de la Brigada de Bomberos de Londres le había escrito al director de operaciones de ferrocarriles para quejarse de los hábitos de seguridad de los empleados del metro.

"Estoy sumamente preocupado —decía la carta—. No puedo dejar de insistir en que... se dicten instrucciones claras respecto a que, en caso de sospecha de incendio, deben llamar a la Brigada de Bomberos cuanto antes. Hacerlo puede salvar muchas vidas".

Sin embargo, el inspector de seguridad Hayes jamás leyó aquella carta porque fue enviada a un departamento distinto al suyo y nadie había reescrito las normas del metro para tomar en cuenta dicha advertencia. Nadie en King's Cross sabía usar el sistema de rociadores de las escaleras ni estaba autorizado para usar los extintores, pues era otro departamento el que los controlaba. Hayes olvidó por completo que existía dicho sistema. Las treguas que regían el metro garantizaban que todos supieran cuál era su lugar y no daban lugar a posibles aprendizajes sobre temas ajenos a las responsabilidades laborales asignadas. Hayes pasó junto al sistema de encendido de los rociadores sin siquiera voltearlo a ver.

Cuando llegó al cuarto de máquinas, estaba muy debilitado por el calor. El incendio se había extendido demasiado. Volvió corriendo al vestíbulo principal. Había una fila de gente en las máquinas de billetes y cientos de personas deambulando por la estancia de camino a las plataformas o a la salida de la estación. Hayes encontró a un policía.

"Necesitamos detener los trenes y sacar a todo el mundo de aquí —le dijo—. El fuego se ha salido de control. Se está extendiendo en todas direcciones".

A las 7:42 p.m. —casi media hora después del suceso del pañuelo en llamas— llegó el primer bombero a King's Cross. Al entrar al vestíbulo de la billetería vio el humo denso y negro que empezaba a serpentear por el techo. Los pasamanos de caucho se estaban quemando y, conforme se diseminaba el ácido olor del plástico quemado, los viajeros que se encontraban en el vestíbulo empezaron a darse cuenta de que algo no andaba bien. Se dirigieron entonces a las salidas mientras los bomberos se abrían paso a contracorriente entre la multitud.

En el piso inferior, el fuego se extendía. La escalera entera estaba en llamas y producía un gas abrasador que ascendía por el túnel de la escalinata y quedaba atrapado en el techo cubierto por unas veinte capas de pintura vieja. Años antes, el director de operaciones del metro comentó que toda esa pintura podía representar un riesgo de incendio y sugirió quitar las capas antiguas antes de aplicar una nueva.

No obstante, los protocolos de pintura no correspondían a su área. Eran responsabilidad del departamento de mantenimiento, cuyo jefe agradeció la sugerencia al colega y le comunicó que, si deseaba interferir en asuntos de otros departamentos, él estaba dispuesto a devolverle el favor.

Por ende, el director de operaciones retiró la recomendación.

Mientras los gases calientes se acumulaban en el techo del túnel de la escalera, las viejas capas de pintura comenzaron a absorber el calor. Cada vez que llegaba un tren, traía consigo una ráfaga de oxígeno fresco a la estación que alimentaba el fuego como un fuelle.

A las 7:43 p.m. llegó un tren del cual bajó un vendedor llamado Mark Silver, quien de inmediato se dio cuenta de que algo andaba mal. El aire estaba brumoso y la plataforma estaba repleta de gente. A su alrededor flotaba humo que formaba volutas alrededor de los vagones detenidos sobre las vías. Se dio media vuelta para volver al tren, pero las puertas ya estaban cerradas. Golpeó con fuerza las ventanas, pero había una regla tácita para evitar retrasos: una vez que se cerraban las puertas, no se volvían a abrir. En ambos extremos de la plataforma, Silver y otros pasajeros le gritaban al conductor que abriera las puertas. La luz de la señalización cambió a verde y el tren se alejó. Una mujer se lanzó a las vías y corrió tras el tren mientras este avanzaba por el túnel. "¡Déjenme subir!", gritaba.

Silver caminó por la plataforma hasta donde se encontraba un policía que alejaba a la gente de la escalera de la línea Piccadilly y la guiaba hacia la otra escalera. Había grandes multitudes de gente asustada que esperaba para subir. Todos alcanzaban a percibir el olor del humo y el sofoco de la cercanía humana. Hacía mucho calor, pero Silver no lograba distinguir si era por el fuego o por la aglomeración de gente. Por fin llegó a la base de la escalera eléctrica que estaba apagada. Mientras subía hacia el vestíbulo de la billetería, sentía que las piernas le ardían por el calor que emanaba del muro de cuatro metros y medio que lo separaba del túnel de la escalera de la línea Piccadilly. "Alcé la mirada y vi que las paredes y el techo crepitaban", afirmó después.

A las 7:45 p.m., un tren entrante empujó una inmensa ráfaga de aire hacia la estación. Mientras el oxígeno atizaba el fuego, la llamarada de la escalera de la línea Piccadilly estalló.

Los gases calientes en el techo del túnel, alimentados por el fuego inferior y la pintura crepitante, alcanzaron la temperatura de combustión, también conocida como "punto de ignición". En ese instante, todo al interior del túnel —la pintura, los tablones de madera de los escalones y cualquier otro combustible disponible— ardió en llamas y causó una feroz explosión. La fuerza de la combustión repentina actuó como la explosión de pólvora en la base del cañón de un rifle, con lo que lanzó el fuego hacia lo alto del túnel y absorbió más calor y velocidad a medida que la llamarada se expandía y salía disparada hacia el vestíbulo de la billetería como un muro de flamas que hizo arder el metal, los azulejos y la carne humana. La temperatura al interior del vestíbulo aumentó 60° en apenas medio segundo. Uno de los policías que subía por la escalera lateral dijo después a los investigadores que vio "un disparo de llamas que salió propulsado hacia arriba y luego formó una bola de fuego". En ese instante, había casi cincuenta personas en el vestíbulo.

A nivel de calle, un transeúnte sintió la explosión de calor proveniente de una de las salidas de la estación de metro y, al ver a un pasajero que se tambaleaba al salir, corrió a ayudarlo. "Tomé su mano derecha con mi mano derecha, pero, cuando nuestras manos se tocaron, sentí que la suya estaba ardiendo, y parte de su piel se adhirió a la mía", declaró después el rescatista. Un policía que iba entrando al vestíbulo cuando ocurrió la explosión dijo después a los reporteros desde su cama de hospital: "Una bola de fuego me golpeó la cara y me tiró al suelo. Mis manos se incendiaron. Vi cómo se derretían".

Él fue de las últimas personas en salir de ahí con vida.

Poco después de la explosión, llegaron docenas de camiones de bomberos. Sin embargo, dado que las reglas del departamento de bomberos dictaban que debían conectar las mangueras a los hidrantes al nivel de calle y no a los instalados por el metro al interior de la estación y, dado que ninguno de los empleados del metro tenía planos que mostraran la distribución de la estación —estaban en una oficina cerrada con llave y ni los vendedores de billetes ni el gerente de la estación tenían acceso a ella—, tardaron horas en extinguir las llamas.

Cuando por fin apagaron el incendio, a la 1:46 a.m. —seis horas después de que aquel pasajero notificara que había un pañuelo en llamas—, la cifra de afectados ascendía a 31 muertos y docenas de lesionados.

"¿Por qué me mandaron directo al fuego? —se preguntaba un profesor de música de veinte años al día siguiente desde su cama de hospital—. Alcanzaba a ver que se quemaban. Alcanzaba a oír que gritaban. ¿Por qué nadie tomó las riendas del asunto?".

● ● ●

Para contestar esas preguntas, hay que tomar en cuenta algunas de las treguas de las que dependía el metro de Londres para funcionar:

A los empleados de billetería se les había advertido que su jurisdicción se limitaba de forma exclusiva a la venta de billetes, por lo que, si veían un pañuelo en llamas, no le dirían a nadie por temor a adjudicarse responsabilidades ajenas.

Los empleados de la estación no estaban capacitados para usar el sistema de rociadores ni los extintores, pues ese equipo lo supervisaba un departamento distinto.

El inspector de seguridad de la estación jamás leyó la carta de la Brigada de Bomberos de Londres que advertía de los riesgos de incendio porque fue enviada al director de operaciones, y ese tipo de información no se compartía entre departamentos.

A los empleados se les había indicado que solo llamaran a los bomberos como último recurso para no asustar a los usuarios del metro sin necesidad.

La brigada de bomberos insistió en usar sus propios hidrantes a nivel de calle e ignoró las tuberías existentes en el vestíbulo de la billetería porque se les había ordenado no usar un equipo instalado por otras agencias.

De cierto modo, cada una de estas reglas informales por sí sola tiene cierto sentido. Por ejemplo, el hábito de obligar a los vendedores de billetes a concentrarse únicamente en vender billetes y no en ninguna otra cosa —incluyendo prestar atención a posibles señales de incendio— existía porque hacía años el metro había tenido problemas con la falta de personal en los quioscos de ventas. Los empleados dejaban el puesto con frecuencia para alzar la basura o guiar a los turistas hacia los trenes, lo que causaba que se formaran largas filas de compradores impacientes. Por ende, a los vendedores se les ordenó que permanecieran en sus cabinas y no se ocuparan de ninguna otra cosa. Y funcionó. Dejó de haber filas. Si los vendedores veían algo extraño fuera de su puesto de trabajo —que excediera el rango de sus responsabilidades—, optaban por no involucrarse en aquello que no fuera de su incumbencia.

Por otra parte, el hábito de los bomberos de insistir en usar su propio equipo fue resultado de un incidente que ocurrió una década antes, cuando un incendio se salió de control en otra estación de metro mientras los bomberos invertían minutos valiosos conectando las mangueras a tuberías desconocidas. Después de eso, decidieron que lo mejor era trabajar con lo que sí conocían.

Dicho de otro modo, ninguna de estas rutinas era arbitraria. Cada una tenía una razón de ser. El metro era tan grande y complejo que solo podía operar sin contratiempos con ayuda de treguas que limaran los potenciales obstáculos. A diferencia del Hospital Rhode Island, cada tregua creaba un equilibrio de poder verdadero donde ningún departamento tenía ventaja sobre los otros.

Aun así, 31 personas perdieron la vida.

Las rutinas y las treguas del metro de Londres parecían lógicas hasta que hubo un incendio. En ese momento salió a la luz una terrible verdad. No había una sola persona, departamento o barón que asumiera por completo la seguridad de los pasajeros.

En ocasiones, se *necesita* una prioridad —o un departamento, una persona o una meta— que opaque todo lo demás, aunque no sea popular o amenace con romper el equilibrio de poderes que hace que los trenes lleguen a tiempo a su destino. En ocasiones, las treguas generan peligros que superan cualquier acuerdo de paz.

Ahora bien, hay algo paradójico en ello. ¿Cómo puede una organización implementar hábitos que equilibren la autoridad y, al mismo tiempo, elegir a una persona o un objetivo que se erija por encima de los demás? ¿Cómo pueden médicos y enfermeros compartir la autoridad sin que se dude de quién está a cargo? ¿Cómo evita un sistema de transporte colapsar bajo las luchas de poder internas al mismo tiempo que se asegura de que la seguridad sea prioritaria, incluso si eso implica replantear los límites de la autoridad?

La respuesta radica en el aprovechamiento de la misma ventaja que encontró Tony Dungy cuando tomó el mando de los lamentables Buccaneers y que Paul O'Neill descubrió cuando lo nombraron CEO de Alcoa en crisis. Es la misma oportunidad que Howard Schultz aprovechó cuando regresó a Starbucks para resolver la crisis de 2007. Todos estos líderes se aprovecharon de las posibilidades creadas por la crisis. En momentos turbulentos, los hábitos organizacionales se vuelven lo suficientemente maleables tanto para asignar responsabilidades como para crear equilibrios de poder más equitativos. De hecho, las crisis son tan valiosas que, en ocasiones, vale la pena promover la sensación de catástrofe inminente en lugar de permitir que se debilite.

IV.

Cuatro meses después de que el anciano de la neurocirugía errónea muriera en el Hospital Rhode Island, otro cirujano del mismo hospital cometió un error similar al operar la sección equivocada de la cabeza de otro paciente. El departamento de salud estatal reprendió a la institución y le impuso una multa de 50,000 dólares. Dieciocho meses después, un cirujano operó la parte equivocada de la boca de un niño con labio leporino. Cinco meses después de eso, un cirujano operó el dedo equivocado de un paciente. Diez meses más tarde, le dejaron un fragmento de taladro a un paciente en la cabeza.

Por todas estas negligencias, al hospital se le impuso otra multa por 450,000 dólares. Si bien es cierto que el Hospital Rhode Island no es la única institución donde ocurren estos errores, este tuvo la mala suerte de convertirse en el paradigma de dichas equivocaciones. Los periódicos locales publicaban recuentos detallados de cada incidente. Los canales de televisión montaron guardia afuera del hospital y los medios nacionales también se sumaron al frenesí. "El problema no se esfumará", le dijo el vicepresidente de la organización nacional de acreditación de hospitales a un reportero de la AP. Las autoridades médicas del estado declararon a los reporteros que el Hospital Rhode Island era una institución en caos.

"Era como estar en zona de guerra —me contó una enfermera—. Los reporteros de televisión emboscaban a los médicos de camino al estacionamiento. Un chiquillo me pidió que me asegurara de que el doctor no le cortara el brazo accidentalmente durante la cirugía. Parecía que todo se había salido de control".

A medida que las críticas y los reportajes se acumulaban, la crisis se hacía más latente dentro del hospital. Algunos administrativos temían que eso les hiciera perder la acreditación institucional. Otros se ponían a la defensiva y atacaban a los reporteros de televisión que los abordaban. "Encontré una chapa que decía 'Chivo expiatorio' y decidí usarla en la solapa para venir al trabajo —me contó un médico—. Pero mi esposa dijo que era mala idea".

Entonces, una de las administrativas, la doctora Mary Reich Cooper, a quien habían nombrado directora general de calidad semanas antes de la muerte del hombre de 86 años, decidió alzar la voz. En reuniones con la administración y el personal del hospital, Cooper afirmó que se trataba de un problema de enfoque.

La crítica no era algo malo, les dijo. De hecho, era una oportunidad que pocas organizaciones tenían.

"Pensé que era una ventana de oportunidad —me dijo la doctora Cooper—. A lo largo de la historia muchos hospitales han intentado combatir estos problemas y han fracasado. A veces la gente necesita una motivación, y toda esa publicidad negativa era una motivación *muy seria*. Nos dio la oportunidad de examinarnos a fondo".

El Hospital Rhode Island canceló todas las cirugías programadas durante un día —lo que representó enormes pérdidas— y sometió a todo el personal a un programa de capacitación intensivo que enfatizaba el trabajo en equipo y la importancia del empoderamiento del personal de enfermería y del hospital en general. El jefe de neurocirugía renunció, así que eligieron a alguien más para el puesto. El hospital invitó a una importante coalición de hospitales llamada Centro de Transformación de la Salud para que ayudara a rediseñar los protocolos de seguridad quirúrgica. La administración instaló cámaras de video en los quirófanos para asegurar que se llevaran a cabo los tiempos fuera, y cada cirugía tenía que cumplir con un listado de pendientes obligatorio. Se diseñó un sistema computarizado que permitiera a cualquier empleado del hospital reportar de forma anónima problemas que pusieran en riesgo la salud de los pacientes.

El Hospital Rhode Island ya había propuesto algunas de estas iniciativas en años anteriores, pero nunca las habían aprobado. Ni los médicos ni el personal de enfermería querían que alguien filmara los procedimientos ni que otros hospitales juzgaran cómo hacían su trabajo.

Sin embargo, cuando la crisis ahorcó al hospital, todo el personal se volvió más receptivo al cambio. Otros hospitales hicieron cambios similares después de cometer errores, y han disminuido considerablemente los índices de equivocaciones humanas que años antes parecían imposibles de mejorar. Al igual que el Hospital Rhode Island, esas instituciones han descubierto que emprender reformas solo suele ser posible cuando la crisis se hace abrumadora. Por ejemplo, el Centro Médico Beth Israel Deaconess —uno de los hospitales de enseñanza de la Universidad de Harvard— atravesó una racha de errores y batallas internas a finales de los noventa que llegó a los periódicos y derivó en peleas a gritos entre el personal de enfermería y la administración durante sesiones públicas. Algunos funcionarios hablaron de cerrar ciertos departamentos del hospital hasta que demostraran que eran capaces de frenar los errores. Una vez bajo fuego, la institución acordó varias soluciones para cambiar su cultura interna. Parte de los cambios implicaba hacer "rondas de seguridad" en las que, cada tres meses, un médico adscrito discutía una cirugía o diagnóstico en particular y describía detalladamente un error o ligero descuido frente a un público de cientos de colegas.

"Es sumamente vergonzoso reconocer los errores propios en público —me explicó el doctor Donald Moorman, quien hasta hace poco fue cirujano adjunto en jefe de Beth Israel Deaconess—. Hace veinte años, los médicos no se atrevían a hacerlo. Pero el pánico se ha difundido en los hospitales y hasta los mejores cirujanos están dispuestos a hablar de lo cerca que estuvieron de cometer un gran error. La cultura de la medicina está cambiando".

● ● ●

Los buenos líderes aprovechan las crisis para reconstruir los hábitos organizacionales. Por ejemplo, los administrativos de la NASA pasaron años intentando mejorar los hábitos de seguridad de la agencia, pero sus intentos fracasaron hasta que explotó el transbordador espacial *Challenger* en 1986. A la sombra de aquella tragedia, la organización fue capaz de modificar el cumplimiento de los estándares de calidad. Asimismo, los pilotos de aerolínea pasaron años intentando convencer a los diseñadores de aviones y controladores aéreos de rediseñar la estructura de las cabinas y la comunicación con control aéreo. Entonces, un error en la pista ocurrido en la isla española de Tenerife en 1977 cobró la vida de 583 personas y logró que, al cabo de cinco años, el diseño de las cabinas, los procedimientos en pista y las rutinas de comunicación con control aéreo se modificaran por completo.

De hecho, las crisis son oportunidades tan valiosas que los buenos líderes saben extender el sentido de urgencia a propósito. Eso fue justo lo que ocurrió después del incendio en la estación King's Cross. Cinco días después de la tragedia, el secretario de estado británico nombró a un investigador especial para que llegara al fondo del incidente. Desmond Fennell, el investigador, comenzó interrogando a los jefes del metro y descubrió casi de inmediato que todos sabían desde hacía años que la seguridad contra incendios era un problema grave, y a pesar de ello nada había cambiado. Algunos administrativos habían propuesto establecer nuevas jerarquías que tuvieran la responsabilidad específica de prevenir incendios. Otros habían sugerido darles más poder a los gerentes de las estaciones para permitirles atravesar las brechas departamentales. Pero nada de eso se materializó.

Tan pronto Fennell empezó a sugerir cambios, se topó con los mismos obstáculos, como jefes de departamento que se negaban a asumir responsabilidades o que minaban su autoridad con amenazas veladas a los subordinados.

Por lo tanto, decidió convertir su investigación en un circo mediático.

Convocó a audiciones públicas que duraron 91 días y que expusieron a la organización que había ignorado las múltiples advertencias de riesgo. Dio a entender a los periodistas que los viajeros corrían grave peligro cada vez que se subían al metro. Realizó contrainterrogatorios a docenas de testigos que describieron una organización en la que las luchas de poder pesaban más que la seguridad de los usuarios. Su último informe, dado a conocer un año después del incendio, era mordaz: una acusación directa de 250 páginas que demostraba que el metro era una organización paralizada por la ineptitud burocrática. "Después de realizar una extensa investigación sobre los sucesos de aquella noche —escribió Fennell— fue necesario ampliar el foco de atención [del informe] para examinar el sistema entero". Concluyó con incontables páginas de críticas puntuales y recomendaciones que, a grandes rasgos, sugerían que casi toda la organización era incompetente o corrupta.

Las reacciones fueron instantáneas y abrumadoras. Los usuarios del metro se manifestaron afuera de las oficinas centrales. Los directivos de la organización fueron despedidos. Se redactaron nuevas normas y se reconfiguró la cultura del metro. Hoy en día, todas las estaciones tienen un gerente cuya principal responsabilidad es la seguridad de los pasajeros, y todos los empleados tienen la obligación de comunicar hasta el más insignificante indicio de riesgo. Los trenes siguen llegando y partiendo a tiempo, pero los hábitos y las treguas del metro se han ajustado lo suficiente para dejar en claro quién es el principal responsable de la prevención de incendios, y todos tienen capacidad de actuar, sin importar si eso va más allá de sus responsabilidades laborales.

Es posible hacer este mismo tipo de cambios en cualquier empresa en la que los hábitos institucionales hayan creado treguas tóxicas, ya sea por descuido o negligencia. Las empresas con hábitos disfuncionales no pueden cambiar de la noche a la mañana solo porque un directivo lo ordene. En vez de eso, los ejecutivos deben prestar atención a los momentos de crisis —o generar la ilusión de crisis— y cultivar la sensación de que *algo debe cambiar* hasta que todos estén listos para modificar los patrones que determinan su vida diaria.

"Todos queremos que las crisis sirvan para algo —afirmó Rahm Emanuel en un encuentro de altos directivos después de la crisis financiera mundial de 2008, poco después de que el presidente Obama lo nombrara jefe de personal—. Las crisis nos dan la oportunidad de hacer cosas que antes eran imposibles". Poco después de eso, el gobierno de Obama convenció al Congreso de aprobar el plan de estímulos de 787 mil millones de dólares que anteriormente había rechazado. El Congreso también aprobó la reforma de Obama a la ley de salud, replanteó las leyes de protección a los consumidores y aprobó docenas de otros estatutos, desde ampliar los seguros médicos infantiles hasta brindar más oportunidades a mujeres que precisan demandar por discriminación salarial. Fue una de las reformas políticas más importantes desde la Gran Sociedad y el Nuevo Trato, y fue posible gracias a que, a la postre de la catástrofe financiera, los legisladores vieron una oportunidad.

Algo similar ocurrió en el Hospital Rhode Island después de la muerte del hombre de 86 años y otros errores quirúrgicos. Desde que en 2009 se implementaron a cabalidad los nuevos procedimientos de seguridad del hospital, no se han hecho cirugías en la parte equivocada del cuerpo. Hace poco el hospital fue merecedor del Premio de Excelencia Beacon, la condecoración más prestigiosa para personal de enfermería de cuidados críticos, además de ser reconocido por el Colegio Norteamericano de Cirujanos por la calidad de sus cuidados oncológicos.

Lo más importante, según el personal de enfermería y los médicos que trabajan ahí: el Hospital Rhode Island parece un lugar completamente distinto.

En 2010, una joven enfermera llamada Allison Ward entró al quirófano para asistir en una cirugía de rutina. Hacía un año que trabajaba en quirófanos. Era la más joven e inexperta en esa sala. Antes de que empezara la cirugía, el equipo entero se reunió en torno al paciente anestesiado para el "tiempo fuera" de rutina.

El cirujano leyó la lista de pendientes pegada en la pared, que detallaba cada paso de la operación.

248 ● EL PODER DE LOS HÁBITOS

"Bien, último paso —dijo antes de tomar el bisturí—. ¿Alguien tiene alguna duda antes de empezar?".

El doctor había hecho esa operación cientos de veces. Tenía un consultorio lleno de títulos académicos y premios.

"Doctor —intervino la joven de 27 años—, quisiera recordarles a todos que debemos hacer una pausa entre el primer procedimiento y el segundo. No lo mencionó, así que quise asegurarme de que no se nos olvide". Era el tipo de comentario que antes hubiera traído consigo represalias o hubiera acabado con su carrera.

"Gracias por traerlo a colación —dijo el cirujano—. Recordaré mencionarlo la próxima vez. Bien, empecemos", dijo.

"Sé que este hospital ha pasado por momentos difíciles —me dijo Ward tiempo después—. Pero ahora es muy cooperativo. La capacitación, los modelos a seguir... toda la cultura del hospital se enfoca en el trabajo en equipo. Siento que puedo decir lo que sea. Es un excelente lugar de trabajo".

7

CUANDO TARGET SABE LO QUE QUIERES ANTES QUE TÚ MISMO

La capacidad de las empresas para predecir (y manipular) los hábitos

I.

Andrew Pole acababa de empezar a trabajar en Target como especialista de datos cuando unos colegas del departamento de marketing lo abordaron en su escritorio y le hicieron el tipo de pregunta que Pole nació para responder:

"¿Tus computadoras pueden descifrar qué clientas están embarazadas, aun si ellas no quieren que lo sepamos?". Pole se dedicaba a las estadísticas y su vida entera giraba en torno al uso de la información para comprender a la gente. Pasó su infancia en un pueblito de Dakota del Norte y, mientras sus amigos se afiliaban a la organización juvenil 4-H o construían cohetes a escala, Pole jugaba con la computadora. En la universidad estudió tanto estadísticas como economía y, mientras que la mayoría de sus compañeros del programa de economía de la Universidad de Missouri se preparaba para trabajar en aseguradoras o agencias gubernamentales, Pole tomó un camino distinto. Estaba obsesionado con el análisis de patrones que hacían los economistas para explicar los comportamientos humanos. De hecho, Pole había intentado hacer unos cuantos experimentos por su cuenta. En una ocasión organizó una fiesta, preguntó a los asistentes cuáles eran sus chistes favoritos y luego intentó crear un modelo matemático para crear el chiste perfecto. Intentó calcular la cantidad exacta de cerveza que necesitaba beber para armarse del valor necesario para hablarles a las mujeres en las fiestas sin pasar vergüenzas. (Ese estudio en particular nunca pareció salirle bien).

Sin embargo, sabía que aquellos experimentos eran juegos de niños en comparación con el uso que las grandes empresas estadounidenses hacían de la información de las personas para examinar de cerca su vida. Pole quería participar de ello. Por ende, cuando se graduó y se enteró de que Hallmark —la empresa de tarjetas para toda ocasión— buscaba estadísticos en Kansas City, envió su solicitud y en cuestión de días empezó a dedicarse a examinar la información de ventas de Hallmark para determinar qué vendía más, si los dibujos de pandas o de elefantes, y si la frase "Lo que ocurre en casa de la abuela se queda en casa de la abuela" era más graciosa en tinta azul o roja. Pole se sentía en el paraíso.

Seis años después, en 2002, cuando Pole se enteró de que Target buscaba analistas de datos, decidió cambiar de aires. Pole sabía que Target jugaba en las ligas mayores en lo relativo a la recopilación de datos. Cada año, millones de compradores entraban a las 1,147 sucursales de Target y entregaban terabytes de información sobre sí mismos. La mayoría lo hacía sin saberlo, pero usaban sus tarjetas de cliente frecuente, canjeaban cupones que habían recibido por correo o usaban sus tarjetas de crédito sin darse cuenta de que Target después podía vincular sus compras con perfiles demográficos individualizados.

Para alguien que se dedica a las estadísticas, estos datos representan una puerta mágica a las preferencias de los clientes. Target vendía de todo, desde comestibles hasta ropa, electrónicos y muebles de jardín, y al dar seguimiento a los hábitos de compra de la gente, los analistas de la empresa podían predecir qué ocurría en el interior de sus hogares. Alguien que en una misma compra llevaba toallas, sábanas, cubiertos, sartenes y cenas congeladas probablemente acababa de comprar una casa o se estaba divorciando. Si alguien llevaba en su carrito repelente de insectos, ropa interior infantil, una linterna, varios paquetes de baterías, una revista del hogar y una botella de vino blanco, seguramente se preparaba para el campamento de verano y mamá estaba muy emocionada de pasar unos días sin hijos.

Trabajar en Target le dio a Pole la oportunidad de estudiar de cerca a algunas de las criaturas más complejas —los consumidores estadounidenses— en su hábitat natural. Su trabajo consistía en crear modelos matemáticos que analizaran los datos y determinaran en qué hogares había niños y quiénes eran solteros empedernidos, qué compradores disfrutaban pasar tiempo al aire libre y a quiénes les interesaba más comer helado y leer novelas románticas. El objetivo de Pole era convertirse en un lector de mentes matemático, capaz de descifrar los hábitos de los compradores para convencerlos de gastar más dinero.

Un día, algunos colegas de Pole del departamento de marketing lo visitaron en su lugar de trabajo. Le dijeron que querían descifrar qué clientas de Target estaban embarazadas con base en sus patrones de consumo. A fin de cuentas, las embarazadas y los padres primerizos son el santo grial de las ventas al por menor. Es, quizá, el grupo más rentable dadas sus ansias de obtener productos sin importar el costo. Y no solo compran pañales y toallitas húmedas. La gente con hijos está tan cansada que compra todo lo que necesita —jugo, papel higiénico, calcetines y revistas— cuando compra los biberones y la fórmula. Por si fuera poco, si Target logra atraer a los padres primerizos, es casi seguro que seguirán siendo sus clientes durante muchos años más.

En pocas palabras, descifrar qué clientas estaban embarazadas podía traducirse en millones de dólares para la empresa.

Pole estaba intrigado. Qué mejor desafío para un adivinador estadístico que no solo meterse en la mente de los consumidores, sino también en su cama.

Para cuando concluyó el proyecto, Pole había aprendido lecciones importantes sobre los peligros de acechar los hábitos más íntimos de la gente. Aprendería, por ejemplo, que a veces ocultar lo que sabes es tan importante como saberlo, y que no a todas las mujeres les entusiasma que una computadora analice sus planes reproductivos.

Resulta que no toda la gente cree que la lectura de mentes matemática es lo máximo.

"Supongo que hay gente externa a la empresa que se siente observada por el Gran Hermano —me confesó Pole—. Hay gente a la que eso le incomoda".

●●●

En otros tiempos, una empresa como Target jamás hubiera contratado a un tipo como Andrew Pole. Apenas hace un par de décadas, los minoristas no llevaban a cabo estos análisis de datos tan intensos. En vez de eso, Target y otros supermercados, centros comerciales, vendedores de tarjetas de felicitación, tiendas de ropa y otros comerciantes intentaban entender la mente de los consumidores de la forma tradicional: con ayuda de psicólogos que ponían en práctica tácticas pseudocientíficas que, según ellos, harían que los consumidores gastaran más.

Aún en la actualidad se usan algunos de esos métodos. Si entras a Wal-Mart, Home Depot, o algún centro comercial local, y prestas mucha atención, verás en práctica los trucos de ventas que se usan desde hace décadas y que están diseñados para explotar el subconsciente del comprador.

Por ejemplo, pensemos en cómo compramos comida.

Lo más probable es que, al entrar al supermercado, encuentres las frutas y verduras acomodadas en pilas abundantes y atractivas. Si lo piensas bien, poner las frutas y verduras en la entrada de la tienda no tiene mucho sentido porque se magullan con facilidad en el fondo del carrito; lo lógico sería que estuvieran ubicadas antes de la caja, para ponerlas encima de lo demás. Sin embargo, hace mucho tiempo los psicólogos y mercadólogos descubrieron que si *empezamos* la sesión de consumo eligiendo cosas saludables, es más probable que también compremos frituras, galletas y pizza congelada cuando pasemos por aquel pasillo. La descarga de virtud inconsciente que experimentamos al poner calabacines en el carrito hace que después sea más fácil agregar también un bote de helado.

Pensemos también en que la mayoría de las personas giramos a la derecha al entrar a una tienda. (¿Te habías dado cuenta? Es casi seguro que lo haces. Cientos de horas de filmaciones muestran que los compradores viran a la derecha tan pronto atraviesan las puertas de entrada). A raíz de esta tendencia, los minoristas llenan el lado derecho de la tienda con los productos más costosos con la esperanza de que sientas el impulso de comprarlos. También está el caso de los cereales y las sopas: si no están acomodadas en orden alfabético sino de forma aparentemente azarosa, el instinto es pasar más rato examinando las posibilidades. Por ende, es poco común encontrar Raisin Bran junto a Rice Chex. Para encontrar el cereal que buscas, tienes que invertir más tiempo en la búsqueda, lo que quizá te tiente a llevar también una caja de otro cereal que se te antoje en el momento.

No obstante, el principal problema de estas tácticas es que dan por sentado que todos los consumidores son iguales. Son soluciones un tanto primitivas y unitalla para desencadenar hábitos de consumo específicos.

Ahora bien, en las últimas dos décadas el mercado minorista se ha ido haciendo cada vez más competitivo, de modo que cadenas como Target llegaron a la conclusión de que no podían depender eternamente de los mismos viejos trucos. La única forma de aumentar las ganancias era descifrar los hábitos de consumo individuales y generar estrategias de mercadotecnia personalizadas y diseñadas para apelar a las preferencias de consumo específicas de cada comprador.

En parte llegaron a esta conclusión gracias a la conciencia cada vez mayor de la potente influencia que ejercen los hábitos en casi cualquier decisión de compra. Un estudio examinó grabaciones de consumidores caminando por el supermercado. Los investigadores querían averiguar cómo la gente tomaba decisiones de consumo. Se fijaron en particular en compradores que entraron al supermercado con listas de compras, los cuales, en teoría, habían decidido de antemano qué iban a buscar.

Descubrieron que, a pesar de las listas, más del 50 por ciento de las decisiones de compra ocurrían en el momento en el que el consumidor veía el producto en la estantería, pues, a pesar de sus buenas intenciones, los hábitos eran más fuertes que las intenciones escritas. "Veamos —murmuró un comprador mientras paseaba por la tienda—. Aquí están las papas fritas.

Me saltaré el pasillo. Esperen. ¡Ay! Las papas Lay's tienen descuento". Luego puso una bolsa en su carrito. Algunos consumidores compraban las mismas marcas mes tras mes, a pesar de que a veces reconocían que no les encantaba el producto. ("No me encanta Folgers, pero es lo que compro, ¿sabes? ¿Qué otra opción hay?", afirmó una mujer frente a una estantería llena de docenas de marcas de café). Los compradores llevaban más o menos la misma cantidad de comida en cada compra, a pesar de haberse prometido reducir sus gastos.

"A veces los consumidores se comportan como seres de hábitos y repiten de forma automática los antiguos comportamientos sin darle importancia a las metas actuales", escribieron dos psicólogos de la Universidad del Sur de California en 2009.

Lo más sorprendente de estos estudios fue que, aunque la gente basara sus compras en hábitos personales, los hábitos de cada uno eran distintos. El hombre al que le gustaban las papas fritas siempre compraba una bolsa, pero la señora del café Folgers jamás pasaba por el pasillo de las papas fritas. Había gente que compraba leche cada vez que iba al supermercado —aunque tuviera suficiente en casa—, y había quien siempre compraba postres y dulces a pesar de decir que estaba intentando bajar de peso. Sin embargo, el comprador de leche y el adicto al azúcar no siempre eran la misma persona.

Los hábitos eran propios de cada individuo.

Target quería aprovechar esas peculiaridades personales. Pero, si por tus tiendas pasan a diario millones de personas, ¿cómo llevas registro de sus preferencias y patrones de consumo?

Recopilas información, cantidades gigantescas y casi inconcebiblemente grandes de información.

Hace poco más de una década, Target empezó a construir un gran almacén de datos que asignaba a cada cliente un código de identificación —que dentro de la empresa se conocía como "número de ID de invitado"— con el cual se llevaba registro de las compras de cada persona. Si el cliente usaba una tarjeta de crédito de Target, entregaba una tarjeta de cliente frecuente al cajero, canjeaba un cupón que le llegó por correo, llenaba una encuesta, solicitaba un reembolso por correo, llamaba a la línea de atención al cliente, abría un correo electrónico de Target, visitaba el sitio web Target.com o hacía cualquier compra por internet, las computadoras de la empresa lo registraban. Y el registro de cada compra se vinculaba al número de ID de invitado del comprador junto con información acerca de todos los productos que había adquirido históricamente.

A ese número de ID también se lo asociaba información demográfica que Target recopilaba o compraba de otras empresas, como la edad del comprador, si era casado o tenía hijos, en qué parte de la ciudad vivía, cuánto tiempo le tomaba conducir a la tienda, un estimado de cuánto ganaba, si se había mudado hacía poco, qué sitios web visitaba, qué tarjetas de crédito llevaba en la billetera, su historial laboral, qué revistas leía, si se había declarado en bancarrota alguna vez, el año en que compró (o perdió) su casa, dónde realizó sus estudios universitarios o de posgrado, y si prefería ciertas marcas de café, papel higiénico, cereal o puré de manzana.

Existen vendedores de datos como InfiniGraph, los cuales "escuchan" las conversaciones virtuales de los compradores en foros de discusión en internet y llevan registro de los productos con menciones favorables. Una empresa llamada Rapleaf vende información sobre las tendencias políticas de los consumidores, sus hábitos de lectura, sus donaciones a obras de caridad, la cantidad de autos que tienen y si prefieren las noticias religiosas o las ofertas de cigarrillos. Otras empresas analizan las fotografías que suben a internet los consumidores y catalogan si son obesos o delgados, altos o de baja estatura, peludos o calvos, y determinan qué clase de productos querrían consumir dadas sus circunstancias. (En una declaración, Target se negó a mencionar las empresas demográficas con las que hace negocios y el tipo de información que analiza).

"Antes, las empresas solo sabían lo que sus clientes querían que supieran —afirmó Tom Davenport, uno de los más prolíficos investigadores sobre el uso y análisis que hacen las empresas de los datos—. Ese mundo ha quedado atrás. Te sorprendería saber cuánta información circula allá afuera, y todas las empresas la compran porque es la única forma de sobrevivir".

Si usas la tarjeta de crédito de Target para comprar una caja de paletas heladas a la semana, entre semana y por lo regular alrededor de las 6:30 p.m., y también compras bolsas gigantes de basura en julio y octubre, los estadísticos de Target y sus programas computacionales determinarán que tienes hijos en casa, que sueles hacer las compras cuando sales del trabajo y que tienes un jardín que podas en el verano y barres de hojas secas en otoño. También prestarán atención a tus otras compras y verán que compras cereal, pero nunca compras leche, lo que significa que debes estar comprándola en otro lugar. Por ende, te enviarán por correo cupones para comprar leche, así como chispas de chocolate, artículos escolares, muebles de jardín, artículos de jardinería y, dado que es probable que quieras relajarte después de un largo día de trabajo, cerveza. La empresa adivinará qué tipo de cosas sueles comprar y te convencerá de que lo hagas en Target: tienen la capacidad de personalizar los anuncios y los cupones que envía a cada cliente, incluso si nunca te has dado cuenta de que te llega por correo un folleto distinto al de tus vecinos.

"Con el número de ID sabemos tu nombre, dirección y forma de pago habitual. Sabemos que tienes una tarjeta Visa emitida por Target y una tarjeta de débito que podemos vincular a tus compras", afirmó Pole frente a un grupo de estadísticos minoristas en un congreso realizado en 2010. La empresa es capaz de vincular la mitad de todas las compras presenciales a una persona en particular, casi todas las compras por internet y una cuarta parte de las búsquedas en línea.

En aquel congreso, Pole mostró una diapositiva que contenía una muestra de los datos que Target recopila; el diagrama despertó silbidos de asombro entre el público al desplegarse en la pantalla.

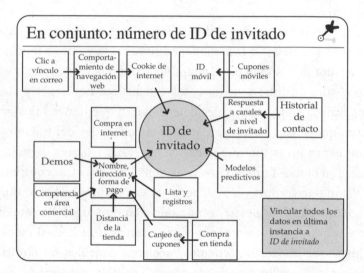

Sin embargo, el problema con todos estos datos es que no valen nada si no hay estadísticos que los doten de sentido. Para cualquier otra persona, no hay diferencia entre dos individuos que compran jugo de naranja. Se requiere de un tipo de matemático especial que descifre que uno de ellos es una mujer de 34 años que compra jugo para sus hijos (y que, por ende, quizás aprecie recibir un cupón para comprar el DVD de *Thomas y sus amigos*) y el otro es un soltero de 28 años que bebe jugo después de salir a correr (y que quizá responda a un descuento en zapatos deportivos). Pole y los otros cincuenta miembros del departamento de Servicios Analíticos y de Información de Invitados de Target eran quienes descubrían los hábitos ocultos detrás de los hechos.

"Lo llamamos 'retrato del invitado' —me explicó Pole—. Cuanto más conocemos a una persona, adivinamos mejor sus hábitos de consumo. No adivinaré todo siempre, pero acertaré más veces de las que me equivocaré".

Para cuando Pole entró a trabajar a Target en 2002, el equipo de analítica ya había desarrollado softwares computacionales para identificar los hogares con niños, de modo que cada noviembre enviaban a los padres catálogos de bicicletas y monopatines que se verían muy bien bajo el árbol de navidad, así como cupones para artículos escolares en septiembre y anuncios de juguetes para la playa en junio. Las computadoras observaban que alguien compraba un bikini en abril y le enviaban cupones para bloqueador solar en julio, así como libros para perder peso en diciembre. Si lo deseaba, Target podía enviarle a cada cliente un cuadernillo de cupones lleno de descuentos para productos que tenía la certeza casi absoluta de que compraría porque ya los había adquirido antes.

Target no es la única organización que ansía predecir los hábitos de los consumidores. Casi todos los grandes minoristas, incluyendo Amazon.com, Best Buy, supermercados Kroger, 1-800-Flowers, Olive Garden, Anheuser Busch, el servicio postal norteamericano, Fidelity Investments, Hewlett-Packard, Bank of America, Capital One y cientos más tienen departamentos de "analítica predictiva" que se dedican a dilucidar las preferencias de los consumidores. "Pero Target siempre ha estado a la vanguardia —aseguró Eric Siegel, quien dirige un congreso llamado Predictive Analytics World—. La información por sí sola no significa nada. Pero Target tiene la destreza para descifrar las cuestiones más esenciales".

No hay que ser un genio para saber que quien compra cereal seguramente también necesita leche. Sin embargo, también hay otras preguntas más difíciles, pero también más rentables.

Por eso, semanas después de que Pole entrara a Target, sus colegas le preguntaron si era posible descifrar qué clientas estaban embarazadas, aun si ellas no querían revelarlo.

● ● ●

En 1984, un catedrático visitante en UCLA llamado Alan Andreasen publicó un artículo que se daba a la tarea de contestar una pregunta esencial: ¿por qué algunas personas de pronto cambian sus rutinas al ir de compras?

El equipo de Andreasen había pasado el año anterior realizando encuestas telefónicas a consumidores de Los Ángeles en las que les preguntaban sobre las últimas compras que habían hecho. Cada vez que alguien alzaba el auricular, el científico lo atosigaba con preguntas sobre la marca de dentífrico y de jabón que había comprado e inquiría si sus preferencias habían cambiado. De ese modo, entrevistaron a casi trescientas personas. Al igual que otros investigadores, observaron que la mayoría de la gente compraba la misma marca de cereal y desodorante semana tras semana. Los hábitos marcaban la pauta.

Aunque a veces no lo hacían.

Por ejemplo, un 10.5 por ciento de la gente a la que Andreasen encuestó había cambiado de marca de dentífrico en los últimos seis meses y más del 15 por ciento había empezado a comprar una nueva marca de detergente.

Andreasen quería averiguar por qué esas personas habían roto sus patrones habituales. Y su hallazgo se convirtió en el pilar de las teorías de mercadotecnia modernas: es más probable que los hábitos de compra de la gente cambien si cambia de etapa en su vida. Por ejemplo, es más probable que alguien que contrae nupcias adquiera una nueva marca de café. Cuando alguien se muda de casa, es más factible que pruebe un nuevo tipo de cereal. Al divorciarse, habrá más probabilidades de que compre distintas marcas de cerveza. Los consumidores que están pasando por momentos importantes en su vida no suelen notar que sus hábitos de consumo cambian —ni les importa—. No obstante, los minoristas sí lo perciben y le dan bastante importancia.

"Cambiar de domicilio, casarse o divorciarse, tener un nuevo empleo o que te despidan, que alguien llegue a vivir a tu casa o se vaya de ella —según Andreasen—, son cambios de vida que hacen que los consumidores sean más vulnerables a la manipulación de los mercadólogos".

Y, ¿cuál es el suceso más importante en la vida de una persona? ¿Qué suceso provoca los cambios más grandes y deja a la gente "vulnerable a la manipulación de los mercadólogos"? Tener un bebé. No hay mayor alteración de vida para la mayoría de los clientes que la llegada de un niño. Por ende, los hábitos de los nuevos padres se flexibilizan más que en cualquier otro momento de su vida adulta.

Por lo tanto, para las empresas, las mujeres embarazadas son minas de oro.

Los padres y las madres compran muchas cosas —pañales y toallitas húmedas, cunas y enterizos, cobijas y biberones— y las tiendas como Target hacen mucho dinero. Una encuesta realizada en 2010 estimaba que el padre/la madre promedio gasta 6, 800 dólares en artículos para bebé antes de que este cumpla el primer año de vida.

Y esa no es sino la punta del iceberg comercial. Los gastos iniciales no son nada comparados con las ganancias que pueden tener las tiendas al aprovecharse de los cambios de hábitos de consumo de los padres primerizos. Si las madres exhaustas y los padres desvelados empiezan a comprar la fórmula para bebé y los pañales en Target, también empezarán a comprar los comestibles, los artículos de limpieza, las toallas, la ropa interior y cualquier otra cosa que necesiten ahí. Es mera conveniencia, y la conveniencia es primordial para cualquier padre primerizo.

"Tan pronto logramos que nos compren los pañales, empiezan a comprar aquí todo lo demás —me explicó Pole—. Si cruzas la tienda de prisa en busca de biberones y pasas por donde está el jugo de naranja, llevarás un cartón. Ah, y ahí está el DVD que has estado buscando. Al poco rato ya estás comprando cereal y toallas de papel, y te conviertes en cliente habitual".

Los padres primerizos son tan valiosos que los principales minoristas harán hasta lo imposible por identificarlos —incluso visitar las alas de maternidad de los hospitales— aunque sus productos no tengan nada que ver con el recién nacido. Por ejemplo, un hospital neoyorquino regala a cada nueva madre una bolsa de productos que contiene muestras gratis de goma para el cabello, jabón para la cara, crema para afeitarse, una barra energética, champú y una suave camiseta de algodón. También contiene cupones para un servicio de fotografías por internet, jabón para manos y un gimnasio local. Asimismo, incluye muestras de pañales y cremas para bebé, pero estas se pierden entre los productos que son para la madre. En 580 hospitales de todo Estados Unidos, las madres recién paridas reciben regalos de Disney, empresa que en 2010 creó una división enfocada específicamente a la publicidad para padres y madres de bebés. Procter & Gamble, Fisher-Price y otras empresas tienen programas de regalos similares. De hecho, Disney estima que el mercado de los recién nacidos en Estados Unidos tiene un valor aproximado de 36,300 millones de dólares al año.

Para empresas como Target, acercarse a las nuevas mamás en las alas de maternidad implica llegar demasiado tarde a su vida. Para entonces, ya están en el radar de todos los demás. Target no quería competir con Disney ni con Procter & Gamble, sino derrotarlos. Su meta era empezar a comercializar productos para los padres y las madres *antes* de la llegada del bebé, razón por la cual los colegas de Andrew Pole se acercaron aquel día para pedirle que diseñara un algoritmo de predicción de embarazos. Si lograban identificar a las embarazadas desde el segundo trimestre, podrían atraerlas antes que cualquier otra empresa.

El único problema era que adivinar quiénes estaban embarazadas era más difícil de lo que parecía. Target tenía un servicio de registro de regalos para bebé, el cual ayudó a identificar a algunas mujeres embarazadas. Por si fuera poco, todas esas futuras madres cedían por sí solas información valiosa, como la posible fecha de nacimiento, la cual le permitía a la empresa saber cuándo enviarles cupones de vitaminas prenatales o pañales. Sin embargo, apenas una fracción de las clientas embarazadas usaba ese servicio de registro de regalos.

Luego estaban las otras clientas que los ejecutivos *sospechaban* que estaban embarazadas porque compraban ropa de maternidad, muebles de bebé y cajas de pañales. No obstante, sospechar y saber son dos cosas muy distintas. ¿Cómo sabes si alguien que compra pañales está embarazada o está comprándolos como regalo para una amiga embarazada? Además, los tiempos también importaban. Un cupón que fuera útil un mes antes del parto terminaría en la basura semanas después de la llegada del bebé.

Para empezar a abordar el tema, Pole empezó por examinar la información de los registros de regalos para bebés de Target, lo cual le permitió observar que los hábitos de compra de las mujeres cambiaban a medida que se acercaba la fecha del parto. El registro de regalos era como un laboratorio donde Pole podía poner a prueba sus corazonadas. Las futuras madres daban su nombre, el de su cónyuge y la posible fecha de nacimiento. Los almacenes de información de Target podían vincular esa información con los números de ID de invitado de la familia. Como resultado, cada vez que una de estas mujeres compraba algo en la tienda o por internet, Pole, con la información que ella proveía, podía intentar adivinar en qué trimestre del embarazo hacía las compras. Al poco tiempo, fue encontrando patrones.

Pole descubrió que los hábitos de compra de las futuras madres eran bastante predecibles. Pensemos, por ejemplo, en las cremas. Mucha gente compra crema corporal, pero un analista de información de Target observó que las mujeres que tenían registro de lista de regalos compraban cantidades inusualmente grandes de crema sin perfume alrededor del comienzo del segundo trimestre. Otro analista notó que, durante las primeras veinte semanas, muchas embarazadas compraban cantidades sustanciales de suplementos vitamínicos con calcio, magnesio y zinc. Muchas clientas compran jabón sin aroma y bolas de algodón cada mes, pero cuando alguna empieza a comprar de golpe mucho jabón sin aroma y muchas bolas de algodón, además de desinfectante para manos y una gran cantidad de toallas, apenas unos cuantos meses después de haber comprado crema corporal y suplementos de magnesio y zinc, entonces eso significa que se acerca la fecha de parto.

A medida que el programa computacional de Pole fue examinando los datos, Pole identificó alrededor de veinticinco distintos productos que, al analizarlos en conjunto, le permitían "asomarse" de cierto modo a la matriz de la mujer. Pero, sobre todo, le permitían adivinar en qué trimestre del embarazo se encontraba y estimar una fecha de parto, de modo que Target pudiera enviarle cupones cuando estuviera a punto de realizar una nueva compra. Para cuando concluyó el trabajo, su programa era capaz de asignarle a cualquier compradora frecuente un puntaje de "predicción de embarazo".

Jenny Ward, una joven de 23 años de Atlanta, compró crema con manteca de cacao, un bolso lo suficientemente grande como para que también sirviera como pañalera, zinc, magnesio y un tapete azul claro. Había un 87 por ciento de probabilidades de que estuviera embarazada y fuera a dar a luz a finales de agosto. Liz Alter, una mujer de 35 años de Brooklyn, compró cinco paquetes de toallas de manos, una botella de detergente de ropa "para pieles sensibles", jeans holgados, vitaminas con DHA y un montón de cremas hidratantes. Su puntuación fue de 96 por ciento de probabilidades de estar embarazada y de dar a luz a principios de mayo. Caitlin Pike, una mujer de 39 años de San Francisco, solo compró una carriola de 250 dólares. Lo más probable era que la estuviera comprando para el *buby shower* de una amiga. Además, su información demográfica revelaba que se había divorciado hacía dos años.

Pole introdujo el programa a todas las compradoras de la base de datos de Target. Al terminar, tenía una lista de cientos de miles de mujeres que era probable que estuvieran embarazadas y a quienes Target podía atacar con anuncios de pañales, cremas, cunas, toallas húmedas y ropa de maternidad en momentos en los que sus hábitos de compra fueran especialmente flexibles. Si una fracción de aquellas mujeres o sus esposos empezaba a hacer las compras en Target, eso se traduciría en millones de dólares en ganancias.

Pero entonces, justo antes de liberar la avalancha de anuncios, alguien en el departamento de marketing hizo una pregunta importante: ¿cómo reaccionarían las mujeres al enterarse de lo mucho que Target sabía sobre ellas?

"Si le enviábamos a alguna el catálogo y le decíamos '¡Felicidades por tu primer hijo!', siendo que nunca nos dijo que estaba embarazada, quizá la haríamos sentir incómoda —me explicó Pole—. Somos muy conservadores cuando se trata de respetar las leyes relativas a la privacidad. Sin embargo, aunque te apegues a la ley, puedes hacer cosas que desconcierten a la gente".

Sus inquietudes estaban justificadas. Cerca de un año después de haber creado el modelo de predicción de embarazos, un hombre entró a una tienda Target de Minnesota y exigió hablar con el gerente. Venía empuñando un anuncio y estaba furioso.

"¡Mi hija recibió esto por correo! —exclamó—. Aún está en bachillerato y ustedes le están enviando cupones para ropa de bebé y cunas. ¿Acaso quieren incitarla a que se embarace?".

El gerente no tenía idea de lo que estaba pasando. Observó el anuncio. Sin duda alguna iba dirigido a la hija del señor y contenía anuncios de ropa de maternidad, muebles para bebé y fotos de niños sonrientes que miraban a sus madres a los ojos.

El gerente se disculpó profusamente y unos días después lo llamó para disculparse de nuevo.

El padre sonaba un poco avergonzado.

"Hablé con mi hija. Resulta que han pasado algunas cosas en mi casa de las que yo no era consciente. —Inhaló profundo—. El bebé nace en agosto. Soy yo quien le debe una disculpa".

Target no ha sido la única empresa que ha generado inquietudes entre los consumidores. Otras empresas han sido señaladas por usar información personal de formas menos intrusivas. Por ejemplo, en 2011, un neoyorquino demandó a McDonald's, CBS, Mazda y Microsoft con el argumento de que la agencia de publicidad de aquellas empresas monitoreaba la navegación en internet de la gente para hacer perfiles de sus hábitos de compra. En California hay demandas grupales contra Target, Wal-Mart, Victoria's Secret y otras cadenas minoristas por pedir a los clientes que compartan su código postal al pagar con tarjeta de crédito y luego usar esa información para obtener su dirección postal.

Pole y sus colegas sabían que usar la información personal de las mujeres para predecir embarazos podía representar un desastre en materia de relaciones públicas. Entonces, ¿cómo podían hacer que su publicidad llegara a manos de las futuras madres sin que pareciera que las estaban espiando? ¿Cómo se saca provecho de los hábitos ajenos sin que las personas sepan que alguien está examinando cada detalle de su vida?*

---

* Lo reportado en este capítulo se basa en entrevistas realizadas a docenas de empleados y exempleados de Target, muchas de las cuales se realizaron de forma anónima porque las fuentes temían que eso repercutiera en su trabajo o en algún otro aspecto de su vida. Target tuvo la oportunidad de revisar y responder a lo reportado en este capítulo, y se le pidió que permitiera a los ejecutivos del departamento de analítica que otorgaran entrevistas oficiales. La compañía rechazó la oferta y se negó a responder preguntas de corroboración de hechos, salvo en dos correos electrónicos. El primero decía: "Nuestra misión es hacer que Target sea la tienda predilecta de nuestros clientes al ofrecerle un valor extraordinario, innovación continua y una experiencia excepcional basada en el cumplimiento constante de nuestra promesa de 'Esperar más. Pagar menos'. Dado que estamos muy enfocados en esta misión, hemos hecho inversiones considerables para comprender las preferencias de nuestra clientela. Para lograrlo, hemos desarrollado varias herramientas de investigación que nos han permitido conocer las tendencias y preferencias de los distintos sectores demográficos a los que atendemos. Usamos información derivada de dichas herramientas para determinar la distribución en el interior de las tiendas, la selección de productos, las promociones y los cupones. Este análisis le permite a Target ofrecer a nuestra clientela la experiencia de consumo más relevante posible. Por ejemplo, durante una transacción en tienda, nuestra herramienta de investigación puede predecir ofertas que le serán relevantes a un individuo con base en sus compras, las cuales se le entregan junto con su recibo. Además, hay programas de atención personalizada como el registro de lista de regalos para bebé que ayudan a Target a entender cómo evolucionan las necesidades de nuestros invitados con el tiempo, lo que nos permite ofrecerles a las futuras madres cupones que se traduzcan en ahorros para ellas. Creemos que estos esfuerzos benefician directamente a nuestros invitados al darles más de lo que necesitan y desean de Target, y beneficia a la empresa al fortalecer la lealtad de la clientela, fomentar la frecuencia de compra y aumentar las ventas y la rentabilidad". El segundo correo decía: "Casi todas las declaraciones que usted hace contienen información imprecisa, por lo que publicarlas puede causar confusión en el público. No tenemos la intención de abordar punto por punto. Target se toma muy en serio sus obligaciones legales y cumple con todas las leyes estatales y federales pertinentes, incluyendo las relativas a la protección de la información sanitaria".

II.

En el verano de 2009, Steve Bartels, un ejecutivo de promoción de la disquera Arista Records, llamó a varios DJs de diversas estaciones de radio para hablarles de una nueva canción que estaba seguro les encantaría. Se llamaba "Hey Ya!" y la cantaba el grupo de hip-hop Outkast.

"Hey Ya!" era una fusión alegre de funk, rock y hip-hop con una pincelada de swing, y fue compuesta por uno de los grupos musicales más populares del mundo. No se parecía a ninguna otra cosa que estuviera sonando en la radio. "Se me erizó la piel la primera vez que la escuché —me contó Bartels—. Sabía que sería un éxito, el tipo de canción que cualquiera querría escuchar en bar mitzvahs y bailes de graduación durante muchos años". En las oficinas de Arista, los ejecutivos cantaban el coro "shake it like a Polaroid picture" en los pasillos. Todos coincidían en que *esta canción sería un hitazo.*

Su certeza no se basaba en mera intuición. En ese entonces, el negocio de las disqueras estaba viviendo una transformación similar a la revolución de los datos que ocurría en Target y otras empresas. Así como los minoristas usaban algoritmos computacionales para predecir los hábitos de los compradores, los ejecutivos de las industrias musical y radiofónica usaban software para predecir los hábitos de los escuchas. Una empresa llamada Polyphonic HMI —un grupo de especialistas en estadística e inteligencia artificial situado en España— había creado un programa llamado Hit Song Science que analizaba las características matemáticas de una canción y predecía su popularidad. Al comparar el tempo, el registro, la melodía, la progresión de acordes y otros factores de una canción en particular, con miles de éxitos almacenados en la base de datos de Polyphonic HMI,

Hit Song Science era capaz de emitir un puntaje que predecía el éxito potencial de dicha canción.

Por ejemplo, ese mismo programa predijo que *Come Away with Me* de Norah Jones sería un éxito, a pesar de que casi todas las disqueras habían rechazado el álbum (el cual vendería diez millones de ejemplares y ganaría ocho premios Grammy). También predijo que la canción "Why Don't You and I" de Carlos Santana sería popular, a pesar de las dudas de los disc jockeys (y llegó al #3 de la lista de las mejores 40 canciones según *Billboard*).

Cuando los ejecutivos de las estaciones de radio pasaron "Hey Ya!" por el software Hit Song Science, le fue bien. De hecho, le fue muy bien. Recibió uno de los puntajes más altos jamás vistos.

Según el algoritmo, "Hey Ya!" sería un éxito monstruoso.

El 4 de septiembre de 2003, en el horario estelar de las 7:15 p.m., la estación de éxitos WIOQ en Filadelfia transmitió "Hey Ya!". La canción estuvo al aire siete veces más esa semana y un total de 37 veces en el mes.

En ese entonces, una empresa llamada Arbitron se encontraba probando una nueva tecnología que permitía saber cuánta gente se encontraba escuchando una estación de radio en particular en un momento determinado, y cuántas personas cambiaban de estación durante una canción en particular. WIOQ era una de las estaciones incluidas en el estudio. Los ejecutivos de la estación estaban seguros de que "Hey Ya!" mantendría a los oyentes pegados al radio.

Pero entonces llegaron los resultados.

Según los datos, a la gente no solo le desagradaba "Hey Ya!", sino que la odiaban. La despreciaban tanto que casi un tercio de la gente cambiaba de estación durante los primeros treinta segundos de la canción. Y no solo ocurría en WIOQ; en estaciones de radio de Chicago, Los Ángeles, Phoenix y Seattle la gente también apagaba el radio o cambiaba de estación cuando empezaba a sonar "Hey Ya!".

"La primera vez que la escuché pensé que era una canción genial —me dijo John Garabedian, anfitrión de uno de los programas sindicalizados de Los 40 Principales que escuchaban más de dos millones de personas cada fin de semana—. Pero no se parecía a otras canciones, así que algunas personas se irritaban al escucharla. Un tipo me dijo que era lo peor que había escuchado jamás.

"La gente escucha Los 40 Principales porque quiere escuchar sus canciones favoritas o canciones que se parecen a sus canciones favoritas. Cuando suena algo diferente, se ofenden. No quieren nada que suene poco familiar".

Arista gastó mucho dinero en promocionar "Hey Ya!". Las industrias musical y radial necesitaban que fuera un éxito. Los grandes éxitos valen una fortuna, no solo porque la gente compra la misma canción, sino porque el éxito puede convencer a la gente de que se aleje de los videojuegos y del internet, y escuche la radio. Los éxitos ayudan a vender autos deportivos en televisión y ropa en las tiendas de moda. Los éxitos forman parte de docenas de hábitos de consumo que los publicistas, las televisoras, los bares y las discotecas —y hasta empresas de tecnología como Apple— han sabido aprovechar.

Pero esta vez una de las canciones más esperadas —una que los algoritmos predijeron sería la canción del año— estaba naufragando. Los ejecutivos de la industria de la radio buscaban con desesperación algo que convirtiera a "Hey Ya!" en un éxito.

• • •

Esa pregunta —¿Cómo convertir una canción en un éxito?— ha inquietado a la industria musical desde sus comienzos, pero apenas en las últimas décadas se han encontrado algunas respuestas científicas. Uno de los pioneros fue un exgerente de estación llamado Rich Meyer quien en 1985, junto con su esposa, Nancy, fundó una empresa llamada Mediabase en el sótano de su casa de Chicago. Todas las mañanas se levantaban, recogían un paquete de cintas de estaciones que habían sido grabadas el día anterior en varias ciudades, y contaban y analizaban cada canción reproducida. Después de eso, Meyer publicaba un boletín semanal en el que llevaba un registro de las canciones que iban a la alza o a la baja en popularidad.

Durante los primeros años, el boletín tuvo apenas unos cien suscriptores y Meyer y su esposa tuvieron dificultades para mantener la empresa a flote. No obstante, a medida que más estaciones de radio usaban la información generada por Meyer para atraer más radioescuchas —y, sobre todo, estudiaban las fórmulas que él diseñó para explicar las tendencias auditivas—, el boletín de Meyer, la información provista por Mediabase y otros servicios similares provistos por una industria cada vez más grande de consultores dedicados a la evaluación de datos, revolucionaron la gestión de las estaciones de radio.

Uno de los misterios favoritos de Meyer consistía en averiguar por qué, durante algunas canciones, los radioescuchas no parecían cambiar de estación. Entre los disc jockeys, se les llamaba "canciones pegajosas". Meyer había dado seguimiento a cientos de canciones pegajosas en el transcurso de los años para intentar descifrar qué las hacía populares. Su oficina estaba llena de tablas y gráficas que desglosaban las características de infinidad de canciones pegajosas. Meyer siempre estaba en busca de nuevos mecanismos para medir la "pegajosidad", así que en la época en la que salió "Hey Ya!" empezó a experimentar con datos tomados de los estudios realizados por Arbitron para ver si aportaban información novedosa.

Algunas de las canciones más populares del momento eran pegajosas por razones obvias; "Crazy in Love" de Beyoncé y "Señorita" de Justin Timberlake acababan de salir y eran grandes éxitos, pero se trataba de buenas canciones de artistas consumados, por lo que era lógico que pegaran. No obstante, otras canciones eran pegajosas por razones incomprensibles. Por ejemplo, cuando en las estaciones sonaba "Breathe" de Blu Cantrell durante el verano de 2003, casi nadie cambiaba la estación. Los DJs confesaban a los medios musicales que la consideraban una canción bastante simplona y poco memorable. Sin embargo, por alguna razón, cada vez que sonaba, la gente la escuchaba, a pesar de que las encuestas revelarían después que esos radioescuchas afirmaban que no les gustaba mucho la canción. Pensemos también en "Here Without You" de 3 Doors Down o casi cualquier canción de Maroon 5. Son grupos tan genéricos que los críticos y los radioescuchas crearon una nueva categoría musical para describir su sonido tibio: "rock de baño". Sin embargo, cada vez que sus canciones sonaban, casi nadie cambiaba la estación.

Luego estaban las canciones que los radioescuchas afirmaban abiertamente que *les desagradaban*, pero que igual eran pegajosas. Pensemos en Christina Aguilera o Celine Dion. En múltiples encuestas, los radioescuchas del sexo masculino afirmaban odiar a Celine Dion y no soportar sus canciones. Sin embargo, cada vez que en la radio sonaba una canción de Dion, los hombres no cambiaban de sintonía. En Los Ángeles, las estaciones que reproducían las canciones de Dion de forma regular al final de cada hora —justo cuando se medía la cantidad de radioescuchas— incrementaban de forma casi inmediata su público hasta 3 por ciento, lo que para el mundo radiofónico es muchísimo. Los hombres quizá *creían* que les desagradaban las canciones de Dion, pero no podían dejar de escucharlas.

Una noche, Meyer se sentó a escuchar un montón de canciones pegajosas al hilo, una tras otra, una y otra vez. En ese proceso, empezó a notar que tenían algo en común. No es que sonaran parecido, pues algunas eran baladas y otras eran canciones de pop. No obstante, se parecían en la medida en que cada una sonaba precisamente como Meyer esperaba que sonara el género al que pertenecían. Sonaban *familiares* —como todo en la radio—, pero un poco más sofisticadas, más cercanas a la media de oro de la canción perfecta.

"Para hacer investigación, a veces las estaciones llaman a los radioescuchas y reproducen un fragmento de una canción, y los escuchas dicen: 'La he oído cientos de veces. Ya me hartó' —me explicó Meyer—. Pero, al oírla en la radio, el subconsciente les dice '¡Reconozco esta canción! ¡La he oído cientos de veces! ¡Y me sé la letra!'. Las canciones pegajosas son justo lo que *esperas* escuchar en la radio. El cerebro ansía en secreto escuchar la canción, pues es parecida a todo lo demás que has oído y te ha gustado. Suena tal y como debe sonar".

Hay evidencias que sugieren que la preferencia por cosas que suenan "familiares" es producto de nuestra neurología. Los científicos han examinado cerebros de personas que están escuchando música y han llevado registro de qué regiones neuronales están implicadas en los estímulos auditivos. Escuchar música activa varias zonas del cerebro, incluyendo la corteza auditiva, el tálamo y la corteza parietal superior. Estas mismas zonas se asocian también con el reconocimiento de patrones y ayudan al cerebro a decidir a qué estímulos prestar atención y cuáles ignorar. Dicho de otro modo, las zonas que procesan la música están diseñadas para buscar patrones y sonidos familiares. Y tiene mucho sentido. A fin de cuentas, la música es compleja. Los múltiples tonos, registros, melodías que se traslapan y sonidos que compiten en el interior de casi cualquier canción —o incluso en conversaciones que ocurren en medio de una multitud— son tan abrumadores que, si el cerebro no tuviera la capacidad de concentrarse en algunos sonidos e ignorar otros, todo parecería una cacofonía escandalosa.

El cerebro humano ansía la familiaridad musical porque la familiaridad nos permite escuchar algo sin que nos distraiga el sonido circundante. Así como los científicos del MIT descubrieron que los hábitos conductuales impiden que nos abrume la cantidad interminable de decisiones que de otro modo tendríamos que tomar a diario, los hábitos auditivos existen porque sin ellos nos sería imposible determinar si concentrarnos en la voz de nuestro hijo, el silbato del entrenador o el ruido de la calle concurrida durante el partido de fútbol de los sábados. Los hábitos auditivos nos permiten separar de forma inconsciente los ruidos importantes de aquellos que podemos ignorar sin problema.

Por eso las canciones que suenan "familiares" —aunque no las hayamos oído antes— son pegajosas. El cerebro está diseñado para preferir patrones auditivos que se parecen a otros que ha escuchado antes. Cuando Celine Dion saca una nueva canción —que es parecida a sus canciones anteriores, así como a la mayoría de las canciones que se escuchan en la radio—, el cerebro ansía reconocerla de forma inconsciente, y la canción se vuelve pegajosa. Quizá jamás vayas a un concierto de Celine Dion, pero escucharás sus canciones en la radio porque es lo que *esperas* escuchar mientras conduces al trabajo. Dichas canciones se corresponden a la perfección con tus hábitos.

Estas nociones permitieron explicar por qué "Hey Ya!" fracasaba en la radio, a pesar de que Hit Song Science y los ejecutivos musicales estaban convencidos de que sería un éxito. El problema no era que la canción fuera mala. El problema era que no resultaba *familiar*. Los oyentes no querían tomar decisiones conscientes cada vez que escuchaban una canción nueva, sino que su cerebro quería apegarse a lo habitual. Buena parte del tiempo no tomamos la decisión consciente de si nos gusta o no una canción, pues eso requeriría demasiado esfuerzo mental. Más bien reaccionamos a las señales ("Se parece a otras canciones que me han gustado antes") y las recompensas ("¡Es divertido seguir la letra!") y, sin pensarlo, o empezamos a cantarla o cambiamos la estación.

EL BUCLE DEL HÁBITO
DE LA FAMILIARIDAD

De cierto modo, el problema que Arista y los DJs enfrentaban era una variación del problema que Andrew Pole tenía en Target. Los miembros de la audiencia estaban dispuestos a escuchar canciones que según ellos no les gustaban siempre y cuando se parecieran a otras que hubieran escuchado antes. Las embarazadas estaban dispuestas a usar cupones que les llegaran por correo siempre y cuando esos cupones no evidenciaran que Target estaba husmeando en su intimidad, lo cual es desconocido y un tanto aterrador. Recibir un cupón que hace obvio que Target sabe que estás embarazada se contrapone a la expectativa de la consumidora. Es como si le dijéramos a un banquero de 42 años que lo cachamos cantando una canción de Celine Dion. Es contraproducente.

Entonces, ¿cómo convencen los DJs a la gente de que escuche canciones como "Hey Ya!" hasta que se vuelvan familiares? ¿Cómo convence Target a las embarazadas de usar cupones para pañales sin asustarlas? Poniéndole ropa nueva a algo viejo y haciendo que lo desconocido parezca familiar.

III.

A principios de los años cuarenta, el gobierno estadounidense empezó a enviar buena parte de las reservas de carne del país a Europa y al frente del Pacífico para apoyar a las tropas durante la Segunda Guerra Mundial. Pero, a nivel local, comenzó a haber escasez de filetes y chuletas de cerdo. Para cuando Estados Unidos se unió a la guerra, hacia finales de 1941, los restaurantes neoyorquinos usaban carne de caballo para hacer hamburguesas y había incluso surgido un mercado avícola ilegal. El gobierno federal estaba preocupado de que la guerra se extendiera y eso vaciara las reservas de proteína de la nación. "Este problema se agudizará para los estadounidenses si la guerra continúa —escribió el expresidente Herbert Hoover en 1943 en un comunicado de gobierno—. Las granjas se están quedando sin mano de obra para atender al ganado y, por si fuera poco, debemos abastecer también a los británicos y a los rusos. Las carnes y grasas son municiones esenciales para esta guerra, tanto como los tanques y los aviones".

El Departamento de la Defensa se acercó a docenas de los mejores sociólogos, psicólogos y antropólogos del país —entre ellos Margaret Mead y Kurt Lewin, quienes se convertirían en superestrellas académicas— y les encomendó una misión: encontrar la forma de convencer a los estadounidenses de comer vísceras. El objetivo era lograr que las amas de casa sirvieran a su familia los hígados, corazones, riñones, sesos, estómagos e intestinos que sobraban después de haber despachado los cortes más jugosos al extranjero.

En ese entonces, las vísceras no eran populares en Estados Unidos. En los años cuarenta, las señoras preferían matar de hambre a su familia que mancillar su mesa con un plato de lengua o tripa. Por lo tanto, cuando los científicos que conformaron el Comité de Hábitos Alimenticios se reunieron por primera vez en 1941, se dieron a la tarea de identificar de forma sistemática las barreras culturales que impedían a los estadounidenses comer vísceras. Con el tiempo se publicaron más de doscientos estudios que, en términos generales, llegaban a conclusiones similares: para cambiar la alimentación de la gente, hay que convertir lo exótico en familiar. Y, para ello, hay que camuflarlo con un disfraz cotidiano.

Los científicos determinaron que, para convencer a los estadounidenses de comer hígado y riñón, las amas de casa debían aprender a lograr que el alimento se viera, supiera y oliera lo más parecido a lo que su familia *esperaba* encontrar en la mesa. Por ejemplo, cuando la División de Subsistencia del Cuerpo de Cuartel Maestres —los encargados de alimentar a los soldados— empezó a servirles col fresca a las tropas en 1943, los soldados la rechazaron. Por lo tanto, los cocineros picaron e hirvieron la col hasta que se pareciera a las otras verduras que les servían a las tropas, y entonces los soldados se la comieron sin chistar. "Es más probable que los soldados coman algo conocido o desconocido si está preparado de forma parecida a lo que conocen o si la presentación les resulta familiar", escribió un investigador de nuestros tiempos al evaluar aquellos estudios.

La conclusión del Comité de Hábitos Alimenticios fue que el secreto para cambiar la dieta estadounidense era la familiaridad. Poco después, las amas de casa empezaron a recibir correos directos del gobierno en los que se les decía que "cualquier esposo quedará fascinado con una tarta de filete y riñón", y los carniceros empezaron a regalar recetarios que explicaban cómo incorporar hígado al pastel de carne.

Pocos años después de que terminara la Segunda Guerra Mundial, se disolvió el Comité de Hábitos Alimenticios. No obstante, para entonces las vísceras ya estaban bien integradas a la dieta estadounidense. Un estudio indicaba que su consumo había incrementado un 33 por ciento durante la guerra. Para 1955, esa cifra se elevó hasta el 50 por ciento. El riñón ya era un alimento común en las cenas familiares, mientras que el hígado se reservaba para ocasiones especiales. Los patrones alimenticios de los estadounidenses cambiaron a tal grado que las vísceras se convirtieron en símbolos de confort.

Después de eso, el gobierno federal diseñó docenas de campañas adicionales para mejorar la alimentación de los ciudadanos. Por ejemplo, la campaña de "Cinco al día", cuya intención era fomentar que la gente comiera cinco frutas o verduras al día; la pirámide nutricional del Departamento de Agricultura; y la campaña a favor de los quesos y las leches bajas en grasa. Ninguna de ellas se basó en los hallazgos del comité ni intentó camuflar las recomendaciones nuevas con hábitos existentes; por lo tanto, todas fracasaron. Hasta la fecha, el único programa gubernamental que ha logrado cambios duraderos en la dieta estadounidense ha sido el fomento del consumo de vísceras durante los años cuarenta.

Sin embargo, las estaciones de radio y las grandes empresas —incluyendo a Target— han sido un poco más inteligentes.

● ● ●

Los disc jockeys no tardaron en darse cuenta de que, para convertir "Hey Ya!" en un éxito, necesitaban que la canción se sintiera familiar. Y, para ello, se requería algo muy particular.

El problema era que, aunque los programas computacionales como Hit Song Science fueran muy buenos para predecir los hábitos de la gente, a veces esos algoritmos identificaban hábitos que aún no afloraban. Y, cuando las empresas apelan a los hábitos que aún no adoptamos o que, en el peor de los casos, no estamos dispuestos a reconocer que tenemos —como nuestra afición por las baladas cursilonas—, se arriesgan a caer en la quiebra. Si un supermercado presume "Tenemos una amplia variedad de cereales y helados repletos de azúcar", la clientela se alejará. Si un carnicero anuncia "Compre aquí los intestinos para la cena", cualquier ama de casa preferirá servir estofado de atún. Si una estación de radio anuncia "¡Canciones de Celine Dion cada media hora!", los radioescuchas cambiarán de estación. Por lo tanto, los dueños de los supermercados ofrecen primero las manzanas y los tomates (pero también se aseguran de que veas los M&M's y los helados Häagen-Dazs de camino a la caja registradora), los carniceros de los cuarenta apodaron al hígado "el nuevo filete", y los disc jockeys programan de forma discreta el tema principal de *Titanic*.

"Hey Ya!" necesitaba volverse parte de un hábito auditivo establecido para poder ser un éxito. Y, para convertirse en parte de un hábito, había que camuflarla un poco al principio, así como las amas de casa camuflaron el hígado al incorporarlo al pastel de carne. Para ello, en WIOQ de Filadelfia —y otras estaciones de todo el país—, los disc jockeys empezaron a asegurarse de que, cada vez que fuera a sonar "Hey Ya!", estuviera programada entre dos canciones que ya eran muy populares. "Ahora es una teoría de libro de texto para las radiodifusoras —me dijo Tom Webster, consultor de radio—. Hay que transmitir las canciones nuevas entre dos éxitos populares".

No obstante, los DJs no programaron "Hey Ya!" en compañía de cualquier clase de éxito, sino que empezaron a reproducirla entre el tipo de canciones que Rich Meyer descubrió que eran particularmente pegajosas, como los éxitos de Blu Cantrell, 3 Doors Down, Maroon 5 y Christina Aguilera. (De hecho, algunas estaciones se arriesgaban incluso a usar la misma canción dos veces).

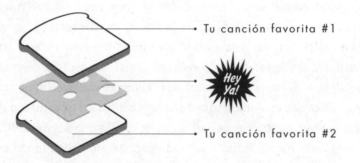

Veamos, por ejemplo, la lista de reproducción de WIOQ del 19 de septiembre de 2003:

11:43 "Here Without You" de 3 Doors Down
11:54 "Breathe" de Blu Cantrell
11:58 "Hey Ya!" de OutKast
12:01 "Breathe" de Blu Cantrell

O la lista de reproducción del 16 de octubre:

9:41 "Harder to Breathe" de Maroon 5
9:45 "Hey Ya!" de OutKast

9:49 "Can't Hold Us Down" de Christina Aguilera
10:00 "Frontin'" de Pharrell

O la del 12 de noviembre:

9:58 "Here Without You" de 3 Doors Down
10:01 "Hey Ya!" de OutKast
10:05 "Like I Love You" de Justin Timberlake
10:09 "Baby Boy" de Beyoncé

"Organizar una lista de reproducción es un ejercicio de mitigación de riesgos —me explicó Webster—. Las estaciones deben arriesgarse a programar nuevas canciones, o de otro modo la gente deja de escucharlas. Sin embargo, lo que los escuchas quieren es aquello que ya les gusta. Por ende, hay que lograr que las canciones parezcan familiares tan rápido como sea posible".

Cuando WIOQ empezó a programar "Hey Ya!" a principios de septiembre —antes de poner en práctica la estrategia de reproducirla entre dos éxitos—, un 26.6 por ciento de los oyentes cambiaba de estación al oír los primeros acordes. Para octubre, después de presentarla en medio de dos éxitos pegajosos, el "factor de cambio de estación" disminuyó a 13.7 por ciento. Para diciembre ya era de apenas 5.7 por ciento. Otras grandes estaciones de radio de todo el país usaron esa misma técnica y los índices de cambio de estación siguieron el patrón de disminución esperado.

Entre más escuchaba la gente "Hey Ya!", más familiar se volvía. Una vez que se popularizó, WIOQ empezó a programarla hasta quince veces al día. Los hábitos auditivos de la gente se modificaron para esperar e incluso ansiar "Hey Ya!". Surgió entonces el hábito de "Hey Ya!". La canción ganó un Grammy, vendió más de 5.5 millones de álbumes y les generó millones de dólares a las radiodifusoras. "Ese álbum hizo a OutKast merecedor de un lugar en el panteón de las superestrellas —me dijo Bartels, el ejecutivo de promoción—. Les abrió la puerta a un público distinto del que escucha hip-hop. Es tan satisfactorio que los nuevos artistas me presenten su *single* y afirmen: "Será el próximo 'Hey Ya!' ".

●●●

Después de que Andrew Pole diseñara su máquina de predicción de embarazos, de identificar a cientos de miles de compradoras que probablemente estaban embarazadas y de que alguien le señalara que algunas —de hecho, la gran mayoría— de esas mujeres no se sentirían cómodas al recibir publicidad que evidenciara que Target estaba al tanto de su embarazo, el equipo decidió dar un paso atrás y examinar sus opciones.

El departamento de marketing pensó que lo más sensato sería realizar una serie de pequeños experimentos antes de lanzar una campaña a nivel nacional. Target tenía la capacidad de enviar unos cuantos folletos publicitarios específicos a un pequeño grupo de clientas, de modo que eligieron al azar a mujeres de la lista de Pole y empezaron a probar combinaciones publicitarias para examinar las reacciones de las compradoras.

"Tenemos la capacidad de enviarle a cada cliente un folleto publicitario diseñado específicamente para él que diga 'Aquí tienes un cupón para todo lo que compraste la semana pasada' —me contó un ejecutivo con conocimiento de primera mano sobre el predictor de embarazos de Pole—. Lo hacemos todo el tiempo con los productos de almacén.

"Sin embargo, con los productos para embarazadas aprendimos que hay mujeres que consideran intrusiva nuestra estrategia. Así que empezamos a mezclar la publicidad de artículos que sabíamos que las embarazadas querían con otros que jamás comprarían, de modo que los anuncios de productos para bebé parecieran aleatorios. Junto al anuncio de pañales pusimos una podadora. Junto al cupón para ropa de bebé pusimos un cupón para copas de vino. De ese modo, la selección de productos parecía fortuita.

"Y descubrimos que, mientras la clienta no crea que la hemos estado espiando, usará los cupones, pues da por sentado que todos en la cuadra recibieron la misma publicidad de pañales y cunas. Siempre y cuando no la asustemos, la estrategia funciona".

La solución al dilema de Target y de Pole —cómo dirigir publicidad a embarazadas sin revelar que la empresa sabía de su embarazo— era básicamente la misma que usaron los DJs para enganchar a los radioescuchas con "Hey Ya!". Target intercaló los cupones de pañales con productos que no eran para el embarazo y que hacían parecer que la publicidad era anónima, familiar, confiable. De ese modo camuflaron su conocimiento.

Al poco tiempo, las ventas de productos de maternidad y bebés se dispararon. La empresa no desglosa las cifras de ventas de cada división, pero entre 2002 —año en que contrataron a Pole— y 2009, las ganancias de Target pasaron de 44 mil millones a 65 mil millones de dólares. En 2005, Gregg Steinhafel, presidente de la compañía, presumió en una sala llena de inversionistas "el enfoque específico de la empresa en productos y categorías que apelan a segmentos de invitados específicos, como maternidad y bebés. A medida que refinamos nuestras bases de datos, Target Mail se ha ido convirtiendo por sí sola en una herramienta útil para promover el valor y la conveniencia a segmentos de clientes específicos, como adolescentes y madres primerizas —firmó—. Por ejemplo, Target Baby da seguimiento a las etapas del bebé, con artículos para cuidado prenatal hasta asientos para auto y carriolas. En 2004, el programa de correo directo de Target Baby generó un incremento considerable en visitas a tiendas y ventas".

Ya sea que quieras vender una canción nueva, un alimento nuevo o una cuna nueva, la lección es la misma: si vistes algo nuevo con viejos hábitos, a la gente le resulta más fácil aceptarlo.

IV.

Esta lección no es útil solo para las grandes empresas, agencias gubernamentales o radiodifusoras que buscan manipular nuestros intereses. También podemos usarla para cambiar nuestra forma de vida.

Por ejemplo, en el año 2000, la YMCA —una de las organizaciones sin fines de lucro más grandes del país— contrató a dos estadísticos con la finalidad de valerse de los poderes de la adivinación fundamentada en datos para hacer del mundo un lugar más saludable. La YMCA tiene más de 2,600 filiales en Estados Unidos, que en su mayoría son gimnasios y centros comunitarios. Hace poco más de una década, los líderes de la organización empezaron a preocuparse porque la YMCA siguiera siendo competitiva, y pidieron la ayuda del sociólogo Bill Lazarus y el matemático Dean Abbott.

Lazarus y Abbott reunieron datos de más de 150,000 encuestas de satisfacción de miembros de YMCA recopiladas durante varios años y buscaron patrones. Para entonces, los ejecutivos de la YMCA reconocían que la gente deseaba equipo de gimnasio sofisticado e instalaciones modernas y relucientes. La YMCA había gastado millones en la construcción de salones de pesas y estudios de yoga. No obstante, al analizar las encuestas, resultó que aunque el atractivo de las instalaciones y la disponibilidad de máquinas de ejercicio hacían que la gente se inscribiera en un inicio, lo que los inspiraba a quedarse era otra cosa.

Según los datos, la permanencia estaba determinada por factores emocionales, como si los empleados se sabían los nombres de los miembros o si los saludaban al entrar. Al parecer, la gente solía ir al gimnasio en busca de conexión humana, no de una caminadora. Si los miembros hacían amistades en el interior de la YMCA, era mucho más probable que asistieran a sus entrenamientos. Dicho de otro modo, la gente que se inscribe a la YMCA tiene ciertos hábitos sociales. Si la YMCA los satisfacía, los miembros estaban contentos. Por ende, si la organización quería fomentar que la gente se ejercitara, necesitaba aprovechar los patrones existentes y capacitar a sus empleados para que recordaran los nombres de los miembros. Es una variante de la lección que aprendieron Target y los DJs de la radio: para vender un hábito nuevo —en este caso, el ejercicio— hay que presentarlo en un envoltorio que la gente conoce y disfruta, como el instinto de ir a lugares donde sea fácil hacer amistades.

"Estamos descubriendo qué hace que la gente siga yendo al gimnasio —me dijo Lazarus—. La gente quiere visitar lugares que satisfagan sus necesidades sociales. Hacer que la gente se ejercite en grupo hace que sea más probable que sea constante en su entrenamiento. De ese modo se podría cambiar la salud de la nación".

Según los expertos en analítica predictiva, pronto será posible que las empresas conozcan nuestros gustos y sean capaces de predecir nuestros hábitos mejor que nosotros mismos. No obstante, saber que alguien pueda preferir cierta marca de mantequilla de maní no basta para que esa persona ejerza dicha preferencia. Para publicitar un nuevo hábito —sea de consumo o de ejercicio—, hay que saber cómo hacer que lo nuevo parezca familiar.

La última vez que hablé con Andrew Pole le mencioné que mi esposa tenía siete meses de embarazo y esperábamos a nuestro segundo hijo. Pole también tiene hijos, así que hablamos un poco al respecto. Mi esposa y yo compramos ocasionalmente en Target, le dije, y hacía como un año le habíamos dado nuestra dirección a la empresa para empezar a recibir cupones por correo. Hacía poco, a medida que iba progresando el embarazo de mi esposa, empecé a notar un incremento sutil en el número de anuncios de pañales, cremas hidratantes y ropa para bebé que llegaban a nuestra casa.

También le dije que planeaba usar algunos de esos cupones ese fin de semana. Pensaba comprar una cuna, cortinas para el cuarto del bebé y quizás algunos juguetes de Bob el Constructor para mi primogénito. Era muy útil que Target me enviara cupones exactamente para lo que necesitaba comprar.

"Y espera a que llegue el bebé —me contestó Pole—. Empezaremos a enviarte cupones para cosas que quieres incluso antes de que sepas que las quieres".

TERCERA PARTE

Los hábitos de las sociedades

LA IGLESIA BAUTISTA DE SADDLEBACK Y EL BOICOT A LOS AUTOBUSES EN MONTGOMERY

Cómo se gestan los movimientos sociales

I.

El autobús de las 6 p.m. hacia Cleveland Avenue se estacionó en la curva y la pequeña mujer afroamericana de 42 años de edad, con gafas metálicas y una chaqueta ordinaria color marrón, subió al vehículo, metió la mano al bolso y echó los diez centavos del costo del viaje en la taquilla.

Era el jueves 1 de diciembre de 1955, en Montgomery, Alabama. La mujer acababa de concluir un largo día laboral en Montgomery Fair, la tienda departamental donde trabajaba como costurera. El autobús estaba repleto y, por ley, las primeras cuatro filas estaban reservadas para pasajeros blancos. La parte trasera, donde los afroamericanos tenían permitido sentarse, estaba llena, así que la mujer —cuyo nombre era Rosa

Parks— se sentó en una de las filas centrales, justo detrás de la sección blanca, donde cualquier persona, sin importar su color de piel, podía tomar asiento.

A medida que el autobús recorría su ruta, más gente se subía. Al poco rato, todas las filas estaban llenas y algunas personas —incluyendo un pasajero blanco— iban de pie, tomadas del barandal superior. James F. Blake, el conductor, al ver al hombre blanco parado, les gritó a los pasajeros afroamericanos de la sección donde estaba Parks que cedieran sus asientos, pero nadie se movió. Había mucho ruido. Quizá no lo habían escuchado. Blake se estacionó en una parada frente al teatro Empire en Montgomery Street y caminó hacia la parte trasera del vehículo.

—Más les vale que se levanten y desocupen esos lugares —dijo. Tres de los pasajeros afroamericanos se pusieron de pie y se dirigieron hacia el fondo, pero Parks se quedó donde estaba. No estaba sentada *en* la sección para blancos, le dijo al conductor, además de que solo había un pasajero blanco de pie.

—Si no te levantas —la amenazó Blake—, llamaré a la policía y haré que te arresten.

—Pues hazlo—, contestó ella.

El conductor se bajó y encontró a dos policías.

—¿Por qué no se levanta? —le preguntó uno de ellos a Parks tras abordar el autobús.

—¿Por qué nos maltratan? —reviró ella.

—No lo sé —contestó el oficial—. Pero la ley es la ley, así que está usted arrestada.

En ese momento, aunque ninguno de los presentes lo sabía, detonó el movimiento por los derechos civiles. La aparentemente pequeña negativa fue la primera de una serie de acciones que logró que la batalla de las relaciones raciales dejara de ser una lucha de activistas en los tribunales y las legislaturas para convertirse en una contienda de comunidades enteras y protestas masivas. En el transcurso del siguiente año, la población negra de Montgomery se alzaría y boicotearía los autobuses de la ciudad, y no cesaría hasta que se eliminara la ley de segregación racial en el transporte público. El boicot causaría una parálisis económica en la línea de autobuses, llevaría a decenas de miles de manifestantes a las calles, daría a conocer al mundo a un joven y carismático líder llamado Martin Luther King Jr. Y desataría un movimiento que se extendería hasta Little Rock, Greensboro, Raleigh, Birmingham y, con el tiempo, llegaría incluso al congreso. Parks se convertiría en una heroína, recibiría la Medalla Presidencial de la Libertad y se consolidaría como un gran ejemplo de cómo un sencillo acto de rebeldía puede cambiar el mundo.

Pero ahí no termina la historia. Rosa Parks y el boicot a los autobuses de Montgomery se convirtieron en el epicentro del movimiento por los derechos civiles, no solo por aquel acto individual de rebeldía, sino también por una serie de patrones sociales. Las experiencias de Parks nos enseñan una lección sobre el poder de los hábitos sociales, que son los comportamientos que se reproducen de forma inconsciente entre docenas, cientos o miles de personas y que suelen ser difíciles de identificar cuando surgen, pero tienen la capacidad de cambiar el mundo. Los hábitos sociales son los que inundan las calles de manifestantes que tal vez no se conocen entre sí, los cuales quizá marchan por razones distintas pero se mueven en la misma dirección. Los hábitos sociales explican por qué algunas iniciativas se convierten en movimientos que cambian el mundo, mientras que otras no echan raíces. Y la razón por la cual los hábitos sociales son tan importantes es porque, en la base de cualquier movimiento —ya sea una revolución a gran escala o una mera fluctuación entre feligreses en una iglesia—, hay un proceso de tres partes que los historiadores y sociólogos afirman que aparece una y otra vez:

Los movimientos empiezan por los hábitos sociales de amistad y los fuertes vínculos entre personas que se conocen bien.

Crecen por los hábitos de una comunidad y los vínculos débiles que unen a los vecindarios y los clanes.

Y se mantienen porque los líderes del movimiento infunden a los participantes nuevos hábitos que generan una sensación fresca de identidad y sentido de pertenencia.

Por lo regular, solo cuando se cumplen las tres partes del proceso los movimientos son capaces de impulsarse a sí mismos y llegar a las grandes masas. Hay otras recetas para lograr cambios sociales con éxito, así como cientos de detalles que difieren según las épocas y las luchas. Pero entender cómo funcionan los hábitos sociales ayuda a entender por qué Montgomery y Rosa Parks se convirtieron en catalizadores de una cruzada por los derechos civiles.

Era posible que aquel acto de rebeldía de Parks en un día de invierno pasara desapercibido. Pero los hábitos intervinieron, y entonces ocurrió algo sorprendente.

● ● ●

Rosa Parks no fue la primera pasajera negra en romper la ley de segregación racial en Montgomery. Ni siquiera fue la primera en hacerlo aquel año. En 1946, a Geneva Johnson la arrestaron por contestarle a un conductor de autobús de Montgomery con respecto a los asientos. En 1949, a Viola White, Katie Wingfield y dos chiquillos los arrestaron por sentarse en la sección para pasajeros blancos y negarse a cambiarse de lugar. Ese mismo año, a dos adolescentes que venían de visita de Nueva Jersey —donde los autobuses estaban integrados— los arrestaron y encarcelaron después de romper la ley por sentarse junto a un hombre y un niño blancos. En 1952, un policía de Montgomery disparó y mató a un hombre que estaba discutiendo con un conductor de autobús. Y, en 1955, apenas meses antes de que Rosa Parks terminara en la cárcel, a Claudette Colvin y Mary Louise Smith las arrestaron en incidentes separados por negarse a cederles sus asientos a pasajeros blancos.

No obstante, ninguno de esos arrestos detonó boicots. "En ese entonces no había muchos activistas en Montgomery —me explicó Taylor Branch, historiador especializado en derechos civiles y ganador del premio Pulitzer—. La gente no asistía a protestas o marchas. El activismo era exclusivo de los tribunales y no algo que la gente común hiciera".

Por ejemplo, cuando el joven Martin Luther King Jr. llegó a Montgomery en 1954, un año antes del arresto de Parks, observó que la mayoría de la población negra de la ciudad aceptaba la segregación "sin oponer resistencia aparente. No solo parecía que se resignaban a la segregación como tal, sino que también aceptaban los abusos y la indignación que esta conllevaba".

Entonces, ¿por qué cambiaron las cosas con el arresto de Parks?

Una explicación es que el clima político estaba cambiando. El año anterior, la Corte Suprema de Estados Unidos falló en el caso *Brown contra el Consejo de Educación* y determinó que la segregación era ilegal en las escuelas públicas. Seis meses antes del arresto de Parks, la Corte emitió lo que se conocería como *Brown II*: la orden de que la integración escolar procediera con "absoluta celeridad". En todo el país se respiraban los aires de cambio.

No obstante, eso no basta para explicar por qué en Montgomery fue donde explotó la lucha por los derechos civiles.

Claudette Colvin y Mary Louise Smith fueron arrestadas poco después del fallo en el caso *Brown contra el Consejo de Educación*, pero eso no detonó la protesta. Para muchos residentes de Montgomery, *Brown* era la abstracción de un tribunal lejano y no quedaba claro cuál sería su impacto a nivel local, si acaso lo tenía. Montgomery no era como Atlanta, Austin u otras ciudades donde el progreso parecía posible. "Montgomery era un lugar bastante desagradable —me dijo Branch—. El racismo estaba muy arraigado".

Sin embargo, el arresto de Parks detonó algo inusual en la ciudad. A diferencia de otras personas que habían sido encarceladas por violar la ley de segregación racial en los autobuses, Rosa Parks era muy respetada y apreciada por la comunidad. Por ende, el arresto detonó una serie de hábitos sociales —los hábitos de la amistad— que dieron pie a una protesta inicial. La pertenencia de Parks a docenas de redes sociales en todo Montgomery permitió que sus amistades reaccionaran antes de que se asentara la habitual apatía de la comunidad.

En ese entonces, la vida civil de Montgomery estaba dominada por cientos de pequeños grupos que conformaban el tejido social de la ciudad. El *Directorio de Organizaciones Civiles y Sociales* era casi del mismo grosor que el directorio telefónico. Al parecer todos los adultos —sobre todo los adultos afroamericanos— pertenecían a algún tipo de club, iglesia, grupo social, centro comunitario u organización barrial, y con frecuencia a más de uno. Y, en el interior de esas redes sociales, Rosa Parks era especialmente conocida y valorada. "El de Rosa Parks fue uno de esos peculiares casos donde todos coinciden en que dio más de lo que recibió a cambio —escribió Branch en su historia del movimiento por los derechos civiles titulada *Parting the Waters*—. Su personalidad representaba uno de esos picos particularmente altos en la gráfica de la naturaleza humana, que contrarrestaba al menos a una docena de sociópatas". Las incontables amistades de Parks y sus afiliaciones cruzaban las fronteras raciales y económicas de la ciudad. Era secretaria de la delegación local de la Asociación Nacional para el Progreso de las Personas de Color (NAACP, por sus siglas en inglés), asistía a la iglesia metodista y ayudaba a dirigir una organización juvenil de la iglesia luterana cercana a su casa. También pasaba algunos fines de semana haciendo trabajo voluntario en un albergue y otros en un club de botánica, y los miércoles por la noche solía juntarse con un grupo de mujeres que tejían cobijas para el hospital local. Asimismo, hacía ropa para familias pobres y ofrecía servicios de costura de último minuto para jóvenes blancas adineradas. Estaba tan involucrada con la comunidad que, de hecho, su esposo se quejaba de que Parks comía más en casa ajena que en la propia.

Según los sociólogos, la mayoría de las personas tiene amistades que se parecen a ellas. Quizá tengamos algunos conocidos más adinerados, unos cuantos más pobres y otros de distintas razas; pero, en términos generales, tendemos a entablar relaciones más profundas con gente que se ve como nosotros, gana más o menos la misma cantidad de dinero y proviene de un contexto similar al nuestro.

Sin embargo, Parks tenía amistades en todas las jerarquías sociales y económicas. Tenía lo que los sociólogos denominan "vínculos sólidos" o relaciones de primera mano con docenas de grupos de todo Montgomery que no solían relacionarse entre sí. "Esto fue absolutamente clave —explicó Branch—. Rosa Parks trascendía las estratificaciones sociales de la comunidad negra y de Montgomery en su totalidad. Se llevaba bien con obreros y con profesores universitarios".

Y el poder de esas amistades se hizo evidente cuando Parks terminó en la cárcel.

●●●

Rosa Parks llamó a casa de sus padres desde la estación de policía. Estaba aterrada, y su madre —quien no tenía idea de qué hacer— empezó a repasar mentalmente el directorio de amistades de Parks para encontrar a alguien que pudiera ayudarlas. Llamó entonces a la esposa de E.D. Nixon, exjefe de la filial de NAACP en Montgomery, quien quizá las ayudaría. La esposa de Nixon, a su vez, llamó a su marido y le dijo que Parks necesitaba que la sacaran de la cárcel. Nixon accedió de inmediato a ayudarla y contactó a un abogado blanco llamado Clifford Durr, quien también conocía a Parks porque había confeccionado vestidos para sus tres hijas.

Nixon y Durr fueron a la cárcel, pagaron la fianza y llevaron a Parks a su casa. Habían estado buscando el caso perfecto para desafiar las leyes de segregación en Montgomery y sentían que esta era su oportunidad, así que le preguntaron a Parks si estaría dispuesta a permitirles rebatir su arresto en los tribunales. El esposo de Parks se oponía a la idea. "Los blancos te van a matar, Rosa", le dijo.

Pero Parks había trabajado varios años con Nixon en NAACP y había estado en casa de Durr, donde había ayudado a sus hijas a prepararse para las fiestas. Ahora eran sus amigos quienes le pedían un favor.

"Si creen que significará algo para Montgomery y servirá para algo bueno —les dijo—, estoy dispuesta a seguir adelante".

Esa noche, pocas horas después del arresto, empezó a difundirse entre la comunidad negra la noticia del encarcelamiento de Parks. Jo Ann Robinson, presidenta de un poderoso grupo de profesoras escolares implicadas en política y amiga de Parks, con quien militaba en varias organizaciones, se enteró de la noticia. También se enteraron muchas de las profesoras del grupo de Robinson y muchos de los padres y madres de sus estudiantes. Cerca de la medianoche, Robinson convocó a una reunión de emergencia y sugirió que todos boicotearan los autobuses de toda la ciudad el lunes, cuatro días después, que sería el día en el que Parks se presentaría en tribunales.

Después de eso, Robinson se escabulló al cuarto de la máquina mimeográfica de su oficina e hizo copias de un volante.

"Han arrestado y encarcelado a otra mujer negra solo porque se negó a cederle su asiento en el autobús a una persona blanca —decía—. El caso de esta mujer será juzgado el lunes. Por ende, les pedimos a todos los afroamericanos que no tomen autobuses el lunes en protesta por su arresto y enjuiciamiento".

Al día siguiente, en la mañana, Robinson repartió pilas de volantes a las profesoras y les pidió que los distribuyeran entre los padres de familia y colegas del trabajo. Veinticuatro horas después del arresto de Parks, la noticia de su encarcelamiento y del boicot se había difundido hasta llegar a algunas de las agrupaciones más influyentes de la ciudad: la filial local de la NAACP, un grupo político grande, varias maestras de escuela y los padres y madres de sus estudiantes. Mucha de la gente que recibió copia del volante conocía a Rosa Parks en persona; se habían sentado a su lado en la iglesia o en una junta de voluntariado y la consideraban amiga. La amistad conlleva cierto instinto natural, cierta empatía que nos impele a luchar por alguien a quien apreciamos cuando se le ha tratado de forma injusta. Los estudios demuestran que la gente no tiene dificultades para ignorar los malestares ajenos, pero, cuando se trata de alguien querido, la indignación basta para sobreponerse a la inercia que suele dificultar la organización de las protestas. Cuando las amistades de Parks se enteraron de su arresto y del boicot, los hábitos sociales de la amistad —la inclinación natural de ayudar a alguien a quien respetamos— tomaron las riendas.

Cualquiera de los arrestos previos pudo haber detonado el primer movimiento masivo en la era moderna de los derechos civiles. Pero todo empezó con Rosa Parks porque ella tenía extensas redes de amistades, diversas e interconectadas. Cuando la arrestaron, sus amigos respondieron como suelen responder los amigos: siguiendo los hábitos sociales de la amistad y accediendo a demostrarle su apoyo.

Aun así, pocos esperaban que la protesta trascendiera el boicot de un día. En todo el mundo surgen protestas repentinas a diario, y casi todas se esfuman con la misma rapidez. Nadie tiene suficientes amistades como para cambiar el mundo.

Por eso, el segundo aspecto de los hábitos sociales de los movimientos es tan importante. El boicot a los autobuses de Montgomery se convirtió en una acción social porque el sentido de obligación que unía a la comunidad negra se activó poco después de que las amistades de Parks difundieran la noticia. Gente que apenas conocía a Parks decidió participar por presión social —una influencia conocida como "el poder de los vínculos débiles"—, la cual dificultaba que se mantuvieran al margen.

II.

Imagina por un instante que eres un ejecutivo consolidado en una empresa próspera. Tienes éxito y eres apreciado. Has pasado años construyendo tu reputación dentro de la compañía y cultivando una red de amistades a la que puedes recurrir cuando necesitas clientes, consejo y chismes sobre la industria.

Vas a la iglesia, al gimnasio y al club campestre, además de pertenecer a la asociación local de exalumnos de tu universidad. Te respetan y piden con frecuencia que te unas a diversos comités. Cuando la gente de tu comunidad se entera de alguna oportunidad de negocios, suelen comunicártela.

Ahora imagina que recibes una llamada. Es otro ejecutivo de nivel medio, como tú, que trabaja en una empresa próspera, pero que está buscando cambiar de trabajo. Te pide que lo recomiendes con tu jefe.

Si la persona al teléfono es un desconocido, la decisión es fácil. ¿Por qué arriesgarías tu posición dentro de la empresa recomendando a alguien que no conoces?

Sin embargo, si la persona al otro lado del teléfono es un amigo cercano, también es una decisión sencilla. Claro que lo ayudarás, pues para eso están los amigos.

Ahora bien, ¿qué pasa si la persona al teléfono no es propiamente un gran amigo, pero tampoco un desconocido? Quizá tienen amistades en común, pero no lo conoces muy bien. ¿Meterás las manos en el fuego por él cuando tu jefe te pregunte si vale la pena entrevistarlo? Dicho de otro modo, ¿qué tanto de tu reputación y energía estarías dispuesto a invertir en ayudar al amigo de un amigo a conseguir trabajo?

A finales de los sesenta, un estudiante de doctorado de Harvard llamado Mark Granovetter se dio a la tarea de contestar a esa pregunta, para lo cual estudió cómo 282 hombres habían encontrado su trabajo actual. Averiguó cómo se enteraron del puesto, a quién llamaron en busca de recomendaciones, los métodos que usaron para conseguir la entrevista y, sobre todo, quién les había echado una mano. Como era de esperarse, descubrió que, cuando quienes buscaban trabajo pedían ayuda a extraños, estos los rechazaban. Cuando se acercaban a sus amigos, en cambio, estos los ayudaban.

No obstante, lo más sorprendente fue la frecuencia con la que los solicitantes recibieron ayuda de conocidos —amigos de amigos—, gente que no era desconocida, pero tampoco cercana. Granovetter denominó estas relaciones "vínculos débiles", pues representan los vínculos que conectan a la gente que tiene conocidos en común y que comparte pertenencia a redes sociales, pero que no está conectada por lazos sólidos de amistad.

De hecho, Granovetter descubrió que, para obtener un empleo, los vínculos débiles solían ser *más* importantes que los vínculos sólidos, pues los vínculos débiles nos dan acceso a redes sociales a las que de otro modo no entraríamos. Muchos de los sujetos que Granovetter estudió se habían enterado de las oportunidades laborales a través de vínculos débiles y no por sus amistades más cercanas, lo cual tiene sentido porque solemos hablar con nuestras amistades más cercanas con bastante frecuencia o trabajamos con ellas o leemos los mismos medios. Para cuando ellas se enteran de una nueva oferta laboral, es probable que nosotros ya nos hayamos enterado también. Por otro lado, las personas con quienes tenemos vínculos débiles —esas personas con las que nos topamos cada seis meses— son quienes nos hablan de ofertas de trabajo de las que de otro modo jamás nos enteraríamos.

Al examinar cómo se desplazan las opiniones en las comunidades, cómo se extienden los chismes o cómo empiezan los movimientos políticos, los sociólogos descubrieron un patrón en común: los conocidos con quienes tenemos vínculos débiles suelen ser tan influyentes —si no es que más— que nuestras amistades más cercanas. En palabras de Granovetter: "Los individuos con pocos vínculos débiles se privan de información proveniente de partes lejanas del sistema social y están confinados a las noticias provinciales y las visiones de sus amistades cercanas. Esta privación no solo los aísla de las ideas y modas más recientes, sino que los pone en una posición desfavorable en el mercado laboral, donde el crecimiento puede depender... de enterarse de oportunidades de trabajo en el momento preciso.

"Por si fuera poco, puede ser difícil organizar e integrar a dichos individuos a movimientos políticos de cualquier índole... Mientras que el reclutamiento de miembros de una o dos camarillas puede ser eficiente, el problema es que, sin vínculos débiles, cualquier inercia generada de este modo no *trascenderá* la camarilla. En consecuencia, la mayoría de las poblaciones permanecerá indiferente".

El poder de los vínculos débiles permite explicar por qué una protesta puede trascender un grupo de amigos y convertirse en un movimiento social de gran tamaño. Convencer a miles de personas de que persigan la misma meta —sobre todo si ello implica verdaderas dificultades, como caminar al trabajo en lugar de tomar el autobús, terminar en la cárcel o quedarte sin el café de la mañana porque la compañía que lo vende no apoya la agricultura orgánica— es complicado. A la mayoría de la gente no le importa tanto la indignación más reciente como para dejar de subirse al autobús o renunciar a su dosis de cafeína; a menos que sea una amistad cercana quien ha sido agraviada o encarcelada. Por eso hay una herramienta que los activistas usan desde hace mucho para convocar a las protestas, incluso cuando hay un grupo de gente que no necesariamente *quiere* participar. Es una forma de persuasión que desde hace siglos ha demostrado ser bastante efectiva. Se trata del sentido de obligación que los barrios y las comunidades se imponen a sí mismos.

En otras palabras: presión social.

La presión social —y los hábitos sociales que fomentan que la gente se ajuste a las expectativas del grupo— es difícil de describir porque suele adquirir distinta forma y expresarse de forma diferente en cada individuo. Estos hábitos sociales no conforman un patrón precisamente uniforme, sino que son docenas de hábitos individuales que en última instancia logran que todos se muevan en la misma dirección.

No obstante, los hábitos de la presión social tienen cosas en común. Suelen diseminarse a través de vínculos débiles y ganan autoridad gracias a las expectativas de la comunidad. Si ignoramos las obligaciones sociales de nuestro barrio, si desestimamos los patrones esperados de nuestra comunidad, nos arriesgamos a perder nuestra posición social. Asimismo, ponemos en riesgo nuestro acceso a muchos de los beneficios sociales derivados de habernos unido a un club campestre, una asociación de exalumnos o una iglesia.

En pocas palabras, si no ayudamos al conocido que pide una recomendación laboral, es posible que se queje de nosotros con su compañero de tenis, quien quizás en el vestidor le mencione esas quejas a alguien a quien esperabas atraer como cliente. En un campo de juego, la presión social es peligrosa. En la vida adulta, es la forma en que se hacen negocios y las comunidades se organizan.

Por sí sola, la presión social no basta para sostener un movimiento; sin embargo, cuando los vínculos sólidos de la amistad y los vínculos débiles de la presión social convergen, crean una inercia increíble. Y ahí es cuando puede empezar el cambio social generalizado.

● ● ●

Para ver de cerca cómo la combinación de vínculos sólidos y débiles es capaz de propulsar un movimiento, adelantemos la cinta nueve años *después* del arresto de Rosa Parks, cuando cientos de jóvenes se ofrecieron a exponerse a riesgos mortales con tal de respaldar la cruzada por los derechos civiles.

En 1964, estudiantes de todo el país —muchos de ellos jóvenes blancos de Harvard, Yale y otras universidades del norte de Estados Unidos— solicitaron unirse a algo llamado "Mississippi Summer Project". Era un programa de diez semanas dedicado al registro de votantes afroamericanos en el sur, al cual se llamó Verano de la Libertad, y muchos de los solicitantes sabían que implicaba ciertos riesgos. En los meses previos al comienzo del programa, los periódicos y las revistas se llenaron de artículos que predecían incrementos en los índices de violencia (los cuales, por desgracia, resultaron ser muy precisos: una semana después de iniciado el proyecto, un grupo de fundamentalistas blancos mató a tres voluntarios a las afueras de Longdale, Mississippi). La amenaza de violencia impidió que muchos estudiantes participaran en el Mississippi Summer Project, a pesar de haberse inscrito como voluntarios. Más de mil solicitantes fueron aceptados para el Verano de la Libertad, pero cuando llegó junio y fue el momento de que viajaran al sur, más de trescientos de ellos decidieron quedarse en casa.

En los años ochenta, Doug McAdam, sociólogo de la Universidad de Arizona, se preguntó si era posible averiguar por qué algunas personas participaron en el Verano de la Libertad y otras desertaron. Empezó por leer 720 de las solicitudes que enviaron los estudiantes hacía décadas. Cada una tenía cinco páginas. En ellas, se les preguntaba sobre sus antecedentes, por qué querían ir a Mississippi y qué experiencia tenían con registro de votantes. Les pidieron que dieran una lista de personas a las que los organizadores pudieran contactar en caso de que los arrestaran. Incluían ensayos, referencias y, en algunos casos, entrevistas. La solicitud de ingreso al programa implicaba un compromiso sumamente formal.

La hipótesis inicial de McAdam fue que los estudiantes que fueron a Mississippi tenían motivaciones distintas de quienes se quedaron en casa, lo cual explicaría las divergencias en participación. Para poner a prueba su idea, dividió a los solicitantes en dos grupos. En el primero estaba la gente que decía que quería ir a Mississippi por motivos "de interés personal", como "probarme a mí mismo" o "estar en el centro de la acción" o "aprender sobre la vida en el sur". El segundo grupo incluía a quienes tenían "otras motivaciones", como "mejorar la vida de los afroamericanos", "contribuir al cumplimiento de la democracia" o "demostrar el poder de la no violencia como vehículo para el cambio social".

McAdam supuso que era más probable que los candidatos egocéntricos hubieran optado por quedarse en casa después de darse cuenta de los posibles riesgos del Verano de la Libertad, mientras que los que tenían "otras motivaciones" hubieran optado al final por hacer el viaje.

Pero su hipótesis era incorrecta.

Según los datos, tanto los ególatras como los altruistas viajaron al sur en igual proporción. Las diferencias en cuanto a motivaciones no explicaban "relaciones significativas entre participantes y desertores", escribió McAdam.

Después de eso, comparó los costos de oportunidad de los solicitantes. Quizá quienes se quedaron en casa tenían cónyuges o novias que les impidieron ir a Mississippi. O quizás habían conseguido empleo y no podían pedir un permiso de dos meses sin goce de sueldo.

Pero volvió a equivocarse.

"Estar casado o tener un empleo de tiempo completo en realidad incrementaba las probabilidades de que el solicitante viajara al sur", concluyó McAdam.

Le quedaba solo una hipótesis. A cada solicitante se le pidió que declarara su pertenencia a organizaciones estudiantiles y políticas, y que diera el nombre de diez personas a quienes quería que se mantuviera informadas de sus actividades durante el verano. McAdam tomó ambas listas y las usó para graficar la red social de cada solicitante. Al comparar su pertenencia a clubes, fue capaz de determinar qué solicitantes tenían amistades que también se habían unido al Verano de la Libertad.

Una vez que terminó, por fin obtuvo una respuesta: el factor determinante fueron los hábitos sociales, en especial porque los vínculos sólidos y los débiles funcionan en conjunto. Los estudiantes que participaron en el Verano de la Libertad estaban involucrados en el tipo de comunidades en las que tanto sus amistades cercanas *como* sus conocidos esperaban que se subieran al autobús. Quienes desertaron también estaban implicados en comunidades, pero de otra índole, donde la presión y los hábitos sociales no los impelían a ir a Mississippi.

"Imagina que eres uno de los estudiantes que envió su solicitud —me explicó McAdam—. El día que te inscribiste al Verano de la Libertad, llenaste la solicitud junto con cinco de tus amigos más cercanos, y todos se sentían muy motivados.

"Pero seis meses después, se aproxima la fecha de partida. Las revistas predicen que habrá violencia en Mississippi. Llamaste a tus padres, y ellos sugirieron que te quedaras en casa. Sería inusual que en ese instante no dudaras de tu decisión.

"Luego, mientras caminas por el campus, ves a un grupo de gente de tu iglesia que habla de organizar el viaje a Mississippi en conjunto y te pregunta a qué hora pasan por ti. No son tus amistades más cercanas, pero coincides con ellos en reuniones del club y en los dormitorios, y son importantes dentro de tu entorno social. Todos saben que te aceptaron para el Verano de la Libertad y que dijiste que querías ir. Necesitarías mucha suerte para zafarte en ese momento. Perderías mucho de tu estatus social. Aunque lo estés dudando, habrá consecuencias tangibles si desertas, como perder el respeto de gente cuya opinión te importa".

Por ejemplo, cuando McAdam se fijó en las solicitudes de candidatos religiosos —aquellos que mencionaban que una de sus motivaciones era "el deber cristiano de ayudar a los más necesitados" —, observó niveles mixtos de participación. No obstante, entre los solicitantes que mencionaban su orientación religiosa y pertenecían a organizaciones religiosas, McAdam descubrió que *todos y cada uno de ellos* había ido a Mississippi. Una vez que las comunidades se enteraron de que los habían aceptado para el Verano de la Libertad, les fue imposible desertar.

Por otro lado, examinó las redes sociales de los solicitantes que fueron aceptados en el programa pero que no fueron a Mississippi, quienes también pertenecían a organizaciones universitarias y clubes, y también le daban importancia a su posición dentro de esas comunidades. Sin embargo, las organizaciones a las que pertenecían —el periódico de la universidad, el gobierno estudiantil, grupos académicos y fraternidades— tenían expectativas distintas. Al interior de esas comunidades, el estatus de quien desertara del Verano de la Libertad no estaba en riesgo.

Al enfrentar la posibilidad de un arresto (o algo peor) en Mississippi, es probable que la mayoría de los estudiantes titubeara. No obstante, algunos pertenecían a comunidades donde los hábitos sociales —las expectativas de sus amigos y la presión social de los conocidos— los impulsaban a participar, así que, a pesar de las dudas, compraron su boleto de autobús. Otros —que también creían en los derechos civiles— pertenecían a comunidades donde los hábitos sociales apuntaban a una dirección distinta, así que tal vez pensaron: *Quizá sería mejor quedarme en casa.*

● ● ●

La mañana después de pagar la fianza de Rosa Parks, E.D. Nixon llamó al nuevo ministro de la iglesia bautista de Dexter Avenue, Martin Luther King Jr. Eran poco más de las cinco de la madrugada, pero Nixon ni siquiera lo saludó ni le preguntó si había despertado a la bebé de dos semanas cuando este contestó; simplemente se lanzó a hacer el recuento del arresto de Parks y le contó cómo la habían arrastrado a la cárcel por negarse a ceder su lugar y los planes que tenían para defenderla en tribunales y boicotear los autobuses de la ciudad el lunes. En ese entonces, King tenía 26 años. Llevaba apenas un año en Montgomery y aún intentaba descifrar cuál era su papel dentro de la comunidad. Nixon le pedía a King respaldo, así como permiso para usar su iglesia para convocar a una junta sobre el boicot esa misma noche. King dudaba de si debía involucrarse demasiado. "Hermano Nixon —le dijo—, permítame pensarlo un poco. Llámeme más tarde".

Pero Nixon no se detuvo ahí. Buscó entonces a Ralph D. Abernathy, uno de los amigos más cercanos de King —es decir, uno de los vínculos más sólidos de King—, y le pidió que convenciera al joven ministro de participar. Unas cuantas horas después, Nixon volvió a llamar a King.

"Acepto", le dijo King.

"Me alegra escucharlo —dijo Nixon—, porque ya hablé con otras dieciocho personas y les dije que nos veríamos en su iglesia esta noche. Hubiera sido extraño tener que reunirnos ahí sin usted". King no tardó en convertirse en presidente de la organización que surgió para coordinar el boicot.

El domingo, tres días después del arresto de Parks, los ministros afroamericanos de la ciudad —después de hablar con King y otros miembros de la nueva organización— explicaron a sus congregaciones que todas las iglesias negras de la ciudad habían acordado participar en una protesta de un día. El mensaje era claro: sería vergonzoso si alguno de los parroquianos se mantenía al margen. Ese mismo día, el *Advertiser*, el periódico de la ciudad, publicó un artículo sobre "una junta 'ultrasecreta' en la que los afroamericanos de Montgomery planeaban un boicot a los autobuses de la ciudad el lunes". El reportero había obtenido copia de los volantes que las señoras blancas habían arrebatado a sus mucamas. Los barrios afroamericanos "nadaban en miles de copias" de dichos volantes, según explicaba el artículo, y se anticipaba que todos los ciudadanos afroamericanos participarían. Antes de la publicación del artículo, solo las amistades de Parks, los ministros y los organizadores del boicot se habían comprometido públicamente a participar en la protesta; sin embargo, una vez que la población negra leyó el artículo, dio por sentado, igual que los lectores blancos, que todos los demás participarían también.

Muchos de los feligreses y en general la gente que leyó los periódicos conocía a Rosa Parks personalmente y estaba dispuesta a participar en el boicot por su amistad con ella. Otros no la conocían, pero percibían la intensidad con la que la comunidad respaldaba su causa, así que quedarían mal si alguien los veía tomando un autobús el lunes. "Si trabajas —decía el volante distribuido en las iglesias—, toma un taxi, comparte viaje o camina". Después se enteraron de que los líderes del boicot habían convencido —o quizá coaccionado— a todos los taxistas afroamericanos de llevar pasajeros afroamericanos ese lunes por diez centavos, que era lo que costaba el viaje en autobús.

Los vínculos débiles de la comunidad estaban uniéndola. Para entonces, solo quedaba apoyar el boicot o estar en contra de él.

En la mañana del lunes del boicot, King se levantó antes de que amaneciera y fue por un café. Coretta, su esposa, se sentó junto a la ventana que daba a la calle y esperó a que pasara el primer autobús. Pegó un grito al ver las luces delanteras del autobús que iba a South Jackson, el cual solía ir lleno de criadas que iban al trabajo, pero que esta vez no traía pasajeros. El siguiente también venía vacío. Y el siguiente también. King se subió a su auto y condujo por donde pasaban otras rutas. En una hora no contó más de ocho pasajeros afroamericanos. Una semana antes, hubieran sido cientos.

"Me llenó de júbilo —escribiría después—. Había ocurrido un milagro... Los hombres iban en mula al trabajo y más de una carreta jalada por caballos condujo por las calles de Montgomery aquel día... Los espectadores se reunían en las paradas de autobús para ver lo que estaba pasando. Al principio permanecían en silencio, pero, conforme avanzaba el día, empezaban a vitorear y bromear al ver los autobuses vacíos. Los jóvenes ruidosos tarareaban 'Hoy no hay pasaje' ".

Esa tarde, en un tribunal de Church Street, a Rosa Parks la declararon culpable de violar las leyes estatales de segregación racial. Más de quinientos afroamericanos abarrotaban los pasillos y el exterior del edificio esperando el veredicto. El boicot y la manifestación improvisada afuera de los tribunales se convirtió en el episodio de activismo político más significativo en la historia de Montgomery, y se fraguó en apenas cinco días. Comenzó con las amistades cercanas de Park, pero tomó fuerza —según King y otros participantes— gracias al sentido de la obligación dentro de la comunidad (es decir, los hábitos sociales de los vínculos débiles). La comunidad sintió la presión de unirse por temor a que nadie quisiera relacionarse con aquellos que no participaran.

Mucha gente hubiera participado en el boicot sin necesidad de ese incentivo. King, los taxistas y las congregaciones quizás hubieran tomado las mismas decisiones sin la influencia de los vínculos sólidos y débiles. Pero decenas de miles de personas de toda la ciudad no hubieran decidido boicotear los autobuses sin el incentivo de los hábitos sociales. "La comunidad afroamericana, que estaba dormida e inmóvil, ahora está más que despierta", escribió King tiempo después.

No obstante, esos hábitos sociales no eran lo suficientemente sólidos por sí solos como para extender un boicot de un día a un movimiento que duraría un año entero. Al cabo de unas semanas, King expresaría abiertamente su preocupación de que la determinación de la gente estaba flaqueando y "la capacidad de la comunidad afroamericana para mantener viva la lucha" estaba en duda.

Pero sus inquietudes se evaporaron. King, al igual que miles de líderes de movimientos sociales, infundiría nuevos hábitos a sus seguidores para pasarles la batuta de la lucha. Así, activaría la tercera parte de la fórmula de los movimientos y el boicot se convertiría en una fuerza que se perpetuaría sola.

III.

En el verano de 1979, un joven seminarista blanco (que tenía un año de edad cuando arrestaron a Rosa Parks) estaba preocupado por encontrar la forma de mantener a su familia. En su casa de Texas pegó un mapa en la pared y trazó círculos alrededor de las principales ciudades de Estados Unidos, desde Seattle hasta Miami.

Rick Warren era un pastor bautista que tenía menos de dos mil dólares en el banco y una esposa embarazada. Warren deseaba fundar una nueva congregación con gente que no asistiera a la iglesia, pero no tenía idea de dónde debía ubicarse. "Supuse que debía ir a algún lugar al que mis amigos del seminario no quisieran ir", me dijo. Pasó el verano entero en bibliotecas estudiando censos de población, directorios telefónicos, artículos periodísticos y mapas. Su esposa estaba en el noveno mes de embarazo, así que cada tantas horas Warren corría a un teléfono público, llamaba a casa para asegurarse de que no hubiera entrado en labor de parto aún, y luego volvía a su investigación.

Una tarde, Warren se topó con la descripción de un lugar llamado Saddleback Valley, en el Condado Orange, California. El libro que estaba leyendo afirmaba que era la región de mayor crecimiento en el condado de mayor crecimiento en uno de los estados de mayor crecimiento de todo el país. Había varias iglesias en la zona, pero ninguna lo suficientemente grande como para dar cabida a la población creciente. Warren, intrigado, contactó a varios líderes religiosos en el sur de California, quienes le dijeron que, aunque mucha gente de la localidad se consideraba cristiana, no asistía a misa. "En el sótano polvoriento y mal iluminado de aquella biblioteca universitaria, escuché la voz de Dios: '¡Ahí es donde quiero que plantes una iglesia!' —escribiría Warren más adelante—. En ese instante, el destino se definió".

La idea de construir una congregación con gente que no perteneciera a ninguna iglesia le llegó cinco años antes, cuando era misionero en Japón y encontró un antiguo ejemplar de una revista cristiana con un artículo titulado "¿Por qué es peligroso este hombre?". Se trataba de Donald McGavran, un autor controversial que se empeñaba en construir iglesias en países donde la mayoría de la gente no era cristiana. La base de la filosofía de McGavran era la exhortación a que los misioneros imitaran las tácticas de otros movimientos exitosos —incluyendo el de los derechos civiles— y apelaran a los hábitos sociales de la gente. "La meta constante debe ser la cristianización de todo el gran telar conformado por la gente, o de partes lo suficientemente grandes que impidan la destrucción de la vida social del individuo —había escrito McGavran en uno de sus libros—. [Solo el evangelista que ayuda a la gente] a volverse seguidora de Cristo *como parte de una relación social normal* tiene la capacidad de liberar a las multitudes".

Ese artículo y, más adelante, los libros de McGavran fueron una revelación para Rick Warren. Al fin alguien ponía en práctica la lógica racional en un tema que solía estar enmarcado por el lenguaje de los milagros. McGavran entendía que la religión necesitaba publicidad, a falta de un mejor término.

McGavran expuso una estrategia que instruía a los iniciadores de iglesias a hablarle a la gente "en su propia lengua" para crear lugares de alabanza donde los feligreses se reunieran con sus amistades, escucharan el tipo de música que les gustaba y experimentaran las lecciones bíblicas como metáforas digeribles. Lo más importante, según él, era que los ministros necesitaban convertir *grupos* de gente y no individuos, de modo que los hábitos sociales de la comunidad fomentaran la participación religiosa en lugar de alienar a la gente.

En diciembre, después de graduarse del seminario y tener a su bebé, Warren subió a su familia a un camión de mudanza, condujo hasta el condado de Orange y rentó un pequeño apartamento. Su primer grupo de oración atrajo a siete personas y tuvo lugar en el salón de su casa.

Treinta años después, la iglesia de Saddleback es uno de los ministerios más grandes del mundo, con más de veinte mil parroquianos que visitan su campus de casi cincuenta hectáreas —y sus ocho campus satelitales— cada semana. *Una vida con propósito*, uno de los libros de Warren, ha vendido más de treinta millones de ejemplares, se ha consolidado como uno de los mayores éxitos de ventas en la historia, y miles de iglesias han imitado sus métodos. Warren fue elegido para realizar la oración durante la investidura del presidente Obama y se le considera uno de los líderes religiosos más influyentes del planeta.

La raíz del crecimiento y el éxito de su iglesia es la creencia fundamental en el poder de los hábitos sociales.

"Hemos dedicado mucho tiempo de reflexión a convertir la fe en hábito y descomponerla en partes —me explicó Warren—. Si intentas intimidar a la gente para que siga el ejemplo de Cristo, no funcionará durante mucho tiempo. La única forma de lograr que la gente se responsabilice de su madurez espiritual es inculcándole el *hábito* de la fe.

"Una vez que eso ocurre, se vuelve un círculo virtuoso. La gente sigue a Cristo no porque tú se lo hayas inculcado, sino porque es parte de quienes son".

●●●

Cuando Warren llegó a Saddleback Valley, pasó doce semanas tocando de puerta en puerta, presentándose y preguntándole a gente desconocida por qué no iba a la iglesia. Muchas de las respuestas eran prácticas: era aburrido, decían, la música era mala, los sermones no resonaban con su vida personal, no tenían quién se encargara de los niños, odiaban tener que vestirse bien y los bancos de la iglesia les parecían incómodos.

Warren decidió que su iglesia abordaría todas esas quejas. Les dijo que fueran en pantalones cortos y camisa hawaiana si se les antojaba. Incorporó una guitarra eléctrica. Desde el principio, sus sermones se enfocaron en temas prácticos y llevaban títulos del tipo "Cómo lidiar con la desilusión", "Cómo sentirme bien conmigo mismo", "Cómo criar una familia saludable" y "Cómo sobrevivir al estrés". Sus lecciones eran fáciles de entender y se enfocaban en problemas reales y cotidianos, y los feligreses las podían poner en práctica tan pronto salieran de la iglesia.

Empezó a funcionar. Warren rentaba auditorios escolares para los servicios y edificios de oficinas para las reuniones de oración. La congregación ascendió a cincuenta miembros, luego a cien y luego a doscientos en menos de un año. Warren trabajaba dieciocho horas diarias, siete días a la semana, contestando llamadas de los feligreses, dirigiendo talleres y visitando hogares para dar consejos matrimoniales. Mientras, en su tiempo libre, buscaba nuevos lugares donde cupiera su creciente feligresía.

Un día, a mediados de diciembre, Warren se puso de pie para leer su sermón del servicio de las once de la mañana. Sintió un repentino mareo y se asió del podio para empezar a hablar, pero las palabras en el papel se veían borrosas. Se tambaleó, logró sostenerse y le pidió al asistente pastoral —su único empleado— que subiera al podio.

"Lo siento, amigos —les dijo a los asistentes—. Tendré que sentarme un momento".

Desde hacía años sufría ataques de ansiedad y brotes ocasionales de melancolía que, según sus amistades, parecían indicios de depresión leve. Pero nunca lo habían afectado tanto. Al día siguiente, Warren y su familia viajaron a Arizona, donde la familia de su esposa tenía una casa. Warren se fue recuperando poco a poco. Hubo días en los que dormía doce horas y luego salía a caminar por el desierto, donde oraba e intentaba comprender por qué los ataques de ansiedad amenazaban con derrumbar aquello que tanto le había costado construir. Pasó casi un mes lejos de su iglesia. La melancolía se transformó en depresión, una depresión más profunda que cualquier cosa que hubiera vivido jamás. No estaba seguro de poder recobrar la salud para volver a la iglesia.

Warren, como buen pastor, es un hombre propenso a las epifanías. Tuvo una cuando encontró aquel artículo de revista sobre McGavran en la biblioteca de Texas. Y tuvo otra mientras caminaba por el desierto.

"Concéntrate en construir a la gente —le dijo el Señor—, y yo construiré la iglesia".

No obstante, a diferencia de sus revelaciones previas, esta no esbozaba con claridad el camino. Warren seguiría luchando contra su depresión durante meses, y luego durante varios periodos de su vida. Sin embargo, ese día tomó dos decisiones: volvería a Saddleback y encontraría la forma de dirigir la iglesia sin tanto esfuerzo.

● ● ●

Cuando volvió a Saddleback, Warren decidió continuar con un pequeño experimento que había iniciado meses antes, con la esperanza de que eso facilitara la administración de la iglesia. Nunca estaba seguro de tener suficientes aulas para acomodar a toda la gente que se presentaba a las lecciones de estudio bíblico, así que les pidió a algunos miembros de la iglesia que prestaran sus hogares para las clases. Le preocupaba que la gente se quejara de tener que ir a casa de alguien, pero a los feligreses les encantó la idea. La organización en pequeños grupos les daba la oportunidad de conocer a sus vecinos. Por ende, a cada miembro de la iglesia le asignó un pequeño grupo que

316 ● EL PODER DE LOS HÁBITOS

se reunía una vez por semana. Fue quizás una de las decisiones más importantes que tomaría, pues con ello logró que la participación en actividades de la iglesia dejara de ser una decisión y se convirtiera en un hábito fundamentado en ansias y patrones sociales existentes.

"Ahora, cuando la gente viene a Saddleback y ve las grandes multitudes que nos visitan los fines de semana, cree que el éxito es mío —me explicó Warren—. Pero esa es solo la punta del iceberg. El 95 por ciento de esta iglesia es lo que ocurre entre semana en el interior de esos pequeños grupos.

"La congregación y los grupos pequeños son como un golpe doble. Tienes una gran multitud que te recuerda por qué haces lo que haces y un pequeño grupo de amigos cercanos que te ayuda a enfocarte en tu fe. En conjunto, son el mejor pegamento. Ahora tenemos más de cinco mil grupos pequeños. Es lo único que permite manejar una congregación tan grande. De otro modo, yo seguiría trabajando hasta el cansancio y el 95 por ciento de la congregación no recibiría la atención que vino a buscar".

Sin darse cuenta, Warren reprodujo de cierto modo la estructura que impulsó el boicot de los autobuses en Montgomery, aunque a la inversa. El boicot empezó con gente que conocía a Rosa Parks y se convirtió en una protesta masiva cuando los vínculos débiles de la comunidad indujeron la participación de la comunidad. En la iglesia de Saddleback las cosas funcionan al revés. La gente se siente atraída por el sentido de comunidad y los vínculos débiles que la congregación le ofrece. Una vez dentro, se incorpora a un pequeño grupo de vecinos —una especie de caja de Petri donde se propagan los vínculos sólidos— donde la fe se convierte en un aspecto de la experiencia social y la vida cotidiana.

No obstante, la creación de grupos pequeños no era suficiente en sí misma. Cuando Warren averiguó qué se discutía en las salas de los hogares, descubrió que la gente hablaba de la biblia y rezaba en grupo durante diez minutos, y luego dedicaba el resto del tiempo a hablar de sus familias o de chismes locales. La meta de Warren no era solo que la gente hiciera nuevas amistades, sino construir una comunidad en torno a la fe, fomentar que la gente aceptara las enseñanzas de Cristo y convertir la fe en el eje de vida de sus feligreses. Los grupos pequeños crearon lazos sólidos, pero, sin liderazgo, no eran más que reuniones sociales que no cubrían las expectativas religiosas de Warren.

Warren recurrió de nuevo a los textos de McGavran. La filosofía de McGavran era que, si se le enseña a la gente a vivir con hábitos cristianos, actuará como cristiana sin necesidad de guía y monitoreo constante. Warren no podía dirigir en persona cada uno de los grupos pequeños ni podía estar ahí para asegurarse de que las conversaciones giraran en torno a Cristo y no a los programas televisivos populares. Pero se imaginó que, si le inculcaba a la gente nuevos hábitos, no sería necesaria su presencia en los grupos. Durante las reuniones, el instinto de la congregación los guiaría a conversar sobre la biblia, rezar en grupo y encarnar su fe.

Para ello, Warren diseñó una serie de planes de estudio pensados explícitamente para enseñarles nuevos hábitos a los parroquianos y los implementó en la escuela dominical y las pequeñas discusiones grupales.

"Si quieres tener un carácter como el de Cristo, entonces tendrás que desarrollar los hábitos que Cristo tenía —dice uno de los manuales de Saddleback—. Las personas no somos más que manojos de hábitos... Nuestra meta es ayudarte a reemplazar los

318 ● EL PODER DE LOS HÁBITOS

malos hábitos con hábitos positivos que te ayuden a crecer a semejanza de Cristo". A todos los miembros de Saddleback se les pide que firmen una "tarjeta compromiso de madurez" en la que prometen apegarse a tres hábitos: dedicar tiempo diario a la reflexión y la plegaria, donar el diezmo (10 por ciento de sus ingresos) a la iglesia y pertenecer a un grupo pequeño. Inculcar hábitos nuevos se ha convertido en una de las finalidades de la iglesia.

"Una vez que lo hacemos, la responsabilidad de crecimiento espiritual ya no radica en mí, sino en ti. Te damos la receta —me explicó Warren—. No necesitamos guiarte porque te guías a ti mismo. Estos hábitos se convierten en una nueva identidad personal y, para entonces, solo nos queda apoyarte y no entorpecer tu camino".

Warren intuyó que podía hacer crecer su iglesia del mismo modo en que Martin Luther King hizo crecer el boicot: con ayuda de la mezcla de vínculos sólidos y débiles. Sin embargo, transformar su iglesia en un movimiento —y que llegara a veinte mil parroquianos y miles de pastores— requería algo más, algo que le infundiera la capacidad de autoperpetuación. Warren necesitaba enseñarles a los feligreses hábitos que les permitieran vivir en la fe, pero no por sus vínculos, sino porque es un reflejo de quienes son.

Ese es el tercer aspecto que explica cómo los hábitos sociales impulsan los movimientos: para que una idea trascienda una comunidad, debe adquirir una cualidad de autopropulsión. Y la forma más segura de lograrlo es darle a la gente nuevos hábitos que la ayuden a descifrar por sí sola qué camino tomar.

● ● ●

A medida que el boicot a los autobuses pasó de ser cosa de unos días a durar una semana, luego dos semanas, luego un mes y luego dos meses, el compromiso de la comunidad afroamericana de Montgomery empezó a flaquear.

El comisionado de policía, basándose en una norma que exigía a los taxistas que cobraran una tarifa mínima, amenazó con arrestarlos si les hacían descuento a los pasajeros afroamericanos al llevarlos al trabajo. La respuesta de los líderes del boicot consistió en reunir a doscientos voluntarios que viajaran en autos compartidos. La policía empezó entonces a multar y acosar a la gente en los puntos de encuentro de los viajes compartidos, por lo que los conductores empezaron a desertar. "Se iba haciendo cada vez más difícil conseguir transporte —escribiría King más tarde—. Las quejas iban en aumento. Desde que amanecía hasta que anochecía, mi teléfono y el timbre de mi casa no dejaban de sonar. Empecé a dudar de la capacidad de la comunidad afroamericana para mantenerse en pie de lucha".

Una noche, mientras King predicaba en la iglesia, uno de los acomodadores corrió al podio a darle un mensaje urgente. Había estallado una bomba en su casa, y su esposa y su hija estaban adentro. King volvió a casa a toda prisa, donde lo recibió una multitud de varios cientos de personas blancas, así como el alcalde y el jefe de policía. Su familia estaba a salvo, pero las ventanas frontales de la casa se habían hecho añicos y había un cráter en el pórtico. Si alguien hubiera estado en las estancias delanteras de la casa cuando estalló la bomba, le hubiera costado la vida.

Mientras King evaluaba los daños, iban llegando más y más personas. La policía pidió a la multitud que se dispersara. Alguien golpeó a un policía. Una botella voló por los aires. Uno de los policías arremetió con una porra. El jefe de policía, quien dos meses antes declaró públicamente su apoyo al Consejo de Ciudadanos Blancos, un grupo claramente racista, apartó a

King y le pidió que hiciera algo —lo que fuera— para impedir que se desatara una revuelta.

King se dirigió al pórtico de su casa.

"No hagan nada impulsivo —gritó a la multitud—. No esgriman las armas. Quien a hierro mata, a hierro muere".

La multitud se aquietó.

"Debemos amar a nuestros hermanos blancos, sin importar lo que nos hagan —dijo—. Debemos hacerles saber que los amamos. Jesús sigue clamando en palabras que hacen eco a través de los siglos: 'Amad a vuestros enemigos, bendecid a los que nos maldicen, haced bien a los que nos aborrecen'".

Era el mensaje de no violencia que King había predicado cada vez con más fuerza en las últimas semanas. El tema, basado en los textos de Gandhi y los sermones de Jesús, era en muchos sentidos un argumento que la congregación no había oído antes en este contexto: la súplica de un activismo no violento, de inmenso amor y perdón hacia los atacantes, y la promesa de que eso traería consigo la victoria. Durante años, el movimiento por los derechos civiles se había mantenido activo gracias al lenguaje de las batallas y las luchas. Había contiendas y recaídas, triunfos y derrotas que requerían que todos refrendaran su compromiso con la lucha.

King le dio a la gente una nueva visión. No era una guerra, según él. Era un abrazo.

Asimismo, enmarcó el boicot con una mirada nueva y diferente. No se trataba solo de equidad en los autobuses, les dijo; era parte del plan de Dios, el mismo destino que había acabado con el colonialismo británico en India y la esclavitud en Estados Unidos, y que había hecho que Cristo muriera en la cruz para borrar nuestros pecados. Era una nueva fase de un movimiento que se había iniciado hacía siglos. Y, como tal, requería reacciones nuevas, estrategias y comportamientos distintos. Requería que los participantes pusieran la otra mejilla. La gente podía mostrar su apoyo al adoptar los nuevos hábitos que King predicaba.

"Debemos confrontar el odio con amor —le dijo King a la multitud aquella noche de la explosión—. Si me detienen, nuestra labor no se detendrá, pues lo que estamos haciendo es lo correcto. Lo que estamos haciendo es lo justo. Y Dios está de nuestro lado".

Cuando terminó de hablar, la gente se dispersó y se fue a casa en silencio.

"De no haber sido por el predicador negro —declaró un policía más tarde—, todos hubiéramos muerto".

A la semana siguiente, dos docenas de nuevos conductores se sumaron a los viajes compartidos. Las llamadas a casa de King disminuyeron. La gente empezó a organizarse, a tomar las riendas del boicot, a impulsar el movimiento. Este mismo patrón se reprodujo después de que explotaran bombas en los jardines delanteros de otros organizadores. La población afroamericana de Montgomery se congregó en masa, fue testigo del hecho sin violencia ni confrontación, y volvió a casa.

Esta unidad autodirigida no solo se hizo evidente en respuesta a la violencia. Las iglesias empezaron a realizar juntas masivas todas las semanas e incluso todas las noches. "Imitaron el discurso que dio el doctor King después de la explosión: tomaron las enseñanzas cristianas y las convirtieron en políticas —me explicó Taylor Branch—. Los movimientos son sagas. Para que funcionen, la identidad de todos tiene que cambiar. La gente de Montgomery tuvo que aprender a actuar de forma distinta".

Al igual que Alcohólicos Anónimos —que se fortalece con las reuniones grupales donde los adictos asimilan nuevos hábitos y aprenden a creer al ver que otros demuestran su fe—, los ciudadanos de Montgomery aprendieron en las reuniones masivas comportamientos nuevos que fomentaron la expansión del movimiento. "La gente iba a ver cómo manejaban otros la situación —me dijo Branch—. Empiezas considerándote parte de una iniciativa social amplia y, después de un rato, te lo crees".

● ● ●

Cuando la policía de Montgomery recurrió a arrestos masivos para ponerle fin al boicot tres meses después de que comenzara, la comunidad acogió la opresión. Cuando a noventa personas las acusó un gran jurado, casi todas se apresuraron a llegar a los tribunales para que las arrestaran. Algunas incluso fueron a la oficina del sheriff para preguntar si su nombre estaba en la lista y "se desilusionaban si no figuraban —escribiría King después—. El pueblo que alguna vez estuvo azotado por el miedo se había transformado".

En los años siguientes, a medida que el movimiento crecía y las oleadas de asesinatos, ataques, arrestos y agresiones se sucedieron, los manifestantes —en vez de contraatacar, replegarse o emplear las tácticas que acostumbraban a usar los activistas de Montgomery en otra época— se mantenían firmes y decían a los agresores blancos que estaban listos para perdonarlos cuando decidieran ponerle fin a su odio.

"En lugar de frenar el movimiento, las tácticas de la oposición solo sirvieron para infundirnos más energía y unirnos más —escribió King—. Creyeron que estaban lidiando con un grupo al que podían mangonear o al que podían obligar a hacer cualquier cosa que el hombre blanco quisiera. No eran conscientes de que lidiaban con negros que se habían liberado del miedo".

Sin duda alguna, son muchas y muy complejas las razones que explican por qué el boicot de los autobuses de Montgomery fue un éxito y por qué detonó un movimiento que se extendería por todo el sur del país. Sin embargo, uno de los factores esenciales fue el tercer aspecto de los hábitos sociales. Entretejida en la filosofía de King había una serie de comportamientos novedosos que hicieron que los participantes dejaran de ser seguidores y se convirtieran en líderes autodirigidos. No son hábitos en el sentido convencional. Sin embargo, cuando King replanteó la lucha de Montgomery y les infundió a los manifestantes un nuevo sentido de identidad propia, la protesta se convirtió en un movimiento atizado por gente que actuaba porque había tomado las riendas del suceso histórico. Y, con el tiempo, ese patrón social se hizo automático y se difundió en otros lugares y grupos de estudiantes y manifestantes a quienes King nunca conoció, pero que fueron capaces de tomar las riendas del movimiento tras observar los comportamientos habituales de sus participantes.

El 5 de junio de 1956, un jurado federal dictaminó que la ley de segregación racial de los autobuses de Montgomery violaba la constitución. La ciudad apeló el fallo frente a la Corte Suprema de Estados Unidos el 17 de diciembre, más de un año después del arresto de Parks, pero la corte suprema rechazó la apelación. Tres días después, los oficiales de la ciudad recibieron la orden: los pasajeros de los autobuses podrían tomar el asiento que quisieran, sin importar su color de piel.

A las 5:55 a.m. del día siguiente, King, E.D. Nixon, Ralph Abernathy y otros más abordaron un autobús de la ciudad por primera vez en más de doce meses, y se sentaron al frente.

—¿Es usted el reverendo King? —le preguntó el conductor, un hombre blanco.

—Así es.

—Nos alegra mucho contar con su presencia esta mañana —contestó el conductor.

Más tarde, Thurgood Marshall, abogado de la NAACP y futuro juez de la Corte Suprema, afirmaría que el boicot influyó poco en la revocación de la ley de segregación en Montgomery. Según él, fue la Corte Suprema —y no la capitulación de ambos grupos— quien cambió la ley.

"Tanto caminar para nada —diría Marshall—. Bien pudieron haber esperado a que el caso de los autobuses llegara a los tribunales federales sin tener que esforzarse ni preocuparse tanto por el boicot".

Sin embargo, Marshall se equivocaba en un aspecto importante. El boicot de los autobuses de Montgomery contribuyó al nacimiento de una nueva serie de hábitos sociales que luego se propagarían a Greensboro, Carolina del Norte; Selma, Alabama; y Little Rock, Arkansas. El movimiento de los derechos civiles se convirtió en una oleada de plantones y manifestaciones pacíficas, a pesar de las agresiones físicas de las que eran objeto los participantes. A principios de los sesenta, llegó a Florida, California, Washington, D.C. y a los pasillos del Congreso. Cuando el presidente Lyndon Johnson firmó la Ley de Derechos Civiles en 1964 —la cual proscribía todas las formas de segregación y de discriminación contra las minorías y las mujeres—, equiparó a los activistas que lucharon por los derechos civiles con los padres de la nación, comparación que apenas una década antes hubiera representado un suicidio político. "Hace 188 años, un grupo de hombres valientes comenzó una larga lucha por la libertad —afirmó frente a las cámaras televisivas—. Ahora, nuestra generación está obligada a continuar la búsqueda interminable de justicia en el interior de nuestras propias fronteras".

Los movimientos no surgen porque de pronto todo el mundo decide mirar en la misma dirección al mismo tiempo. Dependen de patrones sociales que comienzan con los hábitos de la amistad, pasan por los hábitos de las comunidades y se sustentan en hábitos nuevos que cambian el sentido de identidad de los participantes.

King valoró el poder de esos hábitos desde el boicot en Montgomery. "No puedo concluir sin hacer una advertencia —dijo frente a una iglesia repleta de gente la noche en que concluyó el boicot. Aún quedaba por delante una década de protestas, pero se alcanzaba a ver la luz al final del camino—. Cuando volvamos a subir a los autobuses, seamos lo suficientemente amorosos como para convertir al enemigo en amigo. Ahora debemos pasar de la protesta a la reconciliación... Con esta dedicación, seremos capaces de surgir de la inhóspita y desolada medianoche de la inhumanidad entre hermanos para despertar al brillante y reluciente amanecer de la libertad y la justicia".

9

LA NEUROLOGÍA DEL LIBRE ALBEDRÍO

¿Somos responsables de nuestros hábitos?

I.

Aquella mañana en que empezaron los problemas —años antes de que ella reconociera siquiera que tenía problemas—, Angie Bachmann estaba sentada en casa, viendo la televisión y tan aburrida que contemplaba seriamente arreglar el cajón de la cubertería.

Su hija menor había entrado al kínder hacía unas semanas y sus dos hijas mayores estaban en la escuela media y tenían una vida llena de amigos, actividades y chismes que ella era incapaz de entender. Su marido, topógrafo, solía irse temprano a trabajar y no volvía sino hasta después de las seis. La casa estaba vacía, salvo por Bachmann. Era la primera vez en casi dos décadas —desde que se casó a los diecinueve y se embarazó a los veinte, y sus días se volvieron una progresión de almuerzos empacados, juegos de princesas y el servicio de transporte escolar familiar— que se sentía sola de verdad. En la secundaria, sus amigas le decían que debía hacerse modelo —era muy hermosa—, pero después de abandonar la escuela y casarse con un guitarrista que a la larga conseguiría un empleo de verdad, se conformó con ser mamá. Ahora eran las 10:30 a.m., sus tres hijas estaban en la escuela y Bachmann recurrió —una vez más— a pegar una hoja de papel sobre el reloj de la cocina para dejar de mirarlo cada tres minutos.

No tenía idea de qué hacer.

Ese día hizo un trato consigo misma: si lograba sobrevivir hasta el mediodía sin enloquecer ni comerse el pastel que estaba en el refrigerador, saldría de casa y haría algo divertido. Pasó los siguientes noventa minutos intentando descifrar qué sería lo que haría. Cuando dieron las doce, se maquilló, se puso un vestido elegante y condujo al casino marítimo que estaba a unos veinte minutos de su casa. A pesar de ser jueves al mediodía, el casino estaba repleto de gente que no veía telenovelas ni doblaba la ropa recién lavada. Cerca de la entrada, una banda tocaba en el escenario. Una anfitriona repartía cócteles gratuitos. Bachmann comió camarones del bufet. Era una experiencia sofisticada, casi como la travesura de escaparse de la escuela. Se abrió paso hasta la mesa de *blackjack*, donde el crupier explicaba con paciencia las reglas del juego. Después de haber perdido cuarenta dólares en fichas, miró el reloj y descubrió que dos horas se habían ido volando. Necesitaba volver a casa cuanto antes e ir a recoger a su hija menor. Esa noche en la cena, por primera vez en un mes, tuvo algo de qué hablar que no fuera cómo superaba desde el sofá a los concursantes de *El precio justo*.

El padre de Angie Bachmann era un chofer de camiones que, a la mitad de su vida, se reinventó y se convirtió en un compositor medianamente famoso. Su hermano también se convirtió en compositor y había ganado varios premios. Bachmann, por el contrario, era la hija a la que sus padres describían como "la que decidió ser mamá".

"Siempre me sentí como la que no tenía talento —me contó—. Creo que soy lista, y sé que fui una buena madre. Pero no hay mucho que pueda señalar como lo que me hace especial".

Después de esa primera visita al casino, Bachmann empezó a frecuentarlo una vez por semana, los viernes por la tarde. Era su recompensa por haber sobrevivido a los días vacíos, por haber mantenido la casa limpia y no haber perdido la cordura. Sabía que apostar podía ser peligroso, así que estableció reglas muy estrictas. No podía pasar más de una hora en la mesa de *blackjack* en cada visita, y solo podía apostar lo que trajera en el bolso. "Era como una especie de trabajo —me contó—. Jamás salía de casa antes del mediodía y siempre volvía a tiempo para recoger a mi hija. Era muy disciplinada". Y empezó a irle bien. Al principio le costaba trabajo lograr que el dinero le durara una hora entera. No obstante, al cabo de seis meses había aprendido suficientes trucos, por lo que tuvo que ajustar sus reglas para permitirse turnos de dos o tres horas, y siempre salía del casino con algo de dinero en el bolsillo. Una tarde, se sentó en la mesa de *blackjack* con 80 dólares en el bolso y salió más tarde con 530, suficiente para ir al supermercado, pagar la cuenta del teléfono y guardar un poco para épocas de vacas flacas. Para entonces, la empresa dueña del casino —Harrah's Entertainment— le enviaba a casa cupones de comida gratis en el bufet que le permitían invitar a su familia a cenar los sábados por la noche. Iowa, el estado en el que Bachmann apostaba, había legalizado las apuestas hacía unos pocos años. Antes de 1989, los legisladores temían que las tentadoras cartas y los maliciosos dados fueran la perdición de algunos ciudadanos. Era una inquietud tan antigua como la nación misma. El juego "es hijo de la avaricia, hermano de la inequidad y padre de la malicia —escribió George Washington en 1783—. Es un vicio que produce toda clase de males... En pocas palabras, pocos se benefician de tan abominable práctica, mientras que miles salen heridos". Proteger a la gente de sus malos hábitos —y empezar por definir qué hábitos deben considerarse "malos"— es una prerrogativa de la que los legisladores se han aprovechado sin pudor. La prostitución, los juegos de azar, la venta de licor en días de Shabbat, la pornografía, la usura y las relaciones sexuales fuera del matrimonio (o, en caso de gustos inusuales, dentro del matrimonio) son hábitos que varias legislaturas han regulado, prohibido o intentado disuadir con leyes estrictas (y, por lo regular, poco efectivas).

Cuando Iowa legalizó los casinos, los legisladores estaban tan preocupados que solo expidieron licencias a casinos marítimos y ordenaron que no se pudiera jugar más de cinco dólares por apuesta, con una pérdida máxima de doscientos dólares por persona en cada visita. No obstante, al cabo de unos años, después de que algunos de los casinos del estado se mudaran a Mississippi, donde no había límite para las apuestas, la legislatura de Iowa eliminó las restricciones. En 2010, las arcas del estado se hincharon con más de 269 millones de dólares en impuestos derivados de las apuestas.

● ● ●

En el año 2000 los padres de Angie Bachmann, fumadores de toda la vida, comenzaron a mostrar síntomas de afecciones pulmonares. Cada dos semanas, Bachmann viajaba a Tennessee para visitarlos, hacer las compras de supermercado y ayudarlos a cocinar la cena. Cuando volvía a casa con su esposo y sus hijas, el tiempo que pasaba sola se volvía más descorazonador.

A veces la casa permanecía en silencio todo el día; era como si, en su ausencia, sus amistades hubieran olvidado invitarla a hacer cosas y su familia hubiera encontrado la forma de arreglárselas sin ella.

Bachmann estaba preocupada por sus padres, molesta porque su esposo parecía más interesado en su trabajo que en ella y resentida con sus hijas porque no se daban cuenta de lo mucho que las necesitaba en ese momento, después de todos los sacrificios que había hecho por ellas cuando eran pequeñas. Sin embargo, tan pronto entraba al casino, todas esas tensiones se disipaban. Empezó a ir dos veces por semana cuando no estaba con sus padres, y luego todos los lunes, miércoles y viernes. Seguía teniendo reglas, pero para entonces ya llevaba años apostando y conocía bien los axiomas que regían las vidas de los jugadores profesionales. Jamás apostaba más de 25 dólares por mano y siempre jugaba dos manos a la vez. "Tienes mejores probabilidades en una mesa con límite mayor que en una mesa con límite menor —me explicó. Tienes que ser capaz de jugar incluso en los momentos difíciles en los que la suerte no está de tu lado. He visto gente entrar con 150 dólares y salir con diez mil. Sabía que podía lograrlo si seguía mis reglas. Lo tenía todo bajo control".* Para entonces ya no tenía que detenerse a pensar en pedir otra carta o duplicar su apuesta; actuaba de forma automática, igual que Eugene Pauly, el hombre con am-

---

* Puede parecer irracional que alguien crea que puede ganarle a la casa en un casino. No obstante, como bien saben los jugadores frecuentes, es posible ganar de forma constante, sobre todo en juegos como *blackjack*. Por ejemplo, Don Johnson de Bensalem, Pennsylvania, ganó 15.1 millones de dólares en *blackjack* durante un periodo de seis meses en 2010. Al final del día, la casa siempre gana porque muchos jugadores no maximizan sus probabilidades al apostar y la mayoría de la gente no tiene dinero suficiente para sobreponerse a los momentos de mayores pérdidas. Los jugadores pueden ganar de forma regular con el paso del tiempo si memorizan las fórmulas complejas y las probabilidades que rigen cómo se debe jugar cada mano. No obstante, la mayoría de los jugadores no tiene la disciplina ni las habilidades matemáticas para ganarle a la casa.

nesia que con el tiempo aprendió a elegir siempre el rectángulo de cartón correcto.

En el 2000, Bachmann volvió un día a casa con seis mil dólares, suficiente para pagar dos meses de renta y saldar las deudas de las tarjetas bancarias cuyos estados de cuenta se acumulaban en el buzón. En otra ocasión, salió con dos mil dólares. A veces perdía, pero todo era parte del juego. Los jugadores experimentados saben que hay que caer para volver a levantarse. Con el tiempo, Harrah's le ofreció una línea de crédito para que no tuviera que llevar tanto efectivo consigo. Otros jugadores la buscaban y se sentaban en su mesa porque se notaba que ella sabía lo que hacía. En el bufet, las anfitrionas la dejaban saltarse la fila. "Sé jugar —me dijo—. Sé que sueno como alguien que tiene un problema y se niega a reconocerlo, pero el único error que cometí fue no dejar las apuestas. Mi habilidad para jugar no era el problema".

A medida que las ganancias y las pérdidas se hacían más grandes, las reglas de Bachmann se fueron flexibilizando. Un día perdió 800 dólares en una hora y luego ganó 1,200 en cuarenta minutos. Pero entonces la suerte la abandonó y salió de ahí con cuatro mil dólares menos. En otra ocasión, perdió 3,500 en la mañana, ganó 5,000 antes de la una del mediodía y perdió otros 3,000 en la tarde. El casino llevaba registro de cuánto debía y cuánto había ganado, así que ella dejó de llevar la cuenta. Un día descubrió que no tenía suficiente dinero en su cuenta bancaria para pagar la luz. Pidió un pequeño préstamo a sus padres, y luego otro. Un mes les pidió 2,000 dólares, y al siguiente les pidió 2,500. No era gran cosa y ellos podían costearlo.

Bachmann nunca tuvo problemas de alcoholismo, drogadicción o glotonería. Era una mamá normal, con las mismas altas y bajas que cualquiera. Por ende, la compulsión por apostar que sentía —el ansia constante que le causaba distracción o irritación en días en los que no iba al casino, la incapacidad de pensar en otra cosa, la emoción que le generaba una buena racha— la tomó completamente desprevenida. Era una sensación nueva, tan inesperada que en realidad no se dio cuenta de que era problemática hasta que se apoderó de su vida. Al mirar atrás, parece que no hubo una frontera clara. Un día todo era diversión, pero al siguiente era algo incontrolable.

Para 2001, iba al casino todos los días. Iba si se peleaba con su esposo o sentía que sus hijas no la valoraban. Una vez en la mesa, se sentía anestesiada y emocionada a la vez, y sus ansiedades se hacían tan nimias que parecían imperceptibles. La embriaguez causada por las victorias era inmediata, y el dolor de perder se esfumaba pronto.

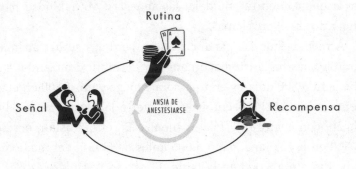

"Quieres ser la mandamás —le dijo su mamá cuando Bachmann la llamó para pedirle prestado más dinero—. No dejas de apostar porque lo que te gusta es la atención".

Pero no era eso, precisamente. "Simplemente quería sentir que era buena para algo —me explicó—. Era lo único que había hecho en la vida para lo que parecía tener habilidades".

En el verano de 2001, las deudas de Bachmann ascendieron a veinte mil dólares. Le había ocultado sus pérdidas a su esposo;

sin embargo, cuando su madre por fin le cortó el suministro, Bachmann se derrumbó y lo confesó todo. Contrataron a un abogado especializado en bancarrota, rompieron sus tarjetas de crédito y se sentaron en la mesa de la cocina a idear un plan para llevar una vida más austera y responsable. Bachmann llevó todos sus vestidos a una tienda de segunda mano, donde tuvo que soportar la humillación de que una muchachita de 19 años los rechazara casi todos porque, en sus propias palabras, estaban pasados de moda.

Después de un tiempo, parecía que lo peor había terminado. Bachmann pensó que por fin la compulsión había cedido.

Sin embargo, el problema distaba mucho de haber terminado. Años después, tras haberlo perdido todo y haber arruinado su vida y la de su esposo; tras haber despilfarrado cientos de miles de dólares; después de que su abogado arguyera frente a la corte estatal que Angie Bachmann no apostaba por voluntad propia sino por hábito y que, por ende, no se la podía culpar por sus pérdidas; después de convertirse en objeto de burla en internet, donde la gente la comparaba con Jeffrey Dahmer y con padres que abusan de sus hijos, Bachmann se preguntaría: ¿en qué medida es realmente mi culpa?

"Para ser sincera, creo que cualquiera que hubiera estado en mis zapatos hubiera hecho las mismas cosas", me dijo Bachmann.

II.

Una mañana de julio de 2008, un hombre desesperado que estaba de vacaciones en la costa oeste de Gales tomó el teléfono y llamó al servicio de emergencias.

"Creo que asesiné a mi esposa —declaró—. Creí que alguien se había metido a robar. Creí que estaba luchando contra unos muchachos, pero en realidad era Christine. Debo haber estado soñando o algo. ¿Qué he hecho, Dios mío? ¿Qué he hecho?".

Diez minutos después llegó la policía y encontró a Brian Thomas llorando junto a su caravana. Les explicó que la noche anterior él y su esposa se encontraban durmiendo en la autocaravana cuando un grupo de jóvenes corriendo en el estacionamiento los despertó. Movieron entonces la autocaravana al fondo del terreno y se volvieron a dormir. Luego, unas horas después, Thomas despertó y vio a un hombre de pantalones vaqueros y chaqueta negra —uno de los corredores, pensó— que estaba encima de su esposa. Le gritó, lo tomó del cuello e intentó quitárselo de encima. Le dijo a la policía que actuó de forma automática. Entre más forcejeaba el hombre, con más fuerza lo apretaba Thomas. Pero luego se dio cuenta de que no era un hombre, sino su esposa. Soltó el cuerpo y empezó a frotarle con suavidad el hombro para intentar despertarla y le preguntó si estaba bien. Pero era demasiado tarde.

"Pensé que alguien se había metido y la estrangulé —dijo a los policías entre sollozos—. Ella es mi vida entera".

Durante los diez meses siguientes, mientras Thomas esperaba en prisión a que llegara la fecha del juicio, afloró el retrato del asesino. En su infancia, Thomas tuvo problemas de sonambulismo, en ocasiones varias veces por noche. Salía de la cama, caminaba por la casa y jugaba con sus juguetes o se preparaba algo de comer, y a la mañana siguiente no se acordaba de nada. Se convirtió en un chiste familiar. Al parecer, una vez por semana salía al patio o se metía a la recámara de alguien más, sin despertar. La madre de Thomas explicaba que se trataba de un hábito cuando los vecinos le preguntaban por qué Thomas cruzaba sus jardines descalzo y en pijama. Conforme fue creciendo, despertaba con heridas en los pies, sin saber cómo se las había hecho. En una ocasión nadó por un canal sin despertar. Después de casarse, a su esposa le empezó a preocupar tanto la posibilidad de que se escapara de la casa y terminara en medio del tráfico que cerraba la puerta con llave y dormía con el llavero bajo la almohada. Todas las noches, la pareja se metía a la cama y, en palabras de Thomas, "se daban besos y abrazos", y luego él se iba a su propia cama en su propia recámara. De otro modo, sus movimientos constantes, los gritos, gruñidos y los ocasionales paseos sonámbulos mantenían despierta a Christine.

"El sonambulismo es un recordatorio de que el sueño y la vigilia no son mutuamente excluyentes —me explicó Mark Mahowald, profesor de neurología de la Universidad de Minnesota y pionero en estudios de los comportamientos del sueño—. La parte del cerebro que monitorea el comportamiento está dormida, pero las partes capaces de realizar cualquier actividad compleja están despiertas. El problema es que no hay nada que guíe el cerebro, salvo por patrones o hábitos básicos. Uno solo acata lo que la cabeza dicta porque es incapaz de tomar decisiones".

Por ley, la policía debía juzgar a Thomas por el asesinato. Sin embargo, todas las evidencias parecían apuntar a que su esposa y él tenían un matrimonio feliz. No había antecedentes de abuso. Tenían dos hijas mayores de edad y hacía poco habían reservado un crucero en el Mediterráneo para celebrar su cuadragésimo aniversario de bodas. La fiscalía pidió que un especialista del sueño —el doctor Chris Idzikowski, del Centro del Sueño de Edimburgo— examinara a Thomas y evaluara la hipótesis de que estaba inconsciente cuando asesinó a su esposa. En dos sesiones separadas, una realizada en el laboratorio de Idzikowski y otra en prisión, el investigador puso toda clase de sensores a Thomas en el cuerpo y, mientras dormía, midió sus ondas cerebrales, su movimiento ocular, sus movimientos musculares en barbilla y piernas, su flujo de aire en la nariz, su esfuerzo respiratorio y sus niveles de oxígeno.

Thomas no era la primera persona que argumentaba haber cometido un crimen mientras dormía y que, por ende, no debía ser castigado. Hay un largo historial de delincuentes que arguyen no ser culpables porque sufren de "automatismo", que es como se conoce al sonambulismo y otros comportamientos inconscientes. Y, en la última década, a medida que nuestro conocimiento sobre la neurología de los hábitos y la fuerza de voluntad se ha ido sofisticando, esos argumentos suenan más convincentes. La sociedad, representada por los tribunales y jurados, ha reconocido que algunos hábitos son tan poderosos que anulan nuestra capacidad de tomar decisiones, y que, por ende, no somos responsables de nuestros actos.

• • •

El sonambulismo es una extraña consecuencia de un aspecto normal del funcionamiento cerebral durante el sueño. La mayor parte del tiempo, mientras el cuerpo transita las distintas fases del descanso, la estructura neurológica más primitiva —el tronco encefálico— paraliza las extremidades y el sistema nervioso, y permite al cerebro experimentar sueños sin que el cuerpo se mueva. Por lo regular, la gente es capaz de entrar y salir de la parálisis varias veces durante la noche sin problema alguno. En términos neurológicos, se conoce como "el interruptor".

No obstante, hay personas que tienen problemas con ese interruptor. Entran en fases de parálisis incompletas al dormir, en las cuales su cuerpo permanece activo mientras ellas sueñan o transitan las fases del sueño. Es la principal causa del sonambulismo y, aunque en la mayoría de los casos es un problema molesto, es algo benigno. Una persona puede soñar que se comió un pastel y, a la mañana siguiente, encontrar vacía una caja de rosquillas en la cocina. O puede soñar que va al baño y después descubrir un charco en el pasillo. Los sonámbulos se comportan de formas complicadas; por ejemplo, pueden abrir los ojos, ver, moverse y hasta conducir o cocinar aunque en realidad estén inconscientes porque las partes del cerebro asociadas con la vista, el movimiento de las piernas, la conducción de vehículos y la capacidad para cocinar funcionan mientras las personas duermen sin que se requiera el influjo de regiones más avanzadas del cerebro, como la corteza prefrontal. Ha habido casos de sonámbulos que hierven agua y se preparan un té, uno que operó un bote motorizado y otro que encendió una sierra eléctrica y empezó a cortar trozos de madera antes de volver a la cama. Sin embargo, en términos generales, los sonámbulos no hacen cosas que los pongan en peligro o pongan en peligro a otros, pues hasta en sueños se mantiene activo el instinto de evitar los riesgos.

No obstante, al examinar los cerebros de la gente sonámbula, los científicos han observado diferencias entre el *sonambulismo* —que es cuando la gente se levanta de la cama y empieza a encarnar sus sueños u otros ligeros impulsos— y aquello a lo que denominan *terrores nocturnos*. Cuando se presenta un terror nocturno, la actividad cerebral de la persona es sumamente distinta de cuando está despierta, semiconsciente o hasta sonámbula. La gente aquejada por un terror nocturno parece estar atrapada por ansiedades terribles, pero no está soñando en el sentido convencional del término. El cerebro se apaga, salvo por las regiones neurológicas más primitivas, las cuales incluyen lo que se conoce como "generadores de patrones centrales".

Estas zonas del cerebro son las mismas que estudiaron el doctor Larry Squire y los científicos del MIT, quienes descubrieron la maquinaria neurológica del bucle de los hábitos. Para un neurólogo, el cerebro que experimenta un terror nocturno se parece mucho al que está reproduciendo un hábito.

Los comportamientos de la gente durante los terrores nocturnos *son* hábitos, aunque de un tipo muy primitivo. Los "generadores de patrones centrales" que se activan durante los terrores nocturnos están en el lugar de donde provienen patrones conductuales como caminar, respirar, estremecerse por un sonido fuerte o combatir a un atacante. Por lo regular no consideramos que estos comportamientos sean hábitos, pero es lo que son: comportamientos automáticos tan arraigados en nuestra neurología que, según los estudios, pueden ocurrir casi sin intervención de las regiones más evolucionadas del cerebro.

No obstante, cuando estos hábitos se desarrollan durante episodios de terrores nocturnos, se diferencian en un aspecto crucial: dado que el sueño desactiva la corteza prefrontal y otras áreas cognitivas, cuando se detona un hábito durante el terror nocturno es imposible que haya intervención consciente de ningún tipo. Si hay una señal que active el hábito de lucha o huida durante el terror nocturno, no hay manera de que alguien lo detenga por medio de la lógica o el razonamiento.

"La gente que padece terrores nocturnos no sueña en sentido estricto —me explicó Mahowald, el neurólogo—. No hay tramas complejas como las que recordamos de las pesadillas. Si acaso recuerdan algo después, es meramente una imagen o una sensación: miseria latente, miedo envolvente, la necesidad de defenderse de alguien más.

"Ahora bien, son emociones muy poderosas y son incluso algunas de las señales básicas para toda clase de comportamientos que hemos aprendido a lo largo de la vida. Responder a una

amenaza huyendo o defendiéndonos es algo que hemos practicado desde la infancia. Y, cuando esas emociones surgen y es
imposible que el cerebro racional ponga las cosas en contexto,
reaccionamos como nos lo dictan los hábitos más profundos.
Huimos o luchamos o seguimos cualquier patrón conductual
al que al cerebro se le facilite aferrarse".

Cuando alguien está envuelto en un terror nocturno, empieza a sentirse amenazado o excitado a nivel sexual —dos de
las experiencias de terror nocturno más comunes— y reacciona
siguiendo los hábitos asociados con esos estímulos. Hay gente
que ha saltado de un techo en pleno terror nocturno porque
cree que está huyendo de atacantes. Hay quienes han matado
a sus propios bebés porque creían estar luchando contra animales salvajes. Algunos han violado a sus cónyuges, incluso
mientras las víctimas les rogaban que se detuvieran porque, al
excitarse, el durmiente no hacía más que reproducir el hábito
internalizado para saciar el ansia. Al parecer, el sonambulismo
da lugar a cierta capacidad de elección, pues una parte del cerebro evolucionado nos impide acercarnos al borde del techo.
Pero alguien que está sufriendo un terror nocturno no hace
sino seguir el bucle del hábito, sin importar adonde lo lleve.

Algunos científicos sospechan que los terrores nocturnos son
genéticos; otros creen que enfermedades como el Parkinson los

fomentan. Aunque se desconocen las causas, para muchas personas los terrores nocturnos implican impulsos violentos. "La violencia relacionada con los terrores nocturnos parece ser la reacción a una imagen concreta y aterradora que el individuo después es capaz de describir —escribió un grupo de investigadores suizos en 2009—. [Entre la gente que sufre algún tipo de disfunción del sueño] se ha reportado una incidencia de 64 por ciento de intento de agresión contra un compañero de cama, con lesiones en un 3 por ciento de los casos".

Tanto en Estados Unidos como en el Reino Unido hay antecedentes de asesinos que aseguran que fueron los terrores nocturnos los que los hicieron cometer crímenes que jamás hubieran cometido de forma consciente. Por ejemplo, cuatro años antes del arresto de Thomas, un hombre llamado Jules Lowe fue declarado inocente del asesinato de su padre de 83 años, tras argumentar que el ataque ocurrió durante un episodio de terror nocturno. La fiscalía argumentó que era "sumamente exagerado" creer que Lowe permaneció dormido durante los más de veinte minutos en los que golpeó, pateó y pisoteó a su padre, causándole más de noventa heridas. El jurado no estuvo de acuerdo y lo dejó en libertad. En septiembre de 2008, Donna Sheppard-Saunders, de 33 años, intentó sofocar a su madre con una almohada durante treinta segundos. Después la absolvieron del cargo de intento de homicidio pues argumentó que actuó estando dormida. En 2009, un soldado británico aceptó haber violado a una adolescente pero aseguró que estaba dormido e inconsciente mientras se desvestía, le quitaba los pantalones y la penetraba. Al despertar en mitad del acto, se disculpó con ella y llamó a la policía. "Acabo de cometer una especie de crimen —le dijo a la operadora del servicio de emergencias—. Para ser sincero, no sé qué pasó. Desperté y estaba encima de ella". Tenía antecedentes de padecer terrores nocturnos, así que lo declararon inocente. Más de 150 asesinos y violadores se han librado de castigos en el último siglo gracias al argumento del automatismo. Los jueces y los jurados, quienes representan a la sociedad, han afirmado que, dado que estas personas no *eligieron* cometer los crímenes —pues no decidieron de forma consciente realizar un acto violento— no deben cargar con la culpa.

En el caso de Brian Thomas, parecía haber sido un trastorno del sueño y no un impulso homicida lo que imperó. "Jamás podré perdonarme por lo que hice —le dijo a uno de los fiscales—. ¿Por qué lo hice?".

● ● ●

Después de que el doctor Idzikowski, el especialista del sueño, observara a Thomas en su laboratorio, compartió sus hallazgos: Thomas estaba dormido cuando mató a su esposa. No había cometido un crimen de forma consciente.

Cuando se inició el juicio, los fiscales presentaron sus evidencias al jurado. Thomas admitió haber asesinado a su esposa, dijeron a los jurados. Tenía antecedentes de sonambulismo y el hecho de no haber tomado precauciones durante sus vacaciones lo hacía responsable del crimen.

Sin embargo, a medida que se rebatían los argumentos, se hizo evidente que los fiscales nadaban a contracorriente. El abogado de Thomas defendió que su cliente no había tenido la intención de matar a su esposa; de hecho, no tuvo control alguno sobre las acciones que llevó a cabo aquella noche, sino que reaccionó de forma automática a la amenaza percibida. No hizo más que seguir un hábito tan antiguo como la humanidad misma: el instinto de combatir a un atacante para proteger a un ser querido. Una vez que las partes más primitivas del cerebro se vieron expuestas a la señal —alguien parecía estar estrangulando a su esposa—, el hábito se apoderó de él y se abalanzó sobre la amenaza sin que su capacidad de razonamiento pudiera intervenir. De lo único de lo que Thomas era culpable era de ser humano, según su abogado, y fue su neurología —y sus hábitos más primitivos— lo que lo obligó a comportarse de esa manera.

Hasta los testigos de la fiscalía parecían reforzar la defensa. Según los psiquiatras de la fiscalía, aunque Thomas sabía que era sonámbulo, no había indicio alguno de que fuera capaz de asesinar a alguien mientras dormía. Nunca había atacado a nadie cuando estaba sonámbulo. Nunca antes le había hecho daño a su esposa.

Tan pronto la psiquiatra especialista que representaba a la fiscalía subió al estrado, el abogado de Thomas inició el contra-interrogatorio.

¿Le parecía justo que Thomas fuera declarado culpable por un acto que no tenía forma de saber que ocurriría?

La doctora Caroline Jacob afirmó que, en su opinión, Thomas no hubiera sido capaz de anticipar el delito. Si lo declaraban culpable, tendría que cumplir su sentencia en el hospital Broadmoor, donde se encontraban algunos de los criminales más peligrosos y desequilibrados del Reino Unido, y "no sería un lugar adecuado para él".

A la mañana siguiente, el fiscal principal se dirigió al jurado.

"En el momento del asesinato, el acusado estaba dormido y su mente no tenía control sobre lo que su cuerpo hacía —afirmó—. Hemos llegado a la conclusión de que no sería beneficioso para el interés público seguirles pidiendo un veredicto especial. Por ende, no ofrecemos más evidencias y los invitamos a volver con una declaración de inocencia tajante". Y eso fue justo lo que el jurado hizo.

Antes de liberar a Thomas, el juez le dijo: "Es usted un hombre decente y un marido devoto. Imagino que lo inundará la culpabilidad, pero a los ojos de la ley no es responsable de sus actos. Puede retirarse".

El resultado pareció ser justo. A fin de cuentas, era evidente que Thomas estaba devastado por lo que había hecho. No tenía idea de lo que estaba haciendo mientras lo hacía; no hizo más que seguir un hábito mientras su capacidad para tomar decisiones permanecía inactiva. Thomas era el asesino más entrañable del mundo, alguien que estaba tan cerca de ser la víctima de sus propios actos que, cuando terminó el juicio, el juez intentó consolarlo.

No obstante, muchos de esos mismos pretextos se podrían usar para justificar los actos de Angie Bachmann, la jugadora compulsiva. Ella también se sentía devastada por sus acciones e incluso afirmaría después que la agobiaba la culpabilidad. Y, viendo la situación de cerca, en realidad ella no hacía más que reproducir hábitos muy arraigados que dificultaban cada vez más la intervención de su capacidad para la toma de decisiones.

Sin embargo, a ojos de la justicia, Bachmann sí es responsable de sus hábitos, mientras que Thomas no. ¿Es correcto afirmar que Bachmann, quien padece adicción al juego, es más culpable que Thomas, quien mató a alguien? ¿Qué nos dice eso sobre la ética de los hábitos y las elecciones?

III.

Tres años después de que Angie Bachmann se declarara en bancarrota, su padre falleció. Ella había pasado los últimos diez años visitando a sus padres con mucha frecuencia para cuidarlos mientras su enfermedad se agudizaba. La muerte de su padre fue un golpe duro. Dos meses después, su madre también perdería la vida.

"Todo mi mundo se vino abajo —me contó—. Al despertar por las mañanas, olvidaba por un segundo que estaban muertos, pero luego caía en cuenta de que ya no estaban aquí y sentía como si alguien me aplastara el pecho. No podía pensar en otra cosa. No sabía qué hacer cuando me levantaba de la cama".

Después de ejecutar los testamentos de sus padres, Bachmann se enteró de que había heredado casi un millón de dólares.

Usó un cuarto de millón para comprarle a su familia una casa nueva en Tennessee, cerca de donde habían vivido sus padres, y gastó un poco más para que sus hijas se mudaran cerca. Los casinos no eran legales en Tennessee y ella "no quería reincidir en patrones negativos —me explicó—. Quería vivir lejos de cualquier cosa que me recordara la sensación de perder el control". Cambió sus números telefónicos y no les dio a los casinos su nueva dirección. De ese modo se sentía más segura.

Sin embargo una noche, mientras su esposo y ella conducían por su antigua ciudad para ir a recoger lo último que les quedaba en la casa anterior, Bachmann pensó en sus padres. ¿Cómo podría vivir sin ellos? ¿Por qué no fue una mejor hija? Empezó a hiperventilarse. Sentía que la ansiedad la asfixiaba. Hacía años que no apostaba, pero en ese instante sintió que necesitaba algo que la distrajera del dolor. Volteó a ver a su esposo. Estaba desesperada. Era cosa de una sola vez.

"Vamos al casino", le dijo.

Cuando entraron, uno de los gerentes la reconoció de sus tiempos de clienta habitual y los invitó a sentarse en un salón privado. Le preguntó cómo se encontraba y ella lo soltó todo:

le habló de la muerte de sus padres, de lo duro que había sido para ella, de lo agotada que se sentía todo el tiempo y de cómo siempre parecía estar al borde del precipicio. El gerente sabía escuchar a la gente. Y para ella era un alivio poder hablar de todo lo que pensaba y escuchar que era normal sentirse de esa forma.

Después de eso, se sentó en la mesa de *blackjack* y jugó durante tres horas. Por primera vez en meses, la ansiedad pasó a segundo plano. Bachmann estaba en su elemento. Su mente se puso en blanco. Perdió unos cuantos miles de dólares.

Harrah's Entertainment, la empresa dueña del casino, era famosa en la industria de las apuestas por la sofisticación de su sistema de seguimiento de la clientela. La base de dicho sistema estaba conformada por programas computacionales similares al que creó Andrew Pole en Target: algoritmos predictivos que estudiaban los hábitos de los apostadores e intentaban encontrar formas de convencerlos de gastar más dinero. La empresa asignaba a cada jugador un "valor predictivo de tiempo de vida del cliente" y el programa creaba calendarios que anticipaban con cuánta frecuencia visitarían el casino y cuánto gastarían. La empresa daba seguimiento a sus clientes por medio de tarjetas de lealtad, cupones de comida gratis y vales por dinero en efectivo que les enviaba por correo, y tenía televendedores que los llamaban por teléfono para preguntarles cómo se encontraban. Los empleados del casino estaban capacitados para incitar a los visitantes a hablar de su vida personal, con la esperanza de que revelaran información que pudiera ser útil para predecir cuánto dinero podían apostar. Uno de los ejecutivos de Harrah's describió esta estrategia como "marketing pavloviano". La empresa realizaba miles de estudios al año para perfeccionar sus métodos. El seguimiento a clientes le había generado a la empresa miles de millones de dólares adicionales y era tan preciso que era capaz de registrar hasta el último centavo que gastaba cada jugador en cualquier momento determinado.*

Harrah's estaba al tanto de que Bachmann se había declarado en bancarrota años antes y se había librado de deudas de juego que ascendían a veinte mil dólares. Pero, poco después de su conversación con el gerente del casino, la mujer empezó a recibir llamadas en las que le ofrecían limosinas gratis que la llevarían a casinos en Mississippi. Le ofrecían boletos de avión para ella y su esposo a Lake Tahoe, suites de hotel y entradas a conciertos. "Les dije que mi hija debía acompañarme y que ella quería invitar a alguien más", me contó Bachmann. La empresa contestó que no había problema. Los boletos de habitación y las recámaras de hotel fueron gratis. En el concierto, las sentaron en primera fila. Además, le regalaron diez mil dólares de crédito para apostar, cortesía de la casa.

Las ofertas no pararon. Cada semana, un casino distinto la llamaba y le preguntaba si quería una limosina, entradas a espectáculos o boletos de avión. Bachmann intentó resistirse al principio, pero con el tiempo aceptó todas las invitaciones. Cuando una amiga de la familia mencionó que quería casarse en Las Vegas, Bachmann hizo una llamada y a la semana siguiente todos se hospedaron en el Palazzo. "Poca gente sabe de su existencia —me contó—. La habitación era de película. Tenía seis recámaras, y cada una tenía balcón y jacuzzi privados. Y me asignaron un mayordomo personal".

Al entrar a los casinos, el hábito del juego compulsivo se apoderaba de ella casi al instante. Solía pasar horas al hilo apostando. Empezó con apuestas modestas y usando solo el dinero

---

* Harrah's —ahora Caesars Entertainment— discrepa de algunas de las afirmaciones hechas por Bachmann. Sus comentarios al respecto se encuentran asentados en las notas.

del casino. Pero luego las cifras crecieron y remplazó las fichas perdidas con dinero del cajero automático. A ella no le parecía problemático. Después de un tiempo, comenzó a jugar manos de 200 o 300 dólares, y entre dos y doce manos a la vez. Una noche, ganó sesenta mil dólares. En dos ocasiones salió con cuarenta mil a su favor. Un día fue a Las Vegas con cien mil dólares en el bolsillo y volvió a casa con las manos vacías. Pero eso no cambiaba en nada su estilo de vida. Su cuenta bancaria seguía tan llena que Bachmann nunca se detenía a pensar en el dinero. Por eso sus padres le habían dejado esa herencia: para que disfrutara la vida.

Intentó frenar el carro, pero los casinos se volvieron más insistentes. "Un anfitrión me dijo que perdería su trabajo si yo no me presentaba ese fin de semana —me contó—. Luego me dijo: 'Te regalamos boletos para tal concierto y te dimos una habitación muy elegante, y no has venido a apostar mucho que digamos últimamente'. Y bueno, *era cierto* que habían hecho esas cosas tan lindas por mí".

En 2005 falleció la abuela de su esposo, así que la familia volvió a su antigua ciudad para asistir al funeral. Bachmann fue al casino la noche antes del servicio para aclarar sus ideas y prepararse mentalmente para las actividades del día siguiente. En el transcurso de doce horas perdió 250,000 dólares. En ese momento no registró la dimensión de la pérdida. Pero al examinarla en retrospectiva —*un cuarto de millón de dólares*—, parecía algo irreal. Se había mentido demasiado al respecto: se mentía creyendo que su matrimonio estaba bien cuando a veces su esposo y ella pasaban días enteros sin dirigirse la palabra; se mentía creyendo que tenía amistades cercanas cuando sabía que solo aparecían cuando había viajes a Las Vegas de por medio y luego se esfumaban; se mentía diciéndose que era buena madre cuando veía a sus hijas cometer los mismos errores que ella había cometido y embarazándose jóvenes; y se mentía diciéndose que sus padres estarían contentos de ver cómo despilfarraba el dinero. Era como si solo le quedaran dos opciones: seguir mintiéndose o reconocer que había deshonrado todo aquello por lo que sus padres habían trabajado tanto.

Un cuarto de millón de dólares. Se lo ocultó a su marido. "Trataba de pensar en otra cosa cada vez que aquella noche me venía a la mente", confesó.

Pronto, las pérdidas se hicieron demasiado graves como para ignorarlas. Algunas noches, después de que su esposo se durmiera, Bachmann salía a hurtadillas de la cama, se sentaba en la mesa de la cocina y hacía cuentas para intentar entender por qué había perdido tanto. La depresión que inició con la muerte de sus padres parecía agudizarse. Se sentía exhausta todo el tiempo.

Y Harrah's no paraba de llamarla.

"Te entra una inmensa desesperación cuando te das cuenta de lo mucho que has perdido, pero luego sientes que no puedes parar porque quieres recuperarlo —me explicó—. A veces me sentía inquieta, como si no pudiera concentrarme, pero si me imaginaba que haría otro viaje pronto, me tranquilizaba. Luego me llamaban y yo cedía porque era muy fácil decir que sí. De verdad creía que podía recuperar lo perdido. Lo había hecho antes. Si no hubiera forma de ganar, las apuestas serían ilegales, ¿cierto?".

● ● ●

En 2010, un neurocientífico cognitivo llamado Reza Habib les pidió a 22 personas que se acostaran dentro de una máquina de resonancia magnética y vieran una máquina tragamonedas girar y girar. La mitad de los participantes eran "jugadores patológicos" —gente que le había mentido a su familia sobre sus problemas con el juego, que habían dejado de trabajar por ir a apostar o a quienes les habían rebotado cheques en el casino—, mientras que la otra mitad eran personas que apostaban en contextos sociales pero no mostraban comportamientos problemáticos. Todos tuvieron que permanecer acostados dentro del aparato, mirando carretes de sietes, manzanas y barras doradas girar en una pantalla. La máquina tragamonedas estaba programada para dar tres posibles resultados: victoria, pérdida y "cuasivictoria", donde las imágenes estaban a punto de coincidir pero, en el último momento, no se alineaban. Ninguno de los participantes ganaba ni perdía dinero. Lo único que debían hacer era mirar la pantalla mientras la máquina de resonancia magnética registraba su actividad neurológica.

"Nos interesaba especialmente examinar los sistemas cerebrales involucrados en los hábitos y las adicciones —me explicó Habib—. Descubrimos que, en términos neurológicos, los jugadores patológicos se emocionaban más al ganar. Cuando los símbolos se alineaban, las zonas del cerebro relacionadas con las emociones y las recompensas se activaban más que en el caso de los apostadores no patológicos, aunque no ganaran dinero en realidad.

"Pero lo más interesante eran las *cuasivictorias*. Para los jugadores patológicos, las cuasivictorias parecían victorias. Su cerebro reaccionaba casi de la misma manera. Sin embargo, para el apostador casual, la cuasivictoria era una pérdida. La gente sin problemas de adicción al juego reconocía mejor que estar muy cerca de ganar sin ganar equivalía a perder".

Ambos grupos vieron el mismo video, pero, desde el punto de vista neurológico, su experiencia fue distinta. La gente con problemas de adicción al juego se sentía embriagada con las cuasivictorias (Habib tiene la hipótesis de que debe ser porque tiene mucho más tiempo apostando que la gente del otro grupo), y la cuasivictoria detona los hábitos que la impulsan a hacer otra apuesta. Para los jugadores ocasionales, la cuasivictoria provocaba una sensación de aprehensión que detonaba un hábito distinto, el que los instaba a *frenar antes de que empeoren las cosas.*

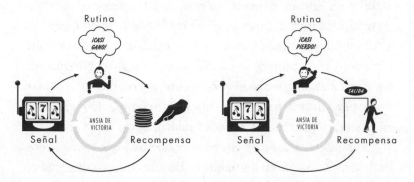

No está claro si los cerebros de los jugadores patológicos son distintos porque nacen de esa manera o si la exposición prolongada a las máquinas tragamonedas, los juegos de póquer en internet y los casinos puede cambiar el funcionamiento del cerebro. Lo que sí está claro es que hay diferencias neurológicas genuinas que influyen en la forma en que los adictos al juego procesan la información, lo cual explicaría por qué Angie Bachmann perdía el control cada vez que ponía un pie en un casino. Las empresas que se dedican a las apuestas están muy conscientes de esta tendencia, razón por la cual en las últimas décadas han reprogramado las máquinas tragamonedas para que arrojen más cuasivictorias. Los jugadores que siguen apostando después de las cuasivictorias hacen rentables los casinos, las pistas de carreras y las loterías estatales.* "Añadir una cuasivictoria a una lotería es como verter combustible en un incendio —me explicó un consultor de loterías estatales que me pidió mantuviera su identidad en el anonimato—. ¿Quieres saber por qué se han disparado las ventas? Los raspaditos están diseñados para hacerte sentir que estuviste a punto de ganar".

Las zonas del cerebro que Habib analizó en su experimento —los ganglios basales y el tronco encefálico— son las mismas regiones en las que residen los hábitos (así como donde surgen los comportamientos relativos a los terrores nocturnos). En la última década, a medida que han surgido medicamentos que influyen en esa región —como, por ejemplo, medicinas para el Parkinson—, hemos aprendido mucho sobre lo sensibles que son los hábitos a los estímulos del exterior. En Estados Unidos, Australia y Canadá se han interpuesto demandas colectivas en contra de algunas farmacéuticas con el argumento de que sus medicamentos han hecho que los pacientes tengan comportamientos como apostar, comer, comprar y masturbarse de forma compulsiva, ya que afectan los circuitos involucrados en el bucle de los hábitos. En 2008, un tribunal federal en Minnesota obligó a una farmacéutica a pagarle a un paciente 8.2 millones de dólares por una demanda en la que él afirmaba que el medicamento lo había hecho apostar más de un cuarto de millón de

---

* A finales de los noventa, una de las productoras de máquinas tragamonedas más grandes del país contrató a un exejecutivo de una empresa de videojuegos para que diseñara nuevas máquinas. La aportación de aquel ejecutivo fue programar las máquinas para que arrojaran más cuasivictorias. Ahora, casi todas las tragamonedas tienen múltiples variables, como giros gratis o sonidos que surgen cuando casi se alinean los íconos, así como pequeños premios que hacen que los jugadores sientan que están ganando cuando, en realidad, están invirtiendo más dinero del que la máquina les está devolviendo. "Ningún otro tipo de apuesta manipula la mente humana de forma tan sofisticada como estas máquinas", le explicó un especialista en trastornos adictivos de la Facultad de Medicina de la Universidad de Connecticut a un reportero del *New York Times* en 2004.

dólares. Cientos de casos similares siguen a la espera de llegar a juicio. "En esos casos, sin duda podemos decir que los pacientes no tenían control sobre sus obsesiones, pues podemos señalar el impacto de un medicamento en su química cerebral —me explicó Habib—. El cerebro de los jugadores compulsivos se ve muy parecido, solo que ellos no pueden culpar a un medicamento. Nos dicen a los investigadores que en realidad no quieren apostar, pero que son incapaces de resistirse al impulso. Entonces, ¿por qué decimos que esos jugadores tienen control sobre sus acciones, mientras que los pacientes con Parkinson no?".

• • •

El 18 de marzo de 2006, Angie Bachmann voló a un casino de Harrah's por invitación de la empresa. Para entonces, su cuenta bancaria estaba casi vacía. Cuando intentó calcular cuánto había perdido en el transcurso de su vida, estimó que la cifra rondaba el millón de dólares. Le dijo a la gente de Harrah's que estaba al borde de la quiebra, pero el hombre que la llamó le dijo que no perdiera la oportunidad. Que le extenderían una línea de crédito.

"Sentí que no podía decir que no; que cada vez que me seducían con la más mínima tentación, mi cerebro se apagaba. Sé que suena a pretexto, pero siempre me prometían que esa vez sería distinto y yo sabía que, sin importar cuánto me contuviera, a la larga cedería".

Llevó consigo el poco dinero que le quedaba. Empezó apostando 400 dólares por mano, con dos manos a la vez. Se dijo a sí misma que si podía ganar un poco, tan solo 100,000 dólares, dejaría el juego por completo y tendría algo que darles a sus hijas. Su esposo la acompañó un rato, pero a medianoche se fue a dormir. Alrededor de las 2 a.m., el dinero con el que llegó se había agotado. Un empleado de Harrah's le hizo firmar un pagaré. En el transcurso de la noche firmó otros seis pagarés, cuyo total ascendía a 125,000 dólares.

A las seis de la mañana tuvo una buena racha y sus pilas de fichas empezaron a crecer. Una pequeña multitud se reunió en torno a ella. Hizo cuentas de prisa: no bastaba para saldar los pagarés que había firmado, pero si seguía jugando con la misma suspicacia, saldría ganando y dejaría el juego de una vez por todas. Ganó cinco veces seguidas. Solo le faltaban veinte mil para estar a flote. Entonces el crupier sacó 21. Y luego otra vez. Varias manos después, sacó 21 por tercera vez. Para las diez de la mañana, Bachmann había perdido todo su dinero. Pidió más crédito, pero el casino se lo negó.

Al levantarse de la mesa para volver a su suite, estaba mareada. Sentía que el piso se movía. Apoyó la mano en una pared por si se caía. Cuando llegó a la habitación, su esposo la estaba esperando.

—Lo perdí todo —le dijo.

—¿Por qué no te das un baño y te metes a la cama? No pasa nada. Has perdido otras veces.

—Pero perdí todo —repitió ella.

—¿De qué hablas?

—De nuestro dinero —contestó—. Lo perdí todo, todo.

—Al menos aún tenemos la casa —dijo él.

Lo que ella no le dijo es que hacía meses había pedido una línea de crédito usando la casa como garantía y que eso también lo había apostado.

IV.

Brian Thomas asesinó a su esposa. Angie Bachmann despilfarró su herencia. ¿Es distinta la responsabilidad que la sociedad atribuye a cada uno?

El abogado de Thomas argumentó que su cliente no era culpable de la muerte de su esposa porque actuó de forma automatizada, ya que su reacción estaba señalizada por la creencia de que un intruso la estaba atacando. No *eligió* matar, dijo el abogado, así que no se le debería considerar responsable de su muerte. Siguiendo esa misma lógica, Bachmann —gracias a lo que sabemos de las investigaciones de Reza Habib sobre la neurología de los jugadores patológicos— también actuó motivada por ansias poderosas. Quizás el primer día que decidió ponerse un vestido y pasar la tarde en el casino sí lo hizo de forma consciente, y quizá también lo hizo durante las semanas y meses siguientes. Sin embargo, años después, cuando podía perder un cuarto de millón de dólares en una noche o se sentía tan desesperada por combatir las ansias que decidió mudarse a un estado donde las apuestas eran ilegales, sus decisiones habían dejado de ser conscientes. "En neurociencia, hemos afirmado históricamente que la gente con daño cerebral pierde parte de su fuerza de voluntad —me dijo Habib—. Pero algo muy parecido sucede cuando un jugador patológico ve un casino. Actúa como si no tuviera capacidad de decisión".

El abogado de Thomas argumentó de forma muy convincente que su cliente había cometido un terrible error y que cargaría con la culpa por el resto de su vida. Sin embargo, ¿no es evidente que Bachmann se siente de la misma forma? "Me siento tan culpable, tan avergonzada de lo que hice —me confesó—. Siento que desilusioné a todo el mundo. Sé que jamás podré compensarlo, sin importar lo que haga".

Dicho lo anterior, hay una diferencia sustancial entre los casos de Thomas y de Bachmann. Thomas asesinó a una persona inocente. Cometió el que siempre ha sido considerado el peor de los delitos. Angie Bachmann perdió dinero. Las únicas víctimas fueron ella, su familia y una empresa con valor de 27 mil millones de dólares que le prestó 125,000.

La sociedad declaró inocente a Thomas. A Bachmann se le exige que se responsabilice de sus acciones.

Diez meses después de perderlo todo, Harrah's intentó cobrarle al banco de Bachmann. Los pagarés rebotaron, así que Harrah's la demandó y exigió que pagara su deuda y una multa adicional de 375,000 dólares. Eso se considera un castigo civil por un delito. Ella contrademandó con el argumento de que, al extenderle la línea de crédito, darle habitaciones de hotel gratuitas y regalarle alcohol, Harrah's había abusado de alguien que sabía que no tenía control sobre sus hábitos. Su caso llegó hasta la Corte Suprema. El abogado de Bachmann, haciéndose eco de los argumentos que usó el abogado de Thomas para defenderlo de los cargos de asesinato, afirmó que no se podía culpar a Bachmann por haber reaccionado de forma automática a las tentaciones que Harrah's le puso enfrente. Una vez que las ofertas llegaban y ella entraba al casino, sus hábitos se apoderaban de ella y le impedían controlar su comportamiento.

Los jueces, que actuaron en representación de la sociedad, condenaron a Bachmann. "No hay leyes que impidan a los casinos atraer o contactar a los jugadores que saben que son jugadores compulsivos", escribió el juzgado. El estado tenía un "programa de exclusión voluntaria" en el que cualquier persona podía pedir que pusieran su nombre para que los casinos les prohibieran jugar, y "la existencia del programa de exclusión voluntaria sugiere que la ley espera que los jugadores patológicos se responsabilicen y busquen la forma de protegerse para que no se les permita apostar de forma compulsiva", escribió el juez Robert Rucker.

Quizá la diferencia entre veredictos sea justa. A fin de cuentas, es más fácil ser empáticos con un viudo devastado que con un ama de casa que lo tiró todo por la borda.

Pero, ¿*por qué* es más fácil? ¿Por qué el viudo afligido es la víctima, mientras que la jugadora en bancarrota meramente cosechó lo que sembró? ¿Por qué parece que algunos hábitos deberían ser fáciles de controlar, mientras que otros parecen intocables?

Sobre todo, ¿está bien hacer la distinción de entrada?

"Algunos pensadores —escribió Aristóteles en *Ética nicomáquea*— sostienen que la gente se hace buena por naturaleza; otros, que es por hábito; y otros más, que es por enseñanza". Para Aristóteles, los hábitos imperan. Los comportamientos que se desarrollan de forma inconsciente son la evidencia de nuestro yo más auténtico, según él. Por ende, "así como hay que preparar de antemano la tierra que va a hacer germinar la semilla, así hay que preparar la mente del discípulo en materia de hábitos para que disfrute o desprecie las cosas correctas".

Los hábitos no son tan sencillos como aparentan. Pero, por otro lado, como he intentado demostrar en este libro, los hábitos —a pesar de estar arraigados en nuestra mente— no son definitivos. Podemos elegirlos una vez que sabemos cómo. Todo lo que sabemos a ciencia cierta sobre ellos, desde los neurólogos que estudian la amnesia y los expertos organizacionales que reconfiguran empresas, es que es posible cambiarlos si entendemos cómo funcionan.

Cientos de hábitos influyen en nuestra cotidianidad: definen cómo nos vestimos en la mañana, cómo les hablamos a nuestros hijos y cómo dormimos por las noches; influyen en lo que almorzamos, la forma en que hacemos negocios y en si nos ejercitamos o bebemos cerveza después del trabajo. Cada uno tiene una señal distinta y ofrece una recompensa única. Algunos son sencillos y otros son complejos y apelan a detonantes emocionales u ofrecen recompensas neuroquímicas. Pero cualquier hábito, sin importar su complejidad, es maleable. Hasta los alcohólicos más empedernidos pueden mantenerse en sobriedad, las empresas más disfuncionales se pueden reconstruir y los peores desertores pueden convertirse en gerentes exitosos.

Ahora bien, para modificar un hábito debes tomar la *decisión* de cambiarlo. Debes reconocer de forma consciente que requerirá esfuerzo identificar las señales y recompensas que motivan las rutinas y encontrar alternativas. Debes reconocer el control que tienes y ser lo suficientemente consciente para ejercerlo; por eso cada uno de los capítulos de este libro se dedica a ilustrar un aspecto distinto de cómo el control es real.

Por eso, aunque Angie Bachmann y Brian Thomas hayan usado versiones distintas del mismo argumento —que actuaron por hábito y que no tenían control sobre sus acciones porque sus comportamientos fueron automáticos—, parece justo que se les trate distinto. Es justo que Angie Bachmann deba responsabilizarse y que Brian Thomas quede libre porque Thomas no tenía idea de que los patrones que lo impulsaron a matar existían siquiera, ni mucho menos que podía ejercer algún tipo de control sobre ellos. Bachmann, por el contrario, sí era consciente de sus hábitos. Y, una vez que sabes que el hábito existe, tienes la responsabilidad de cambiarlo. Si se hubiera esforzado más, quizás habría podido modificarlo. Otros lo han logrado, incluso de cara a tentaciones más grandes.

En cierto sentido, ese es el punto de este libro. Quizás un asesino sonámbulo pueda argumentar de forma convincente que no era consciente de su hábito y que, por ende, no es responsable de su delito. Sin embargo, el resto de patrones que existen en la vida de la mayoría de la gente —cómo comemos, dormimos y hablamos con nuestros hijos; cómo gastamos de forma inconsciente el tiempo, la energía y el dinero— son *hábitos* que sabemos que existen. Y una vez que entendemos que es posible cambiarlos, tenemos la libertad —y la responsabilidad— de reconfigurarlos. Una vez que entiendes que es posible reconfigurarlos, es más fácil asumir el poder del hábito, y la única opción que queda es poner manos a la obra.

●●●

"Nuestra vida entera —decía William James en el prólogo de este libro—, en la medida en que tiene una forma definida, no es más que un amasijo de hábitos (prácticos, sentimentales e intelectuales) organizado de forma sistemática a nuestro favor o en nuestra contra, que nos conduce de forma inevitable a nuestro destino, sea cual sea".

James, quien falleció en 1910, venía de una familia acomodada. Su padre era un teólogo afamado y respetado. Henry, su hermano, era un escritor brillante y exitoso cuyas novelas seguimos leyendo en la actualidad. A los treinta años, William era el fracasado de la familia. De niño fue enfermizo. Luego quiso ser pintor, entró a la escuela de medicina y desertó para unirse a una expedición por el río Amazonas. Con el tiempo, también abandonó la expedición. Se recriminaba en su diario que no era bueno para nada. Por si fuera poco, tampoco estaba seguro de poder mejorar. En la facultad de medicina había visitado un manicomio donde vio a un hombre que se arrojaba contra la pared. Un médico le explicó que aquel paciente padecía alucinaciones. Lo que James no mencionó es que con frecuencia sentía que tenía más cosas en común con los pacientes que con sus colegas médicos.

"Hoy estuve a punto de tocar fondo y comprendí a cabalidad que debo encarar la opción con los ojos abiertos —escribió en su diario en 1870, cuando tenía 28 años—. ¿He de lanzar la cuestión moral por la borda por ser inadecuada para mis aptitudes innatas?".

Dicho de otro modo, ¿es el suicidio la mejor alternativa?

Dos meses después, James tomó una decisión. Antes de hacer algo precipitado, realizaría un experimento de un año. Pasaría doce meses creyendo que tenía control sobre sí mismo y sobre su destino, que podía mejorar y que tenía libre albedrío para cambiar. No había evidencia de que nada de eso fuera cierto. Pero se permitiría la libertad de *creer* que el cambio era posible, aunque las evidencias sugirieran lo contrario. "Creo que ayer experimenté una crisis —escribió en su diario. Con respecto a la capacidad de cambiar, escribió—: Asumiré en el presente (y hasta el próximo año) que no es una ilusión. Mi primer ejercicio de libre albedrío será creer en el libre albedrío".

En el transcurso del siguiente año, practicó a diario. En su diario escribía como si el control sobre sí mismo y sus elecciones nunca estuviera en duda. Se casó. Empezó a dar clases en Harvard. Empezó a pasar tiempo con Oliver Wendell Holmes Jr. —quien después sería juez de la Corte Suprema— y con Charles Sanders Peirce —pionero en estudios de semiótica—, con quienes conformó un grupo de discusión al que apodaban el Club Metafísico. Dos años después de aquella entrada en su diario, le envió una carta al filósofo Charles Renouvier, quien había reflexionado a profundidad sobre el libre albedrío. "No dejaré pasar la oportunidad de decirle cuánta admiración y gratitud generó en mí la lectura de sus *Ensayos* —le escribió James—. Gracias a usted poseo por primera vez una concepción inteligible y razonable de la libertad... Puedo afirmar que a través de la filosofía empiezo a experimentar el renacimiento de la vida moral y le garantizo, señor mío, que eso no es poca cosa".

Más tarde escribiría un famoso texto en el que afirmaba que la voluntad de creer es el principal ingrediente para generar la creencia en el cambio y que uno de los métodos más importantes para generar dicha creencia son los hábitos. Los hábitos, en su opinión, son lo que nos permite "hacer cosas difíciles por primera vez, pero luego hacerlas con más y más facilidad hasta que por fin, con suficiente práctica, las hacemos de forma casi mecánica o casi sin conciencia alguna". Una vez que elegimos quién queremos ser, la gente se configura "al modo en el que se ha moldeado, al igual que una hoja de papel o un abrigo que, una vez doblado o arrugado, tiende después a caer siempre en los mismos pliegues".

Si crees que eres capaz de cambiar —y lo conviertes en un hábito—, el cambio se vuelve real. Este es el verdadero poder de los hábitos: la convicción de que los hábitos son aquellos que elegimos que sean. Una vez que tomamos esa decisión —y la automatizamos—, no solo se hace realidad sino que comienza a parecer ineludible: esa cosa que, en palabras de James, "nos conduce de forma inevitable a nuestro destino, sea cual sea".

La forma en que solemos concebir nuestro entorno y a nosotros mismos configura los mundos que cada quien habita. "Hay dos peces jóvenes nadando juntos que de pronto se encuentran a un pez más viejo que viene en dirección contraria y que asiente y les dice 'Buenos días, chicos. ¿Qué tal está el agua?' —dijo el escritor David Foster Wallace frente a un grupo de universitarios recién graduados en 2005—. Los dos peces jóvenes siguen nadando un rato, hasta que de pronto uno voltea a ver al otro y le pregunta: '¿Qué demonios es el agua?'".

El agua son los hábitos, las decisiones inconscientes e invisibles que nos rodean a diario pero que, al observarlas, se hacen evidentes de nuevo.

A lo largo de su vida, William James escribió sobre los hábitos y el papel central que desempeñan en la creación de la felicidad y el éxito. Con el tiempo, le dedicaría al tema un capítulo entero de su obra maestra, *Principios de psicología*. En sus propias palabras, el agua provee la analogía más apta para entender cómo funcionan los hábitos. El agua "se abre a sí misma un canal que se va haciendo más ancho y profundo; y, después de que ha pasado un tiempo sin fluir, reincide y vuelve a fluir de nuevo por el camino que se abrió previamente".

Ya sabes cómo reencauzar el camino. Y ahora tienes el poder necesario para nadar.

EPÍLOGO

Algo que he aprendido sobre
perder peso, fumar, postergar y dar clases

Meses después de la publicación en inglés de *El poder de los hábitos* (*The Power of Habit*), me encontraba sentado en mi escritorio en la redacción del *New York Times* cuando me llegó un correo electrónico de una mujer a quien una amiga le regaló mi libro en un momento difícil de su vida. Me escribió que se había quedado sin trabajo y estaba pasando por una separación dolorosa. Además, estaba bebiendo de más y sentía que todo estaba fuera de su control.

"Me han hablado de Alcohólicos Anónimos, pero por distintas razones nunca había podido ir —me dijo—. El día después de terminar la primera mitad de tu libro, bebí la que espero que haya sido mi última copa.

"Seis días después, el 1 de agosto, fui a mi primera reunión de AA. Ahora llevo 41 días sobria. Aún me falta un largo camino por recorrer, pero siento una inusitada esperanza renovada. Mi vida nunca había sido tan buena como ahora que tengo 37 años. No sé si me hubiera animado a ir a una reunión de AA de no haber sido por tu libro".

Llevo más de una década trabajando como periodista y he tenido la fortuna de colaborar en proyectos que han ayudado a exponer irregularidades, detonar investigaciones judiciales y convencer a legisladores de mejorar un poco el mundo. En mi trabajo suelo oír gente que afirma que algún reporte periodístico le ha cambiado la vida.

Pero nunca había recibido una carta como esta.

Lo cierto es que el libro desempeñó un papel muy insignificante en ayudar a esa mujer a encontrar consuelo. Hay que dar el crédito correspondiente a las amistades que la instaron a buscar ayuda, a la gente de AA que la apoyó para mantenerse sobria y, sobre todo, a su fuerza y determinación. No obstante, sus palabras tocaron una fibra sensible. Todos pasamos por periodos en los que sabemos que necesitamos cambiar. No obstante, los estudios confirman que *saber* no suele bastar. A veces se requiere algo más —exponerse a la idea correcta, escuchar historias que resuenan con nuestra vida, recibir cierto tipo de impulso— que haga que el primer paso parezca estar al alcance de la mano.

Mientras leía su correo, empecé a preguntarme si sería posible que ideas como la del bucle de los hábitos, la de los hábitos clave y la regla de oro para el cambio de hábitos hubieran tenido impacto en otras personas de formas similares. Dicho de otro modo, ¿entender cómo funcionan los hábitos ayuda a cambiar los comportamientos? ¿Qué pasa cuando una pequeña idea se enfrenta al mundo?

Para averiguarlo, decidí contactar a algunos de los lectores que me habían escrito.

● ● ●

Hace un año, Tom Peyton iba conduciendo de camino a casa después de ayudar a coordinar las Olimpiadas Especiales de Nueva York cuando decidió detenerse en una parada de servicios de la autopista I-90. Llevaba años usando la comida como mecanismo para combatir el aburrimiento y el estrés, al grado en que sus rituales alimenticios terminaron por darle estructura a su vida. Un pan dulce en la mañana para arrancar el día laboral. Un refresco a mediodía para mantenerse despierto. Una o dos cervezas al llegar a casa para relajarse.

En la parada de servicios, decidió subirse a la balanza ubicada afuera de los baños públicos.

Pesaba 340 libras.

> TOM: Me quedé estupefacto. Sabía que había subido un poco de peso, pero nunca había llegado a 340 libras. En ese momento, agité la cabeza y dije: "¡Esto tiene que cambiar!". Poco después, compré *El poder de los hábitos* y, conforme leía las historias, empecé a entender que necesitaba dar un paso atrás y descifrar las razones por las cuales comía tanto, las señales y las recompensas que me habían hecho subir tanto de peso.

> PREGUNTA: ¿Qué crees que detonaba tu compulsión por comer?

> TOM: Creo que era el hecho de que a veces me aburría o me estresaba, y había adquirido el hábito de comer para aliviar esas sensaciones. Me comía una danesa de queso para iniciar el día o pedía papas a la

francesa siempre que ordenaba una hamburguesa. La consideraba comida reconfortante y sentía que merecía sentirme bien al comer.

Por lo tanto, decidí crear una nueva rutina. No quería concebirla como una dieta, pues eso tenía connotaciones negativas y sabía que necesitaba crear un hábito nuevo en lugar de aplastar uno viejo. Decidí pesarme todas las mañanas. Y, dado que pesaba tanto, los cambios pequeños —como cambiar el pan dulce por una fruta— no tardaron en tener repercusiones significativas. Cuando vi que bajaba las primeras libras, de inmediato sentí una enorme emoción porque estaba haciendo algo *de verdad*. Eso me ayudó a creer que funcionaría, que lograría tener éxito y perdería el peso de forma definitiva.

Hay gran cantidad de investigaciones que sustentan lo que Tom supo de forma instintiva. Los investigadores del Registro Nacional de Control de Peso que estudiaron las técnicas usadas por dietistas exitosos observaron que resaltaban dos cualidades en particular. La gente que lograba perder peso de forma definitiva solía desayunar todas las mañanas y también se pesaba a diario.

En parte, estos hábitos importan por cuestiones prácticas: según los estudios, tomar un desayuno sano disminuye las probabilidades de comer refrigerios o aperitivos durante el resto del día. Y pesarse con frecuencia nos permite —a veces de forma inconsciente— ver cómo los cambios en la alimentación influyen en la pérdida de peso.

Igual de importante es el estímulo mental que nos provee la pérdida de peso gradual. Ganancias tan pequeñas como perder doscientos gramos pueden darnos el impulso necesario para apegarnos a la dieta. Necesitamos ver las pequeñas victorias para creer que somos capaces de ganar la gran batalla, por larga que sea.

PREGUNTA: ¿Has seguido pesándote?

TOM: Todos los días. Y algo parecido me ocurrió con el ejercicio. Días después de haber decidido ponerme en forma, empecé a ejercitarme. Me sentí tentado a comprar una caminadora o inscribirme a un gimnasio, pero luego pensé: "Empezaré por ir a pie al supermercado" o "Estacionaré el auto un poco más lejos para tener que cruzar el estacionamiento a pie". Eso representó un logro diario. Al principio me obligué a caminar media milla durante una semana, después tres cuartos de milla; luego empecé a caminar más de prisa. Empecé a disfrutarlo, lo cual era inesperado.

PREGUNTA: ¿Has enfrentado alguna recaída?

TOM: Sí, claro. A veces me como una bolsa de papas fritas o una barra de chocolate, pero siento que me mantengo concentrado en el objetivo. Y cuando los antojos me atacan, parecen manejables.

Esto trae a colación otro tema interesante: sin importar cuán fuerte sea nuestra fuerza de voluntad, es un hecho que recaeremos en los viejos hábitos de forma ocasional. Pero, si tenemos un plan para enfrentar las recaídas —si emprendemos pasos para asegurarnos de que no se conviertan en un hábito—, es fácil volver al buen camino.

Pensemos, por ejemplo, en los postres. Desde que tengo uso de razón me encantan los postres. Y no era un problema antes de tener hijos. Sin embargo, ahora que tengo dos hijos, el problema de los postres ocasionales es que se pueden convertir en hábitos contagiosos, lo cual me quedó claro cuando fuimos de vacaciones a Costa Rica hace unos años.

Todas las noches durante aquel viaje, después de un divertido día de turisteo, de correr hacia las olas y de hacer una cena saludable en familia, les permitíamos a los niños comer galletas de chocolate. Muchas galletas de chocolate. Nuestro razonamiento era que de eso se trataban las vacaciones, de que cada día fuera como una celebración compartida en familia.

Sin embargo, cuando volvimos a casa, escuchamos que nuestro hijo mayor le contaba aspectos del viaje a uno de sus amigos. Le dijo que había monos en los árboles y tortugas bebé en la playa. Pero, sobre todo, que *comimos chocolate todas las noches*. "Por eso me encantan las vacaciones —dijo mientras jugaban con muñecos de Star Wars—, porque te dejan comer todos los postres que quieras".

Mi esposa y yo nos dimos cuenta de que, cada vez que hablábamos de la cena, nuestro hijo mencionaba el postre. Le habíamos creado el hábito de asociar la hora de la comida con el consumo de dulces. Por lo tanto, decidimos cambiar la conversación y empezamos a enfatizar todos los otros aspectos de las comidas familiares: la unión familiar y la oportunidad de compartir historias y de recordar la diversión de las vacaciones. Le dijimos que hasta Luke Skywalker disfrutaba compartir un tazón de avena con Yoda para discutir los sucesos del día.

En sintonía con el principio de la regla de oro para el cambio de hábitos, nos concentramos en enfatizar las otras recompensas que conllevaba la cena. Si nuestro hijo se comía el brócoli, le leíamos un cuento antes de dormir. Si convencía a su hermano de que se acabara los chícharos, les contábamos un chiste.

No erradicamos el postre, pero estructuramos las "recaídas" dulces de formas que desafiaban los patrones. Del mismo modo en que Tom se permitía comer chocolate una vez al mes, nosotros nos aseguramos de que nuestro hijo recibiera un premio. Y ambas cosas ocurrieron de forma un tanto inesperada. A veces le dábamos una fruta después del baño. De forma ocasional, encontraba un malvavisco en su lonchera. Los hábitos surgen cuando los patrones son predecibles y el cerebro aprende a ansiar una recompensa específica en un momento específico. Cuando las recompensas desafían lo predecible —cuando nos desviamos del camino de formas que confunden las expectativas— les quitamos algo de poder a los patrones. Y eso dificulta un poco que se desencadene el bucle de los hábitos.

PREGUNTA: Entonces, ¿cuánto peso has perdido?

TOM: Han pasado seis meses y he bajado unas 70 libras. Sigo adelante, pues quiero llegar a pesar alrededor de 225 libras. Por eso el libro ha sido tan importante para mí. Es una cuestión de entenderte a ti mismo y descifrar esos hábitos y hacerlos parte de tu vida. Es una lucha, pero puedes lograrlo, y entonces empiezas a creer que eres capaz de casi cualquier cosa. Durante mucho tiempo me sentí muy mal por mi peso. Pero ahora siento que por fin tengo el control.

• • •

Eric Earle empezó a fumar cuando era adolescente. Además de ser estudiante universitario, trabajaba como entrenador personal y había intentado dejar el cigarrillo docenas de veces. Convencía a sus clientes de que usaran su fuerza de voluntad para ejercitarse, mejorar su alimentación o terminar una serie más de levantamiento de piernas. Y Eric sabía que la fuerza de voluntad funcionaba: él había sido un niño tímido con un trastorno del habla. Sin embargo, en la secundaria se obligó a entrar al equipo de debate y estuvo a punto de ganar el campeonato estatal.

No obstante, cada vez que intentaba dejar de fumar era como si su fuerza de voluntad se derrumbara. Leyó libros de autoayuda e intentó erradicar los hábitos poco saludables. Pegó frases de afirmación en los muros y compró goma de mascar, se ejercitó más y puso sus metas por escrito. En una ocasión, pasó dos semanas sin nicotina. Pero siempre recaía. Le pregunté por qué creía que su determinación siempre flaqueaba.

ERIC: Creo que en parte era porque quería dejar el cigarrillo de golpe en vez de reemplazarlo por un nuevo hábito. Soy muy audaz, así que quería intentar vivir la vida perfecta. Y a veces lo lograba durante unos días, pero me abrumaba.

PREGUNTA: ¿Por qué crees que pasaba eso?

ERIC: Creo que el problema era que intentaba renunciar a todo al mismo tiempo. Les decía a mis clientes que necesitaban cambiar su alimentación y sus rutinas de ejercicio, y levantarse más temprano, todo a la vez. Es lo que a mí me enseñaron, que uno debe darle un giro de 180 grados a su vida. Y supuse que yo podía hacer lo mismo, pero me di cuenta de que necesitaba concentrarme en una cosa a la vez. Fumar era mi hábito clave. Si quería dejar de hacerlo, tenía que abordar el problema como lo haría un científico y hacer experimentos y concentrarme en una sola cosa: dejar el cigarrillo. Incluso pegué una nota en mi espejo: "Concéntrate en cambiar tu hábito clave". Eso era todo.

PREGUNTA: ¿Qué tipo de experimentos hiciste?

ERIC: Empecé a observarme a mí mismo para averiguar en qué momentos sentía ansias de fumar, y descifré que mi señal era que deseaba cierta sensación de calma. Fumar se había convertido en mi forma de relajarme. Al principio, intenté correr. Me gusta correr, así que supuse que, si salía a correr cada vez que quisiera fumar, el frenesí del ejercicio sustituiría la nicotina. Me funcionó durante un rato, pero luego se me pasó. Entonces intenté ir a un sauna. Supuse que eso me relajaría, y era maravilloso porque me obligaba a levantarme temprano y al salir me sentía muy relajado. Pero es imposible ir a un sauna varias veces al día.

Así que un día decidí meditar. Esa mañana, me hice una taza de té, puse una cinta de meditación que encontré en mi recámara e intenté meditar uno o dos minutos. El simple acto de sentarme en silencio unos cuantos minutos era un logro en sí mismo. Y, con el paso de los días, fui logrando hacerlo durante más tiempo. Lo maravilloso de la meditación es que, una vez que entrenas al cerebro a hacerlo —una vez que entras en sintonía—, puedes hacerlo donde sea. Si estás de pie en una fila o de pronto te sientes estresado —que son los momentos en los que por lo general ansiaría un cigarrillo—, puedes cerrar los ojos y tomarte un momento para respirar y sentir cómo te vas tranquilizando.

Los estudios sugieren que este proceso de experimentación —de prueba y error— es esencial para el cambio de hábitos a largo plazo. Los fumadores suelen dejar de fumar y recaer hasta siete veces antes de dejar el cigarrillo de forma definitiva. Es tentador considerar que esas recaídas son fracasos, pero en realidad se trata de experimentos.

Las investigaciones de James Prochaska, de la Universidad de Rhode Island, y otros investigadores demuestran que, cuando los fumadores dejan el cigarrillo y luego recaen, empiezan a hacerse conscientes de las señales y recompensas que configuran sus patrones de tabaquismo. Las primeras veces que nuestros intentos por cambiar fracasan, es probable que no tengamos claro por qué. No obstante, a medida que surgen los patrones —"No tengo problema para resistir la tentación en las tardes, pero en las mañanas me cuesta más trabajo"—, empezamos a entender y a analizar lo que ocurre en realidad.

"A veces aprendemos de nosotros mismos sin saber que es un aprendizaje —me explicó Prochaska—. Por eso el fracaso es tan valioso. Nos obliga a aprender aunque no queramos".

Los estudios sobre postergación sugieren dinámicas similares. Cuando la gente reúne la fuerza de voluntad suficiente para dejar de postergar, suele tener éxito al principio. Sin embargo, con el paso del tiempo, el músculo de la fuerza de voluntad se agota. El libro que deberían estar estudiando o el memorando que deberían estar escribiendo se vuelve aburrido, y la atracción que ejerce Facebook se torna irresistible. Con el tiempo, cedemos ante la tentación.

Por ende, casi todas las estrategias para acabar con la postergación exigen a la gente que preste mucha atención a *cómo* se esfuma la resolución —el momento en el que la fuerza de voluntad se debilita— y se ajuste a dicho impulso en lugar de ignorarlo. Si tiendes a ceder ante la tentación de Facebook cada 45 minutos, entonces permítete la indulgencia. Durante diez minutos. Pon un cronómetro y no te pases de ese tiempo. Si eliges de antemano los momentos para liberar la tensión —dicho de otro modo, si planeas el fracaso y planeas la recuperación—, es más probable que te apresures a volver al buen camino.

PREGUNTA: ¿Sigues meditando?

ERIC: Ay, sí. Y hace meses que no fumo. Después de dejar de fumar, dejé también de beber, lo cual fue mucho más fácil. Me di cuenta de que, cada vez que quería un cigarrillo, me tomaba una copa de vino o comía papas fritas. Todos los vicios estaban ligados en mi mente. Fumar era el hábito clave de todos los patrones negativos, así que, una vez que hice la transición al hábito de la meditación, dejar lo demás fue mucho más sencillo. Ahora tengo más energía y algunos amigos me dijeron hace poco que me veo más animado y despierto que nunca.

• • •

Me han escrito varios profesores que han puesto en práctica en sus salones de clase los conceptos del bucle de los hábitos y de los hábitos clave. Pratt Bennet, por ejemplo, enseña humanidades en la escuela de música Berkelee College y dirige el programa de capacitación de profesores de la institución. Según Pratt, enseñarles a los estudiantes —y a los profesores— a entender cómo funcionan sus hábitos los ha ayudado a descubrir su potencial.

PRATT: Uno de los cursos que imparto es un seminario de primer año cuyo principal propósito es darles a los estudiantes la oportunidad de tomar distancia de todos los detalles de su primer semestre, de su experiencia universitaria, e intentar descifrar qué les funciona y qué no. Usamos las ideas del libro para crear "informes de trucos útiles para la vida", en los cuales los alumnos observan lo que hacen, eligen una meta que desean alcanzar e intentan modificar un hábito para ver qué ocurre después.

PREGUNTA: ¿Los estudiantes lo disfrutan? ¿O es solo una tarea más?

PRATT: Los informes semanales son más valiosos que cualquier otra tarea o lectura que les encomiendo. No tardan en decir: "Si puedo modificar este hábito que ha mejorado en gran medida mis habilidades de aprendizaje, me pregunto qué *otros hábitos* puedo cambiar". Con este enfoque, mis alumnos han mejorado sus hábitos de sueño y de alimentación, han cambiado sus entrenamientos físicos e incluso sus amistades. No hay nada importante que no hayan podido cambiar siguiendo estos pasos.

Y la razón por la cual funciona es porque se apropian de todo el proceso —qué hábitos alterar, cómo hacerlo, con cuánta frecuencia y cuándo dejar de modificarlos para seguir adelante—, de modo que están muy involucrados en los resultados. Algunos me buscan meses después y me dicen que siguen haciendo el ejercicio o que sus rutinas de práctica musical han mejorado.

PREGUNTA: Es una excelente noticia. Pero, ¿crees que es consecuencia de esas lecciones? ¿O es que la universidad es una etapa en la que la gente cambia de forma natural?

PRATT: Creo que en la universidad tenemos el potencial de cambiar, pero necesitamos una estructura para pensar cómo lograrlo. Y también les pasa a los profesores. Empecé a examinar mi propio flujo laboral y, cuando llegué a la parte del libro donde figura el ejemplo de la galleta, me di cuenta de que revisar el correo electrónico se había convertido en mi galleta. Había cierta recompensa ahí que afectaba mi investigación y escritura, así que sustituí la revisión del correo por tomar notas para mi libro, con lo cual pude terminar la corrección del primer manuscrito, preparar el segundo y alistarme para enviarlo a publicación en dos meses, algo que antes me tomaba años. Cambiar un solo aspecto de mi flujo de trabajo —la frecuencia con la que revisaba mi correo electrónico— incrementó mi productividad personal al menos 100 por ciento.

Y es emocionante, porque si logré tan maravillo-
sos resultados en un solo aspecto de mi vida laboral, ¿qué otras cosas puedo lograr? He mejorado la
calidad de mi sueño y la frecuencia con la que me
ejercito, y disminuí de forma radical la cantidad de
estrés causado por la postergación. Me ha cambiado
la vida.

● ● ●

Hace unos meses volví a escribirle a la mujer que entró a Alcohólicos Anónimos para preguntarle cómo iban las cosas.

"Sigo yendo a las reuniones —me contestó—. Y en marzo
por fin empecé a bajar de peso, porque ya no me quedaba
la ropa.

"Creo que ese mensaje podría serles de utilidad a otras personas. Sin importar qué tan intenso sea el dolor, es posible
sobreponerse. En AA decimos esto: ¿cuánto dolor tienes que
sentir antes de empezar a creer que se puede acabar? Sé que es
difícil y aterrador. Sin embargo, una vez que decides empezar a
cambiar, haces que el cambio se vuelva real".

Como periodista, este tipo de conversaciones son sumamente valiosas y me ayudan a entender qué ideas son útiles y cómo se arraigan en la vida de la gente. En mis viajes y
conversaciones con mis lectores, esta ha sido la lección más
poderosa. Sabemos que podemos cambiar cualquier hábito y
alterar cualquier patrón. A diario hay gente que, después de
décadas de fumar, deja el cigarrillo de forma definitiva. Todas
las semanas hay alcohólicos que asisten a su primera reunión
de AA. He conocido personas de sesenta años con sobrepeso
que, por primera vez en la vida, se sienten capaces de controlar
lo que comen. He hablado con estudiantes universitarios que

han transformado su vida a tal grado que se sienten personas distintas.

Todos los hábitos se rigen por una serie de reglas y, cuando entendemos esos códigos, adquirimos la capacidad de influir en ellos. Cualquier hábito se puede cambiar.

Si has encontrado la forma de cambiar tus hábitos, me encantaría escuchar tu historia. Mi correo electrónico es **charles@charlesduhigg.com**. Contesto todos los correos que recibo. Y espero con ansias que me cuentes qué te ha funcionado.

APÉNDICE

Guía para poner en práctica estas ideas

Lo más difícil de estudiar la ciencia de los hábitos es que, cuando la mayoría de la gente oye hablar de este campo de estudio, quiere saber la fórmula secreta para cambiar cualquier hábito al instante. Si los científicos han descubierto cómo funcionan estos patrones, entonces lo lógico sería que alguien haya descubierto también la receta para el cambio inmediato, ¿cierto?

Ojalá la vida fuera tan fácil.

No es que no haya fórmulas; el problema es que no hay una sola fórmula para cambiar de hábitos, sino miles.

Los individuos y sus hábitos son distintos entre sí, de modo que los detalles específicos del diagnóstico y el cambio de patrones difieren entre personas y entre comportamientos. Dejar de fumar es distinto a controlar los atracones compulsivos, lo cual no es igual a cambiar la comunicación conyugal, lo cual es distinto de la forma en que priorizamos las tareas en el trabajo. Por si fuera poco, los hábitos de cada quien están motivados por ansias diferentes.

Por lo tanto, este libro no contiene una receta única. Mi intención era más bien aportarte algo diferente: un marco de referencia para entender cómo funcionan los hábitos y una guía para experimentar con formas de cambiarlos. Algunos hábitos son fáciles de analizar y modificar. Otros son más complejos y obstinados y requieren que los examinemos con más detenimiento. En otros casos, el cambio es un proceso que nunca concluye del todo.

Pero eso no significa que el cambio sea imposible. Cada capítulo de este libro explica aspectos distintos sobre por qué existen los hábitos y cómo funcionan. El marco de referencia descrito en este apéndice pretende desmenuzar de forma muy sencilla las tácticas que los científicos han descubierto para diagnosticar y reconfigurar los hábitos cotidianos. Claro que no es una guía exhaustiva, sino un mero punto de partida práctico. Y, junto con las lecciones más complejas contenidas en los capítulos de este libro, es también un manual para saber cuál es el siguiente paso.

El cambio no necesariamente es rápido ni sencillo. Pero, con esfuerzo y dedicación, es posible reconfigurar casi cualquier hábito.

MARCO DE REFERENCIA
- Identifica la rutina
- Experimenta con las recompensas
- Aísla la señal
- Diseña un plan

PASO UNO: IDENTIFICA LA RUTINA

Los investigadores del MIT citados en el capítulo uno descubrieron que hay un bucle neurológico en la base de cualquier hábito, el cual consiste en tres partes: una señal, una rutina y una recompensa.

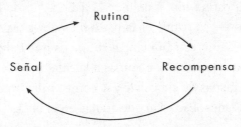

Para entender tus propios hábitos, necesitarás identificar los componentes de tus propios bucles. Una vez que hayas diagramado el bucle de hábitos de un comportamiento en particular, puedes buscar formas de reemplazar los viejos vicios con rutinas nuevas.

Por ejemplo, digamos que tienes el mal hábito de ir todos los días a la cafetería a comprar una galleta de chispas de chocolate (como lo tenía yo cuando empecé mi investigación para este libro). Digamos que este hábito ha hecho que subas unas cuantas libras. De hecho, digamos que te ha hecho subir exactamente ocho libras, y tu esposa ha hecho algunos comentarios mordaces al respecto. Has intentado ponerte límites, e incluso pegaste una nota en tu computadora que dice "No más galletas".

Sin embargo, de algún modo logras ignorar la nota, te pones de pie, caminas a la cafetería, compras una galleta y, mientras conversas con tus colegas en torno a la caja registradora, la degustas. Se siente bien... pero luego no tanto. Te prometes que mañana reunirás la fuerza de voluntad para resistirte a la tentación. Mañana será otro día.

Pero, cuando llega ese día, el hábito se apodera de ti de nuevo.

¿Cómo diagnosticas y luego procedes a cambiar este comportamiento? Descifrando el bucle del hábito. Y lo primero es identificar la rutina. En el caso de la galleta —y de la mayoría de los hábitos—, la rutina es la parte más obvia: es el comportamiento que quieres cambiar. La rutina es que te levantas del escritorio todas las tardes, caminas a la cafetería, compras una galleta con chispas de chocolate y la comes mientras conversas con tus amistades. Eso es lo que anotas en el bucle:

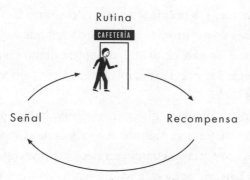

Después, hay que hacerse unas preguntas menos obvias: ¿cuál es la señal que detona la rutina? ¿Es apetito? ¿Aburrimiento? ¿Hipoglucemia? ¿La necesidad de tomar un descanso antes de ahondar en otra tarea?

Y, ¿cuál es la recompensa? ¿La galleta misma? ¿El cambio de escenario? ¿La distracción temporal? ¿La socialización con los colegas? ¿El disparo de energía causado por el azúcar?

Para descifrar las respuestas, es necesario experimentar un poco.

PASO DOS:
EXPERIMENTA CON LAS RECOMPENSAS

Las recompensas son potentes porque satisfacen las ansias. Sin embargo, con frecuencia no somos conscientes de que las ansias motivan nuestro comportamiento. Por ejemplo, cuando el equipo de marketing de Febreze descubrió que los consumidores deseaban sentir un aroma fresco al final de su ritual de limpieza, encontraron un ansia que nadie sabía siquiera que existía. Estaba oculta a simple vista. Así funcionan la mayoría de las ansias; son evidentes cuando las miramos en retrospectiva, pero cuando estamos bajo su influjo son sumamente difíciles de identificar.

Para descifrar cuáles son las ansias que motivan ciertos hábitos en particular, es útil experimentar con distintas recompensas. Puede tomarte varios días, una semana o más. Durante ese periodo, no deberías sentir la presión de hacer un cambio real; basta con que te visualices como un científico que está en la fase de recolección de datos.

El primer día del experimento, cuando sientas el impulso de ir a la cafetería a comprar una galleta, ajusta la rutina para que te dé una recompensa diferente. Por ejemplo, en lugar de caminar a la cafetería, sal a la calle, da una vuelta a la cuadra y luego vuelve a tu escritorio sin haber comido nada. Al día siguiente, ve a la cafetería y compra una dona o un chocolate, y cómelo en tu escritorio. Al día siguiente, ve a la cafetería, compra una manzana y cómetela mientras conversas con tus amistades. La siguiente vez, prueba con una taza de café. Otro día, en lugar de ir a la cafetería, ve a la oficina de algún amigo y conversa con él durante algunos minutos antes de volver a tu escritorio.

Creo que ya sabes a dónde voy con esto. Lo que hagas *en lugar de ir* por la galleta no es relevante. El punto es poner a prueba distintas hipótesis para determinar cuál es el ansia que detona la rutina. ¿Es la galleta misma o las ganas de tomarte un descanso del trabajo? Si es la galleta misma, ¿será porque tienes hambre? (En cuyo caso, la manzana debe servir). ¿O ansías el disparo de energía que provee la galleta? (En cuyo caso, el café cumpliría esa función). ¿O acaso ir a la cafetería es un pretexto para socializar, y la galleta es un pretexto conveniente? (En ese caso, ir al escritorio de alguien más a conversar unos cuantos minutos debe satisfacer el ansia).

Conforme pruebes cuatro o cinco recompensas diferentes, puedes usar un viejo truco para identificar patrones: después de cada actividad, anota en un pedazo de papel las primeras tres cosas que te vengan a la mente cuando vuelvas a tu escritorio. Pueden ser emociones, pensamientos aleatorios, reflexiones sobre cómo te sientes o las primeras tres palabras que se te ocurran.

RELAJADO   VI FLORES   SIN APETITO

Después de eso, programa una alarma en tu reloj o computadora para que suene en quince minutos. Cuando suene, hazte la siguiente pregunta: ¿sigues sintiendo el ansia de ir por esa galleta?

Hay dos razones por las cuales es importante anotar tres cosas, aunque se trate de palabras sin sentido. En primer lugar, nos obliga a tener conciencia momentánea sobre lo que estamos pensando o sintiendo. Así como Mandy —la mujer del capítulo tres que se mordía las uñas— llevaba consigo una tarjeta llena de marcas que la obligaban a ser consciente de sus ansias habituales, escribir tres palabras nos obliga a prestar atención por un momento. Por si eso fuera poco, los estudios señalan que escribir unas cuantas palabras ayuda a recordar después lo que estabas pensando en el momento. Al final del experimento, cuando revises tus notas, te será mucho más sencillo recordar qué estabas sintiendo y pensando en ese preciso instante ya que anotaste palabras que detonarán una oleada de recuerdos.

¿Y para qué la alarma de quince minutos? Porque el punto de estas pruebas es determinar cuál es la recompensa que ansías. Si quince minutos después de comer una rosquilla *sigues* sintiendo el ansia de ponerte de pie e ir a la cafetería, entonces el hábito no está motivado por las ansias de azúcar. Si después de conversar con un colega en su escritorio sigues queriendo la galleta, entonces la necesidad de contacto humano no era lo que motivaba tu comportamiento.

Por el contrario, si quince minutos después de conversar con un amigo te resulta fácil volver al trabajo, entonces habrás identificado la recompensa —distracción y socialización temporal— que el hábito buscaba satisfacer.

Al experimentar con distintas recompensas, es posible aislar qué es *exactamente* lo que ansiamos, lo cual es esencial para rediseñar el hábito.

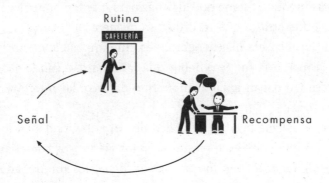

Rutina

CAFETERÍA

Señal

Recompensa

Una vez que hayas descifrado la rutina y la recompensa, lo que queda por identificar es la señal.

PASO TRES: AÍSLA LA SEÑAL

Hace aproximadamente una década, una psicóloga de la Universidad de Ontario Occidental intentó responder una pregunta que llevaba inquietando a los sociólogos desde hacía años. ¿Por qué algunos testigos de crímenes tienen recuerdos tergiversados de lo que presenciaron, mientras que otros recuerdan los sucesos de forma precisa?

Como es de esperarse, los recuerdos de los testigos oculares son sumamente importantes. No obstante, los estudios indican que con frecuencia recuerdan los sucesos de forma tergiversada. Por ejemplo, insisten en que el ladrón era un hombre, aunque traía falda, o que el delito ocurrió al anochecer, aunque los informes policiacos aseguren que ocurrió a las 2 p.m. Por el contrario, otros testigos oculares recuerdan los crímenes que presenciaron con lujo de detalle.

Hay docenas de estudios que han examinado este fenómeno para tratar de determinar por qué algunas personas son mejores testigos oculares que otras. Los investigadores barajaban ciertas hipótesis, como que algunas personas tenían mejor memoria que otras o que recordar un crimen que ocurrió en un lugar familiar era más sencillo. Pero fue imposible demostrarlas: la memoria fuerte o débil, o la familiaridad con la escena del crimen daban igual al momento de recordar o tergiversar el episodio.

La psicóloga de la Universidad de Ontario Occidental tomó un camino distinto. Se preguntó si los científicos cometían el error de enfocarse en lo que habían dicho los interrogadores y los testigos, en lugar de en *cómo* lo habían dicho. Sospechó que había señales sutiles que influían en el proceso de interrogatorio. Sin embargo, al ver incontables cintas de entrevistas con testigos y buscar esas señales, fue incapaz de discernirlas. Ocurrían tantas cosas en cada entrevista —varias expresiones faciales, distintas formas de plantear las preguntas, fluctuación de emociones— que no logró detectar patrón alguno.

Se le ocurrió entonces una idea: hizo un listado de los pocos elementos en los que sí podía concentrarse: el tono del interrogador, las expresiones faciales del testigo, la cercanía física entre el testigo y el interrogador. Luego eliminó el resto de la información que podía distraerla de aquellos elementos. Bajó el volumen de la televisión para no escuchar las palabras sino solo detectar el tono de voz del interrogador. Adhirió un trozo de papel encima del rostro del interrogador para fijarse únicamente en las expresiones del testigo. Y midió con una cinta métrica la distancia en la pantalla entre ambos individuos.

Una vez que empezó a examinar esos elementos específicos, surgieron los patrones. Observó que los testigos que tergiversaban los hechos solían ser interrogados por policías que usaban un tono de voz amable y amistoso. Cuando los testigos sonreían más o se sentaban más cerca de quien les hacía las preguntas, tendían más a alterar sus recuerdos.

Dicho de otro modo, cuando las señales del entorno comunicaban que "somos amigos" —el tono amable, la expresión sonriente—, el testigo era más propenso a equivocarse al recordar los hechos. Quizá se debía a que, a nivel subconsciente, las señales amistosas detonaban el hábito de complacer al interrogador.

No obstante, la importancia de este experimento radica en que docenas de otros investigadores habían visto esas mismas cintas y habían visto los mismos patrones, pero los pasaron por alto porque había *demasiada* información en cada cinta como para percibir señales tan sutiles.

Una vez que la psicóloga decidió enfocarse únicamente en tres categorías de comportamiento y eliminar la información adyacente, los patrones saltaron a la vista.

Nuestra vida funciona igual. La razón por la cual es tan difícil identificar las señales que detonan nuestros hábitos es que hay un bombardeo excesivo de información mientras nuestros comportamientos tienen lugar. Hazte las siguientes preguntas: ¿Desayunas todos los días a la misma hora porque tienes hambre? ¿O porque el reloj dice 7:30? ¿O porque tus hijos ya empezaron a comer? ¿O porque ya te vestiste y es el momento en el que el hábito del desayuno se desencadena?

Cuando viras a la izquierda de forma automática mientras conduces al trabajo, ¿qué detona ese comportamiento? ¿Una señalización en la calle? ¿Un árbol en particular? ¿El conocimiento de que se trata de la ruta correcta? ¿Todo en conjunto? Cuando llevas a tu hijo a la escuela y de pronto te das cuenta de que inconscientemente tomaste el camino al trabajo —y no a la escuela—, ¿qué fue lo que causó el error? ¿Cuál fue la señal que hizo que el hábito de "conducir al trabajo" se detonara, en lugar del patrón de "conducir a la escuela"?

Para identificar la señal en medio del ruido, podemos usar el mismo sistema que la psicóloga: identificar de antemano categorías de comportamientos y examinarlos en busca de patrones. Por fortuna, la ciencia nos ayuda en este sentido. Los experimentos demuestran que casi todas las señales habituales entran en una de cinco posibles categorías:

Ubicación
Tiempo/Horario
Estado emocional

Otras personas
Acción previa inmediata

Por lo tanto, si estás intentando descifrar la señal que detona el hábito de "ir a la cafetería y comprar una galleta con chispas de chocolate", escribe cinco cosas en el instante en el que sientas el ansia (estas son las notas que yo escribí cuando estaba intentando diagnosticar mi hábito):

¿Dónde estás? (sentado en mi escritorio)
¿Qué hora es? (3:36 p.m.)
¿Cuál es tu estado emocional? (aburrido)
¿Quién está a tu alrededor? (nadie)
¿Qué acción precedió al ansia? (contestar un correo
   electrónico)

Al día siguiente hice lo mismo:

¿Dónde estás? (volviendo de la fotocopiadora)
¿Qué hora es? (3:18 p.m.)
¿Cuál es tu estado emocional? (feliz)
¿Quién está a tu alrededor? (Jim, de deportes)
¿Qué acción precedió al ansia? (saqué una fotocopia)

Al tercer día, una vez más:

¿Dónde estás? (sala de reuniones)
¿Qué hora es? (3:41 p.m.)
¿Cuál es tu estado emocional? (cansado, emocionado por el
   proyecto actual)
¿Quién está a tu alrededor? (los editores que vienen a la
   reunión)

¿Qué acción precedió al ansia? (me senté porque la reunión va a empezar)

Al cabo de tres días, quedó muy clara cuál era la señal que detonaba mi hábito de querer una galleta: sentía ansias de tomar un refrigerio a cierta hora del día. En el paso dos ya me había dado cuenta de que el hambre no era lo que motivaba mi comportamiento. La recompensa que buscaba era la distracción temporal que suele acompañar la charla con un amigo. Y ahora sabía que el hábito se detonaba entre las 3:00 y las 4:00 p.m.

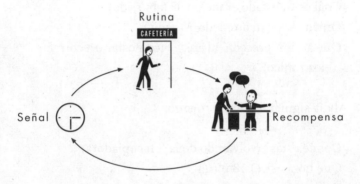

PASO CUATRO: DISEÑA UN PLAN

Una vez que tengas esquematizado tu bucle de los hábitos —después de haber identificado la recompensa que motiva el comportamiento, la señal que lo detona y la rutina misma—, podrás empezar a cambiar el comportamiento. Puedes cambiarlo por una mejor rutina si planeas con anticipación el comportamiento que te dará la recompensa que ansías cuando aparezca la señal. Dicho de otro modo: necesitas un plan.

En el prólogo, aprendimos que los hábitos son decisiones que tomamos de forma deliberada en un momento dado, pero en las que después dejamos de pensar y ejecutamos automáticamente, por lo regular a diario.

En otras palabras, los hábitos son fórmulas que nuestro cerebro sigue de forma automática. Cuando veo la SEÑAL, realizo la RUTINA para obtener la RECOMPENSA.

Para reconfigurar esa fórmula, necesitamos empezar a tomar decisiones conscientes de nuevo. Y, según múltiples estudios, la forma más sencilla de hacerlo es con un plan. A estos planes los psicólogos los llaman "intenciones de implementación".

Volvamos un momento a mi hábito de comer una galleta todas las tardes. Con este marco referencial, aprendí que mi señal era que dieran más o menos las 3:30 p.m. Sabía que mi rutina era ir a la cafetería, comprar una galleta y conversar con amigos. Y, por medio de la experimentación, entendí que no era la galleta lo que ansiaba, sino el momento de distracción y la oportunidad de socializar.

Por lo tanto, ideé un plan:

Todos los días, a las 3:30 p.m., iré al escritorio de algún amigo y conversaré con él durante diez minutos.

Para no olvidarlo, puse una alarma en mi reloj justo a las 3:30 p.m.

El plan no funcionó de inmediato. Había días en los que estaba demasiado ocupado e ignoraba la alarma, y luego recaía. En otras ocasiones parecía muy difícil encontrar un amigo dispuesto a conversar; era más fácil ir por una galleta, así que cedía ante la tentación. Sin embargo, en los días en los que sí me apegaba al plan —cuando la alarma sonaba y me obligaba a ir al escritorio de un amigo y conversar con él durante diez minutos—, descubrí que terminaba el día laboral sintiéndome mejor. No había ido a la cafetería, no había comido una galleta y me sentía bien. Con el tiempo se hizo automático. Cuando sonaba la alarma encontraba un amigo con el cual conversar y terminaba el día con una satisfacción pequeña pero auténtica. Después de varias semanas, ya ni siquiera pensaba en la rutina. Y, cuando no encontraba alguien con quien conversar, iba a la cafetería y compraba té para beberlo con los colegas que estuvieran ahí.

Todo esto pasó hace seis meses. Ya no tengo el reloj, pues lo perdí en algún momento. Pero todos los días, alrededor de las 3:30 p.m., sin pensarlo me pongo de pie, busco en la redacción alguien con quien conversar, paso diez minutos hablando con él o ella y luego vuelvo a mi escritorio. Lo hago casi sin pensarlo. Se ha convertido en un hábito.

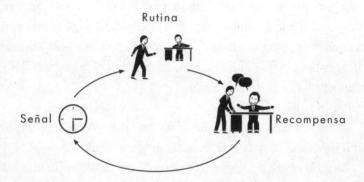

Es obvio que cambiar ciertos hábitos puede ser mucho más difícil. Sin embargo, este marco de referencia es un buen punto de partida. A veces el cambio toma bastante tiempo. A veces requiere múltiples pruebas y errores. Sin embargo, cuando entiendes cómo operan los hábitos —una vez que diagnosticas la señal, la rutina y la recompensa—, obtienes poder sobre ellos.

AGRADECIMIENTOS

A lo largo de mi vida he tenido la gran suerte de trabajar con gente mucho más talentosa que yo, así como la oportunidad de aprovechar su sabiduría e ingenio para utilizarlos a mi favor.

Esa es la razón por la que estás leyendo este libro y el motivo por el cual hay tantas personas a quienes agradecerles.

Andy Ward adquirió la versión en inglés de *El poder de los hábitos* (*The Power of Habit*) antes de siquiera empezar a trabajar como editor en Random House. En ese momento, yo desconocía que era un editor amable, generoso y de un talento extraordinario. Algunos amigos me dijeron que Andy elevó la calidad de su prosa y que los tomó de la mano con tanta gracia que casi se olvidaron de su tacto. Pero pensé que quizás exageraban, pues muchos de ellos estaban bajo los efectos del alcohol en ese momento. Sin embargo, querido lector: ¡todo es verdad!

Su humildad, su paciencia y, sobre todo, el empeño que pone
en ser un buen amigo hacen que quienes lo rodean quieran ser
mejores personas. Este libro es tan suyo como mío y agradezco
haberlo conocido, trabajar con él y aprender de él. De igual manera, sé que probablemente le debo algo a alguna deidad oscura
por llevarme directo a la puerta de Random House bajo la sabia
tutela de Susan Kamil, el liderazgo de Gina Centrello, los consejos y esfuerzos de Avideh Bashirrad, Tom Perry, Sanyu Di-
llon, Sally Marvin, Barbara Fillon, Maria Braeckel, Erika Greber
y la paciencia de Kaela Myers.

Una suerte similar me permitió trabajar con Scott Moyers,
Andrew Wylie y James Pullen en la agencia Wylie. El consejo y
la amistad de Scott —como muchos escritores saben— son tan
invaluables como generosos. Scott ha vuelto al mundo editorial
y los lectores a lo largo y ancho del planeta deberían considerarse afortunados. Por su parte, la tenacidad y astucia de Andrew Wylie siempre hacen del mundo un lugar más seguro (y
más cómodo) para sus escritores, algo que yo agradezco enor-
memente. Y James Pullen me ha ayudado a entender cómo escribir en idiomas que ni siquiera sabía que existían.

Además, también le debo mucho al *New York Times*. En particular agradezco a Larry Ingrassia, editor de negocios del *Times*,
cuya amistad, consejo y comprensión me permitieron escribir
este libro, así como comprometerme con el periodismo junto
a muchos otros reporteros talentosos en una atmósfera donde
nuestro trabajo —y la misión del *Times*— se enaltecen con su
ejemplo. Vicki Ingrassia también ha sido un apoyo maravilloso.
Como lo sabe cualquier escritor que haya conocido a Adam
Bryant, él es un increíble promotor y amigo que convierte en
oro todo lo que toca. Asimismo, es un privilegio trabajar para
Bill Keller, Jill Abramson, Dean Baquet y Glenn Kramon, y se-

guir su ejemplo sobre cómo deben comportarse los periodistas en todo el mundo.

A mis colegas del *Times*: Dean Murphy, Winnie O'Kelly, Jenny Anderson, Rick Berke, Andrew Ross Sorkin, David Leonhardt, Walt Bogdanich, David Gillen, Eduardo Porter, Jodi Kantor, Vera Titunik, Amy O'Leary, Peter Lattman, David Segal, Christine Haughney, Jenny Schussler, Joe Nocera y Jim Schacter (ambos revisaron capítulos de mi libro), Jeff Cane, Michael Barbaro y otros que también han compartido su amistad e ideas con generosidad. Estoy en deuda con todos ustedes.

De igual manera, quisiera agradecer a Alex Blumberg, Adam Davidson, Paula Szuchman, Nivi Nord, Alex Berenson, Nazanin Rafsanjani, Brendan Koerner, Nicholas Thompson, Kate Kelly, Sarah Ellison, Kevin Bleyer, Amanda Schaffer, Dennis Potami, James Wynn, Noah Kotch, Greg Nelson, Caitlin Pike, Jonathan Klein, Amanda Klein, Donnan Steele, Stacey Steele, Wesley Morris, Adir Waldman, Rich Frankel, Jennifer Couzin, Aaron Bendikson, Richard Rampell, Mike Bor, David Lewicki, Beth Waltemath, Ellen Martin, Russ Uman, Erin Brown, Jeff Norton, Raj De Datta, Ruben Sigala, Dan Costello, Peter Blake, Peter Goodman, Alix Spiegel, Susan Dominus, Jenny Rosenstrach, Jason Woodard, Taylor Noguera y Matthew Bird, quienes me ofrecieron su apoyo y consejo. Tanto la portada del libro como las ilustraciones contenidas en su interior son producto de la increíble y talentosa mente de Anton Ioukhnovets.

También estoy en deuda con las múltiples personas que donaron su tiempo para la investigación de este libro. Muchas de ellas se mencionan en las notas, pero en especial me gustaría agradecer a Tom Andrews de SYPartners, Tony Dungy y DJ Snell, Paul O'Neill, Warren Bennis, Rick Warren, Anne Krumm, Paco Underhill, Larry Squire, Wolfram Schultz, Ann

Graybiel, Todd Heatherton, J. Scott Tonigan, Taylor Branch, Bob Bowman, Travis Leach, Howard Schultz, Mark Muraven, Angela Duckworth, Jane Bruno, Reza Habib, Patrick Mulkey y Terry Noffsinger. Recibí gran apoyo por parte de investigadores y colaboradores que se dieron a la tarea de corroborar información, entre ellos Dax Proctor, Josh Friedman, Cole Louison, Alexander Provan y Neela Saldanha.

Siempre le estaré agradecido a Bob Sipchen, quien me dio mi primer trabajo en el periodismo, y lamento no poder compartir este libro con dos amigos a quienes perdí demasiado pronto: Brian Ching y L. K. Case.

Finalmente, mi más profundo agradecimiento es para mi familia. Katy Duhigg, Jacquie Jenkusky, David Duhigg, Toni Martorelli, Daniel Duhigg, Alexandra Alter y Jake Goldstein han sido grandes amigos. Mis hijos Oliver y John Harry han sido fuentes de inspiración y desvelo. Mis padres, John y Doris, quienes me alentaron desde muy joven a escribir, incluso cuando incendiaba las cosas, dándoles motivos para pensar que cualquier correspondencia de mi parte en un futuro llegaría en papelería de la cárcel.

Y, por supuesto, a mi esposa Liz, cuyo amor, apoyo, guía, inteligencia y amistad constantes hicieron de este libro una realidad.

—*Septiembre de 2011*

NOTA SOBRE LA BIBLIOGRAFÍA

La investigación de este libro se basa en cientos de entrevistas, al igual que en miles de artículos y estudios. Muchas de estas referencias se detallan en el texto mismo o en las notas, junto con algunas guías para que los lectores interesados puedan consultar recursos adicionales.

En la mayoría de las situaciones, a los individuos que demostraron ser grandes fuentes de información (ya sea al recomendar su propio trabajo o el de un tercero) o que publicaron investigaciones integrales para la documentación de este libro, se les dio la oportunidad —después de haber reunido toda la información— de corroborar datos y ofrecer comentarios adicionales, abordar las discrepancias o plantear problemas sobre la manera en que se presenta la información. Muchos de estos comentarios se reproducen dentro de las notas. (Ninguna fuente pudo acceder a la totalidad del texto; todos los comentarios se basan en resúmenes proporcionados por las fuentes).

Solo en algunos casos se extendió la confidencialidad a aquellas fuentes que, por diversas razones, no podían atribuirse el crédito de la investigación. En un pequeño número de instancias, se ocultaron o modificaron algunos rasgos de identidad ligeramente para apegarse a las leyes de privacidad de los pacientes o por otros motivos.

ÍNDICE TEMÁTICO

NOTAS

PRÓLOGO

16. **para ello, midieron los signos vitales de los sujetos** La investigación sobre la historia de Lisa Allen se basa en entrevistas con la misma Allen. Este estudio continúa y es inédito, por lo que los investigadores no estuvieron disponibles para dar entrevistas. Sin embargo, los resultados básicos fueron confirmados por estudios y entrevistas con científicos que trabajan en proyectos similares, incluyendo a A. DelParigi *et al.*, "Successful Dieters Have Increased Neural Activity in Cortical Areas Involved in the Control of Behavior", *International Journal of Obesity* 31 (2007): págs. 440-48; Duc Son NT Le *et al.*, "Less Activation in the Left Dorsolateral Prefrontal Cortex in the Reanalysis of the Response to a Meal in Obese than in Lean Women and Its Association with Successful Weight Loss", *American Journal of Clinical Nutrition* 86, núm. 3 (2007): págs. 573-79; A. DelParigi *et al.*, "Persistence of Abnormal Neural Responses to a Meal in Postobese Individuals", *International Journal of Obesity* 28 (2004): págs. 370-77; E. Stice *et al.*, "Relation of Reward from Food Intake and Anticipated Food Intake to Obesity: A Functional Magnetic Resonance Imaging Study", *Journal of Abnormal Psychology* 117, núm. 4 (noviembre 2008): págs. 924-35; A. C. Janes *et al.*, "Brain fMRI Reactivity to Smoking-Related Images Before and During Extended Smoking Abstinence", *Experimental and Clinical Psychopharmacology* 17 (diciembre 2009): págs. 365–73; D. McBride *et al.*, "Effects of Expectancy and Abstinence on the Neural Response to Smoking Cues in Cigarette Smokers: An fMRI Study", *Neuropsychopharmacology* 31 (diciembre 2006): págs. 2728–38; R. Sinha y C. S. Li, "Imaging Stress- and Cue-Induced Drug and Alcohol Craving: Association with Relapse and Clinical Implications", *Drug and Alcohol Review* 26, núm. 1 (enero 2007): págs. 25–31; E. Tricomi, B. W. Balleine y J. P. O'Doherty, "A Specific Role for Posterior Dorsolateral Striatum in Human Habit Learning", *European Journal of Neuroscience* 29, núm. 11 (junio 2009): págs. 2225–32; D. Knoch, P. Bugger y M. Regard, "Suppressing Versus Releasing a Habit: Frequency-Dependent Effects of Prefrontal Transcranial Magnetic Stimulation", *Cerebral Cortex* 15, núm. 7 (julio 2005): págs. 885–87.

20. **"Nuestra vida entera, en la medida en que tiene"** William James, *Talks to Teachers on Psychology and to Students on Some of Life's Ideals*, publicado originalmente en 1899.

21. **Un artículo publicado** Bas Verplanken y Wendy Wood, "Interventions to Break and Create Consumer Habits", *Journal of Public Policy and Marketing* 25, núm. 1 (2006): págs. 90–103; David T. Neal, Wendy Wood y Jeffrey M. Quinn, "Habits—A Repeat Performance", *Current Directions in Psychological Science* 15, núm. 4 (2006): págs. 198–202.

23. **Al ver al ejército estadounidense en acción, se me ocurrió** Debo mi comprensión sobre el fascinante tema del uso del entrenamiento de hábitos en la milicia al doctor Peter Schifferle en la Escuela de Estudios Avanzados del Ejército (SAMS), al doctor James Lussier, y a los muchos comandantes y soldados que fueron generosos con su tiempo tanto en Irak como en la SAMS. Para mayor información sobre este tema, *véase* Scott B. Shadrick y James W. Lussier, "Assessment of the Think Like a Commander Training Program", U.S. Army Research Institute for the Behavioral and Social Sciences Research Report 1824, julio 2004; Scott B. Shadrick *et al.*, "Positive Transfer of Adaptive Battlefield Thinking Skills", U.S. Army Research Institute for the Behavioral and Social Sciences Research Report 1873, julio 2007; Thomas J. Carnahan *et al.*, "Novice Versus Expert Command Groups: Preliminary Findings and Training Implications for Future Combat Systems", U.S. Army Research Institute for the Behavioral and Social Sciences Research Report 1821, marzo 2004; Carl W. Lickteig *et al.*, "Human Performance Essential to Battle Command: Report on Four Future Combat Systems Command and Control Experiments", U.S. Army Research Institute for the Behavioral and Social Sciences Research Report 1812, noviembre 2003; y Army Field Manual 5–2, febrero 20, 2009.

CAPÍTULO UNO

29. seis pies de estatura Lisa Stefanacci *et al.*, "Profound Amnesia After Damage to the Medial Temporal Lobe: A Neuroanatomical and Neuropsychological Profile of Patient E.P.", *Journal of Neuroscience* 20, núm. 18 (2000): págs. 7024–36.

30. ¿Quién es Michael? Estoy en deuda con las familias Pauly y Rayes, el laboratorio Squire y los siguientes reportajes: Joshua Foer, "Remember This", *National Geographic*, noviembre 2007, págs. 32–57; "Don't Forget", *Scientific American Frontiers*, programa de televisión producido por Chedd-Angier Production Company, PBS, el episodio salió al aire por primera vez el 11 de mayo de 2004 con Alan Alda como anfitrión; "Solved: Two Controversial Brain Teasers", *Bioworld Today*, agosto 1999; David E. Graham, "UCSD Scientist Unlocks Working of Human Memory", *The San Diego Union-Tribune*, agosto 12, 1999.

30. La muestra de líquido de Eugene Richard J. Whitley y David W. Kimberlan, "Viral Encephalitis", *Pediatrics in Review* 20, núm. 6 (1999): págs. 192–98.

34. tenía siete años Algunos artículos publicados dicen que H. M. se lesionó a los nueve años de edad, mientras que otros dicen que a los siete.

34. lo atropelló una bicicleta Las investigaciones previas indican que H. M. fue golpeado por una bicicleta. Sin embargo, existen nuevos documentos inéditos que indican que tal vez se haya caído de la bicicleta.

34. cayó de cabeza al suelo Luke Dittrich, "The Brain That Changed Everything", *Esquire*, octubre 2010.

34. Era un hombre inteligente Eric Hargreaves, "H. M.", *Page O'Neuroplasticity*, <http://homepages.nyu.edu/>.

34. Cuando el médico recomendó abrirle Benedict Carey, "H. M., Whose Loss of Memory Made Him Unforgettable, Dies", *The New York Times*, diciembre 5, 2008.

34. con una diminuta pajilla Esta era una práctica común en aquella época.

35. Se presentaba con los médicos Dittrich, "The Brain That Changed Everything"; Larry R. Squire, "Memory and Brain Systems: 1969–2009", *Journal of Neuroscience* 29, núm. 41 (2009): págs. 12711–26; Larry R. Squire, "The Legacy of Patient H. M. for Neuroscience", *Neuron* 61, núm. 1 (2009): págs. 6–9.

38. transformado la forma en que entendemos *El poder de los hábitos,* Jonathan M. Reed *et al.*, "Learning About Categories That Are Defined by Object-Like Stimuli Despite Impaired Declarative Memory", *Behavioral Neuroscience* 113 (1999): págs. 411–19; B. J. Knowlton, J. A. Mangels y L. R. Squire, "A Neostriatal Habit Learning System in Humans", *Science* 273 (1996): págs. 1399–1402; P. J. Bayley, J. C. Frascino y L. R. Squire, "Robust Habit Learning in the Absence of Awareness and Independent of the Medial Temporal Lobe", *Nature* 436 (2005): págs. 550–53.

42. **del tamaño de una pelota de golf** B. Bendriem et al., «Quantitation of the Human Basal Ganglia with Positron Emission Tomography: A Phantom Study of the Effect of Contrast and Axial Positioning», IEEE Transactions on Medical Imaging 10, núm. 2 (1991): pp. 216–22.

42. **un puñado ovalado de células** G. E. Alexander y M. D. Crutcher, «Functional Architecture of Basal Ganglia Circuits: Neural Substrates of Parallel Processing», Trends in Neurosciences 13 (1990): pp. 266–71; André Parent y Lili-Naz Hazrati, «Functional Anatomy of the Basal Ganglia», Brain Research Reviews 20 (1995): pp. 91–127; Roger L. Albin, Anne B. Young y John B. Penney, «The Functional Anatomy of Basal Ganglia Disorders», Trends in Neurosciences 12 (1989): pp. 366–75.

42. **enfermedades como el Parkinson** Alain Dagher y T. W. Robbins, «Personality, Addiction, Dopamine: Insights from Parkinson's Disease», Neuron 61 (2009): pp. 502–10.

42. **cómo abrir los contenedores de comida** Estoy en deuda con las siguientes fuentes de información por ampliar mi comprensión del trabajo que se realiza en los laboratorios de MIT, los ganglios basales y el rol que desempeñan en la formación de hábitos y la memoria: F. Gregory Ashby y John M. Ennis, "The Role of the Basal Ganglia in Category Learning", *Psychology of Learning and Motivation* 46 (2006): págs. 1–36; F. G. Ashby, B. O. Turner y J. C. Horvitz, "Cortical and Basal Ganglia Contributions to Habit Learning and Automaticity", *Trends in Cognitive Sciences* 14 (2010): págs. 208–15; C. Da Cunha y M. G. Packard, "Preface: Special Issue on the Role of the Basal Ganglia in Learning and Memory", *Behavioural Brain Research* 199 (2009): págs. 1–2; C. Da Cunha *et al.*, "Learning Processing in the Basal Ganglia: A Mosaic of Broken Mirrors", *Behavioural Brain Research* 199 (2009): págs. 157–70; M. Desmurget y R. S. Turner, "Motor Sequences and the Basal Ganglia: Kinematics, Not Habits", *Journal of Neuroscience* 30 (2010): págs. 7685–90; J. J. Ebbers y N. M. Wijnberg, "Organizational Memory: From Expectations Memory to Procedural Memory", *British Journal of Management* 20 (2009): págs. 478–90; J. A. Grahn, J. A. Parkinson y A. M. Owen, "The Role of the Basal Ganglia in Learning and Memory: Neuropsychological Studies", *Behavioural Brain Research* 199 (2009): págs. 53–60; Ann M. Graybiel, "The Basal Ganglia: Learning New Tricks and Loving It", *Current Opinion in Neurobiology* 15 (2005): págs. 638–44; Ann M. Graybiel, "The Basal Ganglia and Chunking of Action Repertoires", *Neurobiology of Learning and Memory* 70, núms. 1–2 (1998): págs. 119–36; F. Gregory Ashby y V. Valentin, "Multiple Systems of Perceptual Category Learning: Theory and Cognitive Tests", en *Handbook of Categorization in Cognitive Science*, eds. Henri Cohen y Claire Lefebvre (Oxford: Elsevier Science, 2005); S. N Haber y M. Johnson Gdowski, "The Basal Ganglia", en *The Human Nervous System*, 2da ed., eds. George Paxinos y Jürgen K. Mai (San Diego: Academic Press, 2004), págs. 676–738; T. D. Barnes *et al.*, "Activity of Striatal Neurons Reflects Dynamic Encoding and Recoding of

Procedural Memories", *Nature* 437 (2005): págs. 1158–61; M. Laubach, "Who's on First? What's on Second? The Time Course of Learning in Corticostriatal Systems", *Trends in Neurosciences* 28 (2005): págs. 509–11; E. K. Miller y T. J. Buschman, "Bootstrapping Your Brain: How Interactions Between the Frontal Cortex and Basal Ganglia May Produce Organized Actions and Lofty Thoughts", en *Neurobiology of Learning and Memory*, 2da ed., eds. Raymond P. Kesner y Joe L. Martínez (Burlington, Vt.: Academic Press, 2007), págs. 339–54; M. G. Packard, "Role of Basal Ganglia in Habit Learning and Memory: Rats, Monkeys, and Humans", en *Handbook of Behavioral Neuroscience*, eds. Heinz Steiner y Kuei Y. Tseng, págs. 561–69; D. P. Salmon y N. Butters, "Neurobiology of Skill and Habit Learning", *Current Opinion in Neurobiology* 5 (1995): págs. 184–90; D. Shohamy *et al.*, "Role of the Basal Ganglia in Category Learning: How Do Patients with Parkinson's Disease Learn?" *Behavioral Neuroscience* 118 (2004): págs. 676–86; M. T. Ullman, "Is Broca's Area Part of a Basal Ganglia Thalamocortical Circuit?" *Cortex* 42 (2006): págs. 480–85; N. M. White, "Mnemonic Functions of the Basal Ganglia", *Current Opinion in Neurobiology* 7 (1997): págs. 164–69.

43.   El laberinto estaba diseñado Ann M. Graybiel, "Overview at Habits, Rituals, and the Evaluative Brain", *Annual Review of Neuroscience* 31 (2008): págs. 359–87; T. D. Barnes *et al.*, "Activity of Striatal Neurons Reflects Dynamic Encoding and Recoding of Procedural Memories", *Nature* 437 (2005): págs. 1158–61; Ann M. Graybiel, "Network-Level Neuroplasticity in Cortico-Basal Ganglia Pathways", *Parkinsonism and Related Disorders* 10 (2004): págs. 293–96; N. Fujii y Ann M. Graybiel, "Time-Varying Covariance of Neural Activities Recorded in Striatum and Frontal Cortex as Monkeys Perform Sequential-Saccade Tasks", *Proceedings of the National Academy of Sciences* 102 (2005): págs. 9032–37.

45.   se observa esta capacidad de almacenamiento en acción Las gráficas de este capítulo se han simplificado para mostrar aspectos sobresalientes. Sin embargo, se pueden encontrar descripciones completas de estos estudios entre los documentos y las conferencias de la doctora Graybiel.

46.   base de la formación de hábitos Ann M. Graybiel, "The Basal Ganglia and Chunking of Action Repertoires", *Neurobiology of Learning and Memory* 70 (1998): págs. 119–36.

49.   se crea un hábito Para mayor información, *véase* A. David Smith y J. Paul Bolam, "The Neural Network of the Basal Ganglia as Revealed by the Study of Synaptic Connections of Identified Neurones", *Trends in Neurosciences* 13 (1990): págs. 259–65; John G. McHaffle *et al.*, "Subcortical Loops Through the Basal Ganglia", *Trends in Neurosciences* 28 (2005): págs. 401–7; Ann M. Graybiel, "Neurotransmitters and Neuromodulators in the Basal Ganglia", *Trends in Neurosciences* 13 (1990): págs. 244–54; J. Yelnik, "Functional Anatomy of the Basal Ganglia", *Movement Disorders* 17 (2002): págs. 15–21.

50.   El problema es que el cerebro Para mayor información, *véase* Catherine A. Thorn *et al.*, "Differential Dynamics of Activity Changes in Dorsolateral and

Dorsomedial Striatal Loops During Learning", *Neuron* 66 (2010): págs. 781–95; Ann M. Graybiel, "The Basal Ganglia: Learning New Tricks and Loving It", *Current Opinion in Neurobiology* 15 (2005): págs. 638–44.

52. En cada pareja, una pieza Para mayor información, *véase* Peter J. Bayley, Jennifer C. Frascino y Larry R. Squire, "Robust Habit Learning in the Absence of Awareness and Independent of the Medial Temporal Lobe", *Nature* 436 (2005): págs. 550–53; J. M. Reed *et al.*, "Learning About Categories That Are Defined by Object-Like Stimuli Despite Impaired Declarative Memory", *Behavioral Neuroscience* 133 (1999): págs. 411–19; B. J. Knowlton, J. A. Mangels y L. R. Squire, "A Neostriatal Habit Learning System in Humans", *Science* 273 (1996): págs. 1399–1402.

55. Los experimentos de Squire con Eugene Cabe destacar que el trabajo de Squire con Pauly no se limita a los hábitos, sino que ha dado pie a descubrimientos sobre temas como la memoria espacial y los efectos del primado en el cerebro. Para acceder a la discusión completa sobre los descubrimientos que Pauly hizo posibles, *véase* el sitio oficial de Squire en <http://psychiatry.ucsd.edu/faculty/lsquire.html>.

57. El hábito estaba tan arraigado Para discutir el tema más a fondo, *véase* Monica R. F. Hilario *et al.*, "Endocannabinoid Signaling Is Critical for Habit Formation", *Frontiers in Integrative Neuroscience* 1 (2007): pág. 6; Monica R. F. Hilario y Rui M. Costa, "High on Habits", *Frontiers in Neuroscience* 2 (2008): págs. 208–17; A. Dickinson, "Appetitive-Aversive Interactions: Superconditioning of Fear by an Appetitive CS", *Quarterly Journal of Experimental Psychology* 29 (1977): págs. 71–83; J. Lamarre y P. C. Holland, "Transfer of Inhibition After Serial Feature Negative Discrimination Training", *Learning and Motivation* 18 (1987): págs. 319–42; P. C. Holland, "Differential Effects of Reinforcement of an Inhibitory Feature After Serial and Simultaneous Feature Negative Discrimination Training", *Journal of Experimental Psychology: Animal Behavior Processes* 10 (1984): págs. 461–75.

58. Cuando investigadores de la Universidad del Norte de Texas Jennifer L. Harris, Marlene B. Schwartz y Kelly D. Brownell, "Evaluating Fast Food Nutrition and Marketing to Youth", Yale Rudd Center for Food Policy and Obesity, 2010; H. Qin y V. R. Prybutok, "Determinants of Customer-Perceived Service Quality in Fast-Food Restaurants and Their Relationship to Customer Satisfaction and Behavioral Intentions", *The Quality Management Journal* 15 (2008): pág. 35; H. Qin y V. R. Prybutok, "Service Quality, Customer Satisfaction, and Behavioral Intentions in Fast-Food Restaurants", *International Journal of Quality and Service Sciences* 1 (2009): pág. 78. Para mayor información sobre este tema, *véase* K. C. Berridge, "Brain Reward Systems for Food Incentives and Hedonics in Normal Appetite and Eating Disorders", en *Appetite and Body Weight*, eds. Tim C. Kirkham y Steven J. Cooper (Burlington, Vt.: Academic Press, 2007), págs. 91–215; K. C. Berridge *et al.*, "The Tempted Brain Eats: Pleasure and Desire Circuits in Obesity and Eating Disorders", *Brain Research*

1350 (2010): págs. 43–64; J. M. Dave et al., "Relationship of Attitudes Toward Fast Food and Frequency of Fast-Food Intake in Adults", Obesity 17 (2009): págs. 1164–70; S. A. French et al., "Fast Food Restaurant Use Among Adolescents: Associations with Nutrient Intake, Food Choices and Behavioral and Psychosocial Variables", International Journal of Obesity and Related Metabolic Disorders 25 (2001): pág 1823; N. Ressler, "Rewards and Punishments, Goal-Directed Behavior and Consciousness", Neuroscience and Biobehavioral Reviews 28 (2004): págs. 27–39; T. J. Richards, "Fast Food, Addiction, and Market Power", Journal of Agricultural and Resource Economics 32 (2007): págs. 425–47; M. M. Torregrossa, J. J. Quinn y J. R. Taylor, "Impulsivity, Compulsivity, and Habit: The Role of Orbitofrontal Cortex Revisited", Biological Psychiatry 63 (2008): págs. 253–55; L. R. Vartanian, C. P. Herman y B. Wansink, "Are We Aware of the External Factors That Influence Our Food Intake?" Health Psychology 27 (2008): págs. 533–38; T. Yamamoto y T. Shimura, "Roles of Taste in Feeding and Reward", en The Senses: A Comprehensive Reference, eds. Allan I. Basbaum et al. (Nueva York: Academic Press, 2008), págs. 437–58; F. G. Ashby, B. O. Turner y J. C. Horvitz, "Cortical and Basal Ganglia Contributions to Habit Learning and Automaticity", Trends in Cognitive Sciences 14 (2010): págs. 208–15.

58. **Es ideal para afianzar** K. C. Berridge y T. E. Robinson, "Parsing Reward", Trends in Neurosciences 26 (2003): págs. 507–13; Kelly D. Brownell y Katherine Battle Horgen, Food Fight: The Inside Story of the Food Industry, America's Obesity Crisis, and What We Can Do About It (Chicago: Contemporary Books, 2004); Karl Weber, ed., Food, Inc.: How Industrial Food Is Making Us Sicker, Fatter, and Poorer—and What You Can Do About It (Nueva York: Public Affairs, 2004); Ronald D. Michman y Edward M. Mazze, The Food Industry Wars: Marketing Triumphs and Blunders (Westport, Conn.: Quorum Books, 1998); M. Nestle, Food Politics: How the Food Industry Influences Nutrition and Health (Berkeley: University of California Press, 2002); D. R. Reed y A. Knaapila, "Genetics of Taste and Smell: Poisons and Pleasures", en Progress in Molecular Biology and Translational Science, ed. Claude Bouchard (Nueva York: Academic Press); N. Ressler, "Rewards and Punishments, Goal-Directed Behavior and Consciousness", Neuroscience and Biobehavioral Reviews 28 (2004): págs. 27–39; T. Yamamoto y T. Shimura, "Roles of Taste in Feeding and Reward", en The Senses: A Comprehensive Reference, eds. Allan I. Basbaum et al. (Nueva York: Academic Press, 2008), págs. 437–58.

CAPÍTULO DOS

63. **Hopkins accediera a** Agradezco a Scott Swank, curador en el Museo Nacional de Odontología Doctor Samuel D. Harris, por las historias sobre Hopkins, Pepsodent y el cuidado dental en Estados Unidos, a James L. Gutmann, doctor en cirugía dental; y a David A. Chemin, editor de la Revista de Historia

Odontológica. Asimismo, me apoyé en mucha información proveniente de *Twenty Ads That Shook the World* (Nueva York: Three Rivers Press, 2000) de James Twitchell; el Museo Nacional de Odontología Doctor Samuel D. Harris; la *Revista de Historia Odontológica*; Mark E. Parry, "Crest Toothpaste: The Innovation Challenge", *Social Science Research Network*, octubre 2008; Robert Aunger, "Tooth Brushing as Routine Behavior", *International Dental Journal* 57 (2007): págs. 364–76; Jean-Paul Claessen *et al.*, "Designing Interventions to Improve Tooth Brushing", *International Dental Journal* 58 (2008): págs. 307–20; Peter Miskell, "Cavity Protection or Cosmetic Perfection: Innovation and Marketing of Toothpaste Brands in the United States and Western Europe, 1955–1985", *Business History Review* 78 (2004): págs. 29–60; James L. Gutmann, "The Evolution of America's Scientific Advancements in Dentistry in the Past 150 Years", *The Journal of the American Dental Association* 140 (2009): págs. 8S–15S; Domenick T. Zero *et al.*, "The Biology, Prevention, Diagnosis and Treatment of Dental Caries: Scientific Advances in the United States", *The Journal of the American Dental Association* 140 (2009): págs. 25S–34S; Alyssa Picard, *Making of the American Mouth: Dentists and Public Health in the Twentieth Century* (New Brunswick, N.J.: Rutgers University Press, 2009); S. Fischman, "The History of Oral Hygiene Products: How Far Have We Come in 6,000 Years?" *Periodontology 2000* 15 (1997): págs. 7–14; Vincent Vinikas, *Soft Soap, Hard Sell: American Hygiene in the Age of Advertisement* (Ames: University of Iowa Press, 1992).

64. **A medida que la economía nacional se fortalecía** H. A. Levenstein, *Revolution at the Table: The Transformation of the American Diet* (Nueva York: Oxford University Press, 1988); Scott Swank, *Paradox of Plenty: The Social History of Eating in Modern America* (Berkeley: University of California Press, 2003).

65. **casi nadie se lavaba los dientes** Alyssa Picard, *Making of the American Mouth: Dentists and Public Health in the Twentieth Century* (New Brunswick, N.J.: Rutgers University Press, 2009).

65. **Todo el mundo, desde Shirley Temple** Para mayor información sobre los anuncios de pasta dental protagonizados por celebridades, *véase* Steve Craig, "The More They Listen, the More They Buy: Radio and the Modernizing of Rural America, 1930–1939", *Agricultural History* 80 (2006): págs. 1–16.

65. **Para 1930, Pepsodent se vendía** Kerry Seagrave, *America Brushes Up: The Use and Marketing of Toothpaste and Toothbrushes in the Twentieth Century* (Jefferson, N.C.: McFarland, 2010); Alys Eve Weinbaum *et al.*, *The Modern Girl Around the World: Consumption, Modernity, and Globalization* (Durham, N.C.: Duke University Press, 2008), págs. 28–30.

65. **Una década después de la primera** Scripps-Howard, *Market Records, from a Home Inventory Study of Buying Habits and Brand Preferences of Consumers in Sixteen Cities* (Nueva York: Scripps-Howard Newspapers, 1938).

67. **una membrana que se crea de forma natural** C. McGaughey y E. C. Stowell, "The Adsorption of Human Salivary Proteins and Porcine Submaxillary Mucin by Hydroxyapatite", *Archives of Oral Biology* 12, núm. 7 (1967): págs.

815–28; Won-Kyu Park et al., "Influences of Animal Mucins on Lysozyme Activity in Solution and on Hydroxyapatite Surface", Archives of Oral Biology 51, núm. 10 (2006): págs. 861–69.

67. **en especial Pepsodent— no servían para nada** William J. Gies, "Experimental Studies of the Validity of Advertised Claims for Products of Public Importance in Relation to Oral Hygiene or Dental Therapeutics", Journal of Dental Research 2 (septiembre 1920): págs. 511–29.

68. **¡Pepsodent acaba con esa película!** Quisiera agradecer a la Universidad de Duke por darme acceso a su valiosa colección digital de anuncios publicitarios.

69. **Pepsodent era uno de los productos más vendidos** Kerry Seagrave, America Brushes Up: The Use and Marketing of Toothpaste and Toothbrushes in the Twentieth Century (Jefferson, N.C.: McFarland, 2010); Jeffrey L. Cruikshank y Arthur W. Schultz, The Man Who Sold America: The Amazing (but True!) Story of Albert D. Lasker and the Creation of the Advertising Century (Cambridge, Mass.: Harvard Business Press, 2010), págs. 268–81.

69. **el dentífrico mejor vendido en Estados Unidos durante más de treinta años** Al final, Crest terminó por vender más que Pepsodent, pues contenía flúor, el primer ingrediente en una pasta dental que de hecho servía para combatir las caries.

69. **Una década después de que Hopkins lanzara su campaña** Peter Miskell, "Cavity Protection or Cosmetic Perfection: Innovation and Marketing of Toothpaste Brands in the United States and Western Europe, 1955–1985", Business History Review 78 (2004): págs. 29–60.

69. **Los estudios realizados con personas que han logrado con éxito** H. Aarts, T. Paulussen y H. Schaalma, "Physical Exercise Habit: On the Conceptualization and Formation of Habitual Health Behaviours", Health Education Research 3 (1997): págs. 363–74.

70. **Las investigaciones sobre las dietas afirman** Krystina A. Finlay, David Trafimow y Aimee Villarreal, "Predicting Exercise and Health Behavioral Intentions: Attitudes, Subjective Norms, and Other Behavioral Determinants", Journal of Applied Social Psychology 32 (2002): págs. 342–56.

71. **Tan solo en el mercado de detergentes para ropa** Tara Parker-Pope, "P&G Targets Textiles Tide Can't Clean", The Wall Street Journal, abril 29, 1998.

71. **Y sus ganancias ascendían a 35 mil millones de dólares** Peter Sander y John Slatter, The 100 Best Stocks You Can Buy (Avon, Mass.: Adams Business, 2009), pág. 294.

73. **Decidieron llamar al producto Febreze** La historia de Febreze fue obtenida a partir de diversas entrevistas y artículos, incluyendo "Procter & Gamble—Jager's Gamble", The Economist, octubre 28, 1999; Christine Bittar, "P&G's Monumental Repackaging Project", Brandweek, marzo 2000, págs. 40–52; Jack Neff, "Does P&G Still Matter?" Advertising Age 71 (2000): págs. 48–56; Roderick E. White y Ken Mark, "Procter & Gamble Canada: The Febreze

Decision", Ivey School of Business, Londres, Ontario, 2001. Se les pidió a algunas personas de Procter & Gamble que comentaran sobre la información contenida en este capítulo y su respuesta fue: "Uno de los compromisos de P&G es garantizar la confidencialidad de la información compartida por nuestros consumidores. En este sentido, no podemos confirmar o corregir la información que ustedes han recibido de fuentes externas a P&G".

76. El segundo anuncio presentaba a una mujer Christine Bittar, "Freshbreeze at P&G", *Brandweek*, octubre 1999.

76. La señal: olor a mascota American Veterinary Medical Association, estadísticas de un estudio de mercado para 2001.

77. Entonces, un nuevo grupo de investigadores se sumó A. J. Lafley y Ram Charan, *The Game Changer: How You Can Drive Revenue and Profit Growth with Innovation* (Nueva York: Crown Business, 2008).

80. más que las ratas Se puede encontrar un resumen de la investigación de Wolfram Schultz en "Behavioral Theories and the Neurophysiology of Reward", *Annual Review of Psychology* 57 (2006): págs. 87–115; Wolfram Schultz, Peter Dayan y P. Read Montague, "A Neural Substrate of Prediction and Reward", *Science* 275 (1997): págs. 1593–99; Wolfram Schultz, "Predictive Reward Signal of Dopamine Neurons", *Journal of Neurophysiology* 80 (1998): págs. 1–27; L. Tremblya y Wolfram Schultz, "Relative Reward Preference in Primate Orbitofrontal Cortex", *Nature* 398 (1999): págs. 704–8; Wolfram Schultz, "Getting Formal with Dopamine and Reward", *Neuron* 36 (2002): págs. 241–63; W. Schultz, P. Apicella y T. Ljungberg, "Responses of Monkey Dopamine Neurons to Reward and Conditioned Stimuli During Successive Steps of Learning a Delayed Response Task", *Journal of Neuroscience* 13 (1993): págs. 900–913.

80. estaba experimentando felicidad Cabe mencionar que Schultz no afirma que estos picos representen la felicidad. Para un científico, un aumento en la actividad neuronal es solo un aumento y asignarle atributos subjetivos queda fuera del campo de los resultados comprobables. En un correo electrónico para corroborar algunos datos, Schultz aclaró: "No podemos hablar sobre el placer o la felicidad, puesto que no conocemos los sentimientos de un animal... Tratamos de evitar afirmaciones sin fundamento y solo nos atenemos a los hechos". No obstante lo anterior, como podría asegurar cualquiera que haya visto a un mono o a un humano de tres años de edad recibir algo de jugo, los resultados se asemejan mucho a la felicidad.

83. La anticipación y la ansiedad En un correo electrónico para corroborar algunos datos, Schultz aclara que su investigación no solo se concentraba en los hábitos sino también en otras conductas: "Nuestros datos no se limitan a los hábitos, que son un tipo de conducta particular. Las recompensas y la predicción de errores de esas recompensas desempeñan un rol general en todas las conductas. Independientemente de los hábitos, cuando no recibimos lo que esperamos, nos sentimos decepcionados. A eso llamamos un error de

Notas • 429

predicción negativo (la diferencia negativa entre lo que recibimos y lo que esperábamos recibir)".

84. **La mayoría de las franquicias de comida se ubica** Brian Wansink, *Mindless Eating: Why We Eat More Than We Think* (Nueva York: Bantam, 2006); Sheila Sasser y David Moore, "Aroma-Driven Craving and Consumer Consumption Impulses", presentación, sesión 2.4, American Marketing Association Summer Educator Conference, San Diego, California, agosto 8–11, 2008; David Fields, "In Sales, Nothing You Say Matters", Ascendant Consulting, 2005.

84. **El bucle del hábito se pone en marcha porque** Harold E. Doweiko, *Concepts of Chemical Dependency* (Belmont, Calif.: Brooks Cole, 2008), págs. 362–82.

85. **como se crean los nuevos hábitos** K. C. Berridge y M. L. Kringelbach, "Affective Neuroscience of Pleasure: Reward in Humans and Animals", *Psychopharmacology* 199 (2008): págs. 457–80; Wolfram Schultz, "Behavioral Theories and the Neurophysiology of Reward", *Annual Review of Psychology* 57 (2006): págs. 87–115.

87. **"el deseo evoluciona hasta convertirse en ansia obsesiva"** T. E. Robinson y K. C. Berridge, "The Neural Basis of Drug Craving: An Incentive-Sensitization Theory of Addiction", *Brain Research Reviews* 18 (1993): págs. 247–91.

87. **En 2002, investigadores de la Universidad Estatal de Nuevo México** Krystina A. Finlay, David Trafimow y Aimee Villarreal, "Predicting Exercise and Health Behavioral Intentions: Attitudes, Subjective Norms, and Other Behavioral Determinants", *Journal of Applied Social Psychology* 32 (2002): págs. 342–56.

89. **La señal, además de detonar** Henk Aarts, Theo Paulussen y Herman Schaalma, "Physical Exercise Habit: On the Conceptualization and Formation of Habitual Health Behaviours", *Health Education Research* 12 (1997): págs. 363–74.

93. **En un año, los consumidores habían gastado** Christine Bittar, "Freshbreeze at P&G", *Brandweek*, octubre 1999.

95. **a diferencia de otras pastas dentales** Patente número 1,619,067, asignada a Rudolph A. Kuever.

97. **¿Quieres diseñar un nuevo hábito alimenticio?** J. Brug, E. de Vet, J. de Nooijer y B. Verplanken, "Predicting Fruit Consumption: Cognitions, Intention, and Habits", *Journal of Nutrition Education and Behavior* 38 (2006): págs. 73–81.

97. **El ansia impulsaba el bucle del hábito** Para acceder al inventario completo de los estudios del Registro Nacional de Control de Peso de Estados Unidos, *véase* <http://www.nwcr.ws/Research/published%20research.htm>.

97. **mientras que casi todo el mundo se cepilla** D. I. McLean y R. Gallagher, "Sunscreens: Use and Misuse", *Dermatologic Clinics* 16 (1998): págs. 219–26.

CAPÍTULO TRES

99.   el reloj de juego al otro lado Gracias a Tony Dungy y Nathan Whitacker por prestarnos su tiempo, así como sus escritos *Quiet Strength: The Principles, Practices, and Priorities of a Winning Life* (Carol Stream, Ill.: Tyndale House, 2008); *The Mentor Leader: Secrets to Building People and Teams That Win Consistently* (Carol Stream, Ill.: Tyndale House, 2010); *Uncommon: Finding Your Path to Significance* (Carol Stream, Ill.: Tyndale House, 2011). También estoy profundamente agradecido con Jene Bramel de Footballguys.com; Matthew Bowen del National Football Post y los Rams de St. Louis, los Empacadores de Green Bay, los Pieles Rojas de Washington y los Bills de Búfalo; Tim Layden de *Sports Illustrated* y su libro *Blood, Sweat, and Chalk: The Ultimate Football Playbook: How the Great Coaches Built Today's Teams* (Nueva York: Sports Illustrated, 2010); Pat Kirwan, *Take Your Eye Off the Ball: How to Watch Football by Knowing Where to Look* (Chicago: Triumph Books, 2010); Nunyo Demasio, "The Quiet Leader", *Sports Illustrated*, febrero 2007; Bill Plaschke, "Color Him Orange", *Los Angeles Times*, septiembre 1, 1996; Chris Harry, " 'Pups' Get to Bark for the Bucs", *Orlando Sentinel*, septiembre 5, 2001; Jeff Legwold, "Coaches Find Defense in Demand", *Rocky Mountain News*, noviembre 11, 2005; y Martin Fennelly, "Quiet Man Takes Charge with Bucs", *The Tampa Tribune*, agosto 9, 1996.

99.   Está por terminar la tarde del domingo Le debo mucho a Fox Sports por proporcionarme copias en video de algunos partidos y a Kevin Kernan, "The Bucks Stomp Here", *The San Diego Union-Tribune*, noviembre 18, 1996; Jim Trotter, "Harper Says He's Done for Season", *The San Diego Union-Tribune*, noviembre 18, 1996; y Les East, "Still Worth the Wait", *The Advocate* (Baton Rouge, La.), noviembre 21, 1996.

100.   describiría como lo más "ido" de un "caso perdido" Mitch Albom, "The Courage of Detroit", *Sports Illustrated*, septiembre 22, 2009.

100.   "el tapete naranja de Estados Unidos" Pat Yasinskas, "Behind the Scenes", *The Tampa Tribune*, noviembre 19, 1996.

101.   Sabía por experiencia propia En una carta para corroborar información, Dungy enfatizó que estas no eran estrategias nuevas, sino acercamientos que "aprendí al trabajar con los Steelers de Pittsburgh durante las décadas de 1970 y 1980. Lo que resultó único, y el motivo por el cual considero que esto se difundió, fue pensar en cómo transmitir esas ideas... [Mi plan consistía] en no abrumar a los contrincantes con estrategias o un exceso de jugadas y formaciones, sino ganar mediante la ejecución. Estar muy seguros de lo que hacíamos y hacerlo bien. Minimizar los errores que cometeríamos. Jugar con rapidez, porque no nos concentrábamos en demasiadas cosas a la vez".

104.   Cuando su estrategia funciona Para mayor información sobre la defensa de Tampa 2, *véase* Rick Gosselin, "The Evolution of the Cover Two", *The Dallas Morning News*, noviembre 3, 2005; Mohammed Alo, "Tampa 2 Defense", *The Football Times*, julio 4, 2006; Chris Harry, "Duck and Cover", *Orlando Sentinel*, agosto 26, 2005; Jason Wilde, "What to Do with Tampa-2?" *Wisconsin State Journal*, septiembre 22, 2005; Jim Thomas, "Rams Take a Run at Tampa 2", *St. Louis Post-Dispatch*, octubre 16, 2005; Alan Schmadtke, "Dungy's 'D' No Secret", *Orlando Sentinel*, septiembre 6, 2006; Jene Bramel, "Guide to NFL Defenses", *The Fifth Down* (blog), *The New York Times*, septiembre 6, 2010.

107. En aquel sótano se encontraba William L. White, *Slaying the Dragon* (Bloomington, Ill.: Lighthouse Training Institute, 1998).

107. llamado Bill Wilson Alcoholics Anonymous World Service, *The A.A. Service Manual Combined with Twelve Concepts for World Service* (Nueva York: Alcoholics Anonymous, 2005); Alcoholics Anonymous World Service, *Alcoholics Anonymous: The Story of How Many Thousands of Men and Women Have Recovered from Alcoholism* (Nueva York: Alcoholics Anonymous, 2001); Alcoholics Anonymous World Service, *Alcoholics Anonymous Comes of Age: A Brief History of A.A.* (Nueva York: Alcoholics Anonymous, 1957); Alcoholics Anonymous World Service, *As Bill Sees It* (Nueva York: Alcoholics Anonymous, 1967); Bill W., *Bill W.: My First 40 Years—An Autobiography by the Cofounder of Alcoholics Anonymous* (Hazelden Center City, Minn.: Hazelden Publishing, 2000); Francis Hartigan, *Bill W.: A Biography of Alcoholics Anonymous Cofounder Bill Wilson* (Nueva York: Thomas Dunne Books, 2009).

107. Le dio un sorbo y sintió Susan Cheever, *My Name Is Bill: Bill Wilson—His Life and the Creation of Alcoholics Anonymous* (Nueva York: Simon and Schuster, 2004).

107. Wilson lo invitó a casa Ibíd.

109. Más tarde escribiría que, en ese instante Ernest Kurtz, *Not-God: A History of Alcoholics Anonymous* (Hazelden Center City, Minn.: Hazelden Publishing, 1991).

109. Alrededor de 2.1 millones de personas Datos proporcionados por el personal de la Oficina de Servicios Generales de AA, con base en cifras de 2009.

109. unos 10 millones de alcohólicos La obtención de cifras definitivas sobre los miembros de AA o aquellos individuos que se han mantenido sobrios mediante el programa es notoriamente difícil, en parte porque estos no requieren registrarse con una autoridad central. Sin embargo, la cifra de 10 millones de personas, basada en conversaciones con investigadores de AA, parece razonable (pese a que no puede ser verificada) dada la larga historia del programa.

109. lo interesante de AA En psicología, a este tipo de tratamiento —orientado a los hábitos— muchas veces lo recoge el término paragüas de la "terapia cognitivo conductual", antes conocida como la "prevención de recaídas". La TCC, como se utiliza comúnmente por la comunidad tratante, a menudo incorpora cinco técnicas básicas: (1) Aprender, en la cual el terapeuta explica la enfermedad al paciente y le enseña a identificar los síntomas; (2) monitorear, en la cual el paciente utiliza un diario para monitorear la conducta y las situaciones que la provocan; (3) compensar, en la cual el paciente cultiva nuevas rutinas, como métodos de relajación, para compensar la conducta problemática; (4) repensar, en la cual un terapeuta guía al paciente a reevaluar cómo este último percibe distintas situaciones y (5) exponer, en la cual el terapeuta ayuda al paciente a exponerse a situaciones que desencadenan la conducta.

110. **En vez de eso, lo que AA provee** Escribir sobre AA siempre resulta complicado, porque el programa tiene demasiados detractores y simpatizantes, y existen docenas de interpretaciones sobre cómo y por qué funciona. Por ejemplo, en un correo electrónico, Lee Ann Kaskutas, científica principal del Grupo de Investigación sobre Alcohol, escribió que AA de manera indirecta "provee un método para atacar los hábitos en torno al abuso del alcohol. Pero eso es a través de las personas de AA, no del programa de AA. El programa ataca el problema central, el ego alcohólico, ese individuo egocéntrico y desprovisto de espiritualidad". Es preciso, apuntó Kaskutas, que AA provea soluciones para los hábitos de los alcohólicos, como los eslóganes "si quieres un trago, ve a una reunión" y "evita a la gente, los lugares y las cosas que puedan provocar una recaída". Pero, continuó Kaskutas, "Los eslóganes no son el programa. Los pasos son el programa. AA pretende profundizar más allá del hábito de beber y sus fundadores argumentarían que atacar el hábito es una medida insuficiente que no te sostendrá a largo plazo; con el tiempo sucumbirás ante la bebida a menos que cambies cosas más básicas". Para mayor información sobre la exploración de la ciencia de AA y los debates sobre la efectividad del programa, *véase* C. D. Emrick *et al.*, "Alcoholics Anonymous: What Is Currently Known?" en B. S. McCrady y W. R. Miller, eds., *Research on Alcoholics Anonymous: Opportunities and Alternatives* (New Brunswick, N.J.: Rutgers, 1993), págs. 41–76; John F. Kelly y Mark G. Myers, "Adolescents' Participation in Alcoholics Anonymous and Narcotics Anonymous: Review, Implications, and Future Directions", *Journal of Psychoactive Drugs* 39, núm. 3 (septiembre 2007): págs. 259–69; D. R. Groh, L. A. Jason y C. B. Keys, "Social Network Variables in Alcoholics Anonymous: A Literature Review", *Clinical Psychology Review* 28, núm. 3 (marzo 2008): págs. 430–50; John Francis Kelly, Molly Magill y Robert Lauren Stout, "How Do People Recover from Alcohol Dependence? A Systematic Review of the Research on Mechanisms of Behavior Change in Alcoholics Anonymous", *Addiction Research and Theory* 17, núm. 3 (2009): págs. 236–59.

111. **sentado en su cama** Kurtz, *Not-God*.

111. **Eligió el número doce** Gracias a Brendan I. Koerner por sus consejos y su invaluable artículo "Secret of AA: After 75 Years, We Don't Know How It Works", *Wired*, julio 2010; D. R. Davis y G. G. Hansen, "Making Meaning of Alcoholics Anonymous for Social Workers: Myths, Metaphors, and Realities", *Social Work* 43, núm. 2 (1998): págs. 169–82.

111. **el paso tres, el cual dice** Alcoholics Anonymous World Services, *Twelve Steps and Twelve Traditions* (Nueva York: Alcoholics Anonymous World Services, Inc., 2002), pág. 34. Alcoholics Anonymous World Services, *Alcoholics Anonymous: The Big Book*, 4ta ed. (Nueva York: Alcoholics Anonymous World Services, Inc., 2002), pág. 59.

112. **Dada la falta de rigor del programa** Arthur Cain, "Alcoholics Anonymous: Cult or Cure?", *Harper's Magazine*, febrero 1963, págs. 48–52; M. Ferri, L. Amato y M. Davoli, "Alcoholics Anonymous and Other 12-Step Programmes for Alcohol Dependence", *Addiction* 88, núm. 4 (1993): págs. 555–62; Harrison M. Trice y Paul Michael Roman, "Delabeling, Relabeling, and Alcoholics Anonymous", *Social Problems* 17, núm. 4 (1970): págs. 538–46; Robert E. Tournie, "Alcoholics Anonymous as Treatment and as Ideology", *Journal of Studies on Alcohol* 40, núm. 3 (1979): págs. 230–39; P. E. Bebbington, "The Efficacy of Alcoholics Anonymous: The Elusiveness of Hard Data", *British Journal of Psychiatry* 128 (1976): págs. 572–80.

112. **"No es evidente por la forma en que están redactados"** Emrick *et al.*, "Alcoholics Anonymous: What Is Currently Known?"; J. S. Tonigan, R. Toscova y W. R. Miller, "Meta-analysis of the Literature on Alcoholics Anonymous: Sample and Study Characteristics Moderate Findings", *Journal of Studies on Alcohol* 57 (1995): págs. 65–72; J. S. Tonigan, W. R. Miller y G. J. Connors, "Project MATCH Client Impressions About Alcoholics Anonymous: Measurement Issues and Relationship to Treatment Outcome", *Alcoholism Treatment Quarterly* 18 (2000): págs. 25–41; J. S. Tonigan, "Spirituality and Alcoholics Anonymous", *Southern Medical Journal* 100, núm. 4 (2007): págs. 437–40.

114. **una demostración especialmente impactante** Heinze *et al.*, "Counteracting Incentive Sensitization in Severe Alcohol Dependence Using Deep Brain Stimulation of the Nucleus Accumbens: Clinical and Basic Science Aspects", *Frontiers in Human Neuroscience* 3, núm. 22 (2009).

116. **una estudiante de posgrado de 24 años llamada Mandy** "Mandy" es un seudónimo utilizado por el autor del caso de estudio en que se inspira este pasaje.

116. **Universidad Estatal de Mississippi** B. A. Dufrene, Steuart Watson y J. S. Kazmerski, "Functional Analysis and Treatment of Nail Biting", *Behavior Modification* 32 (2008): págs. 913–27.

117. **El centro de orientación refirió a Mandy** En una carta cuyo fin fue corroborar información, el autor de este estudio, Brad Dufrene, escribió que la paciente "dio su consentimiento para ser atendida en una clínica de entrenamiento e investigación ubicada dentro de una universidad. En un inicio, cuando la paciente decidió participar en un proceso terapéutico, nos dio autorización para utilizar la información de su caso en presentaciones de investigación o publicaciones".

119. **uno de los desarrolladores del entrenamiento de reversión de hábitos** N. H. Azrin y R. G. Nunn, "Habit-Reversal: A Method of Eliminating Nervous Habits and Tics", *Behaviour Research and Therapy* 11, núm. 4 (1973): págs. 619–28; Nathan H. Azrin y Alan L. Peterson, "Habit Reversal for the Treatment of Tourette Syndrome", *Behaviour Research and Therapy* 26, núm. 4 (1988), págs. 347–51; N. H. Azrin, R. G. Nunn y S. F. Frantz, "Treatment of Hairpulling (Trichotillomania): A Comparative Study of Habit Reversal and

Negative Practice Training", *Journal of Behavior Therapy and Experimental Psychiatry* 11 (1980): págs. 13–20; R. G. Nunn y N. H. Azrin, "Eliminating Nail-Biting by the Habit Reversal Procedure", *Behaviour Research and Therapy* 14 (1976): págs. 65–67; N. H. Azrin, R. G. Nunn y S. E. Frantz-Renshaw, "Habit Reversal Versus Negative Practice Treatment of Nervous Tics", *Behavior Therapy* 11, núm. 2 (1980): págs. 169–78; N. H. Azrin, R. G. Nunn y S. E. Frantz-Renshaw, "Habit Reversal Treatment of Thumbsucking", *Behaviour Research and Therapy* 18, núm. 5 (1980): págs. 395–99.

120. En la actualidad, la terapia de reversión de hábitos En una carta para corroborar información, Dufrene enfatizó que los métodos como aquellos utilizados en el caso de Mandy —conocidos como "entrenamiento simple de reversión de hábitos"— a veces difieren de otros métodos de ERH. "Mi entendimiento es que la reversión simple de hábitos es efectiva para reducir la frecuencia de los hábitos (ej. jalarse el cabello, morderse las uñas, chuparse el dedo), los tics (motrices y vocales) y el tartamudeo", escribió. Sin embargo, algunas otras condiciones o padecimientos podrían requerir formas más intensas de ERH. "Los tratamientos efectivos para la depresión, el tabaquismo, la adicción al juego, etc., se recogen dentro del término paragüas de la 'terapia cognitivo conductual'", apuntó Dufrene, y subrayó que el remplazo simple de hábitos a menudo no es efectivo para esos problemas, los cuales requieren intervenciones más intensivas.

120. tics verbales y físicos R. G. Nunn, K. S. Newton y P. Faucher, "2.5 Years Follow-up of Weight and Body Mass Index Values in the Weight Control for Life! Program: A Descriptive Analysis", *Addictive Behaviors* 17, núm. 6 (1992): págs. 579–85; D. J. Horne, A. E. White y G. A. Varigos, "A Preliminary Study of Psychological Therapy in the Management of Atopic Eczema", *British Journal of Medical Psychology* 62, núm. 3 (1989): págs. 241–48; T. Deckersbach *et al.*, "Habit Reversal Versus Supportive Psychotherapy in Tourette's Disorder: A Randomized Controlled Trial and Predictors of Treatment Response", *Behaviour Research and Therapy* 44, núm. 8 (2006): págs. 1079–90; Douglas W. Woods y Raymond G. Miltenberger, "Habit Reversal: A Review of Applications and Variations", *Journal of Behavior Therapy and Experimental Psychiatry* 26, núm. 2 (1995): págs. 123–31; D. W. Woods, C. T. Wetterneck y C. A. Flessner, "A Controlled Evaluation of Acceptance and Commitment Therapy Plus Habit Reversal for Trichotillomania", *Behaviour Research and Therapy* 44, núm. 5 (2006): págs. 639–56.

121. Más de tres docenas de estudios J. O. Prochaska y C. C. DiClemente, "Stages and Processes of Self-Change in Smoking: Toward an Integrative Model of Change", *Journal of Consulting and Clinical Psychology* 51, núm. 3 (1983): págs. 390–95; James Prochaska, "Strong and Weak Principles for Progressing from Precontemplation to Action on the Basis of Twelve Problem Behaviors", *Health Psychology* 13 (1994): págs. 47–51; James Prochaska *et al.*, "Stages of Change and Decisional Balance for 12 Problem Behaviors", *Health*

Psychology 13 (1994): págs. 39–46; James Prochaska y Michael Goldstein, "Process of Smoking Cessation: Implications for Clinicians", *Clinics in Chest Medicine* 12, núm. 4 (1991): págs. 727–35; James O. Prochaska, John Norcross y Carlo DiClemente, *Changing for Good: A Revolutionary Six-Stage Program for Overcoming Bad Habits and Moving Your Life Positively Forward* (Nueva York: HarperCollins, 1995).

123. **"La mayoría de las veces no es algo físico"** Devin Gordon, "Coach Till You Drop", *Newsweek*, septiembre 2, 2002, pág. 48.

125. **en momentos cruciales y de mucho estrés** En la correspondencia que mantuvimos para corroborar información, Dungy dijo que él "no lo describiría como venirse abajo en los partidos importantes. Yo lo llamaría no jugar lo suficientemente bien en momentos cruciales, ser incapaz de aplicar esas lecciones cuando todo está en juego. St. Louis tenía una de las ofensivas con mayores puntajes en la historia de la NFL. Durante ese partido anotaron un *touchdown* cuando quedaban tres minutos para que acabara el juego. Un equipo que por lo general conseguía casi 38 puntos por juego anotó un *touchdown* y un gol de campo contra la defensiva, por lo que no estoy convencido de que se hayan 'venido abajo' ".

125. **"Lo que en realidad querían decir"** En la correspondencia que mantuvimos para corroborar información, Dungy dijo "cierto es que perdimos una vez más en los *play-offs* contra Filadelfia, en otra pobre demostración de nuestra parte. Es probable que este haya sido nuestro peor partido eliminatorio y se disputó bajo una nube de rumores, por lo que todos sabían que... los dueños remplazarían al entrenador. Creo que en el pasado hubo ocasiones en las que realmente desconfiábamos del sistema, pero no estoy seguro de que ese haya sido el caso aquí. Filadelfia simplemente fue un rival difícil y no pudimos superarlo. Y la pobreza de nuestro juego se reflejó en el terrible marcador. Sin embargo, fue uno de nuestros peores partidos desde la temporada de 1996".

129. **empezó a interrogar a alcohólicos** John W. Traphagan, "Multidimensional Measurement of Religiousness/Spirituality for Use in Health Research in Cross-Cultural Perspective", *Research on Aging* 27 (2005): págs. 387–419. Muchos de estos estudios utilizan la escala publicada en G. J. Conners *et al.*, "Measure of Religious Background and Behavior for Use in Behavior Change Research", *Psychology of Addictive Behaviors* 10, núm. 2 (junio 1996): págs. 90–96.

129. **Después observaron la información** Sarah Zemore, "A Role for Spiritual Change in the Benefits of 12-Step Involvement", *Alcoholism: Clinical and Experimental Research* 31 (2007): págs. 76s–79s; Lee Ann Kaskutas *et al.*, "The Role of Religion, Spirituality, and Alcoholics Anonymous in Sustained Sobriety", *Alcoholism Treatment Quarterly* 21 (2003): págs. 1–16; Lee Ann Kaskutas *et al.*, "Alcoholics Anonymous Careers: Patterns of AA Involvement Five Years After Treatment Entry", *Alcoholism: Clinical and Experimental Research* 29, núm. 11 (2005): págs. 1983–1990; Lee Ann Kaskutas, "Alcoholics Anonymous

Effectiveness: Faith Meets Science", *Journal of Addictive Diseases* 28, núm. 2 (2009): págs. 145–57; J. Scott Tonigan, W. R. Miller y Carol Schermer, "Atheists, Agnostics, and Alcoholics Anonymous", *Journal of Studies on Alcohol* 63, núm. 5 (2002): págs. 534–54.

132. Los paramédicos lo llevaron de prisa Jarrett Bell, "Tragedy Forces Dungy 'to Live in the Present' ", *USA Today*, septiembre 1, 2006; Ohm Youngmisuk, "The Fight to Live On", *New York Daily News*, septiembre 10, 2006; Phil Richards, "Dungy: Son's Death Was a 'Test' ", *The Indianapolis Star*, enero 25, 2007; David Goldberg, "Tragedy Lessened by Game", *Tulsa World*, enero 30, 2007; "Dungy Makes History After Rough Journey", *Akron Beacon Journal*, febrero 5, 2007; "From Pain, a Revelation", *The New York Times*, julio 2007; "Son of Colts' Coach Tony Dungy Apparently Committed Suicide", Associated Press, diciembre 22, 2005; Larry Stone, "Colts Take Field with Heavy Hearts", *The Seattle Times*, diciembre 25, 2005; Clifton Brown, "Dungy's Son Is Found Dead; Suicide Suspected", *The New York Times*, diciembre 23, 2005; Peter King, "A Father's Wish", *Sports Illustrated*, febrero 2007.

134. en una investigación de 1994 realizada en Harvard Todd F. Heatherton y Patricia A. Nichols, "Personal Accounts of Successful Versus Failed Attempts at Life Change", *Personality and Social Psychology Bulletin* 20, núm. 6 (1994): págs. 664–75.

136. El equipo de Dungy estaba a punto de perder una vez más Le debo mucho a Michael Smith, " 'Simple' Scheme Nets Big Gains for Trio of Defenses", ESPN.com, diciembre 26, 2005.

137. Es nuestro momento Michael Silver, "This Time, It's Manning's Moment", *Sports Illustrated*, febrero 2007.

CAPÍTULO CUATRO

143. Estaban ahí para conocer Agradezco el tiempo brindado por Paul O'Neill, quien me compartió detalles sobre su vida, así como a múltiples ejecutivos de Alcoa por proporcionarme información sobre la compañía. También me apoyé en los textos de Pamela Varley, "Vision and Strategy: Paul H. O'Neill at OMB and Alcoa", Kennedy School of Government, 1992; Peter Zimmerman, "Vision and Strategy: Paul H. O'Neill at OMB and Alcoa Sequel", Kennedy School of Government, 1994; Kim B. Clark y Joshua Margolis, "Workplace Safety at Alcoa (A)", *Harvard Business Review*, octubre 31, 1999; Steven J. Spear, "Workplace Safety at Alcoa (B)", *Harvard Business Review*, diciembre 22, 1999; Steven Spear, *Chasing the Rabbit: How Market Leaders Outdistance the Competition and How Great Companies Can Catch Up and Win* (Nueva York: McGraw-Hill, 2009); Peter Kolesar, "Vision, Values, and Milestones: Paul O'Neill Starts Total Quality at Alcoa", *California Management Review* 35, núm. 3 (1993): págs. 133–65; Ron Suskind, *The Price of Loyalty: George W. Bush, the White House, and* *the Education of Paul O'Neill* (Nueva York: Simon and Schuster, 2004); Michael Arndt, "How O'Neill Got Alcoa Shining", *BusinessWeek*, febrero 2001; Glenn Kessler, "O'Neill Offers Cure for Workplace Injuries", *The Washington Post*, marzo 31, 2001; "Pittsburgh Health Initiative May Serve as US Model", Reuters, mayo 31; S. Smith, "America's Safest Companies: Alcoa: Finding True North", *Occupational Hazards* 64, núm. 10 (2002): pág. 53; Thomas A. Stewart, "A New Way to Wake Up a Giant", *Fortune*, octubre 1990; "O'Neill's Tenure at Alcoa Mixed", Associated Press, diciembre 21, 2000; Leslie Wayne, "Designee Takes a Deft Touch and a Firm Will to Treasury", *The New York Times*, enero 16, 2001; Terence Roth, "Alcoa Had Loss of $14.7 Million in 4th Quarter", *The Wall Street Journal*, enero 21, 1985; Daniel F. Cuff, "Alcoa Hedges Its Bets, Slowly", *The New York Times*, octubre 24, 1985; "Alcoa Is Stuck as Two Unions Reject Final Bid", *The Wall Street Journal*, junio 2, 1986; Mark Russell, "Alcoa Strike Ends as Two Unions Agree to Cuts in Benefits and to Wage Freezes", *The Wall Street Journal*, julio 7, 1986; Thomas F. O'Boyle y Peter Pae, "The Long View: O'Neill Recasts Alcoa with His Eyes Fixed on the Decade Ahead", *The Wall Street Journal*, abril 9, 1990; Tracey E. Benson, "Paul O'Neill: True Innovation, True Values, True Leadership", *Industry Week* 242, núm. 8 (1993): pág. 24; Joseph Kahn, "Industrialist with a Twist", *The New York Times*, diciembre 21, 2000.

149. **O'Neill fue una** Michael Lewis, "O'Neill's List", *The New York Times*, enero 123, 2002; Ron Suskind, *The Price of Loyalty: George W. Bush, the White House, and the Education of Paul O'Neill* (Nueva York: Simon and Schuster, 2004).

150. **Lo importante era erigir** En una conversación para corroborar información, O'Neill aclaró que entiende y está de acuerdo con la comparación entre las rutinas organizacionales y los hábitos individuales, pero que esta no se le ocurrió de manera explícita en ese momento. "Puedo identificarme con ella, pero no soy dueño de esa idea", me dijo. Desde entonces hasta ahora, reconoce que las rutinas como la del programa de construcción de hospitales, conocida como la ley Hill-Burton, son consecuencias de un patrón. "La razón por la que siguieron construyendo fue porque el instinto de los políticos aún les sugería que traer dinero al distrito era la forma de garantizar su reelección, sin importar cuánta sobrecapacidad se creara en el proceso", me dijo.

151. **"Las rutinas son el análogo organizacional"** Geoffrey M. Hodgson, "The Nature and Replication of Routines", manuscrito inédito, University of Hertfordshire, 2004, <http://www.gredeg.cnrs.fr/routines/workshop/papers/Hodgson.pdf>.

151. **Se convirtió en un hábito organizacional** En una conversación para corroborar información, O'Neill subrayó que estos ejemplos de la NASA y la Agencia de Protección Ambiental (EPA), pese a ser ilustrativos, no se apoyan en sus descubrimientos o experiencias. Por ello, se han investigado de forma independiente.

152. **Cuando los abogados pedían permiso** Karl E. Weick, "Small Wins: Redefining the Scale of Social Problems", *American Psychologist* 39 (1984): págs. 40–49.

152. **Para 1975, la EPA formulaba** <http://www.epa.gov/history/>.

155. **Instituyó entonces una rutina automática** En una conversación para corroborar información, O'Neill destacó que considera que los ascensos y los bonos no deberían vincularse con la seguridad de los empleados, al igual que no están ligados con la honestidad. Más bien, la seguridad es un valor que todos los empleados de Alcoa deberían adoptar, sin importar las recompensas. "Es como si dijéramos: 'Le vamos a pagar más a la gente si no miente', lo cual sugiere que está bien mentir un poco, porque entonces te pagaremos un poco menos", me dijo. Sin embargo, cabe mencionar que en las entrevistas con otros ejecutivos de Alcoa de ese periodo, estos afirmaron que era bien sabido que los ascensos solo estaban disponibles para los empleados que mostraran un compromiso con la seguridad, y que la promesa de un ascenso servía como una recompensa, incluso si esta no era la intención de O'Neill.

155. **cada vez que alguien se lastimara** En una conversación para corroborar información, O'Neill aclaró que, en ese momento, el concepto del "bucle del hábito" le resultaba desconocido. Aunque no necesariamente veía estos programas como esquemas de hábitos, en retrospectiva acepta que sus esfuerzos se alinean con investigaciones más recientes que indican cómo surgen los hábitos organizacionales.

157. **Veamos, por ejemplo, estudios de** P. Callaghan, "Exercise: A Neglected Intervention in Mental Health Care?", *Journal of Psychiatric and Mental Health Nursing* 11 (2004): págs. 476–83; S. N. Blair, "Relationships Between Exercise or Physical Activity and Other Health Behaviors", *Public Health Reports* 100 (2009): págs. 172–80; K. J. Van Rensburg, A. Taylor y T. Hodgson, "The Effects of Acute Exercise on Attentional Bias Toward Smoking-Related Stimuli During Temporary Abstinence from Smoking", *Addiction* 104, núm. 11 (2009): págs. 1910–17; E. R. Ropelle *et al.*, "IL-6 and IL-10 Anti-inflammatory Activity Links Exercise to Hypothalamic Insulin and Leptin Sensitivity Through IKKb and ER Stress Inhibition", *PLoS Biology* 8, núm. 8 (2010); P. M. Dubbert, "Physical Activity and Exercise: Recent Advances and Current Challenges", *Journal of Consulting and Clinical Psychology* 70 (2002): págs. 526–36; C. Quinn, "Training as Treatment", *Nursing Standard* 24 (2002): págs. 18–19.

158. **investigaciones han documentado que las familias** S. K. Hamilton y J. H. Wilson, "Family Mealtimes: Worth the Effort?", *Infant, Child, and Adolescent Nutrition* 1 (2009): págs. 346–50; American Dietetic Association, "Eating Together as a Family Creates Better Eating Habits Later in Life", ScienceDaily. com, septiembre 4, 2007, consultado el 1 de abril de 2011.

158. **Tender la cama cada mañana** Richard Layard, *Happiness: Lessons from a New Science* (Nueva York: Penguin Press, 2005); Daniel Nettle, *Happiness: The Science Behind Your Smile* (Oxford: Oxford University Press, 2005); Marc Ian

Barasch, *Field Notes on the Compassionate Life: A Search for the Soul of Kindness* (Emmaus, Pen.: Rodale, 2005); Alfie Kohn, *Unconditional Parenting: Moving from Rewards and Punishments to Love and Reason* (Nueva York: Atria Books, 2005); P. Alex Linley y Stephen Joseph, eds., *Positive Psychology in Practice* (Hoboken, N.J.: Wiley, 2004).

159. **Para las 7 a.m.** Gracias infinitas a Bob Bowman, quien me ofreció su tiempo y ayuda para entender el entrenamiento de Phelps, y los textos de Michael Phelps y Alan Abrahamson, *No Limits: The Will to Succeed* (Nueva York: Free Press, 2009); Michael Phelps y Brian Cazeneuve, *Beneath the Surface* (Champaign, Ill.: Sports Publishing LLC, 2008); Bob Schaller, *Michael Phelps: The Untold Story of a Champion* (Nueva York: St. Martin's Griffin, 2008); Karen Crouse, "Avoiding the Deep End When It Comes to Jitters", *The New York Times*, julio 26, 2009; Mark Levine, "Out There", *The New York Times*, agosto 3, 2008; Eric Adelson, "And After That, Mr. Phelps Will Leap a Tall Building in a Single Bound", ESPN.com, julio 28, 2008; Sean Gregory, "Michael Phelps: A Real GOAT", *Time*, agosto 13, 2008; Norman Frauenheim, "Phelps Takes 4th, 5th Gold Medals", *The Arizona Republic*, agosto 12, 2008.

162. **"Una vez que se ha logrado un pequeño triunfo"** Karl E. Weick, "Small Wins: Redefining the Scale of Social Problems", *American Psychologist* 39 (1984): págs. 40–49.

162. **Los pequeños triunfos alimentan las grandes transformaciones** "Small Wins—The Steady Application of a Small Advantage", Center for Applied Research, 1998, consultado el 24 de junio de 2011, <http://www.cfar.com /Documents/Smal_win.pdf>.

163. **Parecía que las grandes metas de la comunidad gay** Para conocer más detalles sobre este incidente, *véase* el maravilloso episodio "81 Words" de Alix Spiegel, que se transmitió en el programa de radio This American Life el 18 de enero de 2002, <http://www.thisamericanlife.org/>.

163. **HQ 71-471 ("Relaciones Sexuales Anormales, Incluyendo Crímenes de Índole Sexual")** Malcolm Spector y John I. Kitsuse, *Constructing Social Problems* (New Brunswick, N.J.: Transaction Publishers, 2001).

165. **No sabía si la fuga** Phelps y Abrahamson, *No Limits*.

166. **Fue una victoria adicional** Para ahondar más en la discusión sobre los hábitos de los nadadores olímpicos, *véase* Daniel Chambliss, "The Mundanity of Excellence", *Sociological Theory* 7 (1989): págs. 70–86.

167. **Murió al instante** Conferencia magistral de Paul O'Neill, junio 25, 2002, Centro Juran, Escuela de Administración Carlson, Universidad de Minnesota, Minneapolis.

170. **Sobre todo en las zonas rurales** "Infant Mortality Rates, 1950–2005", <http://www.infoplease.com/ipa/A0779935.html>; William H. Berentsen, "German Infant Mortality 1960–1980", *Geographical Review* 77 (1987): págs. 157–70; Paul Norman *et al.*, "Geographical Trends in Infant Mortality: England and Wales, 1970–2006", *Health Statistics Quarterly* 40 (2008): págs.18–29.

171. Hoy en día, la mortalidad infantil en Estados Unidos Banco Mundial, Indicadores de Desarrollo Mundial. En un correo electrónico enviado en respuesta a algunas preguntas para corroborar información, O'Neill escribió: "Esto es correcto, aunque no me acreditaría el hecho de que nuestra sociedad esté haciendo un mejor trabajo para reducir la mortalidad infantil".

172. Empezaban dietas y se inscribían en el gimnasio T. A. Wadden, M. L. Butryn y C. Wilson, "Lifestyle Modification for the Management of Obesity", *Gastroenterology* 132 (2007): págs. 2226–38.

172. Más tarde, en 2009, un grupo de investigadores J. F. Hollis *et al.*, "Weight Loss During the Intensive Intervention Phase of the Weight-Loss Maintenance Trial", *American Journal of Preventative Medicine* 35 (2008): págs. 118–26. *Véase también* L. P. Svetkey *et al.*, "Comparison of Strategies for Sustaining Weight Loss, the Weight Loss Maintenance Randomized Controlled Trial", *JAMA* 299 (2008): págs. 1139–48; A. Fitch y J. Bock, "Effective Dietary Therapies for Pediatric Obesity Treatment", *Reviews in Endocrine and Metabolic Disorders* 10 (2009): págs. 231–36; D. Engstrom, "Eating Mindfully and Cultivating Satisfaction: Modifying Eating Patterns in a Bariatric Surgery Patient", *Bariatric Nursing and Surgical Patient Care* 2 (2007): págs. 245–50; J. R. Peters *et al.*, "Eating Pattern Assessment Tool: A Simple Instrument for Assessing Dietary Fat and Cholesterol Intake", *Journal of the American Dietetic Association* 94 (1994): págs. 1008–13; S. M. Rebro *et al.*, "The Effect of Keeping Food Records on Eating Patterns", *Journal of the American Dietetic Association* 98 (1998): págs. 1163–65.

173. "Después de un tiempo, el diario" Para mayor información sobre estudios de pérdida de peso, *véase* R. R. Wing y James O. Hill, "Successful Weight Loss Maintenance", *Annual Review of Nutrition* 21 (2001): págs. 323–41; M. L. Klem *et al.*, "A Descriptive Study of Individuals Successful at Long-Term Maintenance of Substantial Weight Loss", *American Journal of Clinical Nutrition* 66 (1997): págs. 239–46; M. J. Mahoney, N. G. Moura y T. C. Wade, "Relative Efficacy of Self-Reward, Self-Punishment, and Self-Monitoring Techniques for Weight Loss", *Journal of Consulting and Clinical Psychology* 40 (1973): págs. 404–7; M. J. Franz *et al.*, "Weight Loss Outcomes: A Systematic Review and Meta-Analysis of Weight-Loss Clinical Trials with a Minimum 1-Year Follow-up", *Journal of the American Dietetic Association* 107 (2007): págs. 1755–67; A. DelParigi *et al.*, "Successful Dieters Have Increased Neural Activity in Cortical Areas Involved in the Control of Behavior", *International Journal of Obesity* 31 (2007): págs. 440–48.

177. los investigadores nombraron "aguante" Jonah Lehrer, "The Truth About Grit", *The Boston Globe*, agosto 2, 2009.

178. "a pesar de los fracasos, la adversidad y los baches en el camino" A. L. Duckworth *et al.*, "Grit: Perseverance and Passion for Long-Term Goals", *Journal of Personality and Social Psychology* 92 (2007): págs. 1087–1101.

CAPÍTULO CINCO

185. **la fuerza de voluntad es uno de los hábitos clave más esenciales**
J. P. Tangney, R. F. Baumeister y A. L. Boone, "High Self-Control Predicts
Good Adjustment, Less Pathology, Better Grades, and Interpersonal Success",
Journal of Personality 72, núm. 2 (2004): págs. 271–324; Paul Karoly, "Mechanisms of Self-Regulation: A Systems View", *Annual Review of Psychology* 44
(1993): págs. 23–52; James J. Gross, Jane M. Richards y Oliver P. John, "Emo-
tional Regulation in Everyday Life", en *Emotion Regulation in Families: Pathways to Dysfunction and Health*, eds. Douglas K. Snyder, Jeffry A. Simpson y Jan
N. Hughes (Washington, D.C.: American Psychological Association, 2006);
Katleen De Stobbeleir, Susan Ashford y Dirk Buyens, "From Trait and Context
to Creativity at Work: Feedback-Seeking Behavior as a Self-Regulation Strategy for Creative Performance", Vlerick Leuven Gent Working Paper Series,
septiembre 17, 2008; Babette Raabe, Michael Frese y Terry A. Beehr, "Action
Regulation Theory and Career Self-Management", *Journal of Vocational Behavior* 70 (2007): págs. 297–311; Albert Bandura, "The Primacy of Self-Regulation
in Health Promotion", *Applied Psychology* 54 (2005): págs. 245–54; Robert G.
Lord *et al.*, "Self-Regulation at Work", *Annual Review of Psychology* 61 (2010):
págs. 543–68; Colette A. Frayne y Gary P. Latham, "Application of Social Learning Theory to Employee Self-Management of Attendance", *Journal of Applied
Psychology* 72 (1987): págs. 387–92; Colette Frayne y J. M. Geringer, "Self-
Management Training for Improving Job Performance: A Field Experiment
Involving Salespeople", *Journal of Applied Psychology* 85 (2000): págs. 361–72.
186. **"La autodisciplina influye más en"** Angela L. Duckworth y Martin E. P.
Seligman, "Self-Discipline Outdoes IQ in Predicting Academic Performance
of Adolescents", *Psychological Science* 16 (2005): págs. 939–44.
187. **Los ejecutivos redactaron libros de texto que** La información con respecto a los métodos de capacitación de Starbucks se basa en numerosas
entrevistas, así como en los materiales de capacitación de la compañía. El contenido de estos materiales proviene de fotocopias proporcionadas por empleados de Starbucks y registros de la corte, incluyendo los siguientes documentos
internos y manuales de capacitación de la empresa: *Starbucks Coffee Company
Partner Guide, U.S. Store Version; Learning Coach Guide; In-Store Learning
Coaches Guide; Shift Supervisor Learning Journey; Retail Management Training;
Supervisory Skills Facilitator Guide; Supervisory Skills Partner Workbook; Shift Supervisor Training: Store Manager's Planning and Coaches Guide; Managers' Guide:
Learning to Lead, Level One and Two; Supervisory Skills: Learning to Lead Facilita-
tors Guide; First Impressions Guide; Store Manager Training Plan/Guide; District
Manager Training Plan/Guide; Partner Resources Manual; Values Walk*. En una
comunicación enviada por la compañía en respuesta a diversas preguntas para
corroborar información, un representante de Starbucks escribió: "Tras revisar
lo que nos enviaron, percibimos que su tema central es la inteligencia emo-

cional (EQ) y que nosotros atraemos socios que necesitan desarrollarse en esa área, y eso no es cierto a nivel holístico. Cabe destacar que el 70 por ciento de nuestros socios en Estados Unidos se compone de estudiantes que aún están en un proceso de aprendizaje en muchas áreas de su vida. Lo que Starbucks les proporciona —y algo que los anima a unirse— es un ambiente que concuerda con sus valores, un lugar que les permite ser parte de algo más grande (como una comunidad), un acercamiento que se enfoca en la resolución de problemas al mostrarles las cosas tal cual son en vez de describírselas y una forma exitosa de dar un servicio inspirado". El representante de la empresa agregó que "nos gustaría puntualizar que, como parte de nuestra visión de servicio al cliente, confiamos plenamente en nuestros socios y los empoderamos a utilizar su sentido común. Creemos que este nivel de confianza y empoderamiento es único y que nuestros socios se comportan a la altura de las circunstancias cuando los tratamos con respeto".

189. Era como si los chicos capaces de ignorar la tentación del malvavisco Harriet Mischel y Walter Mischel, "The Development of Children's Knowledge of Self-Control Strategies", *Child Development* 54 (1983), págs. 603–19; W. Mischel, Y. Shoda y M. I. Rodriguez, "Delay of Gratification in Children", *Science* 244 (1989): págs. 933–38; Walter Mischel *et al.*, "The Nature of Adolescent Competencies Predicted by Preschool Delay of Gratification", *Journal of Personality and Social Psychology* 54 (1988): págs. 687–96; J. Metcalfe y W. Mischel, "A Hot/Cool-System Analysis of Delay of Gratification: Dynamics of Will Power", *Psychological Review* 106 (1999): págs. 3–19; Jonah Lehrer, "The Secret of Self Control", *The New Yorker*, mayo 18, 2009.

193. Algunos consideran que permite entender En un correo electrónico para corroborar información, Muraven escribió: "Existen investigaciones que sugieren que los problemas maritales surgen cuando existe poco autocontrol y que el agotamiento contribuye a que se den resoluciones pobres cuando las parejas discuten asuntos que generan tensión en la relación. De igual manera, hemos encontrado que durante aquellos días en los que se requiere más autocontrol que el promedio, la gente es más propensa a perder el control cuando se trata de beber. También existen investigaciones que sugieren que los individuos agotados toman peores decisiones que aquellos que no lo están. Estos hallazgos podrían ampliarse para explicar los romances extramaritales o los errores cometidos por los médicos, pero no se ha demostrado que esta sea una relación causa y efecto".

194. "Si lo desgastas" Roy F. Baumeister *et al.*, "Ego-Depletion: Is the Active Self a Limited Resource?", *Journal of Personality and Social Psychology* 18 (1998): págs. 130–50; R. F. Baumeister, M. Muraven y D. M. Tice, "Self-Control as a Limited Resource: Regulatory Depletion Patterns", *Psychological Bulletin* 126 (1998): págs. 247–59; R. F. Baumeister, M. Muraven y D. M. Tice, "Longitudinal Improvement of Self-Regulation Through Practice: Building Self-Control Strength Through Repeated Exercise", *Journal of Social Psychology*

139 (1999): págs. 446–57; R. F. Baumeister, M. Muraven y D. M. Tice, "Ego Depletion: A Resource Model of Volition, Self-Regulation, and Controlled Processing", *Social Cognition* 74 (2000): págs. 1252–65; Roy F. Baumeister y Mark Muraven, "Self-Regulation and Depletion of Limited Resources: Does Self-Control Resemble a Muscle?", *Psychological Bulletin* 126 (2000): págs. 247–59; *Véase también* M. S. Hagger *et al.*, "Ego Depletion and the Strength Model of Self-Control: A Meta-Analysis", *Psychological Bulletin* 136 (2010): págs. 495–25; R. G. Baumeister, K. D. Vohs y D. M. Tice, "The Strength Model of Self-Control", *Current Directions in Psychological Science* 16 (2007): págs. 351–55; M. I. Posne y M. K. Rothbart, "Developing Mechanisms of Self-Regulation", *Development and Psychopathology* 12 (2000): págs. 427–41; Roy F. Baumeister y Todd F. Heatherton, "Self-Regulation Failure: An Overview", *Psychological Inquiry* 7 (1996): págs. 1–15; Kathleen D. Vohs *et al.*, "Making Choices Impairs Subsequent Self-Control: A Limited-Resource Account of Decision Making, Self-Regulation, and Active Initiative", *Journal of Personality and Social Psychology* 94 (2008): págs. 883–98; Daniel Romer *et al.*, "Can Adolescents Learn Self-Control? Delay of Gratification in the Development of Control over Risk Taking", *Prevention Science* 11 (2010): págs. 319–30. En un correo electrónico para corroborar información, Muraven escribió: "Nuestras investigaciones sugieren que las personas a menudo no se percatan de que están agotadas y que su primer acto de autocontrol las afecta. Ejercer el autocontrol provoca que la gente esté menos dispuesta a esforzarse para mantenerlo en próximas ocasiones (a final de cuentas, esta es una teoría motivacional y no cognitiva)... [I]ncluso después del día más agotador, la gente no termina por orinar en el piso. Una vez más, esto sugiere el aspecto motivacional de la teoría: las personas carecen de la motivación necesaria para obligarse a hacer cosas que consideran de menor importancia. Entiendo que esto puede parecer algo insignificante, pero es crucial para entender que el autocontrol no fracasa porque la persona es incapaz de reunir los recursos necesarios. Más bien falla porque el esfuerzo parece demasiado grande para la recompensa. Es decir, no quiero que el siguiente asesino se escude diciendo que estaba agotado y que por eso no pudo controlarse".

194. Reclutaron a dos docenas de personas Megan Oaten y K. Cheng, "Longitudinal Gains in Self-Regulation from Regular Physical Exercise", *Journal of Health Psychology* 11 (2006): págs. 717–33. *Véase también* Roy F. Baumeister *et al.*, "Self-Regulation and Personality: How Interventions Increase Regulatory Success, and How Depletion Moderates the Effects of Traits on Behavior", *Journal of Personality* 74 (2006): págs. 1773–1801.

195. Para contestar esa pregunta, diseñaron otro experimento Megan Oaten y K. Cheng, "Improvements in Self-Control from Financial Monitoring", *Journal of Economic Psychology* 28 (2007): págs. 487–501.

195. quince cigarrillos menos al día Roy F. Baumeister *et al.*, "Self-Regulation and Personality".

196. Reclutaron a 45 Ibíd.

196. Heatherton, un investigador de Dartmouth Para acceder a una selección del fascinante trabajo del doctor Heatherton, *véase* Todd F. Heatherton, Ph.D., <http://www.dartmouth.edu/~heath/#Pubs>, modificado por última vez el 30 de junio de 2009.

197. Muchas de esas escuelas han logrado incrementar de forma sustancial Lehrer, "The Secret of Self Control".

197. El niño de cinco años capaz de seguir En un correo electrónico para corroborar información, el doctor Heatherton ahondó en esta idea: "No se sabe con exactitud cómo es que el cerebro hace esto, aunque yo planteo que la gente desarrolla un mejor control frontal sobre los centros de recompensa subcorticales... La práctica repetida ayuda a fortalecer el 'músculo' (aunque claramente no es un músculo; es más probable que se deba a un mejor control de la corteza prefrontal o al desarrollo de una poderosa red de regiones cerebrales involucradas en la regulación de las conductas)". Para mayor información, *véase* Todd F. Heatherton y Dylan D. Wagner, "Cognitive Neuroscience of Self-Regulation Failure", *Trends in Cognitive Sciences* 15 (2011): págs. 132–39.

198. Patrocinaron clases de pérdida de peso En un correo electrónico para corroborar información, un vocero de Starbucks escribió: "Por el momento, Starbucks ofrece descuentos en muchos gimnasios a nivel nacional. Creemos que esta discusión debería centrarse más en las opciones generales de salud y bienestar ofrecidas a nuestros socios, en vez de enfocarse específicamente en las membresías a los gimnasios. Sabemos que nuestros socios quieren encontrar maneras de estar bien y seguimos buscando programas que les permitan hacerlo".

198. abría siete sucursales nuevas por día Michael Herriman *et al.*, "A Crack in the Mug: Can Starbucks Mend It?", *Harvard Business Review*, octubre 2008.

198. En 1992, una psicóloga británica Sheina Orbell y Paschal Sheeran, "Motivational and Volitional Processes in Action Initiation: A Field Study of the Role of Implementation Intentions", *Journal of Applied Social Psychology* 30, núm. 4 (abril 2000): págs. 780–97.

203. se sentía abrumado y al borde del llanto por una multitud impaciente En un comunicado para corroborar información, un vocero de Starbucks escribió: "Su evaluación a nivel general es precisa, sin embargo, nosotros alegaríamos que cualquier trabajo es estresante. Como mencionamos en líneas anteriores, uno de los elementos clave de nuestra visión de servicio al cliente es que cada socio es responsable de la experiencia del cliente. Este empoderamiento les deja saber que la compañía confía en ellos para que resuelvan cualquier problema y ayuda a crear la confianza necesaria para navegar estos momentos con éxito".

203. La empresa identificó recompensas específicas Estos detalles fueron confirmados por empleados y ejecutivos de Starbucks. No obstante, en un correo electrónico para corroborar información, un vocero de Starbucks escribió: "Esto no es correcto". El vocero se rehusó a ahondar más en el tema.

204. Consideramos al cliente En un comunicado para corroborar información, un vocero de Starbucks escribió: "Aunque no resulta incorrecto o equivocado referirse al método CAFÉ, este ya no forma parte de nuestra capacitación formal. De hecho, hoy buscamos alejarnos de sistemas reglamentados como CAFÉ y ser más abiertos para permitir a los socios de la tienda involucrarse en la resolución de problemas, a fin de abordar las múltiples situaciones que surgen en nuestras tiendas. Este modelo depende en gran medida de la capacitación continua y efectiva por parte de los supervisores de turno, de la tienda y de los gerentes de distrito".

205. Luego practican dichos planes En un comunicado para corroborar información, un vocero de Starbucks escribió: "Su evaluación a nivel general es precisa; sí nos esforzamos por proporcionar herramientas y capacitación tanto en aptitudes como en conductas para brindar un servicio al cliente de calidad mundial a cada persona en cada visita. No obstante, nos gustaría señalar que, al igual que con el método CAFÉ (y por las mismas razones), no utilizamos el sistema Conecta, Descubre y Responde de manera formal".

206. "Esto es mejor que ir" Constance L. Hays, "These Days the Customer Isn't Always Treated Right", *The New York Times*, diciembre 23, 1998.

206. Schultz, el hombre que convirtió a Starbucks Obtuvimos la información sobre Schultz de Adi Ignatius, "We Had to Own the Mistakes", *Harvard Business Review*, julio-agosto 2010; William W. George y Andrew N. McLean, "Howard Schultz: Building Starbucks Community (A)", *Harvard Business Review*, junio 2006; Koehn, Besharov y Miller, "Starbucks Coffee Company in the 21st Century", *Harvard Business Review*, junio 2008; Howard Schultz y Dori Jones Yang, *Pour Your Heart Into It: How Starbucks Built a Company One Cup at a Time* (Nueva York: Hyperion, 1997); Taylor Clark, *Starbucked: A Double Tall Tale of Caffeine, Commerce, and Culture* (Nueva York: Little, Brown, 2007); Howard Behar, *It's Not About the Coffee: Lessons on Putting People First from a Life at Starbucks* (Nueva York: Portfolio Trade, 2009); John Moore, *Tribal Knowledge* (Nueva York: Kaplan, 2006); Bryant Simon, *Everything but the Coffee: Learning About America from Starbucks* (Berkeley: University of California Press, 2009). En un comunicado para corroborar información, un vocero de Starbucks escribió: "a nivel general la historia es correcta, muchos detalles son incorrectos o imposibles de verificar". El vocero se negó a dar detalles sobre lo que era incorrecto o a aclarar cualquier información.

209. Mark Muraven, quien entonces era M. Muraven, M. Gagné y H. Rosman, "Helpful Self-Control: Autonomy Support, Vitality, and Depletion", *Journal of Experimental and Social Psychology* 44, núm. 3 (2008): págs. 573–85. *Véase también* Mark Muraven, "Practicing Self-Control Lowers the Risk of Smoking Lapse", *Psychology of Addictive Behaviors* 24, núm. 3 (2010): págs. 446–52; Brandon J. Schmeichel y Kathleen Vohs, "Self-Affirmation and Self-Control:

Affirming Core Values Counteracts Ego Depletion", *Journal of Personality and Social Psychology* 96, núm. 4 (2009): págs. 770–82; Mark Muraven, "Autonomous Self-Control Is Less Depleting", *Journal of Research in Personality* 42, núm. 3 (2008): págs. 763–70; Mark Muraven, Dikla Shmueli y Edward Burkley, "Conserving Self-Control Strength", *Journal of Personality and Social Psychology* 91, núm. 3 (2006): págs. 524–37; Ayelet Fishbach, "The Dynamics of Self-Regulation", en *11th Sydney Symposium of Social Psychology* (Nueva York: Psychology Press, 2001); Tyler F. Stillman *et al.*, "Personal Philosophy and Personnel Achievement: Belief in Free Will Predicts Better Job Performance", *Social Psychological and Personality Science* 1 (2010): págs. 43–50; Mark Muraven, "Lack of Autonomy and Self-Control: Performance Contingent Rewards Lead to Greater Depletion", *Motivation and Emotion* 31, núm. 4 (2007): págs. 322–30.

210. **un estudio realizado en 2010** Al momento de escribir este libro, dicho estudio era inédito y me fue compartido bajo la condición de que no revelara los nombres de los autores. Sin embargo, se pueden encontrar más detalles de algunos estudios sobre el empoderamiento de los empleados en C. O. Longenecker, J. A. Scazzero y T. T. Standfield, "Quality Improvement Through Team Goal Setting, Feedback, and Problem Solving: A Field Experiment", *International Journal of Quality and Reliability Management* 11, núm. 4 (1994): págs. 45–52; Susan G. Cohen y Gerald E. Ledford, "The Effectiveness of Self-Managing Teams: A Quasi-Experiment", *Human Relations* 47, núm. 1 (1994): págs. 13–43; Ferris, Rosen y Barnum, *Handbook of Human Resource Management* (Cambridge, Mass.: Blackwell Publishers, 1995); Linda Honold, "A Review of the Literature on Employee Empowerment", *Empowerment in Organizations* 5, núm. 4 (1997): págs. 202–12; Thomas C. Powell, "Total Quality Management and Competitive Advantage: A Review and Empirical Study", *Strategic Management Journal* 16 (1995): págs. 15–37.

CAPÍTULO SEIS

214. **Después de eso, empezó a tener dificultades para mantenerse despierto** Los detalles sobre este caso provienen de una variedad de fuentes, incluyendo entrevistas con los profesionales involucrados, testigos en el quirófano y en la sala de urgencias, así como noticias y documentos publicados por el Departamento de Salud de Rhode Island. Estos incluyen formularios de autorización publicados por el Departamento de Salud de Rhode Island; el *Statement of Deficiencies and Plan of Correction* publicado por el Hospital Rhode Island el 8 de agosto de 2007; Felicia Mello, "Wrong-Site Surgery Case Leads to Probe", *The Boston Globe*, agosto 4, 2007; Felice Freyer, "Doctor to Blame in Wrong-Side Surgery, Panel Says", *The Providence Journal*, octubre 14, 2007; Felice Freyer, "R.I. Hospital Cited for Wrong-Side Surgery", *The Providence Journal*, agosto 3, 2007; "Doctor Disciplined for Wrong-Site Brain Surgery", Associated Press, agosto 3, 2007; Felice Freyer, "Surgeon Relied on Memory, Not CT Scan", *The*

Providence Journal, agosto 24, 2007; Felicia Mello, "Wrong-Site Surgery Case Leads to Probe 2nd Case of Error at R.I. Hospital This Year", *The Boston Globe*, agosto 4, 2007; "Patient Dies After Surgeon Operates on Wrong Side of Head", Associated Press, agosto 24, 2007; "Doctor Back to Work After Wrong-Site Brain Surgery", Associated Press, octubre 15, 2007; Felice Freyer, "R.I. Hospital Fined After Surgical Error", *The Providence Journal*, noviembre 27, 2007.

215. **Si no le drenaban la sangre** Este caso fue descrito por múltiples individuos y las versiones de algunos eventos difieren entre sí. Cuando lo consideramos apropiado, esas diferencias se describen en las notas.

215. **En 2002, la Coalición Nacional para el Cuidado de la Salud** <http://www.rhodeislandhospital.org>.

215. **"No nos arrebatarán el orgullo".** Mark Pratt, "Nurses Rally on Eve of Contract Talks", Associated Press, junio 22, 2000; "Union Wants More Community Support During Hospital Contract Dispute", Associated Press, junio 25, 2000; "Nurses Say Staff Shortage Hurting Patients", Associated Press, agosto 31, 2000; "Health Department Surveyors Find Hospitals Stressed", Associated Press, noviembre 18, 2001; "R.I. Hospital Union Delivers Strike Notice", Associated Press, junio 20, 2000.

216. **los administrativos accedieron a limitar** En un comunicado, una vocera del Hospital Rhode Island dijo: "La huelga no se trató de las relaciones entre el personal médico y de enfermería, sino sobre salarios y leyes laborales. Las horas extra obligatorias son una práctica común y se han convertido en un problema en los hospitales sindicalizados a lo largo del país. Desconozco si había letreros con esos mensajes durante las negociaciones sindicales del 2000, pero, de ser así, es probable que se refirieran a las horas extra obligatorias, y no a las relaciones entre el cuerpo médico y de enfermería".

216. **una forma de ayudar a que los médicos y el personal eviten errores** *American Academy of Orthopaedic Surgeons Joint Commission Guidelines*, <http://www3.aaos.org/member/safety/guidelines.cfm>.

218. **Media hora después** *RIDH Statement of Deficiencies and Plan of Correction*, agosto 7, 2007.

218. **No había indicación clara de** En un comunicado, un vocero del Hospital Rhode Island dijo que algunos de estos detalles son incorrectos y se refirió al documento *RIDH Statement of Deficiencies and Plan of Correction* del 7 de agosto de 2007, que dice: "No existe evidencia en el expediente médico de que el enfermero especializado, empleado por el neurocirujano de turno, recibiera o intentara obtener la información necesaria relacionada con las placas de la tomografía computarizada del paciente... para confirmar el lado correcto del sangrado y [sic] antes de tener el formulario de autorización firmado para la craneotomía... El expediente médico indica que la autorización para la cirugía fue obtenida por un enfermero especializado que trabajaba para el neurocirujano que estaba de guardia. Aunque el consentimiento quirúrgico indica que el procedimiento por realizarse era una "craneotomía derecha y evacuación de un hematoma subdural", el lado (derecho) no se incluyó en el formulario de autorización en un inicio. La entrevista del 2 de agosto de 2007 a las 2:05 p.m. con el director de cirugía perioperatoria indicaba que el paciente... fue transportado del departamento de emergencia con un formulario de autorización quirúrgica firmado pero incompleto (faltaba el dato del lado). Un enfermero notó que el sitio de la craneotomía no figuraba en el consentimiento quirúrgico firmado, como lo requieren las políticas del hospital. Tras preguntarle al neurocirujano acerca del sitio de la cirugía, este lo agregó en ese momento cuando se encontraba dentro del quirófano". En un comunicado de seguimiento, un representante del Hospital Rhode Island escribió que el cirujano "y su asistente terminaron la cirugía de la columna, se preparó el quirófano, la enfermera del quirófano vio que el formulario de autorización no incluía el lado de la craneotomía e informó [al cirujano]. El doctor tomó el consentimiento del enfermero y escribió las palabras 'lado derecho' sobre este".

219. **"Hay que operar de inmediato".** En una carta enviada en respuesta a algunas indagaciones para corroborar información, el médico involucrado en este caso contradijo o impugnó algunos de los eventos descritos en este capítulo. El médico escribió que el enfermero en este caso no estaba preocupado de que operara en el lado equivocado. Su preocupación tenía que ver con algunas cuestiones de papeleo. El médico sostenía que el enfermero no cuestionó su experiencia o precisión. De acuerdo con el médico, el enfermero no le pidió que le mostrara las placas. El médico dijo ver si era posible "volver a llenar el formulario de autorización correctamente" y no al revés. Según el médico, cuando no pudieron encontrar a la familia, le pidió al enfermero más detalles sobre el procedimiento para completar el papeleo. El enfermero, de acuerdo con el médico, dijo que no estaba seguro y, como resultado, el médico decidió "corregir el formato de consentimiento y escribir una nota en el expediente detallando que necesitaban seguir adelante con el procedimiento". El médico aseguró que nunca dijo groserías y que no estaba alterado.

Al preguntarles a los empleados del Hospital Rhode Island sobre esta versión de los hechos, dijeron que era imprecisa y se refirieron al documento *RIDH Tatemen of Deficiencies and Plan of Correction* del 7 de agosto de 2007. En un comunicado, un vocero del hospital escribió: "Durante nuestra investigación, nadie afirmó haber escuchado [al cirujano] decir que el paciente iba a morir".

"Esas citas que me muestran alterado e irritado, incluso maldiciendo, son totalmente desacertadas", escribió el médico. "Yo me mantuve tranquilo y profesional. Mostré algo de emoción por un instante cuando me di cuenta de que empecé a operar en el lado incorrecto. El problema crítico fue que no contábamos con placas para revisar durante el procedimiento... No tener placas que consultar durante el caso es negligencia por parte del hospital; sin embargo, no teníamos mayor opción que proceder sin las placas".

Un representante del Hospital Rhode Island respondió que la institución "no puede opinar respecto a la declaración [del cirujano], pero el hospital asumió que los cirujanos revisaron las placas durante la cirugía por si existía cualquier duda sobre el caso. Después de este evento, el hospital exigió que las placas estuvieran disponibles para que el equipo las viera". En un segundo comunicado, un vocero del hospital escribió que el cirujano: "no maldijo durante este intercambio. El enfermero le informó [al cirujano] que no había recibido el reporte del departamento de emergencia, y el primero se pasó varios minutos en la habitación tratando de hablar con la persona correcta en dicho departamento. El enfermero especializado indicó que recibió el reporte del médico del departamento de emergencia. Sin embargo, la enfermera anestesióloga necesitaba saber qué medicamentos se le habían administrado en ese departamento, por lo que el enfermero revisó el expediente para darle la información". En una orden de autorización, los integrantes de la Junta de Licenciamiento y Disciplina Médica de Rhode Island escribieron que el médico "no evaluó correctamente la ubicación del hematoma antes de realizar la evacuación quirúrgica". El Departamento de Salud del estado encontró que "una evaluación preliminar de este incidente reveló que las salvaguardas quirúrgicas del hospital son deficientes y que no se siguieron algunos procedimientos". Tanto los representantes de la Junta como del Departamento de Salud se negaron a comentar más a fondo.

220. gritó el cirujano En un comunicado, un representante del Hospital Rhode Island escribió "creo que [el cirujano] fue quien notó que no había ningún sangrado; existen diversas versiones sobre lo que dijo en ese momento. Pidió que se proyectaran las placas, confirmó el error y procedió junto con su equipo a cerrar la incisión y realizar el procedimiento en el lado correcto. Con excepción de los comentarios [del cirujano], el personal dijo que el quirófano estuvo muy silencioso una vez que se percataron del error".

221. volver a trabajar en ese hospital En la carta escrita por el médico para responder a algunas preguntas de confirmación de información, este dijo que "nadie ha afirmado que este error le haya costado la vida [al paciente]. La familia nunca alegó una muerte por negligencia e incluso me agradeció personalmente por haberle salvado la vida ese día. El hospital y el enfermero especializado en conjunto pagaron más por llegar a un acuerdo de 140,000 dólares que yo". Al preguntarle a algunos empleados del Hospital Rhode Island sobre esta versión de los hechos, se negaron a comentar.

221. La portada simplona del libro y su intimidante R. R. Nelson y S. G. Winter, *An Evolutionary Theory of Economic Change* (Cambridge, Mass.: Belknap Press of Harvard University Press, 1982).

222. ni siquiera los doctorantes más pretensiosos fingían comprender R. R. Nelson y S. G. Winter, "The Schumpeterian Tradeoff Revisited", *The American Economic Review* 72 (1982): págs. 114 32. Winter, en una nota en respuesta a algunas preguntas para corroborar información, escribió: "La 'compensación schumpeteriana' (tema de un ensayo publicado en *The American Economic Review* en 1982 y un capítulo afín [14] en nuestro libro) fue solo una faceta del proyecto y muy poco motivante. Nelson y yo discutíamos una serie de problemas alrededor del cambio tecnológico, el crecimiento económico y la conducta en las empresas mucho antes de 1982, incluso antes de que estuviéramos juntos en Yale, y particularmente en RAND entre 1966–68. Nelson asistió a Yale en 1968; yo fui a Michigan ese año y me uní a la facultad de Yale en 1976. Estábamos 'tras la pista' del libro de 1982 desde 1967 y comenzamos a publicar trabajo relacionado en 1973... En síntesis, mientras que la influencia de 'Schumpeter' es evidentemente fuerte en el tema de la herencia, el aspecto específico de la 'compensación schumpeteriana' no lo es".

222. en el mundo de las estrategias de negocios Para consultar un resumen de las investigaciones subsecuentes, *véase* M. C. Becker, "Organizational Routines: A Review of the Literature", *Industrial and Corporate Change* 13 (2004): págs. 643–78; Marta S. Feldman, "Organizational Routines as a Source of Continuous Change", *Organization Science* 11 (2000): págs. 611–29.

222. antes de llegar a una conclusión fundamental Winter escribió en una nota para corroborar información que: "Había realizado muy poco trabajo empírico y publicado incluso menos (en su mayoría fueron artículos donde Nelson abordaba aspectos del cambio tecnológico). En la esfera del comportamiento de las empresas, básicamente nos apoyamos en los gigantes de la Escuela Carnegie (Simon, Cyert y March) y en una amplia variedad de fuentes como estudios tecnológicos, historias de negocios, economías del desarrollo, algunos psicólogos... y Michael Polanyi, según cómo lo clasifiquen".

222. miles de decisiones independientes de los empleados Winter aclaró en una nota que aquellos patrones que surgen de las decisiones independientes de cientos de empleados son un aspecto de las rutinas, pero estas últimas también "se moldean a partir de muchas directrices, una de las cuales es el diseño gerencial. Sin embargo, enfatizamos que, cuando eso sucede, la rutina que en realidad surge, en vez de la oficial que fue diseñada de forma deliberada, es influenciada, una vez más, por muchas decisiones a nivel individual, así como por otras consideraciones (*véase* el libro [*Evolutionary Theory of Economic Change*], pág.108)".

223. Estos hábitos organizacionales —o "rutinas" Para mayor información sobre el fascinante tema de cómo surgen y funcionan las rutinas organizacionales, *véase* Paul S. Adler, Barbara Goldoftas y David I. Levine, "Flexibility Versus Efficiency? A Case Study of Model Changeovers in the Toyota Production System", *Organization Science* 10 (1999): págs. 43–67; B. E. Ashforth y Y. Fried, "The Mindlessness of Organisational Behaviors", *Human Relations* 41 (1988): págs 305–29; Donde P. Ashmos, Dennis Duchon y Reuben R. McDaniel, "Participation in Strategic Decision Making: The Role of Organisational Predisposition and Issue Interpretation", *Decision Sciences* 29 (1998): págs 25–51;

M. C. Becker, "The Influence of Positive and Negative Normative Feedback on the Development and Persistence of Group Routines", tesis doctoral, Purdue University, 2001; M. C. Becker y N. Lazaric, "The Role of Routines in Organizations: An Empirical and Taxonomic Investigation", tesis doctoral, Judge Institute of Management, University of Cambridge, 2004; Bessant, Caffyn y Gallagher, "The Influence of Knowledge in the Replication of Routines", *Économie Appliquée* LVI, págs 65–94; "An Evolutionary Model of Continuous Improvement Behaviour", *Technovation* 21 (2001): págs. 67–77; Tilmann Betsch, Klaus Fiedler y Julia Brinkmann, "Behavioral Routines in Decision Making: The Effects of Novelty in Task Presentation and Time Pressure on Routine Maintenance and Deviation", *European Journal of Psychology* 28 (1998): págs 861–78; Tilmann Betsch *et al.*, "When Prior Knowledge Overrules New Evidence: Adaptive Use of Decision Strategies and Role Behavioral Routines", *Swiss Journal of Psychology* 58 (1999): págs 151–60; Tilmann Betsch *et al.*, "The Effects of Routine Strength on Adaptation and Information Search in Recurrent Decision Making", *Organisational Behaviour and Human Decision Processes* 84 (2001): págs 23–53; J. Burns, "The Dynamics of Accounting Change: Interplay Between New Practices, Routines, Institutions, Power, and Politics", *Accounting, Auditing and Accountability Journal* 13 (2000): págs 566–86; M. D. Cohen, "Individual Learning and Organisational Routine: Emerging Connections", *Organisation Science* 2 (1991): págs. 135–39; M. Cohen y P. Bacdayan, "Organisational Routines Are Stored as Procedural Memory: Evidence from a Laboratory Study", *Organisation Science* 5 (1994): págs 554–68; M. D. Cohen *et al.*, "Routines and Other Recurring Action Patterns of Organisations: Contemporary Research Issues", *Industrial and Corporate Change* 5 (1996): págs. 653–98; B. Coriat, "Variety, Routines, and Networks: The Metamorphosis of Fordist Firms", *Industrial and Corporate Change* 4 (1995): págs. 205–27; B. Coriat y G. Dosi, "Learning How to Govern and Learning How to Solve Problems: On the Co-evolution of Competences, Conflicts, and Organisational Routines", en *The Role of Technology, Strategy, Organisation, and Regions*, eds. A. D. J. Chandler, P. Hadstroem y O. Soelvell (Oxford: Oxford University Press, 1998); L. D'Adderio, "Configuring Software, Reconfiguring Memories: The Influence of Integrated Systems on the Reproduction of Knowledge and Routines", *Industrial and Corporate Change* 12 (2003): págs. 321–50; P. A. David, *Path Dependence and the Quest for Historical Economics: One More Chorus of the Ballad of QWERTY* (Oxford: Oxford University Press, 1997); G. Delmestri, "Do All Roads Lead to Rome... or Berlin? The Evolution of Intra and Inter-organisational Routines in the Machine-Building Industry", *Organisation Studies* 19 (1998): págs. 639–65; Giovanni Dosi, Richard R. Nelson y Sidney Winter, "Introduction: The Nature and Dynamics of Organisational Capabilities", *The Nature and Dynamics of Organisational Capabilities*, eds. G. Dosi, R. R. Nelson y S. G. Winter (Oxford: Oxford University Press, 2000), págs. 1–22; G. Dowell y A. Swaminathan, "Racing and Back-pedalling into the Future:

New Product Introduction and Organisational Mortality in the US Bicycle Industry, 1880–1918", *Organisation Studies* 21 (2000): págs. 405–31; A. C. Edmondson, R. M. Bohmer y G. P. Pisano, "Disrupted Routines: Team Learning and New Technology Implementation in Hospitals", *Administrative Science Quarterly* 46 (2001): págs. 685–716; M. Egidi, "Routines, Hierarchies of Problems, Procedural Behaviour: Some Evidence from Experiments", en *The Rational Foundations of Economic Behaviour*, eds. K. Arrow *et al.* (Londres: Macmillan, 1996), págs 303–33; M. S. Feldman, "Organisational Routines as a Source of Continuous Change", *Organisation Science* 11 (2000): págs. 611–29; Marta S. Feldman, "A Performative Perspective on Stability and Change in Organizational Routines", *Industrial and Corporate Change* 12 (2003): págs. 727–52; Marta S. Feldman y B. T. Pentland, "Reconceptualizing Organizational Routines as a Source of Flexibility and Change", *Administrative Science Quarterly* 48 (2003): págs. 94–118; Marta S. Feldman y A. Rafaeli, "Organisational Routines as Sources of Connections and Understandings", *Journal of Management Studies* 39 (2002): págs. 309–31; A. Garapin y A. Hollard, "Routines and Incentives in Group Tasks", *Journal of Evolutionary Economics* 9 (1999): págs. 465–86; C. J. Gersick y J. R. Hackman, "Habitual Routines in Task-Performing Groups", *Organisational Behaviour and Human Decision Processes* 47 (1990): págs. 65–97; R. Grant, "Toward a Knowledge-Based Theory of the Firm", *Strategic Management Journal* 17 (1996): págs. 109–22; R. Heiner, "The Origin of Predictable Behaviour", *American Economic Review* 73 (1983): págs. 560–95; G. M. Hodgson, "The Ubiquity of Habits and Rules", *Cambridge Journal of Economics* 21 (1997): págs. 663–84; G. M. Hodgson, "The Mystery of the Routine: The Darwinian Destiny of An Evolutionary Theory of Economic Change", *Revue Économique* 54 (2003): págs. 355–84; G. M. Hodgson y T. Knudsen, "The Firm as an Interactor: Firms as Vehicles for Habits and Routines", *Journal of Evolutionary Economics* 14, núm. 3 (2004): págs. 281–307; A. Inam, "Institutions, Routines, and Crises: Post-earthquake Housing Recovery in Mexico City and Los Angeles", tesis doctoral, University of Southern California, 1997; A. Inam, "Institutions, Routines, and Crises—Post-earthquake Housing Recovery in Mexico City and Los Angeles", *Cities* 16 (1999): págs. 391–407; O. Jones y M. Craven, "Beyond the Routine: Innovation Management and the Teaching Company Scheme", *Technovation* 21 (2001): págs. 267–79; M. Kilduff, "Performance and Interaction Routines in Multinational Corporations", *Journal of International Business Studies* 23 (1992): págs. 133–45; N. Lazaric, "The Role of Routines, Rules, and Habits in Collective Learning: Some Epistemological and Ontological Considerations", *European Journal of Economic and Social Systems* 14 (2000): págs. 157–71; N. Lazaric y B. Denis, "How and Why Routines Change: Some Lessons from the Articulation of Knowledge with ISO 9002 Implementation in the Food Industry", *Economies et Sociétés* 6 (2001): págs. 585–612; B. Levitt y J. March, "Organisational Learning", *Annual Review of Sociology* 14 (1988): págs. 319–40; P. Lillrank, "The Quality of Standard, Routine, and Nonroutine Processes", *Organization Studies* 24 (2003): págs. 215–33; S. Massini *et al.*, "The Evolution of Organizational Routines Among Large Western and Japanese Firms", *Research Policy* 31 (2002): págs. 1333–48; T. J. McKeown, "Plans and Routines, Bureaucratic Bargaining, and the Cuban Missile Crisis", *Journal of Politics* 63 (2001): págs. 1163–90; A. P. Minkler, "The Problem with Dispersed Knowledge: Firms in Theory and Practice", *Kyklos* 46 (1993): págs. 569–87; P. Morosini, S. Shane y H. Singh, "National Cultural Distance and Cross-Border Acquisition Performance", *Journal of International Business Studies* 29 (1998): págs. 137–58; A. Narduzzo, E. Rocco y M. Warglien, "Talking About Routines in the Field", en *The Nature and Dynamics of Organizational Capabilities*, eds. G. Dosi, R. Nelson y S. Winter (Oxford: Oxford University Press, 2000), págs. 27–50; R. R. Nelson, "Routines", en *The Elgar Companion to Institutional and Evolutionary Economics*, vol. 2, eds. G. Hodgson, W. Samuels y M. Tool (Aldershot, Reino Unido: Edward Elgar, 1992), págs. 249–53; B. T. Pentland, "Conceptualizing and Measuring Variety in the Execution of Organizational Work Processes", *Management Science* 49 (2003): págs. 857–70; B. T. Pentland y H. Rueter, "Organisational Routines as Grammars of Action", *Administrative Sciences Quarterly* 39 (1994): págs. 484–510; L. Perren y P. Grant, "The Evolution of Management Accounting Routines in Small Businesses: A Social Construction Perspective", *Management Accounting Research* 11 (2000): págs. 391–411; D. J. Phillips, "A Genealogical Approach to Organizational Life Chances: The Parent–Progeny Transfer Among Silicon Valley Law Firms, 1946–1996", *Administrative Science Quarterly* 47 (2002): págs. 474–506; S. Postrel y R. Rumelt, "Incentives, Routines, and Self-Command", *Industrial and Corporate Change* 1 (1992): págs. 397–425; P. D. Sherer, N. Rogovksy y N. Wright, "What Drives Employment Relations in Taxicab Organisations?" *Organisation Science* 9 (1998): págs. 34–48; H. A. Simon, "Programs as Factors of Production", *Proceedings of the Nineteenth Annual Winter Meeting, 1966*, Industrial Relations Research Association, 1967, págs. 178–88; L. A. Suchman, "Office Procedure as Practical Action: Models of Work and System Design", *ACM Transactions on Office Information Systems* 1 (1983): págs. 320–28; G. Szulanski, "Appropriability and the Challenge of Scope: Banc One Routinizes Replication", en *Nature and Dynamics of Organisational Capabilities*, eds. G. Dosi, R. R. Nelson y S. G. Winter (Oxford: Oxford University Press, 1999), págs. 69–97; D. Tranfield y S. Smith, "The Strategic Regeneration of Manufacturing by Changing Routines", *International Journal of Operations and Production Management* 18 (1998): págs. 114–29; Karl E. Weick, "The Vulnerable System: An Analysis of the Tenerife Air Disaster", *Journal of Management* 16 (1990): págs. 571–93; Karl E. Weick, "The Collapse of Sensemaking in Organizations: The Mann–Gulch Disaster", *Administrative Science Quarterly* 38 (1993): págs. 628–52; H. M. Weiss y D. R. Ilgen, "Routinized Behaviour in Organisations", *Journal of Behavioral Economics* 14 (1985): págs. 57–67; S. G. Winter, "Economic 'Natural Selection' and the Theory of the Firm", *Yale Economic Essays* 4

(1964): págs. 225–72; S. G. Winter, "Optimization and Evolution in the Theory of the Firm", en *Adaptive Economic Models*, eds. R. Day y T. Groves (Nueva York: Academic Press, 1975), págs. 73–118; S. G. Winter y G. Szulanski, "Replication as Strategy", *Organization Science* 12 (2001): págs. 730–43; S. G. Winter y G. Szulanski, "Replication of Organisational Routines: Conceptualizing the Exploitation of Knowledge Assets", en *The Strategic Management of Intellectual Capital and Organisational Knowledge: A Collection of Readings*, eds. N. Bontis y C. W. Choo (Nueva York: Oxford University Press, 2001), págs. 207–21; M. Zollo, J. Reuer y H. Singh, "Interorganizational Routines and Performance in Strategic Alliances", *Organization Science* 13 (2002): págs. 701–13.

223. cientos de reglas tácitas Esbjoern Segelod, "The Content and Role of the Investment Manual: A Research Note", *Management Accounting Research* 8, núm. 2 (1997): págs. 221–31; Anne Marie Knott y Bill McKelvey, "Nirvana Efficiency: A Comparative Test of Residual Claims and Routines", *Journal of Economic Behavior and Organization* 38 (1999): págs. 365–83; J. H. Gittell, "Coordinating Mechanisms in Care Provider Groups: Relational Coordination as a Mediator and Input Uncertainty as a Moderator of Performance Effects", *Management Science* 48 (2002): págs. 1408–26; A. M. Knott y Hart Posen, "Firm R&D Behavior and Evolving Technology in Established Industries", *Organization Science* 20 (2009): págs. 352–67.

223. indispensables para la operación de la compañía G. M. Hodgson, *Economics and Evolution* (Cambridge: Polity Press, 1993); Richard N. Langlois, "Transaction-Cost Economics in Real Time", *Industrial and Corporate Change* (1992): págs. 99–127; R. R. Nelson, "Routines"; R. Coombs y J. S. Metcalfe, "Organizing for Innovation: Co-ordinating Distributed Innovation Capabilities", en *Competence, Governance, and Entrepreneurship*, eds. J. N. Foss y V. Mahnke (Oxford: Oxford University Press, 2000); R. Amit y M. Belcourt, "HRM Processes: A Value-Creating Source of Competitive Advantage", *European Management Journal* 17 (1999): págs. 174–81.

223. representan una especie de "memoria organizacional" G. Dosi, D. Teece y S. G. Winter, "Toward a Theory of Corporate Coherence: Preliminary Remarks", en *Technology and Enterprise in a Historical Perspective*, eds. G. Dosi, R. Giannetti y P. A. Toninelli (Oxford: Clarendon Press, 1992), págs. 185–211; S. G. Winter, Y. M. Kaniovski y G. Dosi, "A Baseline Model of Industry Evolution", *Journal of Evolutionary Economics* 13, núm. 4 (2003): págs. 355–83; B. Levitt y J. G. March, "Organizational Learning", *Annual Review of Sociology* 14 (1988): págs. 319–40; D. Teece y G. Pisano, "The Dynamic Capabilities of Firms: An Introduction", *Industrial and Corporate Change* 3 (1994): págs. 537–56; G. M. Hodgson, "The Approach of Institutional Economics", *Journal of Economic Literature* 36 (1998): págs. 166–92; Phillips, "Genealogical Approach to Organizational Life Chances"; M. Zollo, J. Reuer y H. Singh, "Interorganizational Routines and Performance in Strategic Alliances", *Organization Science*

13 (2002): págs. 701–13; P. Lillrank, "The Quality of Standard, Routine, and Nonroutine Processes", *Organization Studies* 24 (2003): págs. 215–33.

223. Las rutinas disminuyen la incertidumbre M. C. Becker, "Organizational Routines: A Review of the Literature", *Industrial and Corporate Change* 13, núm. 4 (2004): págs. 643–78.

224. Sin embargo, uno de los beneficios más importantes B. Coriat y G. Dosi, "Learning How to Govern and Learning How to Solve Problems: On the Co-evolution of Competences, Conflicts, and Organisational Routines", en *The Role of Technology, Strategy, Organisation, and Regions*, eds. A. D. J. Chandler, P. Hadstroem y O. Soelvell (Oxford: Oxford University Press, 1998); C. I. Barnard, *The Functions of the Executive* (Cambridge, Mass.: Harvard University Press, 1938); P. A. Mangolte, "La dynamique des connaissances tacites et articulées: une approche socio-cognitive", *Economie Appliquée* 50, núm. 2 (1997): págs. 105–34; P. A. Mangolte, "Le concept de 'routine organisationnelle' entre cognition et institution", tesis doctoral, Université Paris-Nord, U.F.R. de Sciences Economiques et de Gestion, Centre de Recherche en Economie Industrielle, 1997; P. A. Mangolte, "Organisational Learning and the Organisational Link: The Problem of Conflict, Political Equilibrium and Truce", *European Journal of Economic and Social Systems* 14 (2000): págs. 173–90; N. Lazaric y P. A. Mangolte, "Routines et mémoire organisationnelle: un questionnement critique de la perspective cognitiviste", *Revue Internationale de Systémique* 12 (1998): págs. 27–49; N. Lazaric y B. Denis, "How and Why Routines Change: Some Lessons from the Articulation of Knowledge with ISO 9002 Implementation in the Food Industry", *Économies et Sociétés* 6 (2001): págs. 585–612; N. Lazaric, P. A. Mangolte y M. L. Massué, "Articulation and Codification of Know-How in the Steel Industry: Some Evidence from Blast Furnace Control in France", *Research Policy* 32 (2003): págs. 1829–47; J. Burns, "The Dynamics of Accounting Change: Interplay Between New Practices, Routines, Institutions, Power, and Politics", *Accounting, Auditing and Accountability Journal* 13 (2000): págs. 566–86.

225. es probable que con el tiempo seas apreciado y tus colegas te cuiden Winter escribió en una nota para corroborar información que: "Pienso que la formulación de la 'rutina como tregua' ha perdurado porque cualquier persona que haya trabajado en el interior de una organización de inmediato la reconoce como una etiqueta conveniente para el tipo de cosas que suceden y con las que está familiarizada... Pero una parte del ejemplo sobre la vendedora sugiere problemas de confianza, cooperación y cultura organizacional que están fuera del alcance de la 'rutina como tregua'. Esos son asuntos sutiles que pueden aclararse desde múltiples lugares. La idea de la 'rutina como tregua' es mucho más específica que algunas nociones relacionadas con la 'cultura'. Dice 'Si es evidente que usted, señor o señora gerente, se APARTA de un entendimiento ampliamente compartido respecto a cómo hacemos las cosas aquí, se va a topar con mucha resistencia, la que se alimentará de una sospecha sobre sus motivos que excede cualquier expectativa razonable. Y si estas reacciones no son totalmente independientes de la calidad de los argumentos que usted proponga, serán casi tan independientes que le costará trabajo notar la diferencia'. Entonces, si tomáramos el ejemplo del suéter rojo y lo lleváramos a la fase de implementación, en la cual se ha hecho un enorme esfuerzo por asegurar que el color rojo de la prenda sea igual en la portada del catálogo y en la página 17 del mismo, y que ambos coincidan con la idea que tiene el director general, y que los proveedores con los que se tienen contratos en Malasia, Tailandia y Guatemala produzcan el mismo tono, todo esto se ubica al otro lado del espectro de las rutinas a partir de que se tomó la decisión sobre el color 'rojo'. La gente está involucrada en una conducta coordinada compleja, que se asemeja más al caso del semiconductor. La gente en la organización cree que sabe lo que hace (porque realizó más o menos lo mismo con los pulóveres verdes el año anterior) y trabaja duro para conseguir su objetivo, más o menos a tiempo. Esto es valentía gerencial y requiere de mucho esfuerzo, en este caso gracias, en parte, al (supuesto) hecho de que el ojo humano puede distinguir 7 millones de colores distintos. Ante esto, USTED, señor o señora gerente, llega y dice 'Lo siento, es un error, debe ser de color morado. Sé que nos comprometimos con el color rojo, pero escúchenme, porque...'. Si usted ha conseguido aliados en la empresa que también estén a favor del cambio al color morado, entonces ha provocado una batalla más en la 'guerra civil', con consecuencias inciertas. Si no tiene aliados sólidos, entonces usted y su causa están muertos para la organización en el corto plazo. Y no importa qué razonamiento o evidencia ofrezca después para explicar sus 'motivos' ".

226. **"para tirar a un rival por la borda"** Nelson y Winter, *Evolutionary Theory of Economic Change*, pág. 110.

227. **Pero eso no basta** Rik Wenting, "Spinoff Dynamics and the Spatial Formation of the Fashion Design Industry, 1858–2005", *Journal of Economic Geography* 8, núm. 5 (2008): págs. 593–614. En respuesta a algunas preguntas para corroborar información, Wenting escribió: "Nelson y Winter hablan de rutinas organizacionales como acciones colectivas repetitivas que determinan el comportamiento y el desempeño de una empresa. Argumentan que las rutinas son difíciles de codificar, que forman parte de la cultura de la compañía y que, como tales, son difíciles de cambiar. Asimismo, las rutinas inciden directamente en el desempeño de las empresas y en sus diferencias continuas a lo largo del tiempo. La literatura iniciada por Steven Klepper interpretó este aspecto de las rutinas como parte del motivo por el cual las filiales de las compañías se asemejan a sus matrices en términos de desempeño. Utilizó este mismo razonamiento en la industria del diseño de modas: en buena medida, los emprendedores de este sector confeccionan el proyecto de su nueva empresa a partir de las rutinas organizacionales aprendidas de su antiguo empleador. En mis investigaciones doctorales, encontré evidencias de que, desde el surgimiento de la industria de la alta costura (París, 1858) hasta ahora, las

firmas subsidiarias de diseño (ya sea en Nueva York, París, Milán o Londres, etc.) reportan desempeños similares a los de sus casas matrices".

227. Los que han establecido las treguas adecuadas y las alianzas correctas Los detalles con respecto a las treguas —a diferencia de las rutinas— dentro de la industria de la moda se basan en entrevistas con los mismos diseñadores. En respuesta a algunas preguntas para corroborar información, Wenting escribió: "Cabe notar que yo no hablo sobre las treguas entre los emprendedores y sus antiguos empleadores. Esta es una extensión de la literatura sobre las rutinas organizacionales que no exploré en específico. Sin embargo, durante mis investigaciones sobre el efecto de la 'herencia' entre las empresas matrices y sus filiales, los diseñadores a menudo mencionaron el rol que desempeñaron la 'reputación' y la 'red social' en su forma de experimentar las ventajas de su compañía matriz".

229. Philip Brickell, un empleado de 43 años Rodney Cowton y Tony Dawe, "Inquiry Praises PC Who Helped to Fight King's Cross Blaze", *The Times*, febrero 5, 1988.

229. al final de una de las escaleras cercanas Los detalles sobre este incidente provienen de una variedad de fuentes, incluyendo entrevistas, así como del libro de D. Fennell, *Investigation into the King's Cross Underground Fire* (Norwich, Reino Unido: Stationery Office Books, 1988); P. Chambers, *Body 115: The Story of the Last Victim of the King's Cross Fire* (Nueva York: John Wiley and Sons, 2006); K. Moodie, "The King's Cross Fire: Damage Assessment and Overview of the Technical Investigation", *Fire Safety Journal* 18 (1992): págs. 13–33; A. F. Roberts, "The King's Cross Fire: A Correlation of the Eyewitness Accounts and Results of the Scientific Investigation", *Fire Safety Journal*, 1992; "Insight: Kings Cross", *The Sunday Times*, noviembre 22, 1987; "Relatives Angry Over Tube Inquest; King's Cross Fire", *The Times*, octubre 5, 1988.

232. si no están bien diseñadas En el reporte Fennell, el investigador se mostró algo evasivo en cuanto a qué tanto se hubiera podido evitar la tragedia de haberse reportado el incidente del pañuelo en llamas. El reporte es deliberadamente ambiguo sobre este punto: "Es un asunto de mera conjetura lo que pudo haber pasado de haberse llamado al departamento de bomberos de Londres para atender el incidente del pañuelo quemado... El curso que pudieron tomar las cosas de haber seguido el nuevo procedimiento y llamado al departamento de bomberos de Londres de inmediato no es más que especulación".

238. "¿Por qué nadie tomó las riendas del asunto?" "Answers That Must Surface—The King's Cross Fire Is Over but the Controversy Continues", *The Times*, diciembre 2, 1987; "Businessman Praised for Rescuing Two from Blazing Station Stairwell; King's Cross Fire Inquest", *The Times*, octubre 6, 1998.

240. asumiera por completo la seguridad de los pasajeros En un comunicado para corroborar información, un vocero del metro y la red ferroviaria de Londres escribió: "En nombre de quienes trabajamos en el metro de Londres, hemos considerado toda esta situación con sumo cuidado y, en esta ocasión, no podremos ofrecer más comentarios o ayuda al respecto. Nuestra respuesta ante el incendio en la estación de King's Cross y los cambios organizacionales realizados para afrontar los problemas están bien documentados, y la secuencia de eventos que preceden al incidente se cubre a detalle en el reporte del señor Fennell, por lo que no consideramos necesario añadir más comentarios al vasto cuerpo de trabajo existente sobre el tema. Aunque sabemos que esta no es la respuesta que usted esperaba".

241. al hospital se le impuso otra multa por 450,000 dólares Felice Freyer, "Another Wrong-Site Surgery at R.I. Hospital", *The Providence Journal*, octubre 28, 2009; "Investigators Probing 5th Wrong-Site Surgery at Rhode Island Hospital Since 2007", Associated Press, octubre 23, 2009; "R.I. Hospital Fined $150,000 in 5th Wrong-Site Surgery Since 2007, Video Cameras to Be Installed", Associated Press, noviembre 2, 2009; Carta al Hospital Rhode Island del Departamento de Salud de Rhode Island, noviembre 2, 2009; Carta al Hospital Rhode Island del Departamento de Salud de Rhode Island, octubre 26, 2010; Carta al Hospital Rhode Island de los Centros de Servicios de Medicare y Medicaid, octubre 25, 2010.

241. "El problema no se esfumará", " 'The Problem's Not Going Away': Mistakes Lead to Wrong-Side Brain Surgeries at R.I. Hospital", Associated Press, diciembre 15, 2007.

242. "todo se había salido de control". En un comunicado, una vocera del Hospital Rhode Island escribió: "Nunca escuché nada sobre que un reportero 'emboscara' a un doctor —y nunca vi un incidente de este tipo en ninguna estación de noticias. Aunque no puedo opinar respecto a las percepciones individuales, la cita sugiere que se produjo un frenesí mediático, cosa que no sucedió. Pese a que los incidentes recibieron atención a nivel nacional, ninguno de los medios nacionales vino a Rhode Island".

242. la crisis se hacía más latente En un comunicado, una vocera del Hospital Rhode Island escribió: "Yo no describiría el ambiente como uno de crisis, sino más bien desmoralizante para muchas personas. Mucha gente se sentía acosada".

243. para asegurar que se llevaran a cabo los tiempos fuera Las cámaras se instalaron gracias a una orden de autorización del Departamento de Salud del estado.

243. Un sistema computarizado Rhode Island Hospital Surgical Safety Backgrounder, proporcionado por los administradores del hospital. Para conocer más sobre las iniciativas de seguridad del Hospital Rhode Island, *véase* <http://rhodeislandhospital.org/>.

243. cuando la crisis ahorcó al hospital Para mayor información sobre cómo las crisis pueden crear una atmósfera propicia para el cambio en la medicina y sobre cómo ocurren las cirugías en el lado equivocado del cuerpo, *véase* Douglas McCarthy y David Blumenthal, "Stories from the Sharp End: Case Studies in Safety Improvement", *Milbank Quarterly* 84 (2006): págs. 165–200; J. W.

Senders *et al.*, "The Egocentric Surgeon or the Roots of Wrong Side Surgery", *Quality and Safety in Health Care* 17 (2008): págs. 396–400; Mary R. Kwaan *et al.*, "Incidence, Patterns, and Prevention of Wrong-Site Surgery", *Archives of Surgery* 141, núm. 4 (abril 2006): págs. 353–57.

243. Otros hospitales hicieron cambios similares Para discutir más a fondo sobre este tema, *véase* McCarthy y Blumenthal, "Stories from the Sharp End"; Atul Gawande, *Better: A Surgeon's Notes on Performance* (Nueva York: Metropolitan Books, 2008); Atul Gawande, *The Checklist Manifesto: How to Get Things Right* (Nueva York: Metropolitan Books, 2009).

244. A la sombra de aquella tragedia NASA, "Report to the President: Actions to Implement the Recommendations of the Presidential Commission on the Space Shuttle Challenger Accident", julio 14, 1986; Matthew W. Seeger, "The Challenger Tragedy and Search for Legitimacy", *Communication Studies* 37, núm. 3 (1986): págs. 147–57; John Noble Wilford, "New NASA System Aims to Encourage Blowing the Whistle", *The New York Times*, junio 5, 1987; Joseph Lorenzo Hall, "Columbia and Challenger: Organizational Failure at NASA", *Space Policy* 19, núm. 4 (noviembre 2003), págs. 239–47; Barbara Romzek y Melvin Dubnick, "Accountability in the Public Sector: Lessons from the Challenger Tragedy", *Public Administration Review* 47, núm. 3 (mayo–junio 1987): págs. 227–38.

244. Entonces, un error en la pista Karl E. Weick, "The Vulnerable System: An Analysis of the Tenerife Air Disaster", *Journal of Management* 16, núm. 3 (1990): págs. 571–93; William Evan y Mark Manion, *Minding the Machines: Preventing Technological Disasters* (Upper Saddle River, N.J.: Prentice Hall Professional, 2002); Raimo P. Hämäläinen y Esa Saarinen, *Systems Intelligence: Discovering a Hidden Competence in Human Action and Organizational Life* (Helsinki: Helsinki University of Technology, 2004).

CAPÍTULO SIETE

254. llevar también una caja de otro cereal Los detalles sobre los trucos de ventas utilizados por los minoristas para explotar el subconsciente de los compradores provienen de Jeremy Caplan, "Supermarket Science", *Time*, mayo 24, 2007; Paco Underhill, *Why We Buy: The Science of Shopping* (Nueva York: Simon and Schuster, 2000); Jack Hitt, "The Theory of Supermarkets", *The New York Times*, marzo 10, 1996; "The Science of Shopping: The Way the Brain Buys", *The Economist*, diciembre 20, 2008; "Understanding the Science of Shopping", *Talk of the Nation*, National Public Radio, diciembre 12, 2008; Malcolm Gladwell, "The Science of Shopping", *The New Yorker*, noviembre 4, 1996.

254. en casi cualquier decisión de compra Existen cientos de estudios que han examinado cómo influyen los hábitos en el comportamiento de los consumidores, y cómo los impulsos inconscientes o seminconscientes influyen en las decisiones que de otra forma podrían parecer inmunes a los detonadores habituales. Para mayor información sobre estos fascinantes temas, *véase* H. Aarts, A. van Knippenberg y B. Verplanken, "Habit and Information Use in Travel Mode Choices", *Acta Psychologica* 96, núms. 1–2 (1997): págs. 1–14; J. A. Bargh, "The Four Horsemen of Automaticity: Awareness, Efficiency, Intention, and Control in Social Cognition", en *Handbook of Social Cognition*, eds. R. S. Wyer, Jr. y T. K. Srull (Hillsdale, N.J.: Lawrence Erlbaum Associates, 1994); D. Bell, T. Ho y C. Tang, "Determining Where to Shop: Fixed and Variable Costs of Shopping", *Journal of Marketing Research* 35, núm. 3 (1998): págs. 352–69; T. Betsch, S. Haberstroh, B. Molter y A. Glöckner, "Oops, I Did It Again—Relapse Errors in Routinized Decision Making", *Organizational Behavior and Human Decision Processes* 93, núm. 1 (2004): págs. 62–74; M. Cunha, C. Janiszewski, Jr. y J. Laran, "Protection of Prior Learning in Complex Consumer Learning Environments", *Journal of Consumer Research* 34, núm. 6 (2008): págs. 850–64; H. Aarts, U. Danner y N. de Vries, "Habit Formation and Multiple Means to Goal Attainment: Repeated Retrieval of Target Means Causes Inhibited Access to Competitors", *Personality and Social Psychology Bulletin* 33, núm. 10 (2007): págs. 1367–79; E. Ferguson y P. Bibby, "Predicting Future Blood Donor Returns: Past Behavior, Intentions, and Observer Effects", *Health Psychology* 21, núm. 5 (2002): págs. 513–18; Edward Fox y John Semple, "Understanding 'Cherry Pickers': How Retail Customers Split Their Shopping Baskets", manuscrito inédito, Southern Methodist University, 2002; S. Gopinath, R. Blattberg y E. Malthouse, "Are Revived Customers as Good as New?", manuscrito inédito, Northwestern University, 2002; H. Aarts, R. Holland y D. Langendam, "Breaking and Creating Habits on the Working Floor: A Field-Experiment on the Power of Implementation Intentions", *Journal of Experimental Social Psychology* 42, núm. 6 (2006): págs. 776–83; Mindy Ji y Wendy Wood, "Purchase and Consumption Habits: Not Necessarily What You Intend", *Journal of Consumer Psychology* 17, núm. 4 (2007): págs. 261–76; S. Bellman, E. J. Johnson y G. Lohse, "Cognitive Lock-In and the Power Law of Practice", *Journal of Marketing* 67, núm. 2 (2003): págs. 62–75; J. Bettman *et al.*, "Adapting to Time Constraints", en *Time Pressure and Stressing Human Judgment and Decision Making*, eds. O. Svenson y J. Maule (Nueva York: Springer, 1993); Adwait Khare y J. Inman, "Habitual Behavior in American Eating Patterns: The Role of Meal Occasions", *Journal of Consumer Research* 32, núm. 4 (2006): págs. 567–75; David Bell y R. Lal, "The Impact of Frequent Shopper Programs in Grocery Retailing", *Quantitative Marketing and Economics* 1, núm. 2 (2002): págs. 179–202; Yuping Liu, "The Long-Term Impact of Loyalty Programs on Consumer Purchase Behavior and Loyalty", *Journal of Marketing* 71, núm. 4 (2007): págs. 19–35; Neale Martin, *Habit: The 95% of Behavior Marketers Ignore* (Upper Saddle River, N.J.: FT Press, 2008); H. Aarts, K. Fujia y K. C. McCulloch, "Inhibition in Goal Systems: A Retrieval-Induced Forgetting Account", *Journal of Experimental Social Psychology* 44, núm. 3 (2008): págs. 614–23; Gerald Häubl y K. B. Murray, "Explaining Cognitive Lock-In: The Role of Skill-Based Habits of Use in Consumer Choice", *Journal of Consumer Research* 34 (2007): págs. 77–88; D. Neale, J. Quinn y W. Wood, "Habits: A Repeat Performance", *Current Directions in Psychological Science* 15, núm. 4 (2006): págs. 198–202; R. L. Oliver, "Whence Consumer Loyalty?" *Journal of Marketing* 63 (1999): págs. 33–44; C. T. Orleans, "Promoting the Maintenance of Health Behavior Change: Recommendations for the Next Generation of Research and Practice", *Health Psychology* 19 (2000): págs. 76–83; Judith Ouellette y Wendy Wood, "Habit and Intention in Everyday Life: The Multiple Processes by Which Past Behavior Predicts Future Behavior", *Psychological Bulletin* 124, núm. 1 (1998): págs. 54–74; E. Iyer, D. Smith y C. Park, "The Effects of Situational Factors on In-Store Grocery Shopping Behavior: The Role of Store Environment and Time Available for Shopping", *Journal of Consumer Research* 15, núm. 4 (1989): págs. 422–33; O. Amir, R. Dhar y A. Pocheptsova, "Deciding Without Resources: Resource Depletion and Choice in Context", *Journal of Marketing Research* 46, núm. 3 (2009): págs. 344–55; H. Aarts, R. Custers y P. Sheeran, "The Goal-Dependent Automaticity of Drinking Habits", *British Journal of Social Psychology* 44, núm. 1 (2005): págs. 47–63; S. Orbell y P. Sheeran, "Implementation Intentions and Repeated Behavior: Augmenting the Predictive Validity of the Theory of Planned Behavior", *European Journal of Social Psychology* 29, núms. 2–3 (1999): págs. 349–69; P. Sheeran, P. Gollwitzer y P. Webb, "The Interplay Between Goal Intentions and Implementation Intentions", *Personality and Social Psychology Bulletin* 31, núm. 1 (2005): págs. 87–98; H. Shen y R. S. Wyer, "Procedural Priming and Consumer Judgments: Effects on the Impact of Positively and Negatively Valenced Information", *Journal of Consumer Research* 34, núm. 5 (2007): págs. 727–37; Itamar Simonson, "The Effect of Purchase Quantity and Timing on Variety-Seeking Behavior", *Journal of Marketing Research* 27, núm. 2 (1990): págs. 150–62; G. Taylor y S. Neslin, "The Current and Future Sales Impact of a Retail Frequency Reward Program", *Journal of Retailing* 81, núm. 4, págs. 293–305; H. Aarts y B. Verplanken, "Habit, Attitude, and Planned Behavior: Is Habit an Empty Construct or an Interesting Case of Goal-Directed Automaticity?", *European Review of Social Psychology* 10 (1999): págs. 101–34; B. Verplanken, Henk Aarts y Ad Van Knippenberg, "Habit, Information Acquisition, and the Process of Making Travel Mode Choices", *European Journal of Social Psychology* 27, núm. 5 (1997): págs. 539–60; B. Verplanken *et al.*, "Attitude Versus General Habit: Antecedents of Travel Mode Choice", *Journal of Applied Social Psychology* 24, núm. 4 (1994): págs. 285–300; B. Verplanken *et al.*, "Consumer Style and Health: The Role of Impulsive Buying in Unhealthy Eating", *Psychology and Health* 20, núm. 4 (2005): págs. 429–41; B. Verplanken *et al.*, "Context Change and Travel Mode Choice: Combining the Habit Discontinuity and Self-Activation Hypotheses", *Journal of Environmental Psychology* 28 (2008): págs. 121–27; Bas Verplanken y Wendy Wood, "Interventions to Break and Create Consumer Habits", *Journal of Public Policy and Marketing* 25, núm. 1 (2006): págs. 90–103;

H. Evanschitzky, B. Ramaseshan y V. Vogel, "Customer Equity Drivers and Future Sales", *Journal of Marketing* 72 (2008): págs. 98–108; P. Sheeran y T. L. Webb, "Does Changing Behavioral Intentions Engender Behavioral Change? A Meta-Analysis of the Experimental Evidence", *Psychological Bulletin* 132, núm. 2 (2006): págs. 249–68; P. Sheeran, T. L. Webb y A. Luszczynska, "Planning to Break Unwanted Habits: Habit Strength Moderates Implementation Intention Effects on Behavior Change", *British Journal of Social Psychology* 48, núm. 3 (2009): págs. 507–23; D. Wegner y R. Wenzlaff, "Thought Suppression", *Annual Review of Psychology* 51 (2000): págs. 59–91; L. Lwin, A. Mattila y J. Wirtz, "How Effective Are Loyalty Reward Programs in Driving Share of Wallet?", *Journal of Service Research* 9, núm. 4 (2007): págs. 327–34; D. Kashy, J. Quinn y W. Wood, "Habits in Everyday Life: Thought, Emotion, and Action", *Journal of Personality and Social Psychology* 83, núm. 6 (2002): págs. 1281–97; L. Tam, M. Witt y W. Wood (2005), "Changing Circumstances, Disrupting Habits", *Journal of Personality and Social Psychology* 88, núm. 6 (2005): págs. 918–33; Alison Jing Xu y Robert S. Wyer, "The Effect of Mindsets on Consumer Decision Strategies", *Journal of Consumer Research* 34, núm. 4 (2007): págs. 556–66; C. Cole, M. Lee y C. Yoon, "Consumer Decision Making and Aging: Current Knowledge and Future Directions", *Journal of Consumer Psychology* 19 (2009): págs. 2–16; S. Dhar, A. Krishna y Z. Zhang, "The Optimal Choice of Promotional Vehicles: Front-Loaded or Rear-Loaded Incentives?", *Management Science* 46, núm. 3 (2000): págs. 348–62.

255. "Las papas Lay's tienen descuento" C. Park, E. Iyer y D. Smith, "The Effects of Situational Factors on In-Store Grocery Shopping Behavior: The Role of Store Environment and Time Available for Shopping", *The Journal of Consumer Research* 15, núm. 4 (1989): págs. 422–33. Para mayor información sobre este tema, *véase* J. Belyavsky Bayuk, C. Janiszewski y R. Leboeuf, "Letting Good Opportunities Pass Us By: Examining the Role of Mind-set During Goal Pursuit", *Journal of Consumer Research* 37, núm. 4 (2010): págs. 570–83; Ab Litt y Zakary L. Tormala, "Fragile Enhancement of Attitudes and Intentions Following Difficult Decisions", *Journal of Consumer Research* 37, núm. 4 (2010): págs. 584–98.

255. Universidad del Sur de California D. Neal y W. Wood, "The Habitual Consumer", *Journal of Consumer Psychology* 19, núm. 4 (2009): págs. 579–92. Para mayor información sobre investigaciones similares, *véase* R. Fazio y M. Zanna, "Direct Experience and Attitude–Behavior Consistency", en *Advances in Experimental Social Psychology*, ed. L. Berkowitz (Nueva York: Academic Press, 2005); R. Abelson y R. Schank, "Knowledge and Memory: The Real Story", en *Knowledge and Memory: The Real Story*, ed. R. S. Wyer, Jr. (Hillsdale, N.J.: Lawrence Erlbaum, 2004); Nobert Schwarz, "Meta-Cognitive Experiences in Consumer Judgment and Decision Making", *Journal of Consumer Psychology* 14, núm. 4 (septiembre 2004): págs. 332–48; R. Wyer y A. Xu, "The Role of Behavioral Mindsets in Goal-Directed Activity: Conceptual Underpinnings and Empirical Evidence", *Journal of Consumer Psychology* 20, núm. 2 (2010): págs. 107–25.

256. **las noticias religiosas o las ofertas de cigarrillos** Julia Angwin y Steve Stecklow, " 'Scrapers' Dig Deep for Data on Web", *The Wall Street Journal*, octubre 12, 2010; Mark Maremont y Leslie Scism, "Insurers Test Data Profiles to Identify Risky Clients", *The Wall Street Journal*, noviembre 19, 2010; Paul Sonne y Steve Stecklow, "Shunned Profiling Technology on the Verge of Comeback", *The Wall Street Journal*, noviembre 24, 2010.

258. **Pole mostró una diapositiva** Pole presentó esta diapositiva durante una conferencia magistral que ofreció en el evento Predicted Analytics World, en Nueva York, el 20 de octubre de 2009. Ya no está disponible en internet. Adicionalmente, *véase* Andrew Pole, "Challenges of Incremental Sales Modeling in Direct Marketing".

261. **compre distintas marcas de cerveza** Resulta difícil establecer correlaciones específicas entre cambios de vida y productos específicos. Es decir, aunque sabemos que la gente al mudarse o divorciarse modificará sus patrones de consumo, no tenemos la certeza de que el divorcio siempre influirá en la compra de cerveza o que un nuevo hogar siempre influirá en la compra de cereal. Pero la tendencia general se mantiene. Alan Andreasen, "Life Status Changes and Changes in Consumer Preferences and Satisfaction", *Journal of Consumer Research* 11, núm. 3 (1984): págs. 784–94. Para mayor información sobre este tema, *véase* E. Lee, A. Mathur y G. Moschis, "A Longitudinal Study of the Effects of Life Status Changes on Changes in Consumer Preferences", *Journal of the Academy of Marketing Science* 36, núm. 2 (2007): págs. 234–46; L. Euehun, A. Mathur y G. Moschis, "Life Events and Brand Preferences Changes", *Journal of Consumer Behavior* 3, núm. 2 (2003): págs. 129–41.

261. **y le dan bastante importancia** Para mayor información sobre el fascinante tema de cómo algunos momentos en particular ofrecen a los mercadólogos (o a las agencias gubernamentales, los activistas de la salud e incluso a cualquier otra persona) la oportunidad de influir en los hábitos de la gente, *véase* Bas Verplanken y Wendy Wood, "Interventions to Break and Create Consumer Habits", *Journal of Public Policy and Marketing* 25, núm. 1 (2006): págs. 90–103; D. Albarracin, A. Earl y J. C. Gillette, "A Test of Major Assumptions About Behavior Change: A Comprehensive Look at the Effects of Passive and Active HIV-Prevention Interventions Since the Beginning of the Epidemic", *Psychological Bulletin* 131, núm. 6 (2005): págs. 856–97; T. Betsch, J. Brinkmann y K. Fiedler, "Behavioral Routines in Decision Making: The Effects of Novelty in Task Presentation and Time Pressure on Routine Maintenance and Deviation", *European Journal of Social Psychology* 28, núm. 6 (1998): págs. 861–78; L. Breslow, "Social Ecological Strategies for Promoting Healthy Lifestyles", *American Journal of Health Promotion* 10, núm. 4 (1996), págs. 253–57; H. Buddelmeyer y R. Wilkins, "The Effects of Smoking Ban Regulations on Individual Smoking Rates", *Melbourne Institute Working Paper Series* núm.

1737, Melbourne Institute of Applied Economic and Social Research, University of Melbourne, 2005; P. Butterfield, "Thinking Upstream: Nurturing a Conceptual Understanding of the Societal Context of Health Behavior", *Advances in Nursing Science* 12, núm. 2 (1990): págs. 1–8; J. Derzon y M. Lipsey, "A Meta-Analysis of the Effectiveness of Mass Communication for Changing Substance-Use Knowledge, Attitudes, and Behavior", en *Mass Media and Drug Prevention: Classic and Contemporary Theories and Research*, eds. W. D. Crano y M. Burgoon (East Sussex, Reino Unido: Psychology, 2001); R. Fazio, J. Ledbetter y T. Ledbetter, "On the Costs of Accessible Attitudes: Detecting That the Attitude Object Has Changed", *Journal of Personality and Social Psychology* 78, núm. 2 (2000): págs. 197–210; S. Fox *et al.*, "Competitive Food Initiatives in Schools and Overweight in Children: A Review of the Evidence", *Wisconsin Medical Journal* 104, núm. 8 (2005): págs. 38–43; S. Fujii, T. Gärling y R. Kitamura, "Changes in Drivers' Perceptions and Use of Public Transport During a Freeway Closure: Effects of Temporary Structural Change on Cooperation in a Real-Life Social Dilemma", *Environment and Behavior* 33, núm. 6 (2001): págs. 796–808; T. Heatherton y P. Nichols, "Personal Accounts of Successful Versus Failed Attempts at Life Change", *Personality and Social Psychology Bulletin* 20, núm. 6 (1994): págs. 664–75; J. Hill y H. R. Wyatt, "Obesity and the Environment: Where Do We Go from Here?", *Science* 299, núm. 5608 (2003): págs. 853–55; P. Johnson, R. Kane y R. Town, "A Structured Review of the Effect of Economic Incentives on Consumers' Preventive Behavior", *American Journal of Preventive Medicine* 27, núm. 4 (2004): págs. 327–52; J. Fulkerson, M. Kubrik y L. Lytle, "Fruits, Vegetables, and Football: Findings from Focus Groups with Alternative High School Students Regarding Eating and Physical Activity", *Journal of Adolescent Health* 36, núm. 6 (2005): págs. 494–500; M. Abraham, S. Kalmenson y L. Lodish, "How T.V. Advertising Works: A Meta-Analysis of 389 Real World Split Cable T.V. Advertising Experiments", *Journal of Marketing Research* 32, núm. 5 (1995): págs. 125–39; J. McKinlay, "A Case for Re-Focusing Upstream: The Political Economy of Illness", en *Applying Behavioral Science to Cardiovascular Risk*, eds. A. J. Enelow y J. B. Henderson (Nueva York: American Heart Association, 1975); N. Milio, "A Framework for Prevention: Changing Health-Damaging to Health-Generating Life Patterns", *American Journal of Public Health* 66, núm. 5 (1976): págs. 435–39; S. Orbell, "Intention-Behavior Relations: A Self-Regulatory Perspective", en *Contemporary Perspectives on the Psychology of Attitudes*, eds. G. Haddock y G. Maio (Nueva York: Psychology Press, 2004); C. T. Orleans, "Promoting the Maintenance of Health Behavior Change: Recommendations for the Next Generation of Research and Practice", *Health Psychology* 19, núm. 1 (2000): págs. 76–83; C. G. DiClemente, J. C. Norcross y J. Prochaska, "In Search of How People Change: Applications to Addictive Behaviors", *American Psychologist* 47, núm. 9 (1992): págs. 1102–14; J. Quinn y W. Wood, "Inhibiting Habits and Temptations: Depends on Motivational Orientation", manuscrito de 2006 bajo revisión editorial; T. Mainieri, S. Oskamp y P. Schultz, "Who Recycles and When? A Review of Personal and Structural Factors", *Journal of Environmental Psychology* 15, núm. 2 (1995): págs. 105–21; C. D. Jenkins, C. T. Orleans y T. W. Smith, "Prevention and Health Promotion: Decades of Progress, New Challenges, and an Emerging Agenda", *Health Psychology* 23, núm. 2 (2004): págs. 126–31; H. C. Triandis, "Values, Attitudes, and Interpersonal Behavior", *Nebraska Symposium on Motivation* 27 (1980): págs. 195–259.

261. **antes de que el chiquillo cumpla el primer año de vida** "Parents Spend £5,000 on Newborn Baby Before Its First Birthday", *Daily Mail*, septiembre 20, 2010.

263. **36,300 millones de dólares al año** Brooks Barnes, "Disney Looking into Cradle for Customers", *The New York Times*, febrero 6, 2011.

265. **Jenny Ward, una joven de 23 años** Los nombres mencionados en este párrafo son seudónimos que se utilizan para ilustrar los tipos de clientes que pueden detectar los modelos de Target y no se refieren a compradores reales.

266. **perfiles de sus hábitos de compra** "McDonald's, CBS, Mazda, and Microsoft Sued for 'History Sniffing'", Forbes.com, enero 3, 2011.

267. **obtener su dirección postal** Terry Baynes, "California Ruling Sets Off More Credit Card Suits", Reuters, febrero 16, 2011.

269. **predecía el éxito potencial de dicha canción** A. Elberse, J. Eliashbert y J. Villanueva, "Polyphonic HMI: Mixing Music with Math", *Harvard Business Review*, agosto 24, 2005.

269. **37 veces en el mes** Ofrezco mi más profundo agradecimiento a Adam Foster, director de servicios de datos en Nielsen BDS.

269. **a la gente no solo le desagradaba "Hey Ya!"** Gracias a Paul Heine, quien ahora forma parte de *Inside Radio*; Paul Heine, "Fine-tuning People Meter", *Billboard*, noviembre 6, 2004; Paul Heine, "Mscore Data Shows Varying Relationship with Airplay", *Billboard*, abril 3, 2010.

270. **convirtiera a "Hey Ya!" en un éxito** En distintas comunicaciones para corroborar información, Steve Bartels, un ejecutivo de promoción de Arista, enfatizó que la polarización ocasionada por "Hey Ya!" le pareció algo positivo. La canción fue lanzada y promovida junto con otra melodía —"The Way You Move"—, que fue el otro gran sencillo del lanzamiento del disco doble de OutKast titulado *Speakerboxxx/The Love Below*. "Nosotros siempre queremos provocar una reacción", me dijo Bartels. "Algunos de los [directores] más inteligentes del programa vieron la polarización como una oportunidad para dotar a la estación de una identidad. El hecho de que surgiera una reacción inmediata de rechazo no significa que fracasáramos. Mi trabajo consistía en convencer a los productores de que ese era justamente el motivo por el cual debían considerar esta canción".

273. **no podían dejar de escucharlas** Stephanie Clifford, "You Never Listen to Celine Dion? Radio Meter Begs to Differ", *The New York Times*, diciembre 15,

2009; Tim Feran, "Why Radio's Changing Its Tune", *The Columbus Dispatch*, junio 13, 2010.

273. la corteza parietal superior G. S. Berns, C. M. Capra y S. Moore, "Neural Mechanisms of the Influence of Popularity on Adolescent Ratings of Music", *NeuroImage* 49, núm. 3 (2010): págs. 2687–96; J. Bharucha, F. Musiek y M. Tramo, "Music Perception and Cognition Following Bilateral Lesions of Auditory Cortex", *Journal of Cognitive Neuroscience* 2, núm. 3 (1990): págs. 195–212; Stefan Koelsch y Walter Siebel, "Towards a Neural Basis of Music Perception", *Trends in Cognitive Sciences* 9, núm. 12 (2005): págs. 578–84; S. Brown, M. Martínez y L. Parsons, "Passive Music Listening Spontaneously Engages Limbic and Paralimbic Systems", *NeuroReport* 15, núm. 13 (2004): págs. 2033–37; Josef Rauschecker, "Cortical Processing of Complex Sounds", *Current Opinion in Neurobiology* 8, núm. 4 (1998): págs. 516–21; J. Kaas, T. Hackett y M. Tramo, "Auditory Processing in Primate Cerebral Cortex", *Current Opinion in Neurobiology* 9, núm. 2 (1999): págs. 164–70; S. Koelsch, "Neural Substrates of Processing Syntax and Semantics in Music", *Current Opinion in Neurobiology* 15 (2005): págs. 207–12; A. Lahav, E. Saltzman y G. Schlaug, "Action Representation of Sound: Audiomotor Recognition Network While Listening to Newly Acquired Actions", *Journal of Neuroscience* 27, núm. 2 (2007): págs. 308–14; D. Levitin y V. Menon, "Musical Structure Is Processed in 'Language' Areas of the Brain: A Possible Role for Brodmann Area 47 in Temporal Coherence", *NeuroImage* 20, núm. 4 (2003): págs. 2142–52; J. Chen, V. Penhume y R. Zatorre, "When the Brain Plays Music: Auditory-Motor Interactions in Music Perception and Production", *Nature Reviews Neuroscience* 8, págs. 547–58.

274. una cacofonía escandalosa N. S. Rickard y D. Ritossa, "The Relative Utility of 'Pleasantness' and 'Liking' Dimensions in Predicting the Emotions Expressed by Music", *Psychology of Music* 32, núm. 1 (2004): págs. 5–22; G. Berns, C. Capra y S. Moore, "Neural Mechanisms of the Influence of Popularity on Adolescent Ratings of Music", *NeuroImage* 49, núm. 3 (2010): págs. 2687–96; David Hargreaves y Adrian North, "Subjective Complexity, Familiarity, and Liking for Popular Music", *Psychomusicology* 14, núm. 1996 (1995): págs. 77–93. Para mayor información sobre el fascinante tema de cómo la familiaridad influye en el atractivo de las personas a través de múltiples sentidos, *véase también* G. Berns, S. McClure y G. Pagnoni, "Predictability Modulates Human Brain Response to Reward", *Journal of Neuroscience* 21, núm. 8 (2001): págs. 2793–98; D. Brainard, "The Psychophysics Toolbox", Spatial Vision 10 (1997): págs. 433–36; J. Cloutier, T. Heatherton y P. Whalen, "Are Attractive People Rewarding? Sex Differences in the Neural Substrates of Facial Attractiveness", *Journal of Cognitive Neuroscience* 20, núm. 6 (2008): págs. 941–51; J. Kable y P. Glimcher, "The Neural Correlates of Subjective Value During Intertemporal Choice", *Nature Neuroscience* 10, núm. 12 (2007): págs. 1625–33; S. McClure *et al.*, "Neural Correlates of Behavioral Preference for Culturally Familiar Drinks", *Neuron* 44, núm. 2 (2004): págs. 379–87; C. J. Assad y Padoa-

Schioppa, "Neurons in the Orbitofrontal Cortex Encode Economic Value", *Nature* 441, núm. 7090 (2006): págs. 223–26; H. Plassmann *et al.*, "Marketing Actions Can Modulate Neural Representations of Experienced Pleasantness", *Proceedings of the National Academy of Science* 105, núm. 3 (2008): págs. 1050–54; Muzafer Sherif, *The Psychology of Social Norms* (Nueva York: Harper and Row, 1936); Wendy Wood, "Attitude Change: Persuasion and Social Influence", *Annual Review of Psychology* 51 (2000): págs. 539–70; Gustave Le Bon, *The Crowd: A Study of the Popular Mind* (Mineola, N.Y.: Dover Publications, 2001); G. Berns *et al.*, "Neural Mechanisms of Social Influence in Consumer Decisions", documento de trabajo, 2009; G. Berns *et al.*, "Nonlinear Neurobiological Probability Weighting Functions for Aversive Outcomes", *NeuroImage* 39, núm. 4 (2008): págs. 2047–57; G. Berns *et al.*, "Neurobiological Substrates of Dread", *Science* 312, núm. 5 (2006): págs. 754–58; G. Berns, J. Chappelow y C. Zink, "Neurobiological Correlates of Social Conformity and Independence During Mental Rotation", *Biological Psychiatry* 58, núm. 3 (2005): págs. 245–53; R. Bettman, M. Luce y J. Payne, "Constructive Consumer Choice Processes", *Journal of Consumer Research* 25, núm. 3 (1998): págs. 187–217; A. Blood y R. Zatorre, "Intensely Pleasurable Responses to Music Correlate with Activity in Brain Regions Implicated in Reward and Emotion", *Proceedings of the National Academy of Science* 98, núm. 20 (2001): págs. 11818–23; C. Camerer, G. Loewenstein y D. Prelec, "Neuroeconomics: How Neuroscience Can Inform Economics", *Journal of Economic Literature* 43, núm. 1 (2005): págs. 9–64; C. Capra *et al.*, "Neurobiological Regret and Rejoice Functions for Aversive Outcomes", *NeuroImage* 39, núm. 3 (2008): págs. 1472–84; H. Critchley *et al.*, "Neural Systems Supporting Interoceptive Awareness", *Nature Neuroscience* 7, núm. 2 (2004): págs. 189–95; H. Bayer, M. Dorris y P. Glimcher, "Physiological Utility Theory and the Neuroeconomics of Choice", *Games and Economic Behavior* 52, núm. 2, págs. 213–56; M. Brett y J. Grahn, "Rhythm and Beat Perception in Motor Areas of the Brain", *Journal of Cognitive Neuroscience* 19, núm. 5 (2007): págs. 893–906; A. Hampton y J. O'Doherty, "Decoding the Neural Substrates of Reward-Related Decision-Making with Functional MRI", *Proceedings of the National Academy of Science* 104, núm. 4 (2007): págs. 1377–82; J. Birk *et al.*, "The Cortical Topography of Tonal Structures Underlying Western Music", *Science* 298 (2002): págs. 2167–70; B. Knutson *et al.*, "Neural Predictors of Purchases", *Neuron* 53, núm. 1 (2007): págs. 147–56; B. Knutson *et al.*, "Distributed Neural Representation of Expected Value", *Journal of Neuroscience* 25, núm. 19 (2005): págs. 4806–12; S. Koelsch, "Neural Substrates of Processing Syntax and Semantics in Music", *Current Opinion in Neurobiology* 15, núm. 2 (2005): págs. 207–12; T. Fritz *et al.*, "Adults and Children Processing Music: An fMRI Study", *NeuroImage* 25 (2005): págs. 1068–76; T. Fritz *et al.*, "Investigating Emotion with Music: An fMRI Study", *Human Brain Mapping* 27 (2006): págs. 239–50; T. Koyama *et al.*, "The Subjective Experience of Pain: Where Expectations Become Reality", *Proceedings of the National Acad-*

emy of Science 102, núm. 36 (2005): págs. 12950–55; A. Lahav, E. Saltzman y G. Schlaug, "Action Representation of Sound: Audiomotor Recognition Network While Listening to Newly Acquired Actions", *Journal of Neuroscience* 27, núm. 2 (2007): págs. 308–14; D. Levitin y V. Menon, "Musical Structure Is Processed in 'Language' Areas of the Brain: A Possible Role for Brodmann Area 47 in Temporal Coherence", *NeuroImage* 20, núm. 4 (2003): págs. 2142–52; G. Berns y P. Montague, "Neural Economics and the Biological Substrates of Valuation", *Neuron* 36 (2002): págs. 265–84; C. Camerer, P. Montague y A. Rangel, "A Framework for Studying the Neurobiology of Value-Based Decision Making", *Nature Reviews Neuroscience* 9 (2008): págs. 545–56; C. Chafe *et al.*, "Neural Dynamics of Event Segmentation in Music: Converging Evidence for Dissociable Ventral and Dorsal Networks", *Neuron* 55, núm. 3 (2007): págs. 521–32; Damian Ritossa y Nikki Rickard, "The Relative Utility of 'Pleasantness' and 'Liking' Dimensions in Predicting the Emotions Expressed by Music", *Psychology of Music* 32, núm. 1 (2004): págs. 5–22; Gregory S. Berns *et al.*, "Neural Mechanisms of the Influence of Popularity on Adolescent Ratings of Music", *NeuroImage* 49, núm. 3 (2010): págs. 2687–96; Adrian North y David Hargreaves, "Subjective Complexity, Familiarity, and Liking for Popular Music", *Psychomusicology* 14, núms. 1–2 (1995): págs. 77–93; Walter Ritter, Elyse Sussman y Herbert Vaughan, "An Investigation of the Auditory Streaming Effect Using Event-Related Brain Potentials", *Psychophysiology* 36, núm. 1 (1999): págs. 22–34; Elyse Sussman, Rika Takegata e István Winkler, "Event-Related Brain Potentials Reveal Multiple Stages in the Perceptual Organization of Sound", *Cognitive Brain Research* 25, núm. 1 (2005): págs. 291–99; Isabelle Peretz y Robert Zatorre, "Brain Organization for Music Processing", *Annual Review of Psychology* 56, núm. 1 (2005): págs. 89–114.

276. un mercado avícola ilegal Charles Grutzner, "Horse Meat Consumption by New Yorkers Is Rising", *The New York Times*, septiembre 25, 1946.

277. camuflarlo con un disfraz cotidiano Cabe mencionar que este fue solo uno de los múltiples hallazgos del comité, cuyos alcances fueron diversos y numerosos. Para conocer un fascinante estudio sobre el comité y sus impactos, *véase* Brian Wansink, "Changing Eating Habits on the Home Front: Lost Lessons from World War II Research", *Journal of Public Policy and Marketing* 21, núm. 1 (2002): págs. 90–99.

277. un investigador de nuestros tiempos Wansink, "Changing Eating Habits on the Home Front".

278. fascinado con una tarta de filete y riñón Brian Wansink, *Marketing Nutrition: Soy, Functional Foods, Biotechnology, and Obesity* (Champaign: University of Illinois, 2007).

278. se elevó hasta el 50 por ciento Dan Usher, "Measuring Real Consumption from Quantity Data, Canada 1935–1968", en *Household Production and Consumption*, ed. Nestor Terleckyj (Nueva York: National Bureau of Economic Research, 1976). Es muy difícil obtener datos sobre el consumo de vísceras en

Estados Unidos, por lo que estos cálculos se basan en tendencias canadienses, donde existe más información respecto al tema. En algunas entrevistas que sostuvimos con oficiales estadounidenses, estos dijeron que Canadá es un digno representante para las tendencias de Estados Unidos. Los cálculos en el artículo de Usher se basan en estimaciones de "carne enlatada" que contenía vísceras.

284. **"un incremento considerable en visitas a tienda y ventas"** Junta de analistas de Target Corporation, octubre 18, 2005.

CAPÍTULO OCHO

289. **los diez centavos del costo del viaje en la taquilla** Quisiera agradecer a los historiadores que estuvieron disponibles para hablar conmigo sobre el boicot a los autobuses en Montgomery, entre ellos John A. Kirk y Taylor Branch. Mi comprensión de estos eventos también se apoya en los textos de John A. Kirk, *Martin Luther King, Jr.: Profiles in Power* (Nueva York: Longman, 2004); Taylor Branch, *Parting the Waters: America in the King Years, 1954–63* (Nueva York: Simon and Schuster, 1988); Taylor Branch, *Pillar of Fire: America in the King Years, 1963–65* (Nueva York: Simon and Schuster, 1998); Taylor Branch, *At Canaan's Edge: America in the King Years, 1965–68* (Nueva York: Simon and Schuster, 2006); Douglas Brinkley, *Mine Eyes Have Seen the Glory: The Life of Rosa Parks* (Londres: Weidenfeld and Nicolson, 2000); Martin Luther King, Jr., *Stride Toward Freedom: The Montgomery Story* (Nueva York: Harper and Brothers, 1958); Clayborne Carson, ed., *The Papers of Martin Luther King, Jr.,* vol. 1, *Called to Serve* (Berkeley: University of California, 1992), vol. 2, *Rediscovering Precious Values* (1994), vol. 3, *Birth of a New Age* (1997), vol. 4, *Symbol of the Movement* (2000), vol. 5, *Threshold of a New Decade* (2005); Aldon D. Morris, *The Origins of the Civil Rights Movement* (Nueva York: Free Press, 1986); James Forman, *The Making of Black Revolutionaries* (Seattle: University of Washington, 1997). Donde no se cite un texto específico, los hechos se apoyan principalmente en las fuentes antes mencionadas.

290. **"Pues hazlo", contestó ella** Henry Hampton y Steve Fayer, eds., *Voices of Freedom: An Oral History of the Civil Rights Movement from the 1950s Through the 1980s* (Nueva York: Bantam Books, 1995); Rosa Parks, *Rosa Parks: My Story* (Nueva York: Puffin, 1999).

290. **"la ley es la ley"** John A. Kirk, *Martin Luther King, Jr.: Profiles in Power* (Nueva York: Longman, 2004).

292. **un proceso de tres partes** Para mayor información sobre la sociología de los movimientos, *véase* G. Davis, D. McAdam y W. Scott, *Social Movements and Organizations* (Nueva York: Cambridge University, 2005); Robert Crain y Rita Mahard, "The Consequences of Controversy Accompanying Institutional Change: The Case of School Desegregation", *American Sociological Review* 47, núm. 6 (1982): págs. 697–708; Azza Salama Layton, "International Pressure and the U.S. Government's Response to Little Rock", *Arkansas Historical Quar-*

terly 56, núm. 3 (1997): págs. 257–72; Brendan Nelligan, "The Albany Movement and the Limits of Nonviolent Protest in Albany, Georgia, 1961–1962", tesis de honor de la universidad Providence College, 2009; Charles Tilly, *Social Movements, 1768–2004* (Londres: Paradigm, 2004); Andrew Walder, "Political Sociology and Social Movements", *Annual Review of Sociology* 35 (2009): págs. 393–412; Paul Almeida, *Waves of Protest: Popular Struggle in El Salvador, 1925–2005* (Minneapolis: University of Minnesota, 2008); Robert Benford, "An Insider's Critique of the Social Movement Framing Perspective", *Sociological Inquiry* 67, núm. 4 (1997): págs. 409–30; Robert Benford y David Snow, "Framing Processes and Social Movements: An Overview and Assessment", *Annual Review of Sociology* 26 (2000): págs. 611–39; Michael Burawoy, *Manufacturing Consent: Changes in the Labor Process Under Monopoly Capitalism* (Chicago: University of Chicago, 1979); Carol Conell y Kim Voss, "Formal Organization and the Fate of Social Movements: Craft Association and Class Alliance in the Knights of Labor", *American Sociological Review* 55, núm. 2 (1990): págs. 255–69; James Davies, "Toward a Theory of Revolution", *American Sociological Review* 27, núm. 1 (1962): págs. 5–18; William Gamson, *The Strategy of Social Protest* (Homewood, Ill.: Dorsey, 1975); Robert Benford, "An Insider's Critique of the Social Movement Framing Perspective", *Sociological Inquiry* 67, núm. 4 (1997): págs. 409–30; Jeff Goodwin, *No Other Way Out: States and Revolutionary Movements, 1945–1991* (Nueva York: Cambridge University, 2001); Jeff Goodwin y James Jasper, eds., *Rethinking Social Movements: Structure, Meaning, and Emotion* (Lanham, Md.: Rowman and Littlefield, 2003); Roger Gould, "Multiple Networks and Mobilization in the Paris Commune, 1871", *American Sociological Review* 56, núm. 6 (1991): págs. 716–29; Joseph Gusfield, "Social Structure and Moral Reform: A Study of the Woman's Christian Temperance Union", *American Journal of Sociology* 61, núm. 3 (1955): págs. 221–31; Doug McAdam, *Political Process and the Development of Black Insurgency, 1930–1970* (Chicago: University of Chicago, 1982); Doug McAdam, "Recruitment to High-Risk Activism: The Case of Freedom Summer", *American Journal of Sociology* 92, núm. 1 (1986): págs. 64–90; Doug McAdam, "The Biographical Consequences of Activism", *American Sociological Review* 54, núm. 5 (1989): págs. 744–60; Doug McAdam, "Conceptual Origins, Current Problems, Future Directions", en *Comparative Perspectives on Social Movements: Political Opportunities, Mobilizing Structures, and Cultural Framings*, eds. Doug McAdam, John McCarthy y Mayer Zald (Nueva York: Cambridge University, 1996); Doug McAdam y Ronnelle Paulsen, "Specifying the Relationship Between Social Ties and Activism", *American Journal of Sociology* 99, núm. 3 (1993): págs. 640–67; D. McAdam, S. Tarrow y C. Tilly, *Dynamics of Contention* (Cambridge: Cambridge University, 2001); Judith Stepan-Norris y Judith Zeitlin, "'Who Gets the Bird?' or, How the Communists Won Power and Trust in America's Unions", *American Sociological Review* 54, núm. 4 (1989): págs. 503–23; Charles Tilly, *From Mobilization to Revolution* (Reading, Mass.: Addison-Wesley, 1978).

292. **contestarle a un conductor de autobús de Montgomery** Phillip Hoose, *Claudette Colvin: Twice Toward Justice* (Nueva York: Farrar, Straus and Giroux, 2009).

292. **y negarse a cambiarse de lugar** Ibíd.

293. **sentarse junto a un hombre y un niño blancos** Russell Freedman, *Freedom Walkers: The Story of the Montgomery Bus Boycott* (Nueva York: Holiday House, 2009).

293. **"la indignación que esta conllevaba"** Martin Luther King, Jr., *Stride Toward Freedom* (Nueva York: Harper and Brothers, 1958).

295. **"al menos a una docena de sociópatas"** Taylor Branch, *Parting the Waters: America in the King Years, 1954–63* (Nueva York: Simon and Schuster, 1988).

296. **"Los blancos te van a matar"** Douglas Brinkley, *Mine Eyes Have Seen the Glory: The Life of Rosa Parks* (Londres: Weidenfeld and Nicolson, 2000).

296. **"estoy dispuesta a seguir adelante"** John A. Kirk, *Martin Luther King, Jr.: Profiles in Power* (Nueva York: Longman, 2004).

297. **en protesta por su arresto y enjuiciamiento** Carson, *Papers of Martin Luther King, Jr.*

299. **cómo 282 hombres habían encontrado su** Mark Granovetter, *Getting a Job: A Study of Contacts and Careers* (Chicago: University of Chicago, 1974).

300. **que de otro modo jamás nos enteraríamos** Andreas Flache y Michael Macy, "The Weakness of Strong Ties: Collective Action Failure in a Highly Cohesive Group", *Journal of Mathematical Sociology* 21 (1996): págs. 3–28. Para mayor información sobre este tema, *véase* Robert Axelrod, *The Evolution of Cooperation* (Nueva York: Basic Books, 1984); Robert Bush y Frederick Mosteller, *Stochastic Models for Learning* (Nueva York: Wiley, 1984); I. Erev, Y. Bereby-Meyer y A. E. Roth, "The Effect of Adding a Constant to All Payoffs: Experimental Investigation and Implications for Reinforcement Learning Models", *Journal of Economic Behavior and Organization* 39, núm. 1 (1999): págs. 111–28; A. Flache y R. Hegselmann, "Rational vs. Adaptive Egoism in Support Networks: How Different Micro Foundations Shape Different Macro Hypotheses", en *Game Theory, Experience, Rationality: Foundations of Social Sciences, Economics, and Ethics in Honor of John C. Harsanyi (Yearbook of the Institute Vienna Circle)*, eds. W. Leinfellner y E. Köhler (Boston: Kluwer, 1997), págs. 261–75; A. Flache y R. Hegselmann, "Rationality vs. Learning in the Evolution of Solidarity Networks: A Theoretical Comparison", *Computational and Mathematical Organization Theory* 5, núm. 2 (1999): págs. 97–127; A. Flache y R. Hegselmann, "Dynamik Sozialer Dilemma-Situationen", reporte final de investigación, DFG-Project Dynamics of Social Dilemma Situations, University of Bayreuth, Department of Philosophie, 2000; A. Flache y Michael Macy, "Stochastic Collusion and the Power Law of Learning", *Journal of Conflict Resolution* 46, núm. 5 (2002): págs. 629–53; Michael Macy, "Learning to Cooperate: Stochastic and Tacit Collusion in Social Exchange", *American Journal of Sociology* 97, núm. 3 (1991): págs. 808–43; E. P. H. Zeggelink, "Evolving Friendship

Networks: An Individual-Oriented Approach Implementing Similarity", *Social Networks* 17 (1996): págs. 83–110; Judith Blau, "When Weak Ties Are Structured", manuscrito inédito, Department of Sociology, State University of New York, Albany, 1980; Peter Blau, "Parameters of Social Structure", *American Sociological Review* 39, núm. 5 (1974): págs. 615–35; Scott Boorman, "A Combinatorial Optimization Model for Transmission of Job Information Through Contact Networks", *Bell Journal of Economics* 6, núm. 1 (1975): págs. 216–49; Ronald Breiger y Philippa Pattison, "The Joint Role Structure of Two Communities' Elites", *Sociological Methods and Research* 7, núm. 2 (1978): págs. 213–26; Daryl Chubin, "The Conceptualization of Scientific Specialties", *Sociological Quarterly* 17, núm. 4 (1976): págs. 448–76; Harry Collins, "The TEA Set: Tacit Knowledge and Scientific Networks", *Science Studies* 4, núm. 2 (1974): págs. 165–86; Rose Coser, "The Complexity of Roles as Seedbed of Individual Autonomy", en *The Idea of Social Structure: Essays in Honor of Robert Merton*, ed. L. Coser (Nueva York: Harcourt, 1975); John Delany, "Aspects of Donative Resource Allocation and the Efficiency of Social Networks: Simulation Models of Job Vacancy Information Transfers Through Personal Contacts", tesis doctoral, Yale University, 1980; E. Ericksen y W. Yancey, "The Locus of Strong Ties", manuscrito inédito, Department of Sociology, Temple University, 1980.

301. la mayoría de las poblaciones permanecerá indiferente Mark Granovetter, "The Strength of Weak Ties: A Network Theory Revisited", *Sociological Theory* 1 (1983): págs. 201–33.

303. registro de votantes afroamericanos en el sur McAdam, "Recruitment to High-Risk Activism".

303. más de trescientos de ellos Ibíd.; Paulsen, "Specifying the Relationship Between Social Ties and Activism".

303. participaron en el Verano de la Libertad En un correo electrónico para corroborar información, McAdam proporcionó algunos detalles sobre la génesis del estudio: "Mi interés en un inicio era tratar de entender los vínculos entre el movimiento por los derechos civiles y los otros movimientos incipientes de izquierda, en específico el movimiento estudiantil, el movimiento antibélico y el movimiento de liberación femenina. No fue sino hasta que encontré las solicitudes y advertí que algunas eran de voluntarios y otras de "desertores" que me interesé en explicar (a) por qué algunos sí viajaron a Mississippi y otros no, y (b) el impacto a largo plazo de asistir/no asistir en ambos grupos".

306. les fue imposible desertar En otro correo electrónico para corroborar información, McAdam escribió: "Para mí la importancia de los vínculos organizacionales no es que 'impidan' a los voluntarios retirarse, sino que aseguran que los solicitantes reciban mucho apoyo debido al vínculo existente entre la identidad en cuestión (ej. cristiana) y la participación en el proyecto de verano. Como mencioné en [un artículo], 'una fuerte identificación subjetiva con una identidad en particular, reforzada por vínculos organizacionales, tendrá más posibilidades de alentar la participación' ".

307. "reunirnos ahí sin usted" Tom Mathews y Roy Wilkins, *Standing Fast: The Autobiography of Roy Wilkins* (Cambridge, Mass.: Da Capo, 1994).

308. "boicot a los autobuses de la ciudad el lunes" Branch, *Parting the Waters*.

309. "tarareaban 'Hoy no hay pasaje'" King, *Stride Toward Freedom*; James M. Washington, *A Testament of Hope: The Essential Writings and Speeches of Martin Luther King, Jr.* (Nueva York: HarperCollins, 1990).

310. estaba en duda King, *Stride Toward Freedom*.

310. trazó círculos alrededor de las principales ciudades de Estados Unidos Agradezco a Rick Warren, Glenn Kruen, Steve Gladen, Jeff Sheler y Anne Krumm por ayudarme a entender la historia del pastor Warren. Los siguientes libros también fueron de gran utilidad: Jeffrey Sheler, *Prophet of Purpose: The Life of Rick Warren* (Nueva York: Doubleday, 2009); Rick Warren, *The Purpose-Driven Church* (Grand Rapids, Mich.: Zondervan, 1995); así como los siguientes artículos: Barbara Bradley, "Marketing That New-Time Religion", *Los Angeles Times*, diciembre 10, 1995; John Wilson, "Not Just Another Mega Church", *Christianity Today*, diciembre 4, 2000; "Therapy of the Masses", *The Economist*, noviembre 6, 2003; "The Glue of Society", *The Economist*, julio 14, 2005; Malcolm Gladwell, "The Cellular Church", *The New Yorker*, septiembre 12, 2005; Alex MacLeod, "Rick Warren: A Heart for the Poor", *Presbyterian Record*, enero 1, 2008; Andrew, Ann y John Kuzma, "How Religion Has Embraced Marketing and the Implications for Business", *Journal of Management and Marketing Research* 2 (2009): págs. 1–10.

311. "el destino se definió" Warren, *Purpose-Driven Church*.

312. "capacidad de liberar a las multitudes" Donald McGavran, *The Bridges of God* (Nueva York: Friendship Press, 1955). Se agregaron las itálicas.

313. "Cómo sobrevivir al estrés" Sheler, *Prophet of Purpose*.

314. "Tendré que sentarme" En un correo electrónico para corroborar información, un vocero de Saddleback proporcionó detalles adicionales: "Rick sufre de un trastorno de la química cerebral que lo hace ser alérgico a la adrenalina. Este problema genético es resistente a los medicamentos y dificulta hablar en público, pues provoca visión borrosa, dolores de cabeza, bochornos, calores súbitos y pánico. Por lo general, los síntomas duran alrededor de quince minutos; después de ese lapso, el gasto de adrenalina ha sido suficiente como para que el cuerpo retome su funcionamiento normal. (Le sube la adrenalina cuando se dispone a predicar, algo que podría experimentar cualquier otro orador). El pastor Rick dice que su debilidad lo convierte en alguien dependiente de Dios".

317. "hábitos positivos que te ayuden a crecer" *Discovering Spiritual Maturity*, clase 201, publicada por la iglesia de Saddleback, <http://www.saddle backresources.com/CLASS-201-Discovering-Spiritual-Maturity-Complete-Kit -Download-P3532.aspx>.

318. "solo nos queda... no entorpecer tu camino" En un correo electrónico para corroborar información, un vocero de Saddleback dijo que mientras que uno de

los principios más importantes de Saddleback es enseñarle a la gente a guiarse a sí misma, "esto implica que cada persona puede ir en la dirección que elija. Los principios/lineamientos bíblicos tienen una dirección clara. El propósito del estudio en pequeños grupos es enseñarle a la gente las disciplinas espirituales de la fe y los hábitos cotidianos que pueden aplicarse a la vida diaria".

319. "**la comunidad negra para mantenerse en pie de lucha**" Martin Luther King, Jr., *The Autobiography of Martin Luther King, Jr.*, ed. Clayborne Carson (Nueva York: Grand Central, 2001).

319. "**a hierro muere**" Carson; *King.*

323. **la ley de segregación racial de los autobuses de Montgomery violaba la constitución** *Browder vs. Gayle*, 352 U.S. 903 (1956).

323. **y se sentaron al frente** Washington, *Testament of Hope.*

323. "**Nos alegra mucho contar con su presencia**" Kirk, *Martin Luther King, Jr.*

324. "**esforzarse ni preocuparse tanto por el boicot**" Ibíd.

CAPÍTULO NUEVE

326. **arreglar el cajón de la cubertería** "Angie Bachmann" es un seudónimo. La investigación sobre su historia se basa en más de diez horas de entrevistas con ella, entrevistas adicionales con gente que la conoce, así como docenas de artículos noticiosos y archivos de la corte. Sin embargo, cuando se le pidió a Bachmann que respondiera algunas preguntas para corroborar información, se negó a participar excepto para decir que casi todos los detalles eran incorrectos —incluyendo aquellos que confirmó previamente, así como los corroborados por otras fuentes en registros de la corte o documentos públicos— y luego cortó toda comunicación.

329. "**mientras que miles salen heridos**" *The Writings of George Washington*, vol. 8, ed. Jared Sparks (1835).

329. **se hincharon con más de 269 millones de dólares** Comisión de Carreras y Apuestas de Iowa, Des Moines, Iowa, 2010.

334. "**¿Qué he hecho?**" Simon de Bruxelles, "Sleepwalker Brian Thomas Admits Killing Wife While Fighting Intruders in Nightmare", *The Times*, noviembre 18, 2009.

334. "**Pensé que alguien se había metido**" Jane Mathews, "My Horror, by Husband Who Strangled Wife in Nightmare", *Daily Express*, diciembre 16, 2010.

334. "**Ella es mi vida entera**" Simon de Bruxelles, "Sleepwalker Brian Thomas Admits Killing Wife While Fighting Intruders in Nightmare", *The Times*, noviembre 18, 2009.

337. **un problema molesto, es algo benigno** En algunas instancias, la gente sonámbula se mueve mientras sueña, una condición conocida como trastorno de la conducta durante el sueño MOR (*véase* C. H. Schenck *et al.*, "Motor Dyscontrol in Narcolepsy: Rapid-Eye-Movement [REM] Sleep Without Atonia and REM Sleep Behavior Disorder", *Annals of Neurology* 32, núm. 1 [julio 1992]:

págs. 3–10). En otras instancias, la gente sonámbula se mueve aunque no esté soñando.

337. aquello a lo que denominan terrores nocturnos C. Bassetti, F. Siclari y R. Urbaniok, "Violence in Sleep", *Schweizer Archiv Fur Neurologie und Psychiatrie* 160, núm. 8 (2009): págs. 322–33.

339. el cerebro racional ponga las cosas C. A. Tassinari *et al.*, "Biting Behavior, Aggression, and Seizures", *Epilepsia* 46, núm. 5 (2005): págs. 654–63; C. Bassetti *et al.*, "SPECT During Sleepwalking", *The Lancet* 356, núm. 9228 (2000): págs. 484–85; K. Schindler *et al.*, "Hypoperfusion of Anterior Cingulate Gyrus in a Case of Paroxysmal Nocturnal Dustonia", *Neurology* 57, núm. 5 (2001): págs. 917–20; C. A. Tassinari *et al.*, "Central Pattern Generators for a Common Semiology in Fronto-Limbic Seizures and in Parasomnias", *Neurological Sciences* 26, núm. 3 (2005): págs. 225–32.

340. "64 por ciento de intento de agresión contra un compañero de cama, con lesiones en un 3 por ciento de los casos" P. T. D'Orban y C. Howard, "Violence in Sleep: Medico-Legal Issues and Two Case Reports", *Psychological Medicine* 17, núm. 4 (1987): págs. 915–25; B. Boeve, E. Olson y M. Silber, "Rapid Eye Movement Sleep Behavior Disorder: Demographic, Clinical, and Laboratory Findings in 93 Cases", *Brain* 123, núm. 2 (2000): págs. 331–39.

340. Tanto en Estados Unidos como en el Reino Unido John Hudson, "Common Law—Henry II and the Birth of a State", BBC, febrero 17, 2011; Thomas Morawetz, "Murder and Manslaughter: Degrees of Seriousness, Common Law and Statutory Law, the Model Penal Code", Law Library—American Law and Legal Information, <http://law.jrank.org/pages/18652/Homicide.html>.

340. jamás hubieran cometido de forma consciente M. Diamond, "Criminal Responsibility of the Addiction: Conviction by Force of Habit", *Fordham Urban Law Journal* 1, núm. 3 (1972); R. Broughton *et al.*, "Homicidal Somnambulism: A Case Report", *Sleep* 17, núm. 3 (1994): págs. 253–64; R. Cartwright, "Sleepwalking Violence: A Sleep Disorder, a Legal Dilemma, and a Psychological Challenge", *American Journal of Psychiatry* 161, núm. 7 (2004): págs. 1149–58; P. Fenwick, "Automatism, Medicine, and the Law", *Psychological Medicine Monograph Supplement*, núm. 17 (1990): págs. 1–27; M. Hanson, "Toward a New Assumption in Law and Ethics", *The Humanist* 66, núm. 4 (2006).

340. ataque ocurrió durante un episodio de terror nocturno L. Smith-Spark, "How Sleepwalking Can Lead to Killing", *BBC News*, marzo 18, 2005.

340. Después la absolvieron del cargo de intento de homicidio Beth Hale, "Sleepwalk Defense Clears Woman of Trying to Murder Her Mother in Bed", *Daily Mail*, junio 3, 2009.

341. terrores nocturnos, así que lo declararon inocente John Robertson y Gareth Rose, "Sleepwalker Is Cleared of Raping Teenage Girl", *The Scotsman*, junio 22, 2011.

341. "¿Por qué lo hice?" Stuart Jeffries, "Sleep Disorder: When the Lights Go Out", *The Guardian*, diciembre 5, 2009.

342. **"su mente no tenía control"** Richard Smith, "Grandad Killed His Wife During a Dream", *The Mirror*, noviembre 18, 2009.

342. **"una declaración de inocencia tajante"** Anthony Stone, "Nightmare Man Who Strangled His Wife in a "Night Terror" Walks Free", *Western Mail*, noviembre 21, 2009.

343. **no es responsable de sus actos** Ibíd.

345. **para perfeccionar sus métodos** Christina Binkley, "Casino Chain Mines Data on Its Gamblers, and Strikes Pay Dirt", *The Wall Street Journal*, noviembre 22, 2004; Rajiv Lal, "Harrah's Entertainment, Inc.", *Harvard Business School*, caso núm. 9–604–016, junio 14, 2004; K. Ahsan *et al.*, "Harrah's Entertainment, Inc.: Real-Time CRM in a Service Supply Chain", *Harvard Business Review*, caso núm. GS50, mayo 8, 2006; V. Chang y J. Pfeffer, "Gary Loveman and Harrah's Entertainment", *Harvard Business Review*, caso núm. OB45, noviembre 4, 2003; Gary Loveman, "Diamonds in the Data Mine", *Harvard Business Review*, caso núm. R0305H, mayo 1, 2003.

346. **hasta el último centavo que gastaba cada jugador en cualquier momento determinado** En un comunicado, un representante de Caesars Entertainment escribió: "Bajo los términos del acuerdo alcanzado en mayo de 2011 entre Caesars Riverboat Casino y [Bachmann], ambas partes (incluidos sus representantes) tienen prohibido hablar sobre ciertos detalles del caso... Existen muchos puntos específicos que disputaríamos, pero nos es imposible hacerlo en este momento. Usted ha hecho varias preguntas sobre las conversaciones que supuestamente tuvieron lugar entre [Bachmann] y algunos empleados sin nombrar afiliados a Caesars. Dado que ella no proporcionó ningún nombre, no existe una verificación independiente de sus testimonios, y esperamos que su investigación refleje esto, ya sea al omitir estas historias o al dejar muy en claro que las mismas no han sido verificadas. Al igual que la mayoría de las grandes compañías en la industria de los servicios, prestamos atención a las decisiones de compra de nuestros clientes a fin de monitorear la satisfacción de los mismos y evaluar la efectividad de nuestras campañas de mercadotecnia. Como muchas empresas, buscamos maneras de atraer clientes y nos esforzamos por mantener su lealtad. Y al igual que gran parte de las compañías, cuando nuestros clientes modifican sus patrones establecidos, tratamos de entender por qué lo han hecho y los alentamos a regresar. Esto no es distinto a lo que hace una cadena hotelera, una aerolínea o una tintorería. Esto es de lo que se trata un buen servicio al cliente... Durante mucho tiempo, Caesars Entertainment (antes conocido como Harrah's Entertainment) y sus filiales han sido líderes en la industria del juego responsable. Fuimos la primera empresa de juegos en desarrollar un Código de Compromiso por escrito que rige la forma en que tratamos a nuestros huéspedes. Fuimos la primera compañía de casinos en implementar un programa nacional de autoexclusión que le permite a los clientes autoprohibirse la entrada a todas nuestras propiedades si sienten que tienen un problema o por cualquier otra razón. Y somos la única empresa de casinos que financia una campaña publicitaria televisiva a nivel nacional para promover el juego responsable. Esperamos que su relato refleje esta versión de la historia, así como el hecho de que ninguna de las declaraciones citadas de [Bachmann] ha sido verificada de forma independiente".

347. **"habían hecho esas cosas tan lindas por mí"** En un comunicado, un vocero de Caesars Entertainment escribió: "Nunca despediríamos o penalizaríamos a uno de nuestros anfitriones si uno de sus huéspedes dejara de visitarlo (a menos que esto fuera como resultado directo de una acción del anfitrión). Y ninguno de nuestros anfitriones tendría permitido decirle a un huésped que él o ella sería despedido o penalizado de alguna manera si ese huésped dejara de visitarlo".

348. **vieran una máquina tragamonedas girar** M. Dixon y R. Habib, "Neurobehavioral Evidence for the 'Near-Miss' Effect in Pathological Gamblers", *Journal of the Experimental Analysis of Behavior* 93, núm. 3 (2010): págs. 313–28; H. Chase y L. Clark, "Gambling Severity Predicts Midbrain Response to Near-Miss Outcomes", *Journal of Neuroscience* 30, núm. 18 (2010): págs. 6180–87; L. Clark *et al.*, "Gambling Near-Misses Enhance Motivation to Gamble and Recruit Win-Related Brain Circuitry", *Neuron* 61, núm. 3 (2009): págs. 481–90; Luke Clark, "Decision-Making During Gambling: An Integration of Cognitive and Psychobiological Approaches", *Philosophical Transactions of the Royal Society of London, Series B: Biological Sciences* 365, núm. 1538 (2010): págs. 319–30.

349. **rebotado cheques en el casino** H. Lesieur y S. Blume, "The South Oaks Gambling Screen (SOGS): A New Instrument for the Identification of Pathological Gamblers", *American Journal of Psychiatry* 144, núm. 9 (1987): págs. 1184–88. En una carta para corroborar información, Habib escribió: "Muchos de nuestros sujetos fueron categorizados como jugadores patológicos con base en otros tipos de comportamiento sobre los que indaga el formulario de selección. Por ejemplo, para que un participante fuera considerado un apostador patológico, solo se necesitaba que: 1) apostara para ganar dinero que había perdido antes por apostar y 2) en algunas ocasiones apostara más de lo que tenía previsto. Utilizamos un umbral bajo para clasificar a nuestros sujetos como jugadores patológicos".

351. **circuitos involucrados en el bucle de los hábitos** M. Potenza, V. Voon y D. Weintraub, "Drug Insight: Impulse Control Disorders and Dopamine Therapies in Parkinson's Disease", *Nature Clinical Practice Neurology* 12, núm. 3 (2007): págs. 664–72; J. R. Cornelius *et al.*, "Impulse Control Disorders with the Use of Dopaminergic Agents in Restless Legs Syndrome: A Case Control Study", *Sleep* 22, núm. 1 (2010): págs. 81–87.

352. **Cientos de casos similares siguen a la espera** Ed Silverman, "Compulsive Gambler Wins Lawsuit Over Mirapex", *Pharmalot*, julio 31, 2008.

352. **"jugadores tienen control sobre sus acciones"** Para mayor información sobre la neurobiología de la adicción al juego, *véase* A. J. Lawrence *et al.*, "Problem Gamblers Share Deficits in Impulsive Decision-Making with

Alcohol-Dependent Individuals", *Addiction* 104, núm. 6 (2009): págs. 1006–15; E. Cognat *et al.*, ""Habit' Gambling Behaviour Caused by Ischemic Lesions Affecting the Cognitive Territories of the Basal Ganglia", *Journal of Neurology* 257, núm. 10 (2010): págs. 1628–32; J. Emshoff, D. Gilmore y J. Zorland, "Veterans and Problem Gambling: A Review of the Literature", Georgia State University, febrero 2010, <http://www2.gsu.edu/~psyjge/Rsrc/PG_IPV _Veterans.pdf>; T. van Eimeren *et al.*, "Drug-Induced Deactivation of Inhibitory Networks Predicts Pathological Gambling in PD", *Neurology* 75, núm. 19 (2010): págs. 1711–16; L. Cottler y K. Leung, "Treatment of Pathological Gambling", *Current Opinion in Psychiatry* 22, núm. 1 (2009): págs. 69–74; M. Roca *et al.*, "Executive Functions in Pathologic Gamblers Selected in an Ecologic Setting", *Cognitive and Behavioral Neurology* 21, núm. 1 (2008): págs. 1–4; E. D. Driver-Dunckley *et al.*, "Gambling and Increased Sexual Desire with Dopaminergic Medications in Restless Legs Syndrome", *Clinical Neuropharmacology* 30, núm. 5 (2007): págs. 249–55; Erin Gibbs Van Brunschot, "Gambling and Risk Behaviour: A Literature Review", University of Calgary, marzo 2009.

354. "Actúa como si no tuviera capacidad de decisión" En un correo electrónico, Habib aclaró sus ideas sobre este asunto: "Es un tema de libre albedrío y autocontrol, y uno que recae tanto en la esfera de la filosofía como en la de la neurociencia cognitiva... Si decimos que el comportamiento de apostar en el paciente con Parkinson está fuera de sus manos y que es impulsado por sus medicamentos, entonces, ¿por qué no podemos utilizar el mismo argumento en el caso del ludópata patológico, dado que las mismas zonas del cerebro parecen estar activas? La única (y algo insatisfactoria) respuesta que se me ocurre (y una que usted mismo menciona) es que, como sociedad, nos sentimos más cómodos al quitarnos algo de la responsabilidad si existe un agente externo que pueda cargar con ella. Entonces, en el caso del Parkinson es fácil decir que la patología de apostar resultó de los medicamentos, pero en el caso del ludópata patológico, debido a que no existe un agente externo que influya en su comportamiento (bueno, sí lo hay —presiones sociales, espectaculares casinos, el estrés de la vida diaria, etc.— pero nada tan generalizado como los medicamentos que debe tomar una persona), estamos más reacios a culpar a la adicción y preferimos cargarles la responsabilidad de su conducta patológica —'si ya saben lo que les sucede, no deberían apostar', por ejemplo. Creo que a medida que los neurocientíficos cognitivos aprenden más —y la imagenología 'moderna' del cerebro apenas tiene entre 20 y 25 años de existencia como campo de estudio— quizás algunas de estas creencias sociales equivocadas (que a veces los mismos neurocientíficos cognitivos tenemos) poco a poco comenzarán a cambiar. Por ejemplo, según nuestros datos, aunque puedo concluir con toda certeza que existen diferencias claras entre los cerebros de los apostadores patológicos y los apostadores no patológicos, al menos cuando apuestan, e incluso podría argumentar que las cuasivictorias se perciben más como victorias para el jugador patológico pero más como pérdidas para el apostador no patológico, no puedo afirmar con seguridad o certeza que estas diferencias sugieren que el jugador patológico no tiene ninguna capacidad de decisión cuando ve un espectacular que anuncia un casino local, es decir que son esclavos de sus impulsos. Dada la falta de evidencia contundente, creo que lo mejor es hacer inferencias por analogía, pero hay mucha incertidumbre asociada con este tipo de comparaciones".

359. **el Club Metafísico** Louis Menand, *The Metaphysical Club: A Story of Ideas in America* (Nueva York: Farrar, Straus, and Giroux, 2002).

360. **"sea cual sea"** William James, *Talks to Teachers on Psychology: and to Students on Some of Life's Ideals.*

361. **"que se abrió previamente"** James cita el ensayo titulado "De l'habitude" del psicólogo y filósofo francés Léon Dumont.